Friedrich Schlette
Germanen zwischen Thorsberg und Ravenna

Kulturgeschichte
der Germanen
bis zum Ausgang der
Völkerwanderung

Friedrich Schlette

GERMANEN

zwischen Thorsberg und Ravenna

Pahl–Rugenstein

Autor: Prof. Dr. phil. habil. Friedrich Schlette
Leiter des Fachbereiches Ur- und Frühgeschichte in der Sektion Orient- und
Altertumswissenschaften der Martin-Luther-Universität Halle

Pahl-Rugenstein Verlag, Köln, 1977
Vom Urania-Verlag genehmigte Lizenzausgabe
© Urania-Verlag Leipzig/Jena/Berlin
Verlag für populärwissenschaftliche Literatur
Lektor: Lutz Heydick
Karten: Gerhard Pippig
Illustrationen: Erhard Schreier
Typographie: Claus Ritter
Schutzumschlag und Einband: Gottfried Leonhardt
Lichtsatz: INTERDRUCK Graphischer Großbetrieb Leipzig – III/18/97
Lithographie, Druck und buchbinderische Verarbeitung:
Sachsendruck Plauen
ISBN 3-7609-0303-7
Printed in the German Democratic Republic

Inhalt

Einleitung

Mehr denn je ist es heute notwendig, eine Kulturgeschichte der Germanen zu schreiben und einem breiten Leserkreis zugänglich zu machen. Zwei Gründe scheinen uns dafür entscheidend zu sein. Einmal haben umfangreiche Feldforschungen und theoretische Untersuchungen in den verschiedensten Ländern Europas uns wichtige neue Erkenntnisse vermittelt, so daß es an der Zeit ist, diese in zusammenfassender Form darzustellen. Zum anderen ist das Germanenbild durch die faschistische Vergangenheit nicht nur völlig verzerrt, sondern auch erheblich belastet worden. Jahrzehntelang galten die Germanen und eine fingierte germanische Rasse als vom »Schicksal« besonders begnadet und von der Natur mit hervorragenden Fähigkeiten ausgestattet, so daß sie als die eigentlichen oder jedenfalls bedeutendsten Schöpfer der europäischen Kultur betrachtet wurden. Dieser germanische Mythos fand seinen verheerendsten Ausdruck in der Ideologie des deutschen Faschismus, der sich zunächst als eine Art »germanischer Wiedergeburt« gab, schließlich aber von der Menschheit einen ungeheuren Blutzoll forderte. An die Stelle dieses ebenso unhistorischen wie barbarischen Mythos ist heute in Westeuropa die Ideologie von der »historischen Sendung des Abendlandes« getreten, deren geistige Verwandtschaft mit dem einstigen Germanenmythos – ähnlich belastet durch den aus kapitalistischen Verhältnissen erwachsenden Nationalismus und Rassismus – nicht zu übersehen ist.

Wir können heute, von einem historisch-materialistischen Geschichtsverständnis aus, sehr wohl den unterschiedlichen Anteil der alten und jungen Völker an der Ausprägung der europäischen und Weltkultur einschätzen, weil wir uns darüber im klaren sind, daß alle Menschen und Völker von ihrer Natur her die gleichen Voraussetzungen mitgebracht haben, den gleichen historischen Gesetzen unterliegen und die Vielfältigkeit des gesellschaftlichen Entwicklungsstandes nur auf lokale Besonderheiten und die Widersprüchlichkeit des historischen Bewegungsprozesses zurückzuführen ist. So sind wir uns auch eines bedeutenden Beitrages der Germanen zur heutigen Kultur völlig bewußt. Ihr Wirken ist in vielem bis heute spürbar. Doch ebenso wie Germanen an der Ausprägung verschiedener europäischer Volkskulturen Anteil hatten, so ist auch die deutsche Kulturgeschichte durch Kelten, Romanen, Slawen und andere Völkerschaften mitgeprägt worden.

Kultur umfaßt alle materiellen Güter und ideellen Werte, welche die menschliche Gesellschaft im Kampf um die Beherrschung der Natur und zur Befriedigung ihrer Bedürfnisse geschaffen hat. In bürgerlichen kulturgeschichtlichen Darstellungen wurden häufig die geistigen Leistungen zu sehr in den Vordergrund gerückt oder gar allein betrachtet. Man ging von dem engeren Begriff der geistigen Kultur aus und stellte sie in Gegensatz zur Zivilisation als dem Ergebnis aller materiellen Produktion. Aber die materiellen und ideellen menschlichen Leistungen haben miteinander engste dialektische Beziehungen, indem nicht nur die materielle Produktion überhaupt erst die Voraussetzung für die geistige Arbeit des Menschen schafft, sondern wiederum die Höhe des Bewußtseins in bedeutendem Maße die Produktion materieller Güter beeinflußt. Der Mensch verändert durch seine Arbeit nicht nur die Natur, sondern in der Produktion auch sich selbst. Deshalb werden wir aufzuzeigen versuchen, inwieweit die Germanen die Landschaft veränderten, wie sie sich Nahrung, Kleidung, Wohnung und alle sonstigen notwendigen Güter schufen, mit welchen Geräten und technischen Einrichtungen sie dies taten, welche gesellschaftlichen Formen sie sich schufen, wie sie Verkehr und Handel betrieben oder in welcher Weise sie kriegerische Auseinandersetzungen meisterten. In gleichem Maße müssen wir den Fragen nachgehen, welche Vorstellungen sich die Germanen von der Welt und ihren Zusammenhängen machten, in welcher Weise sie an Götter und Geister als vermeintliche Lenker der dem Menschen unklaren Vorgänge in der Natur und Gesellschaft glaubten, welche moralischen Grundsätze als Maxime ihres Handelns und Zusammenlebens galten, welche Rechts- und Erziehungsnormen Gültigkeit besaßen und wie sich ihr Leben in der Kunst widergespiegelt hat.

Kultur ist nichts Statisches, sondern voller Dynamik und Leben. Ihre Entfaltung vollzieht sich im politisch-sozialen Rahmen der menschlichen Geschichte. So müssen wir uns eingangs kurz mit der politischen Geschichte der Germanen und ihrer gesellschaftlichen Entwicklung beschäftigen, um die germanische Kultur in Ursache und Wirkung zu verstehen und sie welthistorisch richtig werten zu können.

Wie die Geschichte aller frühen Völker, so verlieren sich auch die Anfänge der Germanen im »Dunkel« der Vergangenheit. Ihr langsames »Aufleuchten« ist die untere zeitliche Grenze für unsere Betrachtung. Die Geschichte der Germanen fällt zeitlich mit der Blüte und dem Zerfall des römischen Sklavenhalterstaates zusammen. Sowohl die Auseinandersetzungen zwischen den germanischen Stämmen und Rom als auch die unter dem Begriff der »Großen Völkerwanderung« bekannten Züge der Goten, Langobarden, Wandalen, Burgunder und anderer Stämme sind nicht zufällig in diesen Zeitabschnitt fallende Ereignisse, sondern die Ergebnisse der sozialökonomischen Entwicklung dieser Stämme.

So liegt es im Wesen der späten Urgesellschaft, daß es keine klaren ethnischen Grenzen gab und solche erst recht nicht aus unserer Sicht erkennbar sind, weshalb manches Produkt, das aus dem Siedlungs- oder gar Eroberungsgebiet der Germanen stammt, gar kein germanisches Erzeugnis, sondern das einer fremden, meist einheimischen Bevölkerung darstellt. Trotzdem möchten wir auch diese Leistungen nicht übergehen, da wir Germanen und germanische Kultur nicht streng ethnisch fassen, vielmehr ein Gesamtbild der Kultur in dem von Germanen maßgeblich bestimmten Raum entwerfen wollen.

Im Zusammenhang mit der sozialökonomischen Entwicklung vollzogen sich differenzierende Prozesse, die zur Bildung von Stammesverbänden und Völkerschaften führten, und gleichzeitig auch solche integrierender Art mit Nicht-Germanen wie Romanen, Slawen, Illyriern, Kelten usw. Als Ergebnis entstanden die europäischen Völker als Träger feudaler Staaten. So schufen die Franken im 6. Jh. als erste einen solchen Staat in Westeuropa. Der Schwerpunkt unserer Kulturgeschichte der Germanen wird in der Zeit von der Mitte des letzten Jahrtausends vor unserer Zeitrechnung bis zum 6. Jh. u. Z. liegen. Germanische Traditionen in den frühfeudalen Staaten sind jeweils ausblickartig behandelt; in einem Schlußkapitel wird noch einmal der Beitrag der Germanen für die Herausbildung der europäischen und Weltkultur zusammenfassend betrachtet.

So ist auch die Zeit der Heldenlieder, der Sagas und der Edda kaum in den Bereich unserer Betrachtung gefallen. Gerade die dort besungenen Helden wurden oft als Verkörperung des Idealbildes der Germanen betrachtet, obgleich sich in ihnen nur die Angehörigen der inzwischen herausgebildeten zahlenmäßig kleinen Feudalklasse der Nordgermanen verkörpern. Wir können diese Überlieferungen nur begrenzt rückschauend als Quelle für den von uns zu behandelnden Zeitraum heranziehen.

Auch räumlich wollen wir uns gewisse Grenzen setzen, indem wir vor allem das germanische Kerngebiet in den Mittelpunkt stellen, wogegen wir die raumgreifenden Wanderungen, als deren Folge jeweils eine mit der einheimischen Kultur vollzogene selbständige Entwicklung eintrat, nur so weit betrachten, wie sie für das Gesamtbild der germanischen Kultur notwendig sind. Das trifft für die Goten am Schwarzen Meer, auf dem Balkan, in Italien und Spanien zu, für die Langobarden in Italien oder die Wandalen in Spanien und Nordafrika.

Woher kamen sie?

Antike Quellen von Homer bis Ptolemäus – Die nördlichen »Barbaren« in
römischer Sicht – Sage und Wahrheit vom Ursprung – Sprachforschung und
Archäologie – Eingeboren oder zugewandert

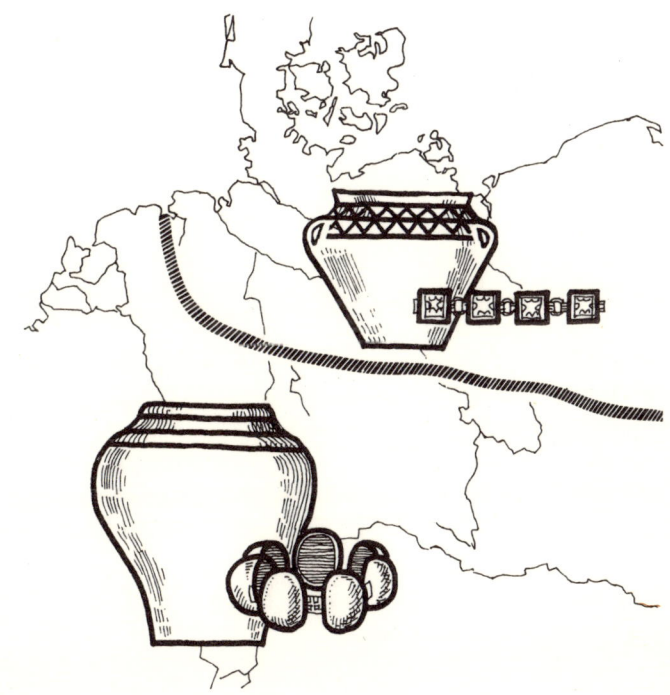

»Die Germanen selbst möchte ich für Ureinwohner halten und keinesfalls für Mischlinge infolge von Zuwanderung und gastlicher Aufnahme fremder Stämme.«

Tacitus, Germania 2

In den letzten Jahrzehnten des 2. Jh. v. u. Z. wurde die römische Republik von innen wie von außen schwer erschüttert. Im Inneren führten die unversöhnlichen Widersprüche der römischen Klassengesellschaft zu den ersten umfassenden Sklavenaufständen und zu Auseinandersetzungen zwischen der Plebs und den Großgrundbesitzern. An der Nord- wie an der Südgrenze des Römischen Reiches griffen äußere Feinde erfolgreich an. Erst als durch eine grundlegende Reform anstelle des bisherigen Volksheeres ein Söldnerheer geschaffen war, konnte die von außen drohende Gefahr abgewendet werden. Was sich damals an der römischen Nordgrenze abspielte, war der Beginn eines für große Teile Europas sehr entscheidenden Vorganges, nämlich der Auseinandersetzung zwischen den Germanen und dem Römischen Reich. Dieser Prozeß dauerte über ein halbes Jahrtausend und endete mit der Bildung von Völkern und Nationen, die das heutige Bild Europas mit formten.

Es war nicht das erste Mal, daß ein Feind aus dem Norden die Grenzen Roms bedrohte und die Rufe von akuter Gefahr vor den Toren der Stadt durch die Straßen Roms gellten. Diesmal waren es die Cimbern und Teutonen. Es bleibt unklar, ob der römische Zeitgenosse sie bereits als Germanen erkannt hat oder sie in die große Familie der keltisch-gallischen Völkerschaften einordnete. Denn nach dem damaligen Weltbild der Antike saßen nördlich der mittelmeerländischen Welt und westlich der an den Küsten des Schwarzen Meeres und an der unteren Donau bekannten Skythen-Sarmaten die Kelten, die Rom im 4. und 3. Jh. v. u. Z. oft angegriffen hatten.

Ein Philosoph und Historiker, Poseidonios aus Apameia in Syrien, hat in einer 52bändigen Geschichte auch diese Vorgänge an Roms Alpengrenze geschildert. Leider ist das Werk verlorengegangen und uns nur in den Zitaten jüngerer Schriftsteller auszugsweise erhalten geblieben. Einer von ihnen, Athenaeus, läßt Poseidonios zu Worte kommen, wobei der Name der Germanen fällt. Es ist eine bis heute nicht entschiedene Streitfrage, ob Poseidonios tatsächlich schon die Bezeichnung »Germanen« benutzt oder ob Athenaeus auf Grund seines eigenen Wissens von sich aus den Namen der Germanen eingesetzt hat. Spätere Quellen – wie Cäsar, Strabon – sprechen von ihnen als von Germanen.

Ein halbes Jahrhundert verstreicht, ehe wir wieder in Cäsars berühmter Schrift über den gallischen Krieg (Commentarii de bello gallico) von Germanen hören. Er spricht von ihnen mit einer derartigen Selbstverständlichkeit, daß damals, kurz vor der Mitte des 1. Jh. v. u. Z., die Bezeichnung Germanen sicherlich schon seit einiger Zeit gebräuchlich gewesen sein dürfte.

Durch die Kriege mit den Cimbern und Teutonen drang nicht das erste Mal eine Kunde aus dem Norden in die Welt der Antike. Dazu waren die Völker an den Küsten des Mittelmeeres, die Phönizier, Griechen, Karthager und Römer, viel zu sehr Seefahrer und Kaufleute, als daß nicht ihre Wege nach Afrika, Indien und auch in das Nordmeer geführt hätten.

Vielleicht haben sich Berichte aus dem Norden bereits bei Homer niedergeschlagen, als er von Odysseus berichtet, daß dieser auf seiner Irrfahrt in ein Land gekommen wäre, wo ein »schlafloser Mann doppelten Lohn verdienen könne, den einen als Rinderhirt, den anderen, wenn er weiße Schafe hütet, denn nahe beisammen liegen die Wege der Nacht und des Tages« (10. Gesang). Damit dürften die gerade für einen Südländer eindrucksvollen hellen Nächte des Nordens gemeint sein. Und an einer anderen Stelle der Odyssee (11. Gesang) wird von den Kimmeriern erzählt, daß bei ihnen ewiges Dunkel herrsche, niemals zeige sich ihnen die Sonne. Daß die uns von den Küsten des Schwarzen Meeres bekannten Kimmerier hier so weit nach dem Norden jenseits des Polarkreises lokalisiert werden, liegt an den mangelhaften geographischen Kenntnissen der alten Griechen, für die die Kimmerier schlechthin das Volk des Nordens waren.

Um die Mitte des 4. Jh. v. u. Z. fand die berühmte Fahrt des Pytheas von Massilia (dem heutigen Marseille) in das Nordmeer statt. Die an sich wertvollen und interessanten Angaben über Natur und Menschen der von ihm besuchten Landschaften verlieren leider etwas an Wert, weil die Wissenschaft über den genauen Seeweg verschiedene Ansichten vertritt. Ist die genannte Insel »Thule« Island, die norwegische Küste nördlich Trondheim oder Finnland? Ist das »geronnene Meer« das Eismeer oder einfach die Weite des unbekannten Meeres? Ist die Bernsteininsel »Abalus« das heutige Helgoland oder die Greifswalder Oie? Sind die genannten »Guionen« gleichzusetzen mit den Teutonen oder mit den Goutonen (Goten)? Der Originalbericht des Pytheas ist uns auch wieder nicht erhalten geblieben, aber spätere Schriftsteller und Historiker haben so ausführlich auf ihn zurückgegriffen, daß die mitgeteilten Beobachtungen über Land und Leute an den Küsten der Nord- und Ostsee für uns eine wertvolle Ergänzung zum Kulturbild der vorrömischen Zeit Germaniens darstellen.

Mit Cäsar setzt die umfangreiche Liste antiker Quellen über die Germanen ein. Erstmalig haben wir damit für den Raum nördlich der Alpen die Möglichkeit, die archäologischen Quellen – bis dahin die einzigen zur Erforschung der Urgeschichte dieses Raumes – mit schriftlichen Quellen zu vergleichen und durch komplexe Analyse beider Quellengattungen das Geschehen jener nun folgenden Jahrhunderte umfassender und plastischer zu

erkennen. Es sei nur an den bedeutendsten Geschichtsschreiber der augusteischen Ära, Titus Livius, an Strabon mit seiner Geographica, an den älteren
Plinius, der als Offizier einige Zeit selbst in Germanien weilte, und nicht zuletzt an Tacitus erinnert.

Im Jahre 98 u. Z. erschien von Tacitus die kleine, aber für die Kulturgeschichte der Germanen wohl wichtigste Schrift »Germania«. Sie war dann
viele Jahrhunderte verschollen bzw. unbekannt. Einer der letzten, der nach-
weislich mit ihr arbeitete, war Cassiodor, der Kanzleichef Theoderichs des
Großen. Aus dem 9. Jh. hat sich noch einmal Rudolf von Fulda in seinen
Annalen zur sächsischen Geschichte mit der Germania beschäftigt. Dann
herrschte Schweigen über dieses Werk von Tacitus. In der ersten Hälfte des
15. Jh. ließ der Papst in den deutschen Klöstern nach lateinischen Hand-
schriften forschen, wobei man auch auf eine Handschrift der Germania – wohl
im Kloster Hersfeld – stieß und diese nach Italien brachte. Der Kardinal und
Gelehrte Aenea Silvia de Piccolomini und spätere Papst Pius II. wurde durch
diese Schrift zu einer Studie über das zeitgenössische Deutschland (de ritu,
situ, moribus et conditione Teutoniae descriptio) angeregt, um dem Leser
zu zeigen, wie aus dem »barbarischen« Germanien ein nach seiner Auffassung
blühender Staat entstanden war. Er, ein Gegner aller reformistischen Bestrebungen, erreichte aber in gewissem Sinne das Gegenteil, indem der Humanismus auf dieses antike Werk aufmerksam gemacht wurde. Das Interesse
zahlreicher deutscher Humanisten wurde damit auf die Frühgeschichte ihres
Volkes gerichtet. Nach der ersten Drucklegung in Vendig 1470 folgte bereits
3 Jahre später die erste in Deutschland, in Nürnberg. Die Germania erlebte
seitdem unzählige weitere Auflagen, Übersetzungen und Kommentare und
regte damals wie später zu philologischen, historischen und archäologischen
Forschungen an. So konnte Jacob Grimm mit Recht im Eingang zu seiner
deutschen Mythologie sagen, daß durch die Germania ein Morgenrot in die
Geschichte der germanischen Völker gestellt sei, um das andere Völker sie
beneiden könnten. Sie bildet eine geographisch-ethnographische Studie und
nicht – wie man zeitweise angenommen hat – einen Sittenspiegel für die
verweichlichten Römer. Tacitus ist wohl nie selbst in Germanien gewesen,
sondern dürfte seine Kenntnisse einmal aus zeitgenössischen Berichten
römischer Kaufleute und Offiziere sowie germanischer Kriegsgefangener und
Gesandtschaften gewonnen haben und zum anderen durch das Studium
älterer Nachrichten und Darstellungen bis zurück zu Livius, Cäsar oder gar
Poseidonios. So ist das Bild, das uns Tacitus von Germanien und seinen Bewohnern entwirft, nicht in allen Teilen zeitgleich.

In der Mitte des 2. Jh. erschien die »Geographie« des in Ägypten lebenden
griechischen Astronomen und Geographen Claudius Ptolemäus, der von etwa
8 000 Orten die Längen- und Breitenpositionen zusammengestellt und An-
weisungen für die Projektion einer Karte der damals bekannten Welt gegeben
hat. Nur der kleinere Teil der Orte war durch astronomische Messung festgelegt, sonst meist nur geschätzt oder nach Marsch- und Reiseentfernungen

ermittelt; das gilt auch für Germanien. Ähnlich wie bei Tacitus wissen wir auch bei Ptolemäus nicht, aus welcher Zeit die einzelnen Quellen stammen, die ihm für seine Angaben zur Verfügung standen. Auf den ptolemäischen Angaben aufbauend, hat man in späteren Ausgaben Karten mit den damals bekannten geographischen Lokalitäten von Flüssen, Gebirgen, Städten, Meeren sowie den einzelnen Völkern und Stämmen gezeichnet. Gegenüber älteren Karten, wie der von Eratosthenes (3. Jh. v. u. Z.), steht dieses Werk auf einer für die damalige Zeit beachtenswerten Höhe und wird erst in der Zeit des Humanismus und der Großen Entdeckungen von verbesserten Karten abgelöst.

Die Zahl der Autoren, die über Germanien und seine Bewohner hauptsächlich im Zusammenhang mit den für die antike Welt interessanten historischen Ereignissen dieser Jahrhunderte schreiben, ist beträchtlich. Eine Zusammenstellung der Nachrichten griechischer und römischer Schriftsteller über das alte Germanien allein bis zum Beginn der Großen Völkerwanderung (um 375) umfaßt etwa 70 Namen, wozu noch Inschriften der verschiedensten Art hinzukommen. Wir wollen die antiken Quellen aber nicht weiter verfolgen, da sie für uns hier nur insofern interessant sind, als wir die Frage nach Herkunft und Ursprung der Germanen stellen wollen. Können wir mit Germanen erst seit dem Zeitpunkt ihrer erstmaligen Erwähnung rechnen? Oder wo beginnt die germanische Geschichte?

Es gilt als mehr als unwahrscheinlich, daß die einzelnen Stämme – und einen geschlossenen germanischen Verband hat es ja nie gegeben – sich überhaupt durch einen gemeinsamen Namen verbunden fühlten. Vielmehr dürfte der Name »Germanen« von nicht-germanischen Nachbarn auf sie angewandt worden sein, wobei ein einzelner Stamm wahrscheinlich seinen Namen dafür hergegeben hat. Aus der jüngeren Geschichte gibt es dafür zahlreiche Parallelen; beispielsweise bezeichneten die Franzosen die Deutschen nach dem Stamm der Alemannen insgesamt als »Allemands«. So dürfte Tacitus tatsächlich recht haben, wenn er in seiner Germania (cap. 2) ausdrücklich sagt, daß der Name eines einzelnen Stammes – nämlich der späteren Tungrer, die damals Germanen genannt wurden – allmählich zur Geltung gekommen wäre. »Nachdem einmal der Name gefunden war, hätte ihn dann auch die Gesamtheit des Volkes für sich selbst gebraucht.« Diese letzte Bemerkung dürfte nicht richtig sein, da sich die einzelnen Stämme immer nach ihrem Stammesnamen genannt haben und nicht als »Germanen« bezeichneten. Das trifft ganz besonders für die Zeit nach dem 4. Jh. zu, als sich die inzwischen herausgebildeten großen Stammesverbände, wie Sachsen, Thüringer, Franken, Alemannen, immer mehr zu politischen Einheiten entwickelten. Der Name »Germanen« ist also stets mehr eine Sammelbezeichnung von Stämmen im Munde der Nachbarn geblieben und »Germania« eine geographische Bezeichnung für den von diesen Stämmen bewohnten Raum. Die Römer dürften den Namen sicherlich von den Kelten (Galliern) übernommen haben, ohne daß damit gesagt werden kann, daß der Name keltischen Ursprungs wäre.

Überhaupt ist die Deutung des Namens bislang umstritten. Man hat an germanischen, lateinischen, keltischen, illyrischen Ursprung gedacht, von weiterliegendem Sprachschatz ganz abgesehen. Aus dem Lateinischen abgeleitet, würde »Germane« soviel wie der Leiblich-verwandte, der Echte, Unvermischte bedeuten, wonach dann der Römer diese »echten Gallier« (Galli germani) von den anderen, bereits »vermischten« Galliern unterscheiden wollte. Ableitungen aus dem Germanischen führen zu den verschiedensten Deutungen.

Woran aber erkannte die antike Welt die Germanen, und wie unterschied sie diese von anderen Völkerschaften? Ist es das äußere Bild? Sicherlich hat sich der römische Zeitgenosse bemüht, den Germanen am Aussehen zu erkennen, aber seine Schilderungen und die Darstellungen zeigen, daß der Germane keine wesentlichen, stets zutreffenden körperlichen Unterscheidungsmerkmale besaß; es waren solche, die zwar den Germanen vom südländischen Römer unterschieden, aber kaum von den Galliern (vgl. S. 113). Wenn Tacitus von einem rassereinen und nur sich selbst ähnlichen Volk spricht, so kann dies auch nur wieder vom Standpunkt des Römers gesehen werden, in dessen Stadt Völker aus aller Welt zusammenkamen, die der Bevölkerung der Weltstadt Rom ein entsprechend gemischtes Gepräge gaben. Auch Strabon (Buch 7) muß eingestehen, daß »sich die Germanen vom keltischen Volk zwar etwas unterscheiden, nämlich durch den höheren Grad von Wildheit, Körpergröße und Blondheit, aber im übrigen an Gestalt, Charakter und Lebensweise ähnlich sind«. Der bessere Kenner von Kelten und Germanen, Julius Cäsar, glaubt, beide Völker sehr wohl durch verschiedene Sitten und Gebräuche voneinander trennen zu können. In jedem Falle sind es aber sehr allgemeine Merkmale für den Versuch einer Unterscheidung.

Hat der Römer den Germanen an der Sprache erkannt? Die germanischen Sprachen gehören bekanntlich zur indoeuropäischen Sprachfamilie. Ihre Loslösung von den anderen indoeuropäischen Sprachen erfolgte durch die erste Lautverschiebung, die nach Ansicht der Sprachforschung vor der Berührung mit den Römern stattgefunden haben soll.[1] Die Lautverschiebung hat alle germanischen Sprachen erfaßt, so daß mit einer gewissen kulturellen Einheit zu jener Zeit gerechnet werden muß. Sie unterscheiden sich dadurch auch von den keltischen Sprachen. Im einzelnen sind uns germanische Sprachen aus der frührömischen Zeit nicht überliefert. Wir kennen Personen-, Orts- und Völkernamen, dazu treten seit dem 3. Jh. die ersten Runendenkmäler, und erst dem 4. Jh. gehört das älteste germanische Sprachdenkmal, die gotische Bibelübersetzung Wulfilas, an (vgl. S. 200).

Wenn die moderne Sprachforschung auch alle diese sprachlichen Prozesse rekonstruieren kann, so scheinen diese immerhin feinen Sprachunterschiede vom Römer kaum erfaßt worden zu sein. Es gibt keinerlei Hinweise, daß der

---

[1] Bei dieser Lautverschiebung wurden k, t, p zu ch (h), th, f; g, b, d zu k, p, t.

16

1 Darstellung einer römischen Befestigungslinie auf der Trajanssäule in Rom

2   Luftbild vom Kastell Saalburg im Taunus, wieder aufgebaut

3   Grabmal Theoderichs in Ravenna
4   Germanischer Krieger mit dem typischen kleinen Pferd (Modell im Landesmuseum Halle)

5 Prähistorische Ackerflächen von Smacam Down in Dorset/England. Gegenüber den im Bild dargestellten keltischen Feldern sind die angelsächsischen lang-schmal.

6 Grabinventar eines Schmiedes aus Schönebeck/Elbe (6. Jh.)

7 Eisenschmelzöfen von Gera-Tinz (1. bis 3. Jh.)

8 Eisenverhüttungsplatz in Stara Słupia III/VR Polen

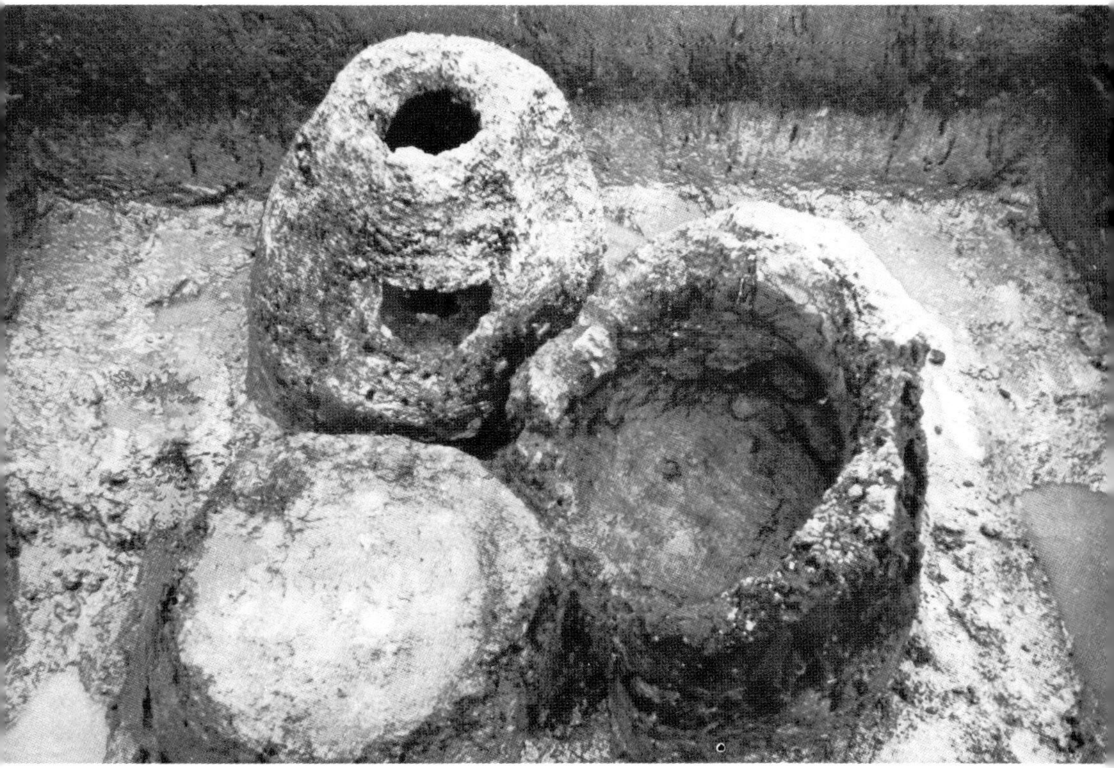

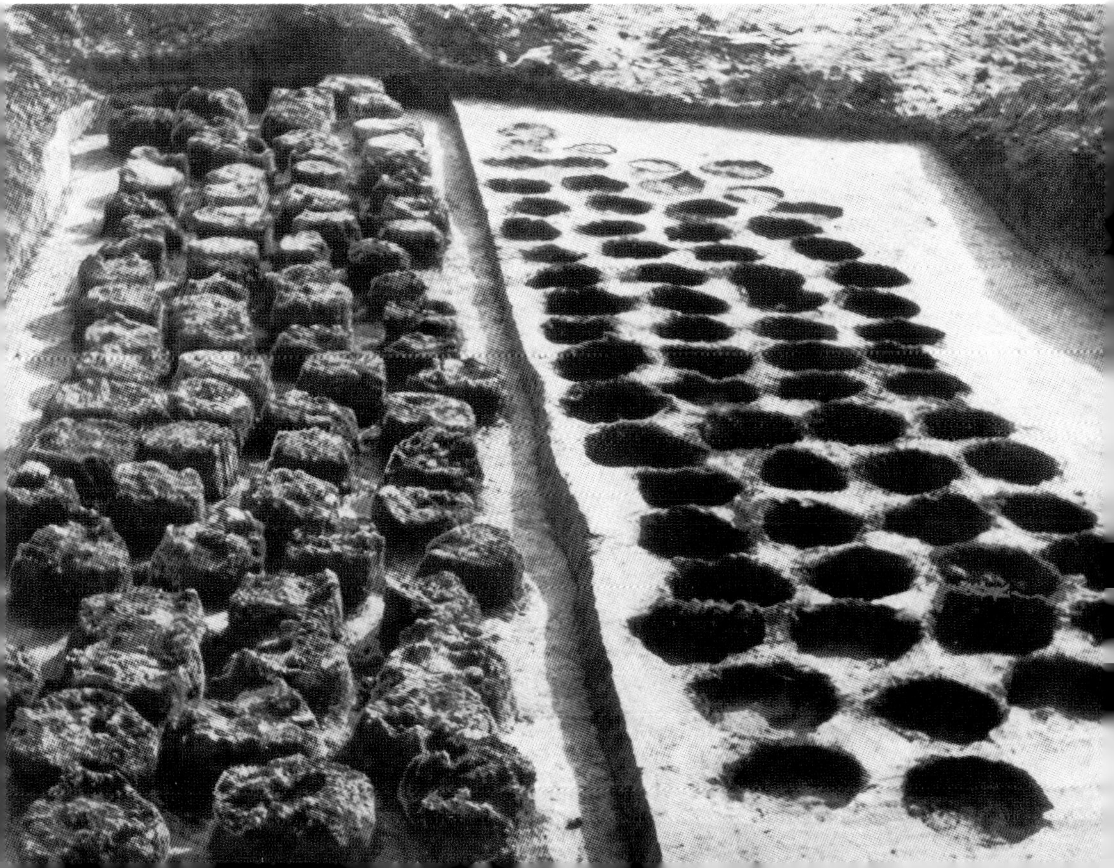

9 Silbertauschierte Schnalle aus einem Grab von Reuden, Kr. Zeitz (6. Jh.)

10 Drehscheibengefäß von Klein-Korbetha, Kr. Weißenfels (1. Jh. v. u. Z.)

11 Töpferöfen von Igołomia/VR Polen

12 Elbgermanische mäanderverzierte Gefäße der älteren römischen Zeit

13 Westgermanische Gefäße der älteren römischen Zeit

14 Gefäße der Thüringer (6. Jh.)

15   Fränkische Gefäße aus Thüringen (7. Jh.)

16/17 Römisches Tafelgeschirr aus dem Hildesheimer Silberschatz, überwiegend aus augusteischer Zeit: Herkulesschale (oben) und Atheneschale (rechts)

18 Silberbecher aus einem Adelsgrab von Hoby auf Lolland/Dänemark (1. Jh.) mit einer Darstellung aus der Odysseus-Sage

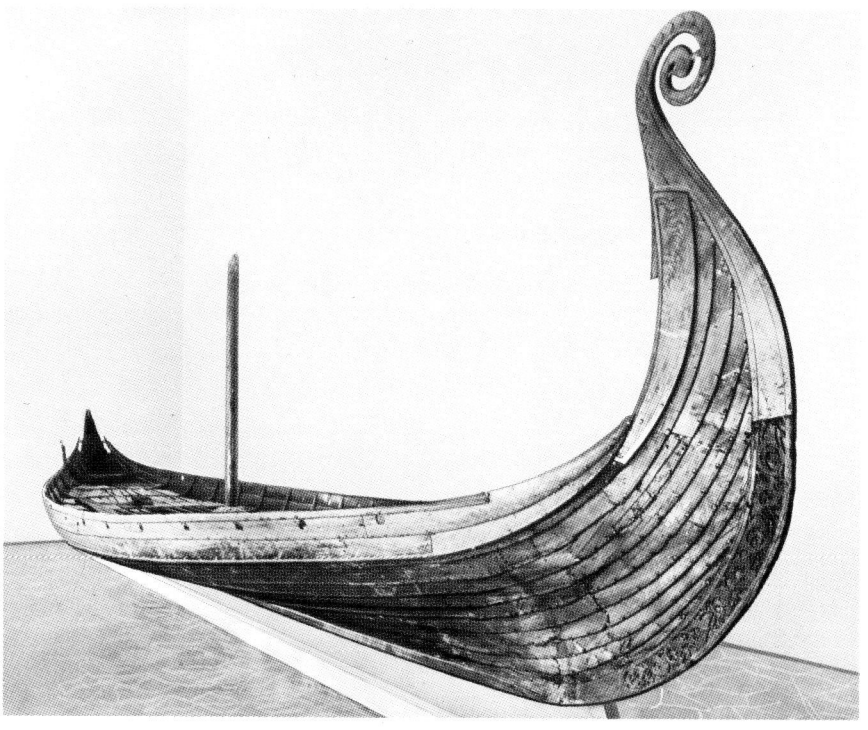

21 Nachgebautes Wikingerschiff »Ormen Friske«

19 Boot von Nydam in Jütland/Dänemark (4. Jh.), heute im Museum Schleswig
20 Wikingerschiff von Oseberg am Oslo-Fjord in Norwegen (9. Jh.)

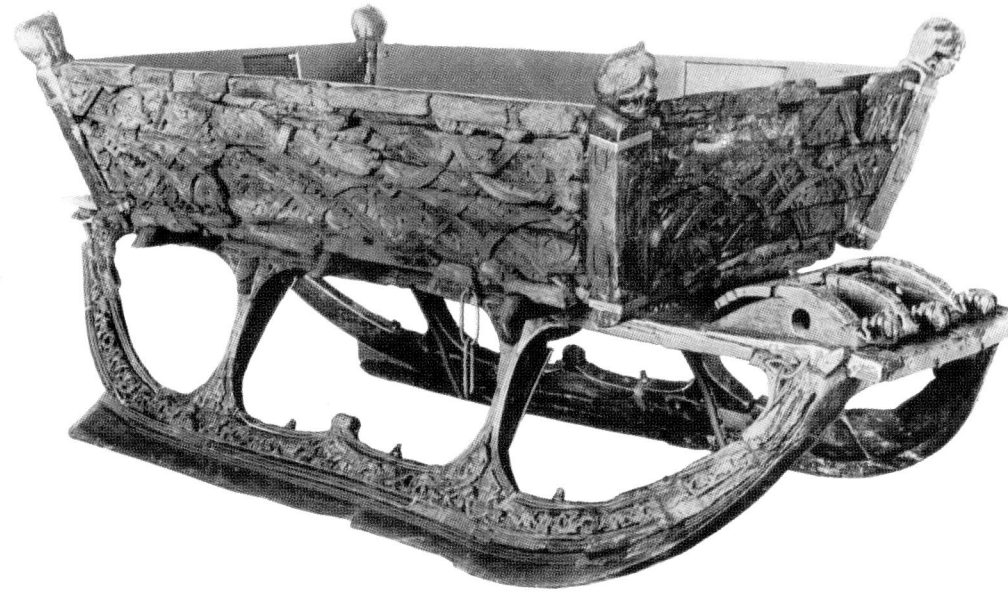

23 Schlitten aus einem Fürstingrab von Oseberg am Oslo-Fjord/Norwegen (9. Jh.)

22 Gepflasterter Weg in einer Siedlung von Borremose in Jütland/Dänemark (vorrömische Zeit)

25   Darstellung von Germanen vor dem römischen Kaiser auf der Trajanssäule in Rom

Römer die bestehende Verwandtschaft zwischen seinem Latein auf der einen Seite und dem Keltischen, Germanischen oder sonstigen indoeuropäischen Sprachen auf der anderen Seite erkannt oder auch nur geahnt hätte.

Wenn es nicht die Rasse, nicht die Sprache gewesen ist, wodurch der Römer den Germanen aus dem Kreis der Barbaren heraus erkannte, wenn nicht einmal der einzelne Germane selbst sich seiner Zugehörigkeit zu einer mehr oder weniger einheitlichen Völkergemeinschaft bewußt war und dies die Römer spüren ließ, so können wir nur sagen, daß es sehr allgemeine Kriterien gewesen sein müssen.

Die Vorstellung, daß jenseits von Donau und Rhein Germanen wohnten, war also sehr verschwommen. An den Grenzen zu den Kelten kam es deswegen auch zu Unklarheiten in der ethnischen Einordnung der Stämme, wie sich dies bei Tacitus und Cäsar des öfteren zeigt. Genauso unsicher ist Tacitus, ob er bestimmte Stämme an der germanischen Ostgrenze, wie Veneter oder Fennen, noch den Germanen oder bereits den Sarmaten zurechnen soll. Es gibt für Tacitus kein Kriterium außer sehr allgemeinen Gebräuchen. Das Weltbild der Antike kannte eben dort Kelten, Germanen, Sarmaten – und in diese Gruppen mußten alle Stämme eingeordnet werden.

Die unzureichenden Klassifizierungsversuche der römischen Ethnographie und Historiographie entheben uns selbstverständlich nicht der wissenschaftlichen Aufgabe, nach dem Ursprung dieser Stämme, die unter dem Namen der Germanen so entscheidend die europäische Geschichte jener Zeit beeinflußt haben, zu forschen. Verschiedene Wissenschaftsgebiete haben sich dieser Aufgabe gewidmet: die Geschichte, die Vergleichende Sprachwissenschaft, die Namensforschung, die Archäologie.

Im Gegensatz zu den Wanderungshypothesen bei zahlreichen anderen frühgeschichtlichen Stammesverbänden und Völkerschaften, wie etwa den Etruskern, Kimmeriern, Skythen, Slawen und anderen, hat man für die Germanen von alters her an einer bodenständigen Entstehung festgehalten. Nicht ganz unbeteiligt dürfte daran Tacitus sein, der (Germania 2) sagt: »Die Germanen selbst möchte ich für Ureinwohner halten und keinesfalls für Mischlinge infolge von Zuwanderung und gastlicher Aufnahme fremder Stämme.« Seine Begründung dafür ist die eines unter südlicher Sonne lebenden und auf sein Land stolzen Römers. »Wer hätte, ganz abgesehen von der gefährlichen Fahrt in das schreckliche unbekannte Meer, Asien, Afrika oder Italien verlassen und nach Germanien ziehen sollen, nach dem reizlosen Land mit seinem rauhen Klima; für jeden, dem dies Land nicht Vaterland ist, ist es traurig zum Leben und zum Betrachten.«

Auch in den Ursprungssagen spiegelt sich nichts von einer Zuwanderung wider. Dem erdgeborenen Sohn Tuisto wäre ein Sohn Mannus geschenkt worden, der Stammvater und Gründer der Germanen gewesen sei. Nach dessen drei Söhnen seien die germanischen Verbände der Ingwäonen an der Nordseeküste, der Herminonen an der Elbe und der Istwäonen im Weserraum benannt.

Ebenso hat die Sprachwissenschaft – sowohl die Vergleichende Sprachforschung als auch die Ortsnamenforschung – immer wieder die Ursprünglichkeit der Germanen im nördlichen Mitteleuropa als selbstverständlich betrachtet (vgl. S. 200 f.). Die Ortsnamenforschung konnte zeigen, daß der Raum nördlich der Mainlinie und östlich des Rheins nur wenige keltische Ortsnamen aufweist. Die alten Namen sind in der Mehrzahl allgemein-indoeuropäisch, einige auch nicht-indoeuropäisch. Die Ortsnamenforschung kann also für diesen Raum zwar bestätigen, daß hier keine Kelten waren, kann aber andererseits die Anwesenheit germanisch sprechender Stämme nicht belegen. Sicherlich hat hier eine indoeuropäische Bevölkerung gesessen, deren Zuordnung zu einer bestimmten indoeuropäischen Sprache schwierig ist und deren Name uns erst recht verschlossen bleiben muß (vgl. S. 19 f.).

Welche Ergebnisse hat nun die archäologische Forschung zum Ursprung der Germanen geliefert? Man glaubte früher, die durch die antiken Quellen lokalisierten Germanen mit einer dort festgestellten gleichzeitigen archäologischen Kulturprovinz identifizieren zu können und dann, von Periode zu Periode rückwärtsgehend, zum Ursprung der Germanen zu gelangen. Dieser Methode lagen zwei Fehler zugrunde. Zum einen wissen wir heute, daß sich eine archäologische Kulturgruppe oder -provinz nicht in jedem Falle mit einer ethnischen Einheit zu decken braucht; sie kann auch durch gleiche ökonomische Grundlagen, durch starke gegenseitige kulturelle Beziehungen, durch einen gleichen Stand der Produktivkräfte oder sogar durch übereinstimmende kultisch-religiöse Vorstellungen hervorgerufen werden. Allgemein betrachtet, können wir in einer archäologischen Kulturprovinz die Widerspiegelung einer Bevölkerungsgruppe sehen, die durch bestimmte historische Faktoren zu einer gewissen Geschlossenheit gekommen ist, so daß ihre materielle Hinterlassenschaft einen mehr oder weniger einheitlichen Charakter aufweist.

Der zweite Fehler lag in der Vorstellung der Unveränderlichkeit und Statik einer ethnischen Einheit. Diese unterliegt aber den dynamischen Gesetzen der Gesellschaft; ständig wirken zentripetale und zentrifugale Kräfte und rufen sowohl integrierende als auch differenzierende Prozesse hervor. Nehmen wir nur die bereits im Licht der historischen Überlieferung stehende germanische Geschichte selbst und vergleichen die Stammesgliederung, wie sie uns Tacitus aus dem 1. Jh. überliefert hat, mit der zu Beginn der Völkerwanderung wenige Jahrhunderte später! Bei Tacitus gibt es keine Sachsen, Thüringer, Alemannen oder Franken. Hat Tacitus diese so bedeutenden Verbände nicht gekannt? Oder haben sie nur ihren Namen gewechselt? Nein – sie haben sich erst im Laufe des 2. bis 4. Jh. aus den bei Tacitus genannten Stämmen zu Stammesverbänden entwickelt (vgl. Karte im Vorsatz unseres Buches, schwarz: Stämme zur Zeit von Tacitus; weiß: Stammesverbände des 3. und 4. Jh.).

Nur unter Berücksichtigung dieser beiden vielfach durch die Geschichte bewiesenen Erkenntnisse können wir versuchen, mit archäologischen Mitteln

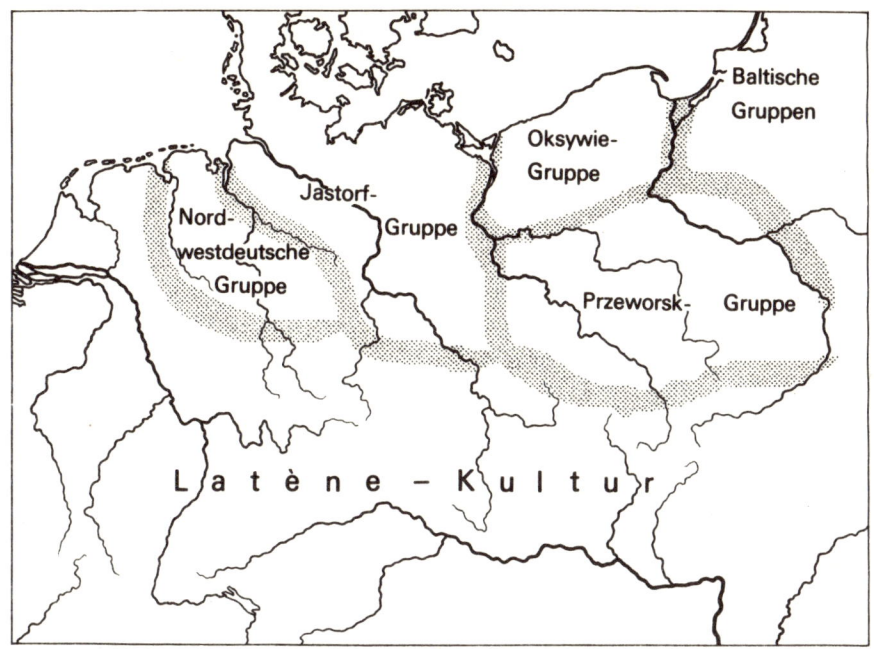

Karte 1   Die archäologischen Kulturgruppen in Mitteleuropa während des 1. Jh. v. u. Z.

und Methoden den Entstehungsprozeß der germanischen Stämme zu verfolgen.

Aus der Zeit, als Cäsar im Zusammenhang mit dem Krieg in Gallien (58 bis 51 v. u. Z.) die Germanen als erster Römer genauer kennenlernte, finden wir im mitteleuropäischen Raum zwischen den Alpen und den Küsten der Nord- und Ostsee und zwischen Rhein und Weichsel eine Anzahl von archäologischen Kulturgruppen, die sich an den Grenzen meist nicht scharf trennen lassen (Karte 1).

Im Süden stand die Latène-Kultur auf dem letzten Höhepunkt ihrer 500jährigen Geschichte. Sie erstreckte sich von Westeuropa über die Schweiz, den Süden der BRD, die Tschechoslowakei bis nach Südwestpolen und Ungarn. Nach Norden reichte sie im 1. Jh. v. u. Z. bis an den Rand der deutschen Mittelgebirge, etwa bis zur Lippe, in den Raum von Kassel, an den Thüringer Wald und das Erzgebirge. Dabei wies das Gebiet nördlich des Mains schon nicht mehr den typischen Latène-Charakter auf wie das Kerngebiet südlich davon. Die Träger dieser Kultur waren die Kelten (Gallier).

Im Nordwesten der BRD – zwischen dem Nordrand der Mittelgebirge, dem Unterrhein und der Weser – lag eine eigene Kulturprovinz, über deren ethnische Zugehörigkeit sich die Wissenschaft seit bald einem Jahrhundert streitet. Waren es Germanen, oder waren es Kelten? Die auf archäologischem Wege ermittelte Sonderstellung dieses Raumes und die Schwierigkeit, die materielle Hinterlassenschaft einer der beiden großen Kulturgruppen im

Süden und im Nordosten zuzuordnen, deckten sich also mit den bereits genannten Ergebnissen der Ortsnamenforschung (S. 18). Es scheint sich um ein weiteres zu bestätigen, daß nicht unbedingt eine Alternativlösung – Germanen oder Kelten – zu fordern ist.

Östlich davon erstreckte sich die nach einem Gräberfeld im Kreise Uelzen genannte Jastorf-Kultur von der Unterweser und Aller im Westen bis an die untere Oder, die im 2. Jh. v. u. Z. sogar bis zur Parsęta (Persante) über-schritten wurde, und vom Saale-Unstrut-Mittelelbegebiet bis auf die Jütische Halbinsel. Diese Kultur wird nach allgemeiner Ansicht der Forschung den Germanen zugesprochen, ja direkt als ihr Kerngebiet betrachtet, von dem die Germanisierung weiterer Teile Mitteleuropas ausging.

Auf der Jütischen Halbinsel und in Südskandinavien existierten Kulturen, die starke Beziehungen zur Jastorf-Kultur aufwiesen. Auch sie dürften von germanischen Stämmen getragen worden sein.

Wie aber stand es mit dem Gebiet jenseits der unteren Oder, der Neiße und der Sudeten, das heute die Volksrepublik Polen einnimmt? Um die archäolo-gisch-kulturellen Verhältnisse in diesem Raum zu verstehen, müssen wir hier bereits in die Jahrhunderte davor blicken.

Die aus der Bronzezeit stammende Lausitzer Kultur hat auf dem Gebiet der VR Polen länger als anderswo bis in die vorrömische Eisenzeit existiert. Neben noch rein lausitzischen Kulturgruppen entstanden ebenfalls auf der Grundlage der Lausitzer Kultur einige besondere Kulturprovinzen. Die For-schung hat sich um die ethnische Zuordnung der Lausitzer Kultur insgesamt wie der früheisenzeitlichen Gruppen im einzelnen bemüht. Uns ist es heute klar, daß für diese von der antiken Welt noch weiter entfernten Kulturgrup-pen eine konkrete Antwort nicht zu erwarten ist. Nur soviel läßt sich sagen, daß die früheisenzeitlichen Kulturen östlich der Oder an der Bildung der späteren baltischen, slawischen, illyrischen und im Oderbereich auch germani-schen Stammesverbände beteiligt waren.

Im 1. Jh. v. u. Z. ist hier eine auffallende Vermehrung des archäologischen Fundgutes festzustellen. Neue Gräberfelder wurden angelegt, Siedlungsplätze entstanden, und die materielle Hinterlassenschaft zeigt manche fremden Züge (Przeworsker Kultur). Die Forschung hat schon früh auf kulturelle Beziehun-gen zu Skandinavien und besonders Nordjütland hingewiesen.

Römische Schriftsteller der Kaiserzeit nennen eine Anzahl germanischer Stämme, die zwischen Oder und Weichsel lokalisiert werden müssen. So wohnen nach Tacitus »jenseits des Gebirgskammes« – d. h. der Sudeten – Lugier mit einigen Teilstämmen, Goten, Rugier und andere, denen sich dann baltische und venetische Stämme anschließen; jenseits des Meeres sitzen die Svionen (Schweden). Andere Schriftsteller nennen in diesem Raum Wandi-lier, Wandalen, Burgunden, Silingen – um nur einige anzuführen.

Wir müssen also spätestens im 1. Jh. u. Z. mit germanischen Stämmen im Oder-Weichsel-Gebiet rechnen. Da die um 100 v. u. Z. einsetzenden Kulturen sich dann bis zum 4. Jh. kontinuierlich entwickelten, ohne einen wesentlichen

Bruch erkennen zu lassen, muß diese Stammesgruppierung seit dem 1. Jh. v. u. Z. unverändert geblieben sein.

Im Gegensatz zu früheren, oft von germanophilen und nationalistischen Tendenzen geprägten Ansichten dürfen wir uns keine falschen Vorstellungen von diesen historischen Prozessen machen. Wir charakterisierten bereits einen ethnogenetischen Vorgang als einen dialektisch sich vollziehenden, teils integrierenden, teils differenzierenden Prozeß. Erscheint eine neue archäologische Kultur, dann kann die Ablösung der bisherigen Kultur durch drei verschiedene Prozesse erfolgt sein: 1. durch eine tatsächliche Zuwanderung (Migrationsprozeß), 2. durch eine sprunghafte Umwandlung der bisherigen Kultur (endogener Prozeß) und 3. durch Einwirkung fremder Kulturen (exogener Prozeß). Wenden wir nun diese theoretische Erkenntnis auf die Germanen an.

Die Jastorf-Kultur liegt im Kerngebiet der uns aus den antiken Nachrichten bekannt gewordenen Germanen und kann ohne Zweifel als archäologischer Niederschlag germanischer Stämme betrachtet werden. Deren Beginn um 500 v. u. Z. ist damit zugleich der gesicherte Nachweis für Germanen in jener Zeit in diesem Raum. In den gleichen Zeitraum fällt auch der Anfang der Eisenverarbeitung im nördlichen Mitteleuropa, so daß anzunehmen ist, daß der Übergang zur Eisenverarbeitung nicht ohne Einfluß auf diesen ethnogenetischen Vorgang geblieben ist. Wir können somit von einem endogenen Prozeß sprechen.

Die Bevölkerung im Raume westlich der Weser und südlich des Thüringer Waldes stand kulturell und sicherlich auch politisch unter dem Einfluß der Kelten, ohne daß sie damit auch ethnisch als »Kelten« zu betrachten wäre. Als im 1. Jh. v. u. Z. die Macht der Kelten schwand, geriet diese Bevölkerung in die Ausstrahlungskraft germanischer Stämme, wobei politische Unterwerfung, Überwanderung u. ä. eine Rolle gespielt haben werden. Diese Bevölkerungsgruppen wurden letztlich und vor allem im Blickpunkt der Antike Teil der germanischen Welt, sie wurden »Germanen«. Hier hatte sich ein exogener Prozeß vollzogen.

Die Bevölkerung im Raume östlich der Oder war – wie wir gesehen haben – mindestens seit dem Ende der Bronzezeit bis zum Anfang des 1. Jh. v. u. Z. konstant. Dann trat eine Kultur auf, die trotz vieler Beziehungen zur bisherigen Kultur aber doch vieles Neue und kulturelle Beziehungen zu Skandinavien aufwies, so daß der Gedanke an eine Einwanderung aus dem skandinavischen Raum naheliegt. Dieser Vorgang fand 100 Jahre später (zu Beginn unserer Zeitrechnung) im Weichselmündungsgebiet eine Wiederholung. Die Eroberer aus dem Norden mußten nach den Angaben der antiken Welt Germanen gewesen sein. Ob man nur diese Bevölkerungsschicht oder die einheimische und fremde Bevölkerung in ihrer Gesamtheit jetzt als Germanen anzusprechen hat, läßt sich historisch schwer entscheiden. Tacitus und andere sprechen jedenfalls von Germanen in diesem Raum, der dann seit etwa 400 u. Z. wieder von ihnen geräumt wird.

Wir dürfen alle diese Vorgänge zwischen Oder und Weichsel und zwischen Weser/Saale und Rhein/Donau nicht als einfache ethnogenetische Prozesse betrachten, sondern müssen in ihnen jeweils einen komplexen ökonomisch-sozial-politisch-ethnogenetischen Vorgang sehen.

Die antiken Historiker und Schriftsteller hatten also gar nicht so unrecht, wenn sie Gallier und Germanen nur schwer oder nur nach individuellen, willkürlichen Gesichtspunkten unterscheiden konnten. Wir dürfen beide keinesfalls als völlig getrennte, seit alters her gegenseitig abgeschlossen lebende Völkerschaften auffassen. Die keltischen Stämme im Gebiet des heutigen Frankreichs – und ihnen folgend die Römer – bezeichneten die Stämme jenseits des Rheins einfach als »Germanen«, die zu ihnen als Feinde kamen, ihre Länder plünderten und sich für immer dort niederlassen wollten. Ariovists großer Zug war sicherlich nur ein Teil dieser Bewegung und ist uns lediglich bekannt geworden, weil Cäsar und damit die antike Welt in diese Auseinandersetzung einbezogen worden sind. Germanen waren also den Kelten gegenüber Fremde, Landsuchende, ja Feinde – eben Stämme aus den unbekannten Gebieten jenseits des Rheins.

Einmal geprägt, wurde der Name von den Römern für alle Stämme zwischen den Kelten im Westen und den Sarmaten im Osten angewandt, wobei nun der gegenüber den Kelten aufgeklärte und wissenschaftlich interessierte Römer bemüht war, Kelten und Germanen unterscheiden zu können. Solche Versuche haben zu keinem befriedigenden Ergebnis geführt und konnten dies auch nicht. Ein wissenschaftliches Kriterium zur Unterscheidung besaß man erst seit dem Anfang des vorigen Jahrhunderts durch die Entdeckung der Lautverschiebung. Soweit also Sprachreste erhalten sind, können wir deren Träger heute ethnisch einordnen und darüber hinaus eine sprachliche und in gewissem Maße auch ethnische Gliederung der Germanen vornehmen.

Germanische Frühgeschichte

Cimbern und Teutonen an Roms Grenzen – Cäsar und Ariovist – Der Kampf um Germaniens Freiheit – Germania libera in der Spätphase der Urgesellschaft – Stämme bilden sich zu Stammesverbänden – Die Große Völkerwanderung

»Unsere Stadt (Rom) stand im 640. Jahr, als man
zum ersten Mal von den Waffentaten der Cimbern
hörte . . . Rechnen wir von dort bis zum zweiten
Konsulat des Kaisers Trajan, so macht dies etwa
210 Jahre aus. So lange schon siegt man über
Germanien . . .«

Tacitus, Germania 37

Die Frühgeschichte der Germanen vollzog sich zwar größtenteils im Gesichtsfeld des Römischen Reiches, aber nur das ist uns heute gegenwärtig, was römische Schriftsteller, Historiker und Feldherren aufzeichneten, was sich also an oder in der Nähe der römisch-germanischen Grenze abspielte. Alle historischen Vorgänge im Inneren oder gar an den nördlichen und östlichen Grenzen Germaniens sind der römischen Historiographie unbekannt geblieben. Außerdem haben die antiken Historiker nur die äußeren Ereignisse – meist militärischer Art – und einzelne ihnen wesentlich erschienene Beobachtungen aufgezeichnet. Wir wollen versuchen, die politisch-soziale Geschichte der Germanen in groben Zügen so weit darzustellen, wie es für das Verständnis der germanischen Kulturentwicklung unerläßlich ist.

Als am Ende des 2. Jh. v. u. Z. die Cimbern und Teutonen an den Grenzen des Römischen Reiches erschienen, kamen sie für die Römer wie aus einer nebelverhangenen, unbekannten Ferne. Nur weil spätere antike Schriftsteller sie noch an den jütländischen Küsten lokalisieren, wissen wir, daß sie einst dort im Norden gesessen haben müssen. Der Weg nach Süden dürfte wohl die Oder aufwärts und durch mährisch-slowakisches Gebiet in den mittleren Donauraum geführt haben. Spuren archäologischer Art haben sie dabei nirgends hinterlassen. Nach Siegen über römische Heere, über deren Auswirkungen auf die inneren Verhältnisse Roms wir bereits sprachen, wurden die Teutonen im Jahre 102 v. u. Z. in Südgallien und die Cimbern ein Jahr später in Oberitalien vernichtend geschlagen.

Die Ursachen für diese erste den Römern bekannt gewordene und von ihnen überlieferte Auswanderung glaubten die antiken Schriftsteller darin zu sehen, daß Meeresfluten den Cimbern und Teutonen den heimatlichen Boden entrissen hätten. Wir wissen aber heute, daß ihre Auswanderung nicht die einzige dieser Art war. Die archäologischen Quellen deuten vielmehr darauf hin, daß in jenen Jahrhunderten des öfteren Bewegungen von Nord nach Süd stattgefunden haben. Über das Erscheinen von skandinavischen Stammesteilen im Gebiet von Oder und Weichsel um 100 v. u. Z. und zu Beginn unserer Zeitrechnung haben wir bereits gesprochen. Mag in einigen Fällen tatsächlich der »blanke Hans« den Menschen den Boden geraubt haben, so sind die Hauptursachen in dem Widerspruch zwischen der wachsenden Bevölkerungszahl und dem geringen Entwicklungsstand der Produktivkräfte, der weiteren Ertragssteigerungen entgegenstand, zu suchen. Eine Mitte des 1. Jahrtausends v. u. Z. eingetretene Klimaverschlechterung hat diesen Prozeß gefördert. Die dänische prähistorische Agrarforschung hat nachweisen können, daß jeder nur irgendwie einen Ertrag versprechende Quadratmeter Boden bestellt wurde, darunter Flächen, die man mit verbesserter Technik noch nicht einmal heute wieder unter den Pflug genommen hat (vgl. S. 53).

An den Auswanderungen beteiligten sich nicht ganze Stämme, sondern nur Teile – diese dann aber mit Frauen und Kindern und unter einer straffen Führung. Die Wege führten auch meist nicht bis an die römischen Grenzen, sondern endeten bereits in anderen mitteleuropäischen Landschaften. Die Inbesitznahme konnte mit Waffengewalt oder im friedlichen Einvernehmen mit der ortsansässigen Bevölkerung geschehen. Daß es zu bedeutenden Kampfhandlungen gekommen wäre, die diesen Jahrhunderten ihren Stempel aufgedrückt hätten, dafür geben die archäologischen Befunde keine Hinweise.

Die Expansion der Nordgermanen wirkte wie eine Billardkugel, die weitere in Bewegung setzt. Dem Druck von Norden nachgebend, wanderten suebische Stämme, denen sich Teile anderer Stämme anschlossen, nach dem Südwesten. Es war jener große Angriff unter Ariovist über den Rhein nach Gallien, dem sich Cäsar im ersten Jahr seiner Anwesenheit in Gallien (58 v. u. Z.) gegenübergestellt sah. Auch die kurz zuvor erfolgte Auswanderung der keltischen Helvetier aus der heutigen Schweiz nach Gallien ist in diesem Rahmen zu sehen.

Ariovists Zug nach Gallien war nicht nur von der Landsuche bestimmt, sondern gleichzeitig eine Erscheinungsform des beginnenden Zerfalls der urgesellschaftlichen Ordnung bei diesen Stämmen. Ariovist konnte seine Macht über mehrere Stämme nur durch Kriegszüge sichern, die zwangsläufig eine straffe Führung erforderten, den Teilnehmern reiche Beute und Land sowie ihm selbst Ruhm und Ansehen einbrachten.

Cäsars Kämpfe mit Ariovist gestalteten sich zur zweiten großen Auseinandersetzung dieser beiden den mittel- und westeuropäischen Raum beherrschenden Kräfte: der germanischen Gentilgesellschaft und der römischen Sklavenhaltergesellschaft. Sie endete mit der Niederlage der Germanen in einer offenen Feldschlacht in der Gegend von Mulhouse im Elsaß. Zugleich begann die letzte Phase des Ringens der Kelten (Gallier) um ihre Selbständigkeit, die sie schließlich nach schweren Kämpfen gegen Roms Heere im Jahre 52 v. u. Z. verloren.

Cäsar gelang es, die Rheingrenze gegen die Germanen zu sichern, indem er sich die Unterstützung gallischer Stämme gegen den gemeinsamen Feind sicherte und – die militärische Kraft Roms demonstrierend – zweimal den Rhein überschritt und in germanisches Land einfiel; das erste Mal brandschatzte er das Gebiet der Sugambrer zwischen Ruhr und Sieg, das zweite Mal ging er etwas mehr stromaufwärts über den Rhein. Außerdem spielte er nach dem altbewährten römischen Grundsatz »divide et impera« (teile und herrsche) einen germanischen Stamm gegen den anderen aus. Von einer einheitlichen Führung der germanischen Stämme konnte in der damaligen Phase der Urgesellschaft noch keine Rede sein.

Es begannen nicht nur Jahrzehnte und Jahrhunderte kriegerischer Auseinandersetzungen, sondern auch friedlichen Austausches. Schon aus der Zeit des 1. Jh. v. u. Z. fanden sich römisches Bronzegeschirr, Münzen und Fibeln über das gesamte germanische Gebiet bis zur Weichsel und nach Südskandinavien verbreitet. Ein Teil dieser Funde ist sicherlich Beute aus erfolgreichen Kriegszügen, aber die Mehrzahl dürfte im Tausch gegen einheimische Produkte bzw. als Gast- oder Freundschaftsgeschenk führender Offiziere und Staatsbeamter an germanische Adlige in das Land gelangt sein (vgl. S. 89 f.). Der Präsenz der römischen Macht an den Ufern des Rheins stand auch nicht entgegen, daß germanische Stämme oder Teile von ihnen auf das westrheinische Gebiet übersiedelten, von Rom nicht nur geduldet, sondern nach entsprechenden Abkommen zur Grenzsicherung auch gern gesehen. Umgekehrt überschritten keltische Stammesteile den Rhein von West nach Ost, so daß die politische Grenze am Rhein immer weniger eine ethnische Grenze wurde.

Rom gab sich mit der Grenze an Rhein und Donau nicht zufrieden, sondern gedachte, sie an die Elbe vorzuschieben. Diese Bemühungen wurden vor allem in der Zeit der römischen Kaiser Augustus und Tiberius sichtbar, zumal sich die bisher nur vereinzelten Überfälle germanischer Stämme auf gallo-römisches Gebiet im Jahre 16 v. u. Z. zu größeren Raubzügen der Sugambrer im Verein mit anderen Stämmen steigerten, wobei die Truppen des römischen Statthalters in Gallien geschlagen wurden. Nunmehr traf Augustus persönlich die Vorbereitungen zur Eroberung des germanischen Gebietes bis zur Elbe. Kastelle und Legionslager wurden angelegt, Straßen und ein Kanal vom Rhein zur Zuidersee gebaut, neue Militärkommandos geschaffen und vor allem Truppen an die Grenzen gelegt.

Im Jahre 12 v. u. Z. begann der Stiefsohn Augustus', Drusus, die Offensive zu Lande und zu Wasser gegen die Sugambrer, Usipiter, Friesen, Brukterer, Cherusker, Chatten, Markomannen und andere Stämme. Siege und Niederlagen auf beiden Seiten lösten sich ab. Römische Stützpunkte zwischen Rhein und Weser wurden errichtet, Germanen eroberten das Legionslager Oberaden, Drusus erreichte in der Gegend von Magdeburg die Elbe. Auf dem Rückweg im Jahr 9 v. u. Z. fand Drusus durch einen Unfall den Tod, nachdem ihm der Sage nach eine germanische Seherin an den Ufern der Elbe bereits dieses Schicksal vorausgesagt hatte: »Wohin in aller Welt willst Du, unersättlicher Drusus? Es ist Dir nicht beschieden, alles hier zu schauen. Kehr um! Denn das Ende Deiner Taten und Deines Lebens ist das« (Cassius Dio 55).

Eine Folge dieser vierjährigen Kämpfe waren Veränderungen einzelner Stammesgebiete. So wanderten die suebischen Stämme der Markomannen und Quaden aus dem Rhein-Main-Gebiet ab und eroberten Böhmen bzw. Mähren. Die stadtähnlichen, befestigten Siedlungen (Oppida) der keltischen Bojer wurden von ihnen in Besitz genommen. Durch diese kriegerischen Handlungen festigte sich nicht nur die Macht des Herzogs der Markomannen, Marbod, über seine eigenen Stammesangehörigen, sondern es gelang ihm, sich auch andere germanische Stämme an Elbe, Saale und Oder untertan oder tributpflichtig zu machen. Im Gegensatz zu Ariovist und anderen germanischen Führern war Marbod nunmehr Herzog auch in Friedenszeiten (vgl. S. 35). Er residierte auf einer Burg[1], baute sich ein Heer von angeblich 75 000 Soldaten und für seinen persönlichen Schutz eine Leibgarde auf und führte römische Sitten an seinem Hof ein, die er während seines Aufenthaltes als Geisel in Rom kennengelernt hatte. In Wirtschaft und Kultur nahm das böhmische Gebiet eine führende Rolle ein, wie dies auch die archäologischen Funde zeigen. Münzen wurden geprägt. Stammesführer konnten durch Marbod, der sich jetzt König nannte, ein- und abgesetzt werden. Noch aber war die urgesellschaftliche Gentilordnung so stark, daß Marbod schließlich am Widerstand des in seinen Rechten bedrohten Gentiladels zerbrach. Auch Rom hatte in dem von Marbod geschaffenen Machtkomplex eine große Gefahr für sich gesehen. Der von Tiberius vorbereitete Zweifrontenkrieg gegen Marbod von Rhein und Donau her (im Jahre 6 u. Z.) mußte aber wegen eines Aufstandes in Pannonien abgebrochen werden, so daß Marbod zunächst vom äußeren Feind keine unmittelbare Gefahr drohte.

Tiberius war in den Jahren zuvor nicht untätig geblieben. Er bemühte sich, nach der vielfach erprobten Praxis das Gebiet der Rhein-Weser-Germanen zu »befrieden«: durch Kriegszüge, Stationierung von Truppen, wirtschaftliche Ausbeutung des Landes, Verträge mit einzelnen Stämmen, Übernahme germanischer Adliger in römische Dienste und Verleihung des Bürgerrechtes und der Ritterwürde an diese, Ablösung des germanischen Rechts durch das auf dem Privateigentum basierende römische Recht, Einziehung von Steuern usw. Im Jahre 5 u. Z. wurde die römische Provinz Germania gebildet, die bis zur Elbe reiche, wobei aber mehr der Wunsch der Vater des Gedankens war; denn von einer vollständigen Besetzung und Befriedung des Gebietes zwischen Rhein und unterer Elbe konnte noch nicht die Rede sein. Hauptstadt dieser jüngsten Provinz des Imperiums wurde der Hauptsitz der Ubier, an deren Stelle später Colonia Agrippina, das heutige Köln, angelegt wurde.

So war es verständlich, daß diese Methoden eines fremden ausbeutenden Klassenstaates weniger den Widerstand des germanischen Adels – der hatte ja zahlreiche Vergünstigungen von seiten Roms – als vor allem den der Volksmassen hervorriefen. Es kam zu einem Volkskrieg, dessen Führer der Cheruskerfürst Armin (lateinisch: Arminius) wurde, der als Offizier germanischer Hilfstruppen im Dienste Roms über entsprechende militärische Kenntnisse verfügte. Noch befanden sich Arminius und seine Gefährten beim

---

[1] Sicherlich ein ehemaliges keltisches Oppidum in der Nähe von Prag (vgl. S. 166)

römischen Heer, das aus drei Legionen, zahlreichen Hilfstruppen und einem umfangreichen Troß bestand und vom Statthalter und Oberbefehlshaber der Rheinarmee Quinctilius Varus geführt wurde. Arminius gelang es, Varus auf dem Rückmarsch vom Sommerlager ins Winterquartier zu einem Umweg zu überreden und sich erst kurz vor dem Überfall durch die germanischen Angreifer abzusetzen. Das von Arminius gewählte wald- und schluchten-reiche Gebiet wurde dem römischen Heer mit zum Verhängnis. In dieser Schlacht des Jahres 9 u. Z. erlitt Rom eine vernichtende Niederlage. Wo diese Schlacht – meist als Schlacht im Teutoburger Wald bezeichnet – stattgefun-den hat, ist nicht bekannt. Historiker, Archäologen und Philologen haben sich um ihre Lokalisierung bemüht. Entscheidend ist aber der historische Fakt, daß die Varusschlacht »einen der entscheidensten Wendepunkte der Geschichte bildet« (F. Engels). Die Grenze zwischen Rom und Germanien verblieb endgültig am bzw. in der Nähe des Rheins. Trotz der besseren Ausrüstung des römischen Heeres hatten die um ihre Freiheit kämpfenden Germanen den Sieg davongetragen. Wie so oft in der Geschichte wurde auch hier bewiesen, daß ein gut vorbereiteter und geschlossen geführter Freiheits-kampf der Volksmassen zu Erfolgen führt, auch wenn sich die größere militärische Kraft auf der gegnerischen Seite befindet.

Marbod hatte sich aus eigensüchtigen Gründen mit seinem Stammesbund am Befreiungskampf nicht beteiligt. Es kam im Gegenteil zu Fehden und Kämpfen zwischen Armin und Marbod sowie zu Auseinandersetzungen innerhalb der Gentilaristokratie der einzelnen Stämme. Armin hatte zahl-reiche Stämme im Kampf vereinigt und nach dem Sieg über Varus seine Machtstellung noch mehr ausbauen können. Doch der von ihm geschaffene Stammesbund hatte seine Aufgabe erfüllt, und Arminius' Versuch, seine überragende Stellung beizubehalten, stieß auf den geschlossenen Widerstand der Gentilaristokratie und der einzelnen Stämme, die ihre gesellschaftliche Stellung bzw. ihre Selbständigkeit bedroht sahen, so daß ähnlich wie Marbod auch Armin ein Opfer seiner Politik wurde. Die Zeit war für seine weiteren Pläne noch nicht reif, Armin zerbrach an den noch nicht ausreichend ent-wickelten Machtmitteln einer »Militärischen Demokratie« (vgl. S. 35). Er wurde im Jahre 21 u. Z. von der eigenen Gentilaristokratie ermordet, nach-dem bereits Marbod zwei Jahre zuvor ebenfalls durch den eigenen Adel gestürzt und nach Italien geflohen war.

Rom machte sich verständlicherweise diese Zwistigkeit zunutze. Der Neffe des nunmehrigen Kaisers Tiberius, Germanicus, führte in den Jahren 14 bis 16 u. Z. Feldzüge gegen Marser, Chatten, Cherusker und andere ger-manische Stämme durch, ohne jedoch das Ergebnis des Jahres 9 u. Z. rück-gängig machen zu können. Insgesamt waren die Verluste an Menschen und Material sehr hoch. Manchmal hatten sich Niederlagen im Ausmaße der Schlacht des Jahres 9 angebahnt, wenn nicht Uneinigkeit und Unent-schlossenheit der Germanen den Römern zu Hilfe gekommen wären. Im Winter des Jahres 16 zu 17 scheint man sich dann endgültig entschieden zu haben, auf eine Elb-Grenze zu verzichten. Militärisch hätte es die Kräfte Roms überstiegen. Germanicus rief man ab, ohne einen Nachfolger zu ernennen. Um den Mißerfolg gegenüber der Öffentlichkeit zu verdecken, wurde Germanicus in Rom als »Sieger« triumphal gefeiert. Die römische Defensiv-Politik am Rhein führte zu einer beschränkten Ruhe, wenn man von einzelnen Angriffen und Überfällen friesischer und chattischer Scharen absieht.

Eine bedeutende Gefahr erwuchs der römischen Herrschaft am Rhein, ja in Gallien überhaupt durch den Bataveraufstand im Jahre 69, dem sich Friesen, Brukterer, Tenkterer, Ubier und andere Stämme sowie später auch Gallier anschlossen. Aber die sozialökonomische Bindung der gallischen Großgrundbesitzer an Rom war in dieser seit über einem Jahrhundert

Karte 2 Römische Städte, Legionslager und Kastelle in den Provinzen an Rhein und oberer Donau

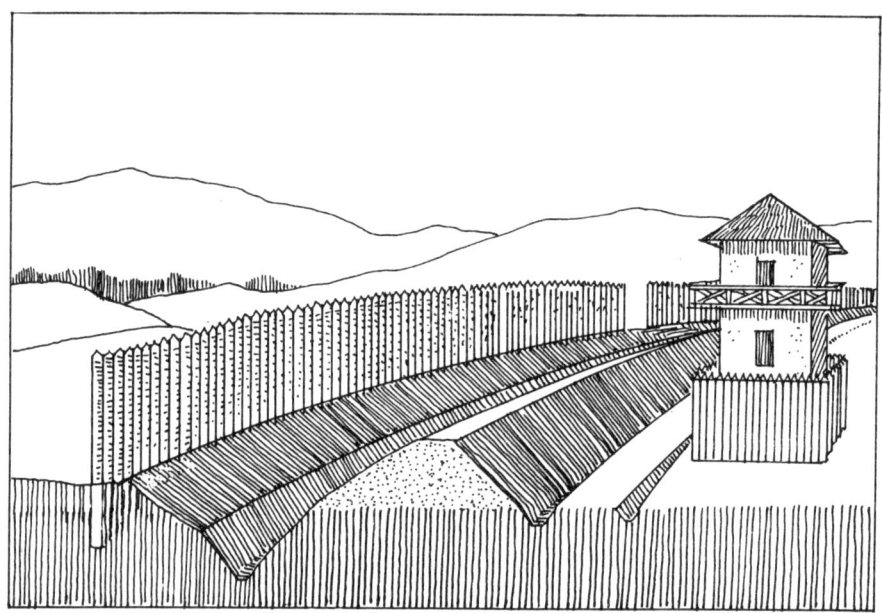

Rekonstruktion des germanischen und rätischen Limes

bestehenden römischen Provinz schon so groß, daß sie an einer Loslösung vom römischen Sklavenhalterstaat kein Interesse hatten und sich deshalb von den Germanen distanzierten. Die bis auf Mainz sämtlich vernichteten Kastelle wurden teilweise wieder aufgebaut und neue dazu errichtet.

Unter dem Eindruck dieses für die römische Herrschaft am Rhein gefährlichen Aufstandes und der bereits vorher immer wieder erfolgten Aggressionen germanischer Stämme, besonders der Chatten, einem der bedeutendsten und machtvollsten Stämme im 1. Jh., entschloß sich Rom, die Grenze zu befestigen. So wurde unter Domitian in den Jahren 83 bis 85 mit dem Bau des Limes begonnen, dem weitere Ausbauten unter Trajan, Hadrian und Antonius Pius folgten. Um die Mitte des 2. Jh. hatte der germanisch-rätische Limes seinen am weitesten ins germanische Land hineingreifenden Verlauf erreicht. Er führte über 500 km von oberhalb der Ahrmündung östlich des Stromes entlang zu den Höhen des Taunus, hierbei bis in den Raum südlich Gießen reichend, stieß bei Hanau an den Main, der dann bis Miltenberg die Grenze bildete, setzte sich in schnurgerader Linie bis nach Lorch östlich Stuttgart fort, um dann als rätischer Limes einen etwa östlichen Verlauf zu nehmen und an der Donau bei Kelheim zu enden (Karte 2).

Während den germanischen Limes ein Erdwall, Palisade und Graben bildeten, bestand der rätische Limes aus einer Steinmauer. Türme und Kastelle in bestimmten Abständen verstärkten diese Grenzbefestigung (Bild 1). Die bisher nur aus Holz errichteten Kastelle wurden nunmehr aus Stein erbaut (Bild 2). Im Hinterland legte man Straßen an, um schnell Truppen verschieben bzw. diese versorgen zu können.

30

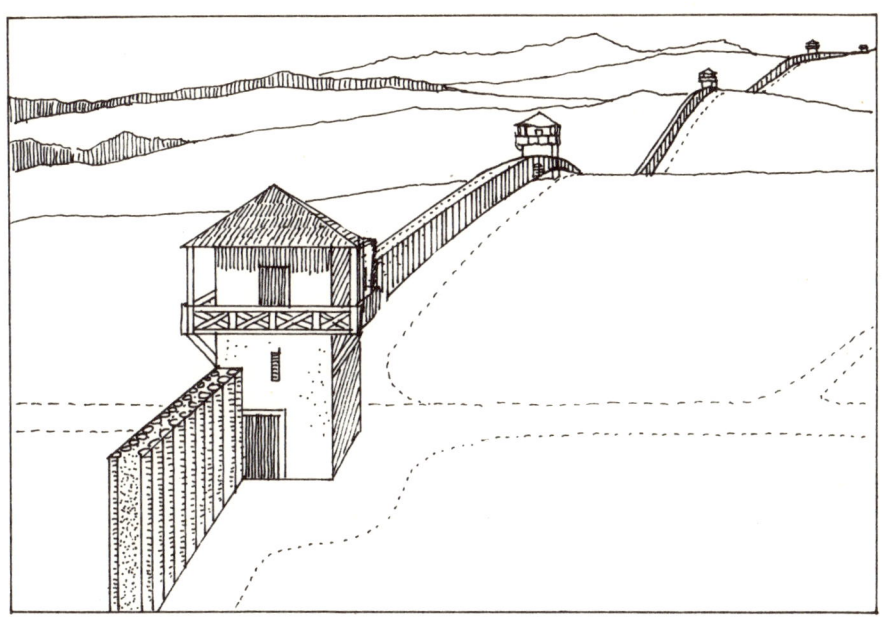

Auf diese Weise war eine klare, nicht zu übersehende Grenze zwischen dem Römischen Imperium und der Germania libera, dem freien Germanien, geschaffen. Sie trennte aber damit keinesfalls Germanen von Nicht-Germanen, sondern seit Cäsars Zeiten wohnten germanische Stämme bzw. Teile von ihnen auch auf der gallo-römischen Seite des Limes. Deren kulturelle Entwicklung vollzog sich in anderen Formen als jene der von Rom unabhängigen Stämme. Der Limes war zu einer Grenze zwischen zwei verschiedenen Gesellschaftsformationen, der sich auflösenden Urgesellschaft und der ebenfalls zerfallenden Sklavenhaltergesellschaft, geworden.

Im römischen Okkupationsgebiet, das verwaltungsmäßig in die Provinzen Germania inferior, Germania superior, Belgica, Raetia und Noricum gegliedert war, herrschte die römische Sklavenhalterordnung. Die auf der Arbeit der Sklaven und Kolonen basierende Gesellschaft führte zu bedeutenden ökonomischen Errungenschaften auf allen Gebieten: zu großen Landwirtschaftsbetrieben mit reichen Erträgen, Obst- und Weinanbau, Bergbau und Steinbrüchen, vielseitigen staatlichen und privaten Produktionsbetrieben, Straßenbau und Stadtgründungen. Hier herrschten das Privateigentum an den Produktionsmitteln, die Warenproduktion und ein Handel auf Geldbasis. Zahlreiche Germanen waren in den Produktionsstätten tätig, wo sie ebenso ausgebeutet wurden wie die einheimische Bevölkerung überall im Römischen Reich. Eine Entwicklung der eigenen Produktivkräfte wurde dadurch nicht erreicht. In gleichem Maße veränderten sich bei den dort wohnenden Germanen auch die Lebensgewohnheiten und die Denkweise. Das Ergebnis war die provinzialrömische Kultur, die sich sowohl von der römischen Kultur in Italien als auch der germanischen jenseits der Grenzen unterschied.

Aber auch die Entwicklung im freien Germanien stand nicht still. Sie konnte sich jedoch nur in den engen Grenzen und Möglichkeiten einer urgesellschaftlichen Ordnung entfalten. Das Leben der Germanen vollzog sich hier vor allem in drei gesellschaftlichen Bereichen. Die von alters her bestehende Sippe war die wichtigste Zelle der germanischen Gesellschaft. Durch die Blutsverwandtschaft war der Kreis der Mitglieder bestimmt, der Sippe gehörten die wichtigsten Produktionsmittel, und das Sippenbewußtsein bildete die Maxime für das Handeln jedes einzelnen. Auch in den Kampf zog man nach Sippen gegliedert. Die einzelne Sippe war nach dem patriarchalischen System aufgebaut, während das alte matriarchalische nur noch in Relikten oder in der Vorstellungswelt (Religion) erhalten war. In manchen Fällen wird die Sippe auch die wirtschaftliche Einheit gewesen sein.

Diese war aber meist die Großfamilie – der zweite Bereich der germanischen Gesellschaft. Entsprechend dem damaligen Stand der Produktivkräfte konnte sich die Produktion der Nahrung und der meisten materiellen Güter am vorteilhaftesten im Rahmen einer solchen Großfamilie vollziehen. Widersprüche zwischen den Interessen der Sippe und denen der Familie waren zwar möglich, aber gefährdeten zunächst nicht die Geschlossenheit der germanischen Gesellschaft.

Der dritte Bereich war der Stamm, der mit Hilfe der Volksversammlung die Interessen der Gesamtheit vertrat. Diese entschied über Krieg und Frieden, regelte Zwistigkeiten zwischen einzelnen Sippen und führte notwendig werdende Verhandlungen mit anderen Stämmen. Sicherlich bestand ein Stammesbewußtsein. Dagegen war ein Bund von mehreren Stämmen zunächst nur sehr locker und wurde für eine begrenzte, von militärischen Auseinandersetzungen geprägte Zeit geschlossen. Möglicherweise gab es über den einzelnen Stamm hinausgehende Beziehungen auf kultisch-religiöser Grundlage, worauf die bei Tacitus genannten Kultverbände hinweisen.

Die einzelnen Stämme sind uns dem Namen und der ungefähren Lokalisierung nach durch die antiken Schriftsteller bekannt. Die Karte (im Vorsatz unseres Buches) zeigt – im schwarzen Schriftsatz – einige der von Tacitus (um 100 u. Z.) erwähnten Stämme. Die archäologischen Quellen können entsprechend dem Charakter der Funde nur eine allgemeine Gliederung vermitteln, wenn auch manche kulturellen Unterschiede und gewisse Fundmassierungen mit den sie umgebenden siedlungsschwachen Zonen doch eine Gliederung in Stämme widerspiegeln (Karte 3). Nicht nach antiken Gesichtspunkten, sondern nach philologisch-archäologischen Kriterien des 19. Jh. sprechen wir von Westgermanen (etwa den Istwäonen bei Tacitus entsprechend), Nordseegermanen (Ingwäonen), Elbgermanen (Sueben bzw. Herminonen), Ostgermanen (Lugier, Wandilier) und Nordgermanen. Diese Gruppen lassen sich archäologisch noch einigermaßen gut unterscheiden.

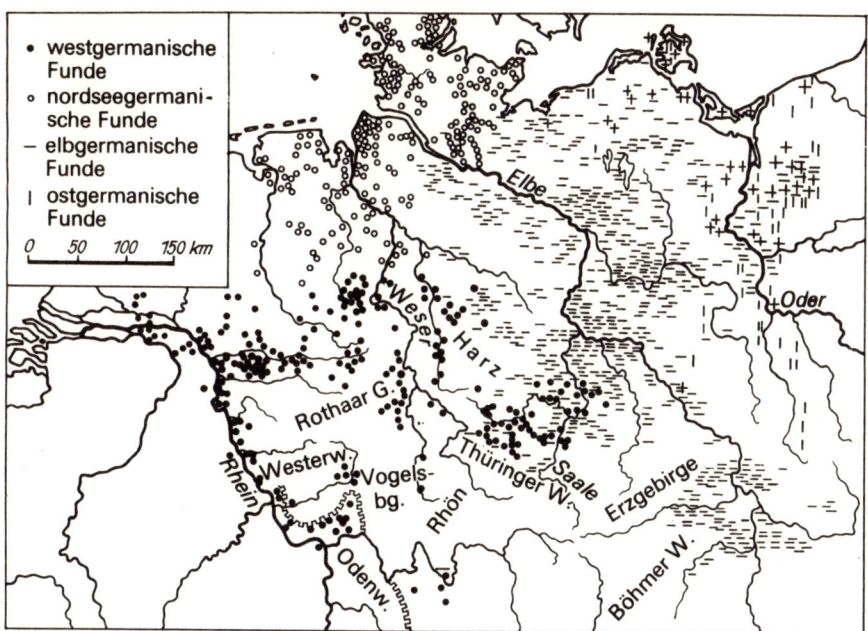

Karte 3   Die archäologischen Bodenfunde der älteren römischen Zeit (1. und 2. Jh.) zwischen Rhein und Oder (nach v. Uslar/Jankuhn, ergänzt)

In the map legend:
- westgermanische Funde
- nordseegermanische Funde
- elbgermanische Funde
- ostgermanische Funde

0   50   100   150 km

Neben Sippe, Großfamilie und Stamm gewann entsprechend dem Wesen der späten Urgesellschaft im Stadium der Militärischen Demokratie eine gesellschaftliche Einrichtung immer mehr an Bedeutung, die auch für die germanische Gesellschaft typisch war: das Gefolgschaftswesen. Ursprünglich nur für die Dauer eines Kriegszuges, dann aber auch im Frieden umgaben sich Häuptlinge, Heerführer oder Adlige mit jungen auserlesenen Männern. Über deren Lebensweise und Stellung in der Gesellschaft werden wir später noch eingehender zu berichten haben (S. 211). Die Mitglieder dieser Gefolgschaften waren an Kriegszügen sehr interessiert. Denn hier konnten sie Mut und Tapferkeit zeigen, sich vor anderen auszeichnen, an der Beute bevorzugt beteiligt werden und auf diese Weise ihre gesellschaftliche Stellung festigen. Durch den Eintritt in eine Gefolgschaft schieden sie aus der Sippe aus – ja mitunter waren sie sogar stammesfremd – und bildeten nunmehr eine besondere sippenungebundene Schicht, die an produktiver Arbeit nicht interessiert war. Vielmehr mußte die große Masse der Bauern durch Schaffung eines Mehrproduktes für deren Unterhalt aufkommen, indem sie an den Führer, den Häuptling oder den König entsprechend hohe Abgaben aufzubringen hatte. So wurden hier Keime späterer feudaler Verhältnisse gelegt. Die Gefolgschaft war eine »Privatgesellschaft zur Kriegsführung auf eigene Faust« (F. Engels), sie wurde ein Machtinstrument des Adels.

Es erhebt sich in diesem Zusammenhang die Frage, welchen Umfang diese Kriegergruppen im Verhältnis zur Gesamtzahl besaßen, da sie für die produktive Arbeit der Gesellschaft allem Anschein nach ausfielen. Wenn wir uns die vielfältigen Arbeiten in allen Bereichen der Produktion und gleichzeitig den niedrigen Stand der Produktivkräfte einmal vergegenwärtigen, muß angenommen werden, daß ihre Zahl im Verhältnis zur Gesamtbevölkerung anfangs niedrig war. Weiterhin ist zu beachten, daß die Germanen im Kampf immer noch nach Sippenverbänden gegliedert waren; trotz aller Bedeutung der Gefolgschaften führten diese also zunächst nicht zur Auflösung der Sippenverbände.

Das germanische Gefolgschaftswesen bildete sich aber im Laufe der Jahrhunderte immer stärker aus und fand seine höchste, zugleich auch erbarmungsloseste Form bei den Wikingern, deren Seefahrten über die Weltmeere Mannschaften mit eiserner Disziplin verlangten. Insgesamt trug das Gefolgschaftswesen zur Auflösung der Urgesellschaft und damit zur Entwicklung des Feudalismus bei, wo dem ritterlichen Lehnswesen ein ähnlicher gesellschaftlicher Vertrag zugrunde lag.

Die Entwicklung einer Gentilaristokratie war bei den einzelnen germanischen Stämmen qualitativ und quantitativ unterschiedlich. Neben den antiken, nicht immer gesicherten Nachrichten steht uns die Möglichkeit einer soziologischen Auswertung der Gräberfelder und der Siedlungen zur Verfügung, um Struktur und Aufbau der germanischen Gesellschaft zu rekonstruieren. Neben der großen und sicherlich überwiegenden Zahl von freien und unabhängigen Bauern gab es bei den einzelnen Stämmen auch unfreie und ökonomisch abhängige Menschen. Sie können sogar Besitzer von eigenen Produktionsmitteln und eigenem Haus gewesen sein, mußten aber einen Teil des landwirtschaftlichen Ertrages an die führende Familie bzw. deren Oberhaupt abführen. Ihre ökonomische Abhängigkeit mag vielfältige Ursachen gehabt haben, hauptsächlich aber wohl aus einer unterschiedlichen Produktivität der einzelnen bäuerlichen Betriebe entstanden sein. Schlechte Bodenverhältnisse, eine geringe Zahl arbeitsfähiger Familienangehöriger, Kriegseinwirkungen, Mißerfolge in der Viehzucht und anderes mehr konnten sehr schnell zu einer ökonomischen Abhängigkeit führen. Denen, die sich im Krieg und im Frieden eine führende Rolle und ein großes Ansehen in der Gesellschaft erworben hatten, wurde – sozusagen stillschweigend, weil zunächst nicht sichtbar gegen die Prinzipien der urgesellschaftlichen Ordnung verstoßend – auch das Recht zuerkannt, einen ganz bestimmten Anteil der Produktionsergebnisse von anderen Stammesgenossen zu nehmen und vielleicht sogar schon die Arbeitskraft fremder Menschen für handwerkliche oder landwirtschaftliche Arbeiten auf ihrem Hof zu nutzen.

Damit erhebt sich die Frage, ob die Germanen Sklaven besessen haben. Wenn Tacitus (Germania 24 und 25) zwar von Sklaven spricht, so besaßen diese doch eine andere gesellschaftliche Stellung als die römischen. »Jeder Sklave hat sein eigenes Haus und ist darin selbständig. Er hat wie ein Pächter seinem Herrn eine bestimmte Menge Getreide oder Vieh oder Stoff zu liefern. Nur so weit geht das Dienstverhältnis... Wohl töten sie einen, nicht weil er streng bestraft werden soll, sondern im Jähzorn wie einen persönlichen Feind; doch wird das Töten eines Sklaven nicht bestraft.«

So besaßen diese Unfreien auch eine ganz andere Stellung zur Produktion. Sie waren an einem hohen Ertrag interessiert, weil dieser nicht wie beim römischen Sklaven allein dem Herrn zukam, sondern im entsprechenden Anteil auch ihm und seiner Familie. Historisch gesehen, war dies ein großer Fortschritt gegenüber den an einer höheren Produktion in keiner Weise interessierten Sklaven der entwickelten römischen Sklavenhaltergesellschaft. Daß diese Form der Produktionsverhältnisse trotzdem den Charakter einer Ausbeutung besaß, darüber gibt es keinen Zweifel.

Aber wir werden auch mit eigentlichen Sklaven rechnen müssen, vor allem in der Nähe der römischen Grenzen. Schon der große Bedarf des römischen Staates an Sklaven reizte die Germanen, Menschen gegen römische Waren zu verhandeln, da das Äquivalent an eigenen Produkten sonst zu gering war. Vor allem Kriegsgefangene werden den Weg in die römische Sklaverei angetreten haben. Sie wurden nicht mehr – wie in früheren Zeiten – getötet, sondern nun als wertvolle Ware verkauft. Daß der Produktionsertrag durch Einsatz von Sklaven ähnlich wie im Römischen Reich gesteigert werden konnte, dürfte gleichfalls bald eine Erkenntnis der Germanen geworden sein. Vor allem traf dies für den Adel zu, der um die Stärkung seiner ökonomischen und sozialen Stellung bemüht war; er selbst war ohnehin bereits der Produktion entfremdet, und seine ebenso unproduktive Gefolgschaft wuchs immer mehr an.

Als Ursache der ersten Angriffe germanischer Stämme gegen die römischen Grenzen hatten wir in erster Linie die Suche nach neuem Siedlungs- und Ackerland angenommen. Das mag auch noch für manche weiteren kriegerischen Unternehmungen oft die eigentliche Triebkraft gewesen sein. Als Rom zum Angriff auf das germanische Gebiet zwischen Rhein und Elbe schritt, erhielten die germanischen Kriege den Charakter von Befreiungskämpfen. Mit dem endgültigen Ausbau der Rheingrenze durch Rom gestalteten sich die grenzüberschreitenden Kämpfe der Germanen wiederum zu Raubkriegen.

Bereits bei Ariovist konnten wir feststellen, daß solche Kriegszüge dem Wesen der späten Urgesellschaft entsprachen, weswegen wir auch von dieser letzten Phase der Urgesellschaft als von der »Militärischen Demokratie« sprechen. »Der Krieg und die Organisation zum Kriege sind jetzt regelmäßige Funktionen des Volkslebens geworden . . . der Krieg wird stehender Erwerbszweig« (F. Engels). Auch Armin und Marbod stärkten durch Kriege ihr Ansehen innerhalb des Stammes und über ihn hinaus und nahmen im Verband der Stämme eine führende Rolle ein, die von ihnen zunächst in Kriegszeiten mehr oder weniger unangefochten ausgeübt werden konnte, dagegen in Friedenszeiten den Widerstand der Gentilaristokratie hervorrief.

In ruhigen Zeiten war die urgesellschaftliche Demokratie noch voll in Funktion, und die Volksversammlung (Thing) leitete die Geschicke des Stammes. Die von ihr eingesetzten Häuptlinge mußten sich jederzeit gegenüber dem Thing verantworten. Es gab auch germanische Stämme, die von

Königen geführt wurden, wozu sie auf Lebenszeit gewählt waren. Wenn dies anscheinend ausschließlich bei ostgermanischen Stämmen der Fall gewesen war, so wird dies verständlich, weil dort die weiträumigen Wanderungen, die Inbesitznahme fremden Bodens und die Unterjochung der einheimischen Bevölkerung eine straffere Führung benötigten, was im Interesse des ganzen Stammes lag. Wir wissen aber sogar noch aus der Zeit der Völkerwanderung, daß Könige auf ihre Würde verzichten mußten, wenn ihnen das Kriegsglück versagt blieb oder mehrfach Mißernten dem Volk Schaden zufügten.

So wurden die Kämpfe der Germanen dieser Zeit durch unterschiedliche Triebkräfte hervorgerufen. Auch im Inneren Germaniens muß mit solchen Kriegen gerechnet werden, da sie ja, wie wir sahen, einen Wesenszug der Urgesellschaft im Stadium der Militärischen Demokratie darstellten. Nur so sind auch die ethnogenetischen Veränderungen und die Bildung von Stammesverbänden zu verstehen. Kriege versprachen stets größere Erfolge, wenn sich mehrere Stämme vereinigten. So war es immer zu Kriegsbündnissen gekommen, die dann nach Abschluß der Kampfhandlungen meist wieder auseinanderbrachen, weil der Stammesegoismus noch zu groß war und die Gentilaristokratie der einzelnen Stämme um ihre Vorrechte fürchtete. Später, seit Beginn des 3. Jh., kam es aber zu dauerhaften Zusammenschlüssen. Jetzt waren nicht allein kriegerische Interessen für den Zusammenschluß maßgebend, sondern auch ökonomische, um die weitere Entwicklung der Produktivkräfte nicht zu hemmen. Die beginnende Warenproduktion und der Handel forderten größere Verbände.

Darin liegen die Gründe, daß zahlreiche von Tacitus erwähnte Stämme nicht mehr im 3. und 4. Jh. bekannt sind, sondern dafür neue Namen auftauchen (vgl. Karte im Vorsatz, weiße Schrift). Auch hier wird deutlich, daß ethnogenetische Prozesse letztlich auf ökonomisch-soziale Ursachen zurückgehen. So entstand im Rhein-Donau-Gebiet unter Zuzug elbgermanischer Stammesteile der Verband der Alemannen, die erstmalig 213 genannt wurden, als sie die ersten ernsthaften Vorstöße gegen den Limes unternahmen. 20 Jahre später fielen bereits mehrere Kastelle, der rätische Limes wurde überrannt, und Rom mußte die Grenze bis zur Donau zurücknehmen. Weitere 20 Jahre später wurde auch der germanische Limes von Rom aufgegeben. Zwei Jahrhunderte dauerten die Kämpfe zwischen Alemannen und der römischen Herrschaft am Rhein und in Gallien an. Zunächst fanden die Alemannen hierbei in anderen germanischen Stämmen Verbündete, aber später entstanden unvermeidlich Auseinandersetzungen untereinander um Macht und Land. Weiter als über die Nordschweiz, das Elsaß und die Pfalz konnten die Alemannen ihr Gebiet gegenüber Burgunden und Franken nicht erweitern. Gegen Ende des 5. Jh. mußte es schließlich zu den entscheidenden Kämpfen mit den Franken kommen, die diese zu ihren Gunsten entschieden. Zunächst wechselte noch fränkische Oberhoheit mit alemannischer Selbständigkeit, bis nach dem Blutbad von Cannstatt 746 die Alemannen endgültig ihre Selbständigkeit verloren.

Die Franken hatten sich ebenfalls in der 1. Hälfte des 3. Jh. aus verschiedenen niederrheinischen Stämmen zu einem Verband zusammengeschlossen. Bereits 258 u. Z. und in den nachfolgenden Jahren führten sie Kriegszüge bis nach Gallien und Spanien durch, wobei auch sie zunächst die Unterstützung anderer Stammesverbände wie der Burgunden, Alemannen und an der Nordseeküste auch der Sachsen fanden, weil sich zeitweilig ihre Interessen deckten. Bald aber setzte der Kampf um die Vorherrschaft im westlichen Mitteleuropa und in Gallien ein und wurde in der 1. Hälfte des 6. Jh. von den Franken verhältnismäßig schnell gegenüber den Alemannen (bereits 496), den Westgoten in Südgallien (507), den Thüringern (531), den Burgunden (532), den Baiern (555) und auch zunächst den Sachsen entschieden.

Im Raum der Nordseeküste hatten sich in der 2. Hälfte des 3. Jh. verschiedene Stämme zum Stammesverband der Sachsen zusammengeschlossen. Sie werden erstmalig genannt[1], als sie die gallische Nordseeküste plündernd überfielen. Seit der 2. Hälfte des 4. Jh. mehrten sich die Einfälle von Sachsen nach Nordfrankreich und nunmehr auch nach England, wohin um die Mitte des 5. Jh. immer mehr Sachsen und Angeln übersetzten. Auf dem Festland waren die Sachsen derjenige Stammesverband, der dem Hegemoniestreben der Franken den längsten und erbittertsten Widerstand leistete. Dieser Widerstand konnte erst unter dem fränkischen König Karl dem Großen endgültig gebrochen werden.

Im Gebiet der Saale bildete sich aus elb- und westgermanischen Stämmen und Stammesteilen der Stammesverband der Thüringer, deren Name um 400 erscheint. Wie zahlreiche andere germanische Verbände gerieten sie um die Mitte des 5. Jh. unter die Macht der Hunnen.

Diese waren um 375, aus den innerasiatischen Steppen kommend, an den Küsten des Schwarzen Meeres erschienen und hatten zunächst die Goten nach Süden und Westen verdrängt. Zu Beginn des 5. Jh. stießen sie nach Mitteleuropa vor und schufen sich in der ungarischen Tiefebene ein Zentrum. Unter Attilas Regierung (445–453) herrschten sie über ein Gebiet, das vom Schwarzen Meer bis zum Rhein reichte. Neben den Thüringern waren ihnen Goten, Gepiden, Langobarden, Quaden, Burgunden und andere germanische Stämme untertan; sogar Byzanz mußte ihnen Tribut zahlen.

Als Attila nach Westeuropa zog, wurde er 451 auf den Katalaunischen Feldern bei Troyes durch die vereinigten Heere Westroms, der Westgoten, Burgunden und Franken nach unentschiedener Schlacht zum Rückzug gezwungen. Auf Attilas Seite hatten ebenfalls Germanen wie Ostgoten, Quaden, Thüringer, Rugier, Heruler gekämpft. Als Attila zwei Jahre später starb, fiel das hunnische Reich auseinander. Aber der kulturelle Einfluß dieser

---

[1] Der Name selbst findet sich bereits bei Ptolemäus, der aber wohl auf eine alte Quelle aus dem Beginn unserer Zeitrechnung zurückgegriffen hat; auffallenderweise kennt Tacitus die Sachsen nicht. Sicherlich ist der Name eines einzelnen Stammes auf den großen Stammesverband übergegangen.

asiatischen Steppennomaden auf die Germanen war nicht unbedeutend, worauf wir noch mehrfach hinweisen werden.

Das Thüringerreich erreichte nach dem Ende der hunnischen Herrschaft seine Selbständigkeit wieder und gelangte zur höchsten Blüte. Es erstreckte sich von der Ohre bis zum Main, und 480 wurde sogar Passau erobert. Die Thüringer gerieten aber bald mit ihren westlichen und nördlichen Nachbarn in Konflikt und wurden 531 in einer Schlacht an der Unstrut von Franken und Sachsen geschlagen. Der nördliche Teil des Reiches kam unter sächsische, der südliche Teil unter fränkische Oberhoheit. Die kulturelle Selbständigkeit der Thüringer blieb allerdings noch Jahrzehnte erhalten.

In dieser Zeit des 3. und 4. Jh. begegnen wir aber auch Namen von Stämmen, die uns bereits aus frührömischer Zeit bekannt sind. Sicherlich hatten sie sich in dieser Zeit – auch durch Anschluß kleinerer Stämme – zu größeren Verbänden entwickelt. Das gilt für die ostgermanischen Burgunden, Wandalen, Goten, ebenso für die elbgermanischen Markomannen, Langobarden und einige kleinere und historisch nicht so bedeutende Stämme. Dort, wo sie an Elbe, Oder und Weichsel saßen, war nicht ihre ursprüngliche Heimat. Wanderungen und Unterjochung der einheimischen Bevölkerung hatten schon zeitiger als bei den anderen germanischen Stämmen eine straffe Führung der Stämme erfordert, was sich im Bestehen eines ökonomisch wie sozial starken Gentiladels, wie es reiche Gräber beweisen (vgl. S. 173 f.), und eines Königtums widerspiegelt. Möglicherweise wurde diese progressive sozial-ökonomische Entwicklung durch eine Ausbeutung der einheimischen Bevölkerung an Oder und Weichsel gefördert, wie sie in anderen Teilen Germaniens nicht bestand und bestehen konnte, weil dort die urgesellschaftliche Demokratie noch zu stark war. So hatten diese Stämme einen solchen Stand in der gesellschaftlichen Entwicklung erreicht, daß gerade sie zu den Akteuren der Großen Völkerwanderung wurden, die mit zum Untergang des geschichtlich überholten römischen Sklavenhalterstaates beitrug (vgl. für die folgenden Ausführungen die Karte im Nachsatz unseres Buches).

Nur die Markomannen blieben an dieser großen Wanderungsbewegung unbeteiligt. Sie hatten ja bereits unter Marbod einen hohen Stand der Entwicklung auf vielen Gebieten erreicht. In der 2. Hälfte des 2. Jh. waren sie zu einer neuen Gefahr für das Römische Reich geworden. Im Bündnis mit weiteren elbgermanischen Stämmen suchten sie die römischen Provinzen Rätien, Noricum und Pannonien heim und belagerten sogar Aquileia an der Adria. In 14jährigen Kämpfen (166–180) konnte schließlich der römische Kaiser Marc Aurel den Krieg zugunsten Roms entscheiden. Die Markomannen werden letztmalig in der Gotengeschichte Jordanis' (um 550) genannt. Sicherlich waren sie entscheidend an der Bildung der erstmalig um 526/533 erwähnten Baiern beteiligt, die die östlichen Nachbarn der Alemannen wurden.

Die Burgunden – im 3. Jh. in der Lausitz – fanden sich am Ende des Jahrhunderts bereits am Main, von wo aus sie sich an alemannischen Kriegszügen nach Gallien beteiligten. Gemeinsam mit Wandalen überschritten sie im Winter 406/407 den Rhein. Es bildete sich das im Nibelungenlied besungene Reich von Worms, von dem wir nicht einmal die genaue Lage und Begrenzung kennen. Da die Burgunden ihr Gebiet auf Kosten der römischen Provinz Belgica erweitern wollten, ließ sie der römische Heermeister Aetius 436 durch hunnische Söldner überfallen, wobei die königliche Sippe und angeblich 20000 Krieger umgebracht wurden. Die Reste siedelte Aetius in Savoyen an, wo sich ein neues Königreich mit Lyon als Hauptstadt entwickelte. Es reichte vom Doubs bis zur Durance und umfaßte somit das ganze Saône-Rhone-Becken. Trotz einer zeitweisen hohen Blüte erlag es schließlich den Goten, Franken und Alemannen. 534 bestand es als politische Einheit nicht mehr, nur der Landschaftsname Burgund und 400 Ortsnamen erinnern heute noch an diesen germanischen Großstamm.

Die Goten wanderten bereits in der 2. Hälfte des 2. Jh. aus dem Weichselmündungsgebiet weiter nach Südosten und spielten an den Küsten des Schwarzen Meeres eine bedeutende politische Rolle. Sie kamen hier mit dem sarmatisch-iranisch-griechischen Kulturgebiet in Verbindung und wurden zum Vermittler dieser hochstehenden Kultur nach Westen zu den übrigen germanischen Völkerschaften (S. 235 ff.).

Die römischen Provinzen an der unteren Donau bekamen die Goten bei deren Vorstößen mehrfach zu spüren. 257 ging die nördlich der Donau gelegene Provinz Dakien endgültig dem Römischen Reich verloren. Die Goten führten ihre Kriegszüge bis Byzanz und Athen. Nach einer entscheidenden Niederlage, die ihnen Kaiser Claudius – der dafür den Beinamen Goticus erhielt – zufügte, entwickelte sich ein etwas friedlicheres Verhältnis zwischen Rom und den Goten. Inzwischen hatten sich die Goten in verschiedene Verbände gegliedert, in die Westgoten zwischen unterer Donau und unterem Dnestr, östlich davon in die Ostgoten und westlich zwischen Karpaten und Theiß in die Gepiden. In diese Zeit fielen auch die erste Christianisierung bei Teilen der Goten und das Wirken des Goten Wulfila als Bischof bei den Donau-Goten; Wulfila verdanken wir auch die erste germanische Bibelübersetzung (S. 200).

Um 375 waren die Goten die ersten Germanen, auf die sich der hunnische Sturm auswirkte. Mit diesem Jahr läßt man traditionell die »Große germanische Völkerwanderung« beginnen, obgleich dieser Vorgang tatsächlich bereits seit Jahrhunderten in Gang war und jetzt nur beschleunigt und in eine mehr westliche Richtung gelenkt wurde.

Die Westgoten zogen über den Balkan nach Italien (401) und eroberten 410 erstmalig in der Geschichte des Imperiums dessen Hauptstadt Rom. Als ihr Führer Alarich in Süditalien gestorben war, zogen sie 412 über die Alpen nach Gallien und 414/415 nach Spanien, wo ein Westgotenreich, von Gibraltar bis zur Loire reichend, entstand. 507 fiel der Teil nördlich der Pyrenäen an das Frankenreich, 711 fand das Westgotenreich auch in Spanien durch die arabische Eroberung sein Ende.

Die Ostgoten waren vor den Hunnen zunächst in die ungarische Tiefebene ausgewichen und zogen dann 489 nach Italien, wo ein ganz Italien umfassendes Ostgotenreich gegründet wurde, dessen bedeutendste Herrscherpersönlichkeit Theoderich der Große war; sein Grabmal steht noch heute in Ravenna (Bild 3). Das Ostgotenreich fiel der Errichtung der Langobardenherrschaft in Italien im Jahre 569 zum Opfer.

Die Langobarden waren – sicherlich in mehreren Phasen, da sie sich bereits an den Markomannenkriegen beteiligten – aus dem Niederelbegebiet stromaufwärts nach Böhmen und weiter ins Donaugebiet gezogen. Mit ihrem endgültigen Abzug ist auf Grund des archäologischen Quellenbestandes bereits um 300 zu rechnen, in den schriftlichen Nachrichten werden sie aber erst um 490 an March und Donau erwähnt.

505 vernichteten sie die Herrschaft der Heruler im Donaubecken und errichteten ein Reich, das sich von Böhmen bis Niederösterreich und Ungarn erstreckte. Unter dem Druck der Reiterstämme der Awaren wanderten sie 568 nach Italien, wo sie, wie eben gesagt, die ostgotische Herrschaft ablösten. Mehr als die Ostgoten fühlten sich die Langobarden als die Nachfolger des Römischen Reiches, wobei sie sich aber mit dem Oströmischen Reich in Byzanz auseinandersetzen mußten. Durch die fränkische Eroberung des langobardischen Königreiches fand dieses 774 sein Ende.

Schließlich seien noch die Wandalen genannt, die sogar die Grenze Europas überschreiten sollten. Im Laufe des 2. Jh. drangen wandalische Stämme aus dem Odergebiet nach Süden vor, beteiligten sich an den Markomannenkriegen gegen Rom und siedelten sich in der Slowakei und in Nordungarn an. Nach dem Rheinübergang 406 zogen sie plündernd durch Gallien und überschritten 409 die Pyrenäen. Unter Geiserich setzten sie 429 nach Afrika über, wo sie ein Reich gründeten, das bis zur Vernichtung durch den oströmischen Feldherrn Belisar im Jahre 534 bestehen blieb.

Bei diesem Streifzug durch die tausendjährige Geschichte der germanischen Stämme konnten nur deren wesentlichste Phasen betrachtet werden. Wir gingen nicht auf interessante Einzelerscheinungen ein, sondern mußten versuchen, aus der Geschichte der einzelnen germanischen Stämme verallgemeinernd die Geschichte der Germanen in ihrer Gesamtheit und vor allem in ihren geschichtsbildenden Prozessen zu schildern. Im dialektischen Wechselverhältnis zu diesem politischen und gesellschaftlichen Geschehen entwickelte sich die germanische Kultur, die nun im folgenden untersucht und dargestellt werden soll.

Nahrungserzeugung

Einheimisches Getreide und römischer Wein – Rinder und Pferde, der Stolz
der Germanen – Pflügen und Ernten – Aufschlußreiche Henkersmahlzeit –
Honig und Salz – Vom Fladen zum Brot – Milch und Met

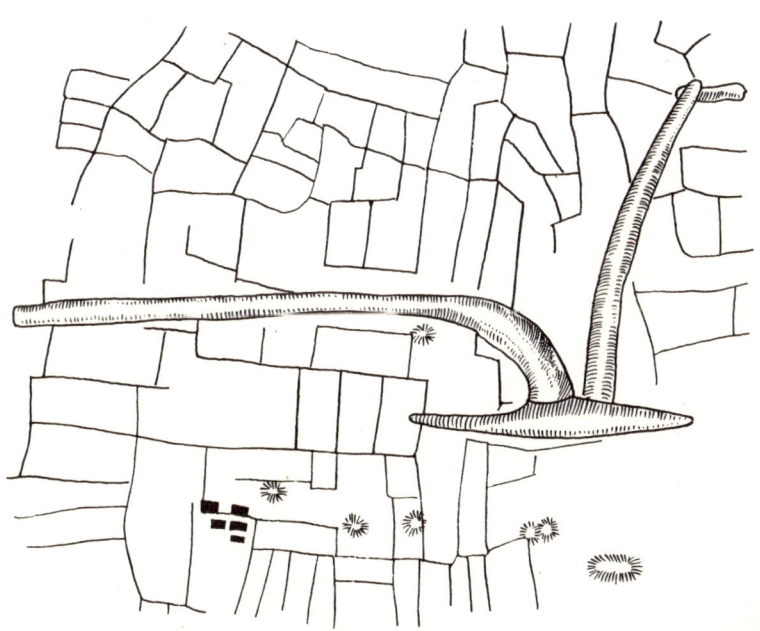

»Das Land . . . ist für Saaten ertragsfähig, für
Obstbäume nicht geeignet; es ist reich an Vieh,
das aber meist von kleinem Schlag ist. Selbst dem
Großvieh fehlt das stattliche Aussehen und der
stolze Stirnschmuck.«

Tacitus, Germania 5

Bereits seit dem 5. Jahrtausend waren die Menschen im südlichen und seit dem 3. Jahrtausend v. u. Z. auch im nördlichen Mitteleuropa zum Anbau von Kulturpflanzen und zur Haltung von Haustieren übergegangen. Seit dieser Zeit wurden verschiedene Weizen- und Gerstenarten, der Flachs, die Linse und Erbse angebaut, im 2. Jahrtausend v. u. Z. kamen Hafer, Hirse, Ackerbohne, Mohn und Gartenmöhre hinzu. Der Roggen war zunächst nur ein begleitendes Unkraut. Aber schon während der Klimaverschlechterung im 1. Jahrtausend v. u. Z. mag er wohl auch bewußt angebaut worden sein, weil er gegenüber dem veränderten Klima weniger anfällig war als der Weizen und geringere Anforderungen an den Boden stellte; die archäologischen Befunde bestätigen dies zwar noch nicht. Diese weisen vielmehr eine deutliche Bevorzugung der Gerste nach. Ein 120 kg schwerer Getreidefund von Hetzdorf im Kreis Strasburg enthielt 93% Gerste, aber nur 5% Weizen (Emmer) und knapp 2% Hafer.

Die spärlichen Reste lassen keinen Schluß zu, inwieweit die Germanen die genannten Pflanzen im Laufe der Zeit weiterkultiviert haben. Die Römer hatten jedenfalls keine Veranlassung, von den Germanen Getreide wegen seiner Güte zu importieren, sofern es nicht durch Kontributionen im Ergebnis von Kriegshandlungen geschah. Nur die Mohrrübe, die den Römern unbekannt war, und andere wirtschaftlich unbedeutende Pflanzenprodukte fanden den Weg nach dem Süden; so lesen wir bei Plinius, daß sich der römische Kaiser Tiberius jährlich eine Sendung Mohrrüben und Rapunzel aus Germanien schicken ließ.

Ölhaltige Pflanzen wurden noch nicht zur Ölgewinnung genutzt, sondern nur zur Herstellung von Gespinst, soweit es den Flachs betraf. Öle und Fette für Nahrung und zum Betrieb von Lampen konnte nur das Tier liefern. Pflanzliche Öle waren noch im Mittelalter häufig ein Luxusartikel – vor allem das teure Olivenöl – und fanden zunächst nur in den Kirchen für die ständig brennenden Öllämpchen Verwendung. Das erste einheimische Öl wurde in der Karolingerzeit aus der Nuß und dem Raps gewonnen.

Mit der Beobachtung, daß die Germanen einen eigentlichen Obstbau nicht kannten, dürfte Tacitus recht haben. Aber damit ist nicht gesagt, daß ihnen das Obst etwa unbekannt gewesen wäre. Bereits aus der Jungsteinzeit Mittel- und Nordeuropas sind Äpfel gefunden worden, die sich aus dem Wildapfel schon zu einem kultivierten Apfel entwickelt hatten; man sammelte selbstverständlich die größten und wohlschmeckendsten Früchte, was zu einer Anreicherung immer besserer Sorten in der Nähe der Siedlungen führte. Ähnliches dürfte für die Birne und Süßkirsche gelten, während die Pflaume und Sauerkirsche in ihrer kultivierten Form den Germanen anscheinend erst im einst keltischen Gebiet Süddeutschlands bekannt wurden.

Auch als die Germanen das römische Tafelobst und den hochentwickelten Obst- und Weinbau kennenlernten, blieb der Obstbau bei den germanischen Stämmen zunächst ohne Bedeutung. Selbst die um etwa 500 entstandene Lex Salica enthält noch keine rechtlichen Hinweise für den Obstbau, wohl aber für den Weinbau. Erst in den Klostergärten der Karolingerzeit wurden auch östlich des Rheines Obstbäume veredelt, so daß wir nunmehr von einem eigentlichen Obstbau im einstigen germanischen Kerngebiet sprechen können.

Noch größere Schwierigkeiten bestanden für eine Übernahme des Weinbaues. Sogar die Wildrebe war den Germanen in ihrer Heimat unbekannt, so daß sie nicht nur den römischen Wein übernahmen, sondern auch seinen Namen (vinum – Wein). An Rhein und Donau sowie deren Nebenflüssen trug die Mehrzahl der aus Italien und Südgallien importierten Rebstöcke ihre Früchte. Aber eine Übernahme in das weiter nördlich und östlich gelegene Germanien war nicht möglich. Doch auch die Erträge an Rhein und Donau befriedigten nicht, so daß seit der Karolingerzeit Versuche zur Kultivierung neuer Sorten aus einheimischen Wildreben unternommen wurden. Der heutige Riesling und der Traminer dürften auf rheinische Reben, der Silvaner und der Blaue Portugieser, dessen Name etwas irreführend ist, auf donauländische Reben zurückgehen.

Sicherlich galt auch bei den Germanen der römische und provinzialrömische Wein als ein erlesener Tropfen. Die Notiz Cäsars (bell. gall. 4) von einem Einfuhrverbot für römischen Wein bei den Sueben, weil dieser »die Menschen verweichlicht und schlapp macht«, dürfte entweder als eine Anekdote für die weinliebenden Römer aufzufassen sein oder als eine der wenigen Ausnahmen. Für die Germanen an Rhein und Donau bereitete die Beschaffung keine sonderlichen Schwierigkeiten – sofern man entsprechende Tausch- oder Zahlungsmittel besaß. Aber die Germanen an Elbe, Saale und Unstrut, deren Hänge damals noch keine Rebstöcke wie heute trugen, und erst recht die an Nord- und Ostsee hätten den Wein über lange Strecken transportieren müssen. Zu den Kelten der vorrömischen Zeit war der italische Wein in den schmalen tönernen Weinamphoren gekommen, die zu Hunderten in deren Siedlungen gefunden wurden. Aus dem germanischen Gebiet kennen wir keine Behälter, die sich für einen Weintransport geeignet hätten. Sollten es hölzerne Gefäße gewesen sein, die sich nur nicht erhalten haben? Die römischen Schriftsteller sprechen jedenfalls bei den Germanen nur von einem eigenen, aus Beeren oder Früchten bereiteten Fruchtwein (Tacitus, Germania 23).

Neben den hochwertigen, aber immerhin bekannten Obstsorten sowie dem Wein lernten die Germanen auch Pfirsich und Aprikose sowie die Walnuß kennen.

Die Palette der von den Römern übernommenen Pflanzen umfaßte aber auch Gemüse und Gewürzpflanzen. Die meisten von ihnen werden oft erst in Listen und anderen schriftlichen Quellen der Karolingerzeit – etwa dem Capitulare de villis zur Zeit Karls des Großen – erwähnt, was nicht ausschließt, daß bereits mehrere Jahrhunderte ihr Anbau betrieben wurde. Zu diesen Pflanzen rechnen die Kohlrübe und Rote Rübe, die Zwiebel, der Sellerie, der Knoblauch, der Porree, der Kopfsalat und der Gartenrettich sowie Gewürzpflanzen wie Dill, Petersilie, Majoran, Gartenkresse, Zichorie, Anis und Fenchel. Vom Rettich erzählt bereits Plinius (Nat. hist. 19), daß er »in Germanien die Größe von kleinen Kindern erreiche«.

Auch der Hopfen ist erst für die Karolinger- und Wikingerzeit belegt. Nach einem Fund in Dänemark zu urteilen, scheinen die Germanen ihr Bier mit der Frucht des Gagelstrauches (Myrica gale) »gehopft« zu haben.

Der das Indigoblau liefernde Waid wurde Cäsar in Britannien bekannt. Bei Ginderup in Jütland fanden sich in einem Gefäß und der Brandschicht einer Siedlung der römischen Zeit und Jahrhunderte später im Osebergschiff in Norwegen derartige Früchte, die die Ausnutzung dieser farbbringenden Pflanze bei den Germanen beweisen. Möglicherweise haben diese auch bereits eine andere Farbpflanze, den Wau (Reseda luteola), genutzt, um Stoffe gelb bzw. zusammen mit dem Indigoblau des Waids grün zu färben. Ebenso das Rot mögen sie aus einer Pflanze (Rubia tinctorum) gewonnen haben.

Im Gegensatz zu den frühen Staaten im Mittelmeerraum betrieben die Germanen der vorrömischen Zeit also keine bewußte Zucht der Pflanzen. Nur durch die ständige Auslese der besten Pflänzlinge erfolgte eine steigende Verbesserung der Pflanzen. Auch nach der Berührung mit der fortgeschrittenen Landwirtschaft des Römischen Reiches waren die Germanen auf Grund ihrer dafür noch unzureichenden Produktivkräfte und Produktionsverhältnisse nicht in der Lage, zu einer eigentlichen Züchtung überzugehen. So fanden auch viele neue Kulturpflanzen nicht den Weg über die in den römischen Provinzen siedelnden oder unmittelbar an deren Grenzen wohnenden germanischen Stämme hinaus zu anderen germanischen Verbänden. Erst in der Zeit der Bildung frühfeudaler Staaten waren Produktivkräfte und Produktionsverhältnisse so weit entwickelt, daß ein Obstbau, eine Gartenwirtschaft und vor allem ein höhere Erträge bringender Ackerbau betrieben wurden.

Wenden wir uns nun dem zweiten natürlichen Nahrungsmittel, dem Tier, zu! Bereits der jungsteinzeitliche Bauer Mitteleuropas kannte Rind, Schaf, Ziege, Schwein und den Hund. Gegen Ende der Jungsteinzeit oder Anfang der Bronzezeit scheint auch das Pferd hier als Haustier gehalten worden zu sein. Von seinen Vorfahren übernahm der Germane die Hausgans.

Pferd, Rind und Schwein aus germanischer Zeit (mittlere Reihe) nebst Wild- und heutigen Formen (maßstabgerecht)

Gerade die germanischen Gänse waren bei den Römern sehr beliebt, vor allem wegen ihrer weichen Daunenfedern, die »die besten von allen« sind (so Plinius 10). Seit Mitte des 1. Jahrtausends v. u. Z. ist das Haushuhn bekannt, von dem man bisher glaubte, die Germanen hätten es erst kurz vor Beginn unserer Zeitrechnung von den Galliern übernommen.

Wie war der prozentuale Anteil der einzelnen Haustiere? Nehmen wir einige Wurtensiedlungen an der Nordseeküste (vgl. S. 150 ff.), wobei zu beachten ist, daß die Zahl der Knochen und nicht der Individuen zugrunde gelegt wird: Das Rind steht mit durchschnittlich 63% an der Spitze, dann folgen Schaf/Ziege (17%), Schwein (10%), Pferd (9%) und Hund (1%); das Schwein ist in Siedlungen der Flußmarschen stärker vertreten, weil der in der Nähe befindliche Wald das Halten von Schweinen erleichterte, während in Siedlungen der Seemarschen Rind, Schaf und Ziege bessere Weidemöglichkeiten hatten. Diese prozentuale Zusammensetzung blieb von den letzten Jahrhunderten v. u. Z. bis zum Mittelalter auffallend gleich. Auch die osteologischen Analysen von binnenländischen Siedlungen bestätigen den größeren Anteil von Rinderknochen; umgerechnet auf die Mindestindividuenzahl steht aber häufig das Schwein an erster Stelle, da Rinderknochen sich besser halten als die kleineren Schweineknochen und so die Statistik verfälscht wird.

Von einer eigentlichen Zucht im Sinne einer bewußten züchterischen Auslese und Kreuzung kann bei keinem Haustier gesprochen werden, so daß die Worte Tacitus' von der Kleinwüchsigkeit des Viehs ihre volle Berechtigung haben. Andererseits waren die Tiere erheblich widerstandsfähiger als unsere hochgezüchteten Rassen. Das Rind war sogar kleinwüchsiger als im Neolithikum. Die Widerristhöhen von Kühen schwankten nach den zoologischen Untersuchungen zwischen 95 und 125 cm, die von männlichen Tieren überschritten selten die Höhe von 130 cm. Unsere heutigen Kühe haben dagegen Widerristhöhen von 130 bis 145 cm. Der Hornschmuck ließ sich nicht mit dem der im Mittelmeerraum lebenden Rinderrassen vergleichen, aber Tacitus' Bemerkung vom fehlenden Stirnschmuck ist unzutreffend, denn selbst die Hornzapfen der Kühe besaßen Längen von 13 bis 18 cm. Eine Einkreuzung fremder Rinderrassen von den Römern ist im Kerngebiet der Germanen nicht erfolgt, sondern nur unmittelbar an den Grenzen. Die von den Germanen geschätzten Trinkhörner (S. 216) stammen in der Hauptsache aber von dem in den Wäldern lebenden wilden Verwandten der Rinder, dem Ur oder Auerochsen. Sicherlich sind Hauskühe gelegentlich von Urstieren auf der Weide gedeckt worden. Entsprechend der Kleinwüchsigkeit der Kühe waren auch das Schlachtgewicht und der Milchertrag nicht bedeutend. Um Tiere für die tägliche Arbeit vor dem Pflug und dem Wagen gefügiger und leistungsfähiger zu machen, wurden männliche Tiere kastriert.

Auch die Schafe und Ziegen waren kleinwüchsig. Die Schafe spielten in der Wirtschaft der Germanen eine nicht unbedeutende Rolle, lieferten sie doch die Wolle für die Oberbekleidung von Mann und Frau.

Die Schweine der Germanen wie der meisten urgeschichtlichen Völker würden auf uns einen ganz anderen Eindruck machen als unsere bis zu mehreren Zentnern gemästeten Tiere. Sie waren vielmehr schmal und hochbeinig, so daß ihr Körper mehr dem eines Hundes entsprach. Sie zeigten noch Merkmale des Wildschweines, was besonders durch den langen spitzen Kopf betont wurde. Auch beim germanischen Hausschwein ist mit ungewollten Kreuzungen durch Wildeber zu rechnen.

Sprachen die Römer vom germanischen Vieh meist sehr abfällig, so fanden sie für die germanischen Pferde oft Worte der Anerkennung. Diese galten nicht etwa einer besonderen Rassigkeit oder einem edlen Wuchs, sondern der Zähigkeit der Tiere und ihrem Einsatz im Kampfe. Denn ihr Wuchs war klein und entsprach noch nicht einmal dem der aus den mittelasiatischen Steppen bekannten Pferde. Ihre Widerristhöhe betrug damals 120 bis 135 cm, so daß hochgewachsene Germanen beim Reiten fast den Boden erreichen konnten (Bild 4). So machte es auch keine Schwierigkeiten, wenn sich die zu Fuß kämpfenden Germanen bei schnellen Bewegungen der Heerschar an den Mähnen der Pferde festhielten, um mit der schnellen Reiterei Schritt zu halten (S. 126). Nach Cäsar (bell. gall. 4) legten die Germanen im Gegensatz zu den Galliern auf eingeführte Pferde keinen Wert, sondern bevorzugten ihre eigenen Tiere, die »klein und unansehnlich waren, aber durch tägliche Übung überaus leistungsfähig«. Etwas ähnliches berichtet einhundertfünfzig Jahre später auch noch Tacitus. Der stärkere Knochenbau, der das germanische Pferd auszeichnete, war durch das in waldreichen und feuchten Gegenden saftreichere Futter bedingt; man spricht deswegen mitunter auch vom »Waldpferd«.

Das Pferd spielte im Gegensatz zu anderen Haustieren wirtschaftlich keine so große Rolle. Denn auch zum Ziehen der schweren Wagen wurde nur das Rind genommen. Das Pferd war das Reittier für den freien und angesehenen Germanen und hatte vor allem im Kriege und auf den Wanderungen seine Bedeutung. Pferde wurden an geweihter Stelle gehalten, um aus ihrem Verhalten weissagen zu können (vgl. S. 180). Das Pferd mußte dem Adligen in den Tod folgen, ja man kennt ausgesprochene Pferdegräber. Manche germanischen Stämme waren sogar wegen ihrer Pferde berühmt, so die der Thüringer im 5. und 6. Jh.

Seit dieser Zeit nimmt auch die Größe der Pferde zu. So besitzen die Hengste aus den Gräbern der Thüringer von Großörner, Kr. Hettstedt, eine Widerristhöhe von 134 bis 140 cm. Mit einer Einkreuzung fremder Pferderassen ist aus verschiedenen Gründen nicht zu rechnen, vielmehr dürften die Thüringer dies bessere Pferdematerial durch bewußte Auslese, bessere Haltung und geeignetes Futter erzielt haben. Mit den völkerwanderungszeitlichen Pferden begann die Entwicklung zu schweren Kaltblutpferden.

Die Güte thüringischer Pferde bestätigt ein Brief Theoderichs des Großen an den thüringischen König Herminfried mit dem Dank für die als Brautgeschenk übersandten Tiere: »Mit Dank teilen wir Euch mit, daß wir von Eurem Gesandten die kostbaren Gaben angenommen haben: Pferde von silbriger Farbe, wie sie sich als Brautgeschenk geziemten. Ihre Brüste und Schenkel sind ansehnlich mit rundlichem Fleisch ausgestattet. Die Rippen erstrecken sich in ziemlicher Breite, der Bauch ist auf kurzem Raum zusammengedrängt. Der Kopf gibt das Bild eines Hirsches wieder, mit einem solchen haben sie sichtbar Ähnlichkeit, wenn sie seine Schnelligkeit nachahmen. Sie sind bei beträchtlicher Wohlgenährtheit sanft, durch große Schwere auffallend, im Anblick erfreulich, im Gebrauch recht angenehm. Sie treten weich auf und ermüden die Reiter nicht durch unsinnige Bewegungen; man ruht sich auf ihnen mehr aus, als daß man sich anstrengt. Mit erfreulicher Ruhigkeit versehen, haben sie gezeigt, daß sie bei anhaltender Bewegung ausdauern.«

Ähnlich wie die Kulturpflanzen waren bei den Germanen also auch die ökonomisch wichtigsten Tiere bereits vorhanden, allerdings von geringerer Qualität als bei den Römern. Nur im Bereich des Hausgeflügels kommt es zu einer Bereicherung. Ob die Hausente bereits Anfang unserer Zeitrechnung bei den Germanen lebte, bleibt zunächst eine Vermutung, da sie nur aus dem provinzialrömischen Gebiet (abgebildet auf dem Kölner Dionys-Mosaik) und sonst erst aus der Karolingerzeit bekannt ist. Der Pfau stolzierte wie in den römischen Palästen am Tiber so auch am Rhein, fand aber erst im 8. Jh. im eigentlichen germanischen Bereich Eingang. Die Taube wurde ebenfalls durch die Römer in den Raum nördlich der Alpen gebracht, was Funde aus fränkischen Gräbern belegen.

Noch ein neues Haustier scheint sich hier und dort auf einem germanischen Hof eingestellt zu haben: die Hauskatze. Sie erscheint in Mitteleuropa auch erst in der Römerzeit und muß aus dem Mittelmeergebiet »eingeschleppt« worden sein, da sie ihren Ursprung nicht etwa von der europäischen Wildkatze genommen hat.

Die Liste der Kulturpflanzen und Haustiere war bei den Germanen also nicht gering. Entscheidend für den Ertrag jeder tierischen und pflanzlichen Produktion ist aber der Stand der Produktivkräfte. Das Verhältnis der beiden landwirtschaftlichen Produktionsformen zueinander wäre für die Einschätzung der ökonomischen Struktur der einzelnen germanischen Stämme von großem Wert. Ein Vergleich der in den Siedlungen angetroffenen Tierknochen mit den gefundenen Getreideresten kann aus verständlichen Gründen kaum verwertbare Ergebnisse liefern. So müssen wir versuchen, uns nach dem Aufbau der Siedlungen, den landschaftlichen Gegebenheiten sowie den archäologischen und wenigen schriftlichen Quellen eine Vorstellung zu verschaffen.

Das vielfach belegte stattliche Wohnstallgebäude (S. 148 ff.), gute Möglichkeiten der Waldweide, die relativ große Zahl der Tierknochen in den Siedlungsbefunden, die große Bedeutung von Rind und Pferd im Kult der Germanen – alles das spricht für eine bedeutende Stellung der Viehhaltung in der germanischen Wirtschaft. Sicherlich hat es hierin Unterschiede zwischen den einzelnen germanischen Stämmen gegeben. Außerdem ist die Vorrangstellung der Viehhaltung gegenüber dem Pflanzenanbau eine Erscheinung jeder weitentwickelten Urgesellschaft. Denn mehr als beim Ackerbau läßt sich hier ein tatsächliches und vor allem auch sichtbares Mehrprodukt erzielen, das zugleich neben der ökonomischen auch eine gesellschaftliche Machtstellung verkörpern hilft.

Fast alle Haustiere besaßen für den Menschen ein zweifaches wirtschaftliches Interesse, einmal während ihrer Lebenszeit als Zugtier (Rind, beschränkt das Pferd), als Wollieferant (Schaf) oder als Milchspender (Rind, Ziege, Schaf) und zum zweiten als Fleischlieferant. So wurden die Tiere meist erst dann geschlachtet, wenn ihre Leistungskurve den Höhepunkt überschritten hatte. Nur das Schwein mußte wegen seines Fleisches und Fettes sofort unter das Messer, wenn es nach der ersten sommerlichen Mast das günstigste Gewicht erreicht hatte. Die archäologischen Funde an Tierknochen bestätigen auch, daß die Rinder wegen ihres hohen ökonomischen Nutzens das höchste Alter unter den Haustieren erreichten. Das Pferd diente – wie wir sahen – bei den Germanen in erster Linie als Reittier, des weiteren als Opfertier und vielleicht nur in diesem Zusammenhang zum Verzehr.

Da wir wissen, wie groß die Tiere waren, können wir das ungefähre Schlachtgewicht angeben, das bei Rindern zwischen 60 und 150 kg, bei Schweinen zwischen 28 und 48 kg und bei Schafen und Ziegen zwischen 12 und 25 kg lag, also erheblich niedriger als bei unseren hochgezüchteten Tieren. Das Lebendgewicht betrug bei Rindern, Schafen und Ziegen etwa das Doppelte des Schlachtgewichtes, bei Schweinen etwa 25% mehr. Alle Haustiere lieferten bei der Schlachtung außerdem noch Häute bzw. Felle und nach deren Bearbeitung Leder bzw. Pelze. Auch Knochen und Gehörn wurden als Rohstoff genutzt.

Um die große wirtschaftliche Bedeutung der Haustiere ganz zu erfassen, muß auf die sicherlich oft noch ungewollte Düngung der Felder, den Verbiß bei der Waldweide und damit auf die Verhinderung einer Wiederbewaldung hingewiesen werden. Vielleicht hat man auch Schafherden zum Eintreten des Saatgutes in die Erde und Rinder zum Austreten der Körner als Ersatz für ein Dreschen genutzt; diese beiden Verfahren sind uns jedoch nicht belegt und können nur aus ethnographischen Beispielen vielleicht auch für die Germanen vermutet werden.

Die Fütterung der Haustiere bereitete den Germanen im Frühling, Sommer und Herbst keine besonderen Schwierigkeiten. Der lichtere Wald mit Laub, Wurzeln, Unterholz, Eicheln und Bucheckern, die Brache und das abgeerntete Feld boten für alle Tiere kräftige und ausreichende Nahrung. Im Winter aber – vor allem bei hohem Schnee – fielen diese Nahrungsquellen fast gänzlich aus. Wenn auch durch die Schlachtung im Herbst und beginnenden Winter die Zahl der Tiere geringer wurde, so war gerade der Germane, dem das Vieh viel galt, sicherlich um Nahrung für seine Tiere bemüht und sammelte rechtzeitig Laub, Stroh, Heu, Eicheln und andere Wildfrüchte.

Viehställe sind neuerdings schon aus der frühen Bronzezeit Hollands bekannt geworden. Nach unseren Kenntnissen scheint sich im germanischen Gebiet die Einstallung von Vieh im Laufe und auf Grund der Klimaverschlechterung um die Mitte des 1. Jahrtausends v. u. Z. eingebürgert zu haben. Aus der Zahl der vorhandenen Boxen in den Wohnstallhäusern können wir die Größe des Viehbestandes ablesen. Sie war ein Spiegelbild der wirtschaftlichen Stärke des Besitzers. So gab es Häuser, in denen nur 2 bis 4 Rinder standen, in anderen 10 bis 30 Stück Vieh und auf den Wurten sogar noch darüber hinaus. Erweiterungsbauten lassen oft das kontinuierliche wirtschaftliche Wachstum eines Besitzes erkennen, der in einem Falle von anfangs 12 auf 22 und schließlich auf 32 Stück Vieh anwuchs. In einer jütländischen Siedlung konnte die Gesamtzahl des Viehbestandes mit etwa 70 Stück berechnet werden.

Ob nun auch der Ackerbau die gleiche große Bedeutung besaß wie die Viehhaltung, können wir heute schwer einschätzen. Sicherlich wird der prozentuale Anteil an der Gesamtnahrungsproduktion bei den einzelnen Stämmen unterschiedlich gewesen sein. So gab es Siedlungsgebiete, wo sich von vornherein eine bevorzugte Viehzucht anbot, wie etwa in den Wurtensiedlungen der Nordseeküste. Aber auch dort, wo Sturmfluten oft die Äcker überfluteten, wurde Ackerbau betrieben. Die antiken Schriftsteller berichten mehrfach, daß den Männern das Kriegshandwerk lieber wäre, als im Schweiße ihres Angesichtes die Erde zu bebauen und die Ernte einzuholen; das würden sie den Frauen, alten Leuten und den schwächeren Familienangehörigen überlassen (so Tacitus, Germania 14 und 15). Cäsar meint gar (bell. gall. 6), daß die Germanen auf Ackerbau keinen großen Wert legten. Schließlich bestätigt auch die Pollenanalyse ein häufiges Vorherrschen der Viehzucht, da das typische Weideunkraut, der Wegerich, prozentual sehr stark vertreten ist.

Aber der Ackerbau war eine unbedingt notwendige Säule der Nahrungsproduktion. Germanische Stämme, die nach Gallien zogen, baten Cäsar immer in erster Linie um Land und Saatgetreide. Bei seinen Strafexpeditionen nach Germanien ließ Cäsar die Getreidefelder der Germanen abmähen. Und letztlich ging es auch bei den jahrhundertelangen Wanderungen germanischer Stämme in der Hauptsache um Ackerland.

Seit etwa 2000 v. u. Z. wurde in Mitteleuropa der Boden mit dem Pflug bearbeitet. Einige Moorfunde und skandinavische Felszeichnungen vermitteln uns ein Bild dieses wichtigen landwirtschaftlichen Arbeitsgerätes: Es war der hölzerne Wühlpflug in Form entweder des durch die Erde waagerecht ziehenden Sohlpfluges (vgl. Kapitelvignette) oder des aufreißenden schräggerichteten Hakenpfluges. Er wurde von Rindern gezogen. In den letzten Jahrhunderten vor unserer Zeitrechnung hatte man den Pflugkeil bereits mit Eisen beschlagen, um seine Haltbarkeit und Widerstandskraft gegen Steine und Wurzeln zu erhöhen. Die fortgeschrittenere keltische Agrotechnik dürfte hierbei Einfluß genommen haben.

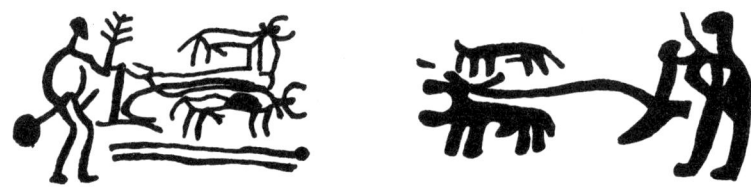

Darstellung von Pflügen auf schwedischen Felszeichnungen der Bronzezeit

Durch diese Form des Pfluges wurde der Boden nur aufgerissen, aber der für eine gute Ertragsfähigkeit entscheidende Arbeitsvorgang des Umwendens der Erde erfolgte nicht. Deswegen hat man von Anfang an immer kreuzweise gepflügt, um den Boden wenigstens dadurch etwas mehr zu durchlüften. Zahlreiche erhaltene Pflugspuren im Norden der BRD und in Skandinavien beweisen diese Pflugtechnik.

Plinius (Nat. hist. 18) berichtet aus dem 1. Jh. u. Z. von einem Wendepflug mit Vorschneidmesser, Streichbrett und Radvorgestell in Rätien. Damit wurden ähnlich unseren heutigen Pflugscharen die Erdschollen gewendet. Da man nunmehr nur in einer Richtung hin- und rückwärts zu pflügen brauchte, dafür aber das Wenden des Pfluges am Ende einer Furche umständlicher war, legte man möglichst lange schmale Felder an, während man früher breit-

50

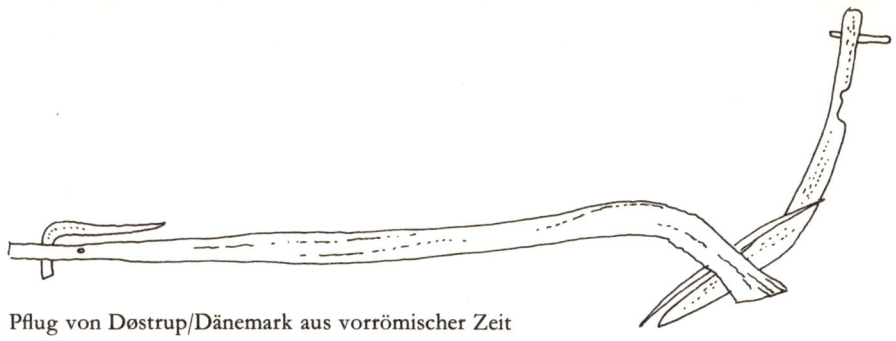

Pflug von Døstrup/Dänemark aus vorrömischer Zeit

rechteckige bis quadratische Felder besaß. Luftbildaufnahmen in England von Ackerflächen der keltischen und angelsächsischen Zeit lassen die beiden unterschiedlichen Feldformen gut erkennen (Bild 5 und Kapitelvignette). Auch Beobachtungen auf römerzeitlichen Marschensiedlungen deuten auf einen Pflug mit Streichbrett hin.

Bei dem damaligen Stand der Feldbearbeitung waren den Böden nach 3 bis 5 Jahren so weit die Nährstoffe entzogen, daß sich ein Anbau nicht mehr lohnte. Inwieweit eine Düngung mit Mergel, Kalk oder tierischen Exkrementen erfolgte, läßt sich heute schwer sagen. Plinius berichtet von Mergeldüngung allein bei den am Rhein wohnenden Ubiern (Nat. hist. 17), die diese Sitte von den Galliern übernommen hätten. Auf Ackerflächen an der Nordseeküste gibt es Hinweise auf Düngung mit kalkreichen maritimen Ablagerungen bzw. Stallmist. Allgemein dürfte aber eine Düngung des Bodens von den Germanen noch nicht angewandt worden sein. Die bebauten Flächen mußten also nach einigen Jahren aufgegeben werden (auch die Düngung verlängerte diesen Termin nur um einige Jahre) und wurden Brache. Natürlicher Bewuchs, Viehauftrieb und Nichtbepflanzung ließen den Boden sich regenerieren, so daß er nach 10 bis 15 Jahren erneut bebaut werden konnte. Da ein Hochwald inzwischen noch nicht entstanden war und das weidende Vieh einen stärkeren Bewuchs verhinderte, war keine allzu arbeitsaufwendige Rodung notwendig. Dieser Wechsel von Acker und Brache wird auch von Tacitus (Germania 26) erwähnt. Wir bezeichnen diese Wirtschaftsform als »wilde Feldgraswirtschaft«. In Nordwestdeutschland hat man wohl damals schon die sogenannte Plaggenwirtschaft ausgeübt, d. h., man pflügte Gras- oder Heidekrautplaggen zur Verbesserung des Bodens ein.

Die Saat mußte nach dem Säen mit Erde zugedeckt werden, um einen Verlust durch Vögel und Wind zu verhindern und um – vor allem bei trockenem Boden – überhaupt den Keimprozeß zu ermöglichen. Wir erfahren von den antiken Schriftstellern nicht, in welcher Weise dies geschehen ist. Aus dem archäologischen Fundmaterial besitzen wir einige wenige harkenartige Geräte, die möglicherweise die Funktion einer Egge innehatten. Vielleicht hat man auch einfache Straucheggen benutzt oder Schafherden darüber getrieben. In der spätrömischen Zeit scheint man aber die Egge mit eisernen Zinken gekannt zu haben.

Die Ernte erfolgte mit Hilfe der eisernen Sichel, wobei der Halm stehenblieb, dann abgebrannt oder dem Vieh überlassen wurde. Diese Arbeiten verrichteten auch bei den Germanen in der Hauptsache die Frauen. Daneben ist seit den letzten Jahrhunderten vor unserer Zeitrechnung die Sense bekannt. Bei ihrer Verwendung konnte nunmehr auch der Halm mitgeschnitten werden, den man für den Winter bevorratete und für den Stall als Schüttung benutzte.

Der letzte Vorgang, um das Korn zu gewinnen, war der Drusch, über dessen Form wir bei den Germanen auch nicht im einzelnen unterrichtet sind. Hat man Vieh darüber getrieben, wurde mit einfachen Flegeln (Knüppeln) gedroschen, oder hatte man bereits den Dreschschlitten? Da in den germanischen Sprachen das Wort für »dreschen« soviel wie »ausstampfen, -treten« bedeutet, dürfte die ursprüngliche Form des Drusches tatsächlich das Hinübertreiben von Vieh gewesen sein.

Die Verteilung der archäologischen Funde läßt erkennen, in welchen Landschaften sich die Besiedlung der Germanen konzentrierte und welche Böden sie bevorzugten. Auf der Jütischen Halbinsel sind durch genaue siedlungsarchäologische Untersuchungen interessante Ergebnisse gewonnen worden, die mit einem gewissen Vorbehalt für das gesamte nördliche Mitteleuropa und südskandinavische Gebiet verallgemeinert werden können.

In der 1. Hälfte des 1. Jahrtausends v. u. Z. ist dort ein Rückzug der Bevölkerung von den schweren Tonböden auf die mittleren und leichten Böden zu erkennen, weil durch die Zunahme der Niederschläge einerseits die schweren Böden zu feucht wurden und andererseits die leichten Böden durch die größere Feuchtigkeit an Ertragsfähigkeit zunahmen. Nicht alle aber verließen die schweren Böden, vor allem wohl die nicht, welche in der Hauptsache Viehzucht betrieben.

Die auf die leichten Böden Nordwestjütlands ausgewichenen Bauern rodeten den dortigen Eichen-Birken-Wald, um dann ihre typischen breiten Äcker anzulegen, die sich durch die Pflugspuren und flache, breite, das Feld begrenzende Wälle auch heute noch oberflächlich, am besten im Luftbild, zu erkennen geben (Bild 5). Die Ackerflächen wirken wie große, flache Schüsseln, die bei dem schnell austrocknenden Heideboden die Feuchtigkeit länger hielten und durch die Wälle auch vor sandigen Überwehungen geschützt wurden. Sie haben sich am besten dort gehalten, wo nicht neuzeitliche Bodenbearbeitung erfolgte, sondern nur Viehwirtschaft betrieben wurde. Über 100 solcher Ackersysteme konnten allein in Jütland, über 50 in Angeln nachgewiesen werden. Die »Wälle« waren die ungepflügten Grenzraine, auf denen Lesesteine zusammengetragen und durch die Art des Pflügens Erde angehäufelt wurden.

Die Größe der Ackerflur war sehr unterschiedlich, sie schwankte zwischen Ackersystemen von wenigen Hektar bis zu solchen von 500 Hektar Größe. Für Mitteleuropa ergibt die Statistik über die erfaßten Ackersysteme folgendes Ergebnis:

< 5 ha	30%
5–10 ha	19%
10–20 ha	21%
> 20 ha	25%

Entsprechend der Wirtschaftsweise waren nicht alle Parzellen gleichzeitig unter dem Pflug. Auch die Größe der einzelnen Parzellen schwankte, sie betrug im Durchschnitt 0,02 bis 0,7 ha.

Interessant wäre eine Berechnung der zu einem Hof gehörenden Ackerfläche. Für Skörbaek Hede in Jütland errechnete man 15 ha für einen Hof, doch derartige Angaben besitzen einen hohen Unsicherheitsfaktor.

Alles spricht dafür, daß die Germanen an den Küsten der westlichen Ostsee in den letzten Jahrhunderten vor unserer Zeitrechnung mit allen Mitteln versuchten, dem Boden einen Ertrag abzuringen. Die dichte Besiedlung bot kaum noch die Möglichkeit, den notwendigen Wechsel von Feld zu Brache durchzuführen. So wurden immer mehr Nährstoffe dem Boden entzogen. Es wirkte sich sogar auf das Vieh aus, dessen Knochen einen Kobaltmangel erkennen lassen.

Die Ernährungsbasis erlitt einen bedrohlichen Tiefstand. Von der Moorleiche aus Tollund bei Silkeborg (Bild 29) hat man den Mageninhalt untersucht. Die letzte Mahlzeit des Mannes bestand aus Gerste, den Früchten von Knöterich, Leindotter, Gänsefuß, Spörgel, Ackerveilchen, Hohlzahn – also eine wirklich bescheidene, durch zahlreiche Unkräuter »bereicherte« Nahrung. Der Mann aus dem Tollundmoor trug einen Strick um den Hals, und man könnte meinen, dem Verbrecher hätte keine bessere Henkersmahlzeit geziemt. Aber andere Moorleichen und auch die Samenabdrücke an Keramik bestätigen immer wieder, daß vor allem Leindotter, Knöterich und Spörgel gegessen wurden, weil das Getreide nicht ausreichte. An der Westküste Jütlands griff man stärker als bisher auf Muscheln als Nahrung zurück.

War es also verwunderlich, wenn immer wieder Tausende von Menschen den einzigen Weg aus der drohenden Katastrophe im Auswandern nach Süden sahen? In beiden Fällen – im Verharren und Auswandern – wurden die Menschen gefordert. Die Produktivkräfte wuchsen, und in gleichem Maße und aus der gleichen Notwendigkeit heraus veränderten sich auch die sozialen Beziehungen.

Interessant ist die Frage, mit welchen Produktionsergebnissen der germanische Bauer denn rechnen konnte. Mehrfach hat man derartige Berechnungen angestellt. Heinz Grünert verdanken wir den letzten Versuch, dessen hypothetischer Charakter uns aber bewußt sein sollte. Mehr als 2 bis 3 dt Getreide wurden auf 1 ha wohl nicht geerntet; in der mittelalterlichen Dreifelderwirtschaft waren es demgegenüber etwa 5 dt, und in der hochintensiven Landwirtschaft unserer Republik beläuft sich der Hektarertrag auf über 30 dt. Rechnet man bei einem Erwachsenen mit einem jährlichen Verbrauch an Getreide von 1 bis 1,5 dt, so konnte 1 ha zwei Erwachsene ernähren.

Auf der Seite der Produktion verlangte die Bearbeitung von 1 ha durch den Pflug 8 bis 9 Arbeitstage. Berücksichtigt man die durchschnittliche Dauer einer Feldbestellungsperiode (6 Wochen), die immer wieder notwendige Bearbeitung der Brache und die Ernte mit der Sichel (1 ha in 10 Tagen), dann konnten 2 bis 3 Arbeitskräfte jährlich 3 ha Acker bestellen und abernten, um damit 6 Erwachsene und einige Kinder mit der pflanzlichen Grundnahrung zu versorgen. So war etwa die Hälfte oder in günstigen Fällen ein Drittel der erwachsenen Bevölkerung in der Pflanzenproduktion beschäftigt. Schon daraus wird als der arbeitsproduktivere Teil der Landwirtschaft die Viehproduktion ersichtlich.

In der Gesamtheit der Nahrungsproduktion nahmen Jagd, Fischfang und Sammeltätigkeit eine untergeordnete Rolle ein. Nicht nur in der Not, sondern zu allen Zeiten suchte man die wildwachsende Frucht. Sie wurde in Form einer mehr oder weniger planmäßig unternommenen Sammelwirtschaft geerntet. Wildgetreide und Wildgräser, Himbeeren und Brombeeren, Preiselbeeren und Erdbeeren, Pilze der verschiedensten Art, Hasel- und Walnüsse sowie Wildobst waren eine willkommene Ergänzung der Nahrung.

Eine besondere Rolle dürfte auch das Sammeln des wilden Honigs gespielt haben, der bereits bei den bronzezeitlichen Vorfahren der Germanen bekannt war. Man wird auch schon die Bienenvölker nicht nur in Form der Zeidlerei betreut, sondern bereits in gefertigten Stöcken oder Körben gehalten haben; einige wenige Bienenstöcke sind uns erhalten geblieben. Neben einem unsicheren noch bronzezeitlichen Fund eines »Klotzstülpers« in Berlin-Lichterfelde – aus einem Baumstamm gefertigt – ist eine »Klotzbeute«, in einem Moor bei Edewechterdamm in Oldenburg/BRD gefunden, sehr aufschlußreich. Aus einem Buchenstamm gefertigt, besaß sie mehrere Fluglöcher und einen abnehmbaren Deckel; die Wabenrähmchen bestanden aus ringförmig geflochtenen Zweigen. In diesem aus der Mitte des 1. Jahrtausends stammenden Stock fanden sich noch Reste der Honigbiene, die gegenüber der heutigen keine Unterschiede aufwies. Honig war bei den Germanen ein beliebtes Genußmittel und für die Herstellung des Mets notwendig. Die Biene lieferte zudem das Wachs für den Bronzegießer (S. 69).

Das Vorstellungsbild vom jagenden Germanen ist uns sehr vertraut und wird auch durch einige Bemerkungen Cäsars (bell. gall. 4) gestützt, wonach »ihr ganzes Leben in Jagden und kriegerischen Übungen bestehe«, und durch Tacitus' berühmte Worte (Germania 15), daß die Männer ihre Zeit mit Jagd oder Nichtstun verbringen. Sicherlich bezogen sich aber diese Beobachtungen der römischen Zeitgenossen nur auf die Angehörigen des germanischen Adels (vgl. S. 214).

Die Wildtierknochen nehmen tatsächlich nur einen geringen Prozentsatz gegenüber den Haustierknochen ein; es sind 2 bis 3% und mitunter weniger als 1%. Genauso gering sind Funde von ausgesprochenen Jagdwaffen und anderen Gerätschaften der Jagd. Kräftige eiserne Messer, Stoß- und Wurflanzen mit eisernen Spitzen sowie Pfeil und Bogen mögen die Jagdwaffen gewesen sein. Gejagt wurden vor allem Bär und Hirsch, Auerochse, Wisent, Reh und Wildschwein sowie Pelztiere wie Biber, Fischotter, Hermelin und schließlich auch Wildenten und andere Wasservögel. Die Jagd wird neben dem wirtschaftlichen Nutzen für den freien Germanen eine Art sportlicher Betätigung und kriegerischer Ausbildung gewesen sein.

In den Adelsgräbern der jüngeren römischen Zeit sind die dort gefundenen Pfeilspitzen ausgesprochen sportliche Geräte. Man opferte im Interesse einer erfolgreichen Jagd auch Wildtiere den Göttern. Von den Alemannen und anderen Stammesverbänden wissen wir, daß in der Zeit der Völkerwanderung bereits die Falkenjagd betrieben wurde. So ist auf einem wikingischen Bildstein ein Reiter mit einem Vogel auf der Hand dargestellt.

Noch schwieriger ist der Umfang des Fischfanges einzuschätzen, da Netze, Reusen, Angelhaken zu den seltensten Funden gehören und Fischgrätenreste oft in den Funden übersehen werden oder sich überhaupt nicht erhalten haben. Um so beachtenswerter ist ein Fund von 40 Reusen im Opfermoor von Oberdorla in Thüringen. An den Meeresküsten und Seen wird der Fischfang sicherlich keine unbedeutende Rolle gespielt haben.

Nicht unerwähnt dürfen wir die Produktion eines lebenswichtigen Nahrungsmittels lassen, die des Salzes. Zu allen Zeiten, seitdem die pflanzliche Nahrung einen großen Anteil an der menschlichen Ernährung besaß, war der Mensch auf das Salz angewiesen. Zahlreiche Orte und Flüsse führen ihren Namen darauf zurück, »Salzstraßen« zogen sich über weite Strecken durch das Land, erbitterte Kämpfe wurden um Salzquellen geführt. So berichten Tacitus (Annal. 13) von einer großen Schlacht zwischen Hermunduren und Chatten um Salzquellen (vielleicht an der Werra bei Salzungen oder an der fränkischen Saale bei Kissingen) im Jahre 58 und Ammian (28) über eine Schlacht zwischen Burgunden und Alemannen im Jahre 369 (vielleicht ebenfalls bei Kissingen).

Plinius (Nat. hist. 31) und wahrscheinlich darauf fußend auch Tacitus (Annal. 13) schildern das Produktionsverfahren, wonach Sole bzw. Meerwasser über brennendes Reisig gegossen wurde, damit sich das Salz niederschlagen sollte. Sicherlich gab es noch andere Verfahren wie Sieden in Tonbehältern oder Verbrennen von Salzpflanzen. Warum das über die Grenzen des Saaleraumes wichtige Salzzentrum der jüngeren Bronze- und älteren Eisenzeit im Gebiet der heutigen Stadt Halle in der germanischen Zeit an Bedeutung verloren hatte, wissen wir nicht; es gibt hier ganz im Gegensatz zur 1. Hälfte des 1. Jahrtausends v. u. Z. kaum Spuren einer Salzproduktion.

Das letzte Glied in der Kette der Nahrungsproduktion war das unmittelbare Zubereiten der Nahrung zum Verzehr. Die Getreidekörner wurden wie bereits in der Steinzeit auch noch bei den Germanen in vorrömischer Zeit nur mit der Reibemühle »zerrieben«, wobei ein brotlaibförmiger oder auch kugeliger Läuferstein auf einem sattel- oder trogförmigen Bodenstein hin- und herbewegt wurde. Versuche ergaben, daß man für 1 kg Weizenkörner 40 bis 60 Minuten benötigte.

Im 1. Jh. v. u. Z. fand, sicherlich unter keltischem Einfluß, die Drehmühle Eingang. Sie bestand aus zwei kreisrunden, durch eine Achse zentral gehaltenen Steinen, wobei der obere Mahlstein in drehende Bewegung gesetzt wurde. Dadurch ging die Produktion des Mehles – oder besser gesagt des Schrotmehles – schneller und auch leichter von der Hand, wenn man gewisse mechanische Vorrichtungen zum Bewegen des Drehsteines einführte. Das war um so wichtiger, als auch diese Arbeit von der Frau verrichtet werden mußte. Bei Versuchen wurde 1 kg Weizenkörner in 15 bis 20 Minuten gemahlen, bei einem zweimaligen Durchmahlen wurden auch nur 25 Minuten benötigt. Vor dem Mahlen hat man Weizenkörner gern geröstet, um ihnen damit einen süßlichen Geschmack zu geben.

Eine weitere Verbesserung erfolgte im germanischen Kerngebiet erst während der Karolingerzeit durch den Bau von Wassermühlen, die im provinzialrömischen Gebiet westlich des Rheines schon im 4. Jh. bekannt waren.

Die Verarbeitung der Getreidefrüchte bzw. des Mehles geschah einmal in Form des gekochten Breies (oder Suppe, Grütze), dem außer der Flüssigkeit (Wasser, Milch, Fleisch- oder Fischbrühe) andere Früchte oder Gewürze – so Hanfsamen zur Ölanreicherung – beigefügt werden konnten. Zum anderen wurde aus dem Mehl unter Zugabe von Flüssigkeit, Salz und vielleicht auch Fett der Fladen hergestellt, der in der Glut des Feuers, auf einer heißen Platte oder in kuppelförmigen Öfen aus Lehm gebacken wurde, dann auch warm gegessen werden mußte, weil er sonst wegen des fehlenden Auflockerungsmittels steinhart wurde.

Kannten die Germanen bereits das Brot, also ein Mehlprodukt auf der Grundlage eines Sauerteiges bzw. unter Zusatz von Hefe? Sauerteig stellt gewisse Voraussetzungen an das Mehl, das Durchkneten, den Backofen und auch den Backraum. Andererseits entstehen Sauerteig und (wilde) Hefe zu jeder Zeit ohne Zutun des Menschen. Den richtigen Zeitpunkt für einen gebrauchsfähigen Sauerteig abzupassen und ihn für die Herstellung von Brot nutzbar zu machen ist aber schwer und mit Tücken verbunden, mit denen die Hausfrau in der Urgesellschaft nicht so ohne weiteres fertig wurde; es erfordert im allgemeinen ein bereits ausgebildetes Bäckerhandwerk. Man blieb deshalb lieber beim Brei und Fladen. Erst in der Karolinger- und Wikingerzeit wurde, vor allem aus Roggen, Brot gebacken, das zunächst nur ein Privileg der herrschenden Klasse war.

Das Fleisch der geschlachteten Haustiere und erjagten Wildtiere wurde geröstet, gekocht, am Spieß gebraten, gedünstet oder geräuchert verzehrt. Um es haltbarer zu machen, konnte man es einsalzen (einpökeln).

Die Milch wurde roh oder gesäuert getrunken, zur Herstellung von Breispeisen genutzt sowie zu Quarkkäse verarbeitet. In einzelnen Gefäßen konnte auch Butter nachgewiesen werden.

An alkoholartigen Getränken standen das aus Getreide gebraute Bier, Beerenweine und der Met, ein gegorenes Honiggetränk, zur Verfügung. Sie sind alle nicht stark alkoholisch. Schon aus diesem Grunde steht man den von

Tacitus beschriebenen Sitten von durchzechten Tagen und Nächten und ihren Folgen skeptisch gegenüber (Germania 22 und 23).

Produktionsergebnisse sind nicht allein von den natürlichen Produktionsmitteln (Pflanze, Tier) und dem Stand der Produktivkräfte, sondern auch von den Produktionsverhältnissen abhängig. Antike Nachrichten, Analysen möglichst vollständig ausgegrabener Siedlungen einschließlich ihrer Ackerflächen sowie die Kenntnis der allgemeinen historischen Gesetzmäßigkeiten gestatten uns auch in diesen Bereich einen Einblick. Betrachtet man nur die sich jährlich wiederholende Feldbestellung und Ernte, so dürfte die Familie auch das Produktionskollektiv gewesen sein und hätte autark wirtschaften können. Da aber die Sicherstellung der Existenz gleichermaßen die Produktion anderer materieller Güter erforderte, die über den Rahmen der Familie hinausging, und oft nachbarliche Hilfe notwendig war, mußten gegenseitige Beziehungen auch zur Siedlungsgemeinschaft (größere geschlossene Siedlung, Gruppe von mehreren Einzelhöfen) und zum Stamm oder Teilstamm hergestellt werden. Inwieweit ein Hofverband einer Familie oder Sippe entsprach, ist umstritten.

Die Eigentumsverhältnisse an den beiden wichtigen Produktionsmitteln, dem Boden und dem Vieh, haben sich im Laufe der germanischen Geschichte wesentlich verändert, soweit wir diesen Bereich der Gesellschaft aus den schriftlichen und archäologischen Quellen erkennen können. Bis zu Beginn der römischen Zeit dürfte es ein Privateigentum an Grund und Boden nicht gegeben haben, sondern nur Gemeineigentum. Cäsar (bell. gall. 4 und 6) berichtet, daß der Acker jährlich neu unter die Sippen verteilt wurde. Wir wissen nicht, ob sich diese Beobachtung nur auf die in Grenznähe wohnenden Stämme bezog, bei denen es durch die vielfachen Wanderungen zwangsläufig fast in jedem Jahr zur Aufteilung von Ackerland kommen mußte. Der an die Sippen verteilte Acker war dann deren Besitz.

Schon nach 150 Jahren, als Tacitus über die Eigentumsverhältnisse schrieb, hatten sich Veränderungen vollzogen. Noch wurde der Acker verteilt, aber bereits »je nach Würde«. Hier spiegelt sich eine soziale Differenzierung wider, die zur Ausbildung von Sondereigentum führte, aus dem sich dann im Laufe der ausgehenden Urgesellschaft Privateigentum entwickelte. Zugleich setzte auch die Beschäftigung von Unfreien ein, doch weniger auf dem Besitz des Bauern als vielmehr in der Form einer Landvergabe an sie mit der Auflage jährlicher Abgaben (S. 34).

Das Gemeineigentum an Grund und Boden bezog sich nicht allein auf die Ackerfläche, sondern auch auf Weideflächen, den Wald und die Gewässer. Gerade bei den Produktionsmitteln Wald und Wasser ist das Gemeineigentum so zu verstehen, daß nicht allein eine einzelne Siedlung Besitzrechte hatte, sondern auch andere Siedlungskollektive des Stammes. Das Besitzrecht bezog sich damit auf alle Tiere, die Früchte, das Holz und andere dort befindliche Rohstoffe, ging aber kaum einmal über die Stammesgrenzen hinaus.

Das Gemeineigentum an Grund und Boden war vor allem dort selbstverständlich, wo durch gemeinsame Arbeit eines größeren Verbandes neuer Boden urbar gemacht wurde, Wald gerodet oder fremdes Gebiet erobert worden war. Dort aber, wo der Acker sehr individuell und konstant bearbeitet werden mußte (intensive Düngung; generationenlanges Verbleiben auf den Wurten, vgl. S. 150 ff.), wo also mehr individuelle als gemeinschaftliche Arbeit investiert wurde, ist es denkbar, daß der Acker immer bei der gleichen Familie blieb und nicht mehr in den Allgemeinbesitz der Siedlung zurückfiel. Aus dem Nutzungsrecht wurde schließlich ein Eigentumsrecht.

Die Besitzverhältnisse bei Vieh sind ähnlich schwierig zu überblicken. Im allgemeinen gehörte es wohl zum Besitz des Produktionskollektivs, der Sippe bzw. der einzelnen Familie. Die Sitte der Brautgabe, des Bußgeldes, des Geschenkes in Form von Vieh spricht nicht dagegen, weil als Geber und Nehmer nicht der einzelne, sondern die Sippe fungierte. Auch der Unfreie (»Sklave«) hatte Besitz an Vieh, von dem er seinem Herrn einen jährlichen Anteil liefern mußte. Inwieweit die gesamte Siedlungsgemeinschaft über einen gemeinsamen Besitz an Vieh verfügte, ist schwer zu sagen. Unter besonderen Verhältnissen, etwa auf Wanderungen, ist es denkbar. Im Vieh besaß das Kollektiv ein Tauschobjekt, um lebensnotwendige Produkte, Materialien und Rohstoffe einzuhandeln.

Außerdem konnte man mit Vieh – leichter als mit Produkten aus dem Ackerbau – Reichtum akkumulieren, was insbesondere für den sich immer mehr aus der Gemeinschaft des Stammes herauslösenden Adel zutraf. Hier lag also frühzeitig ein Interesse vor, das Vieh in Familieneigentum und schließlich Privateigentum des Familienoberhauptes übergehen zu lassen.

Gebrauchsgüterproduktion

Eisen und Bronze – Verhüttung im Rennofen – Das »Nowa Huta« der römischen Zeit – Eisenschmied und Bronzegießer – Kunstwerke aus Gold, Silber und Edelsteinen – *Vom Ton zum Gefäß* – Das Formen – Drehscheibe und Töpferofen – Keramik als historische Quelle – *Spinnen und Weben* – Uralte Technik des Spinnens – Faden und Farbe – Der Webstuhl – Leinen und Köper

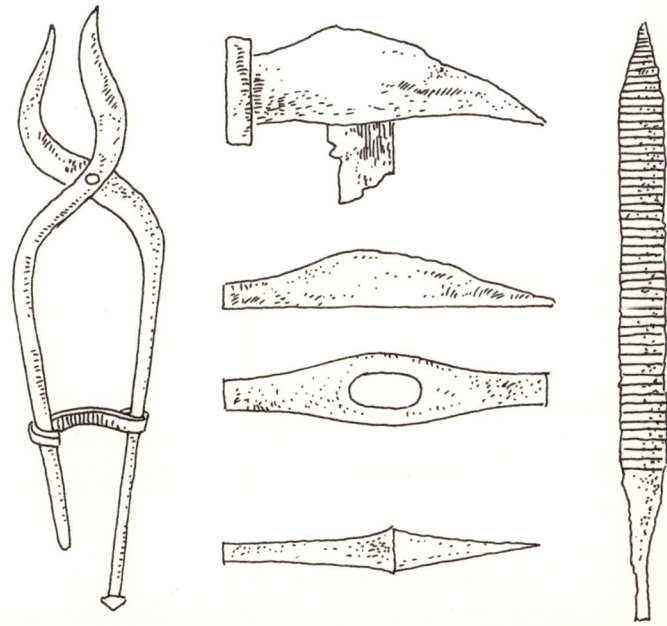

*»...die andern bleiben zu Hause und schaffen für
sich und die Ausgezogenen den Unterhalt.«*

Cäsar, bell. gall. 4

Über kein Gebiet der materiellen und geistigen Kultur der Germanen
haben die antiken Schriftsteller so wenig berichtet wie über alle die Fertig-
keiten, die erst ein Leben ermöglichen. Denn seit ihrem Bestehen schufen sich
die Menschen Werkzeuge und Geräte, um die Nahrungsproduktion überhaupt zu ermöglichen. An nichts können wir den menschlichen Fortschritt
so eindrucksvoll sichtbar machen wie an der Entwicklung der Produktionsinstrumente und der Produkte. »Dieselbe Wichtigkeit, welche der Bau von
Knochenreliquien für die Erkenntnis der Organisation untergegangener
Tiergeschlechter hat, haben Reliquien von Arbeitsmitteln für die Beurteilung
untergegangener ökonomischer Gesellschaftsformen« (K. Marx).

Den antiken Historikern und Ethnographen mag diese Seite des Lebens
barbarischer Stämme vielleicht deswegen nicht interessant gewesen sein, weil
sie zu alltäglich und nicht erregend genug war. Das kriegerische Leben aber,
Aussehen, Essen und Trinken, die verschiedenen Sitten – darüber zu berichten war spannend und fand seine Leser.

Wir wissen heute, wie entscheidend und zugleich beeindruckend Produk-
tionsvorgänge sind. Für die damalige Zeit können wir freilich noch nicht den
Prozeß komplizierter Arbeitsabläufe oder die Kooperation großer Arbeits-
kollektive verfolgen, sondern müssen vor oder in das Haus der einzelnen germanischen Familie oder in die kleine Produktionsstätte eines Dorfhandwer-
kers treten, um ihnen – den namenlosen ungezählten Schöpfern der materiellen Kultur – die Geheimnisse ihrer Arbeit abzulauschen.

Eisen und Bronze

An Stelle der seit Jahrhunderttausenden vorherrschenden Verwendung des
Steines als Material für die wichtigsten Produktionsinstrumente trat um die
Mitte des 2. Jahrtausends v. u. Z. im späteren germanischen Gebiet die der
Bronze. 1000 Jahre später – also um 500 v. u. Z. – vermittelten die Kelten dann
die Kenntnis der Gewinnung und Verarbeitung des Eisens nach dem Norden.

Der Einfluß der fortgeschrittenen Kelten ist nicht nur in der Technologie, sondern auch in zahlreichen Finalprodukten selbst spürbar.

Das Eisen verdrängte die Bronze, den Stein und andere seit Jahrtausenden bekannte Rohstoffe nicht gänzlich. Es erlangte aber für die Entwicklung der Produktivkräfte eine große Bedeutung, wenn auch nicht sofort beim Erscheinen des ersten Eisens, sondern erst, als sich der neue Rohstoff entscheidend und umfassend durchgesetzt hatte. So blieb das Eisen nicht ohne Einfluß auf die Veränderung der Produktionsverhältnisse, was sich aber erst recht zu einem späteren Zeitpunkt bemerkbar machte. Hatte die Bronze zu ihrer Zeit nur zu einer bedingten Verbesserung der Gerätschaften geführt, so besaß das Eisen gerade für die Entwicklung von Werkzeugen, Geräten und Waffen eine fast revolutionierende Wirkung. Bronze blieb weiterhin dem Schmuck, bestimmten Gefäßen, Kunsterzeugnissen, Geräten der Körperpflege usw. vorbehalten, worin sich schon der wenig produktionsverändernde Charakter der Bronze zeigt. In noch stärkerem Maße galt das für die Edelmetalle Silber und Gold.

Im Gegensatz zur Bronzetechnik war die Eisenverarbeitung ein relativ komplizierter Vorgang. Terrestrisches, also von Natur her reines Eisen und Meteoreisen hatten damals kaum eine Bedeutung, so daß nur Eisenerze zur Verfügung standen – diese dafür umfangreicher als Kupfer- und Zinnerze für

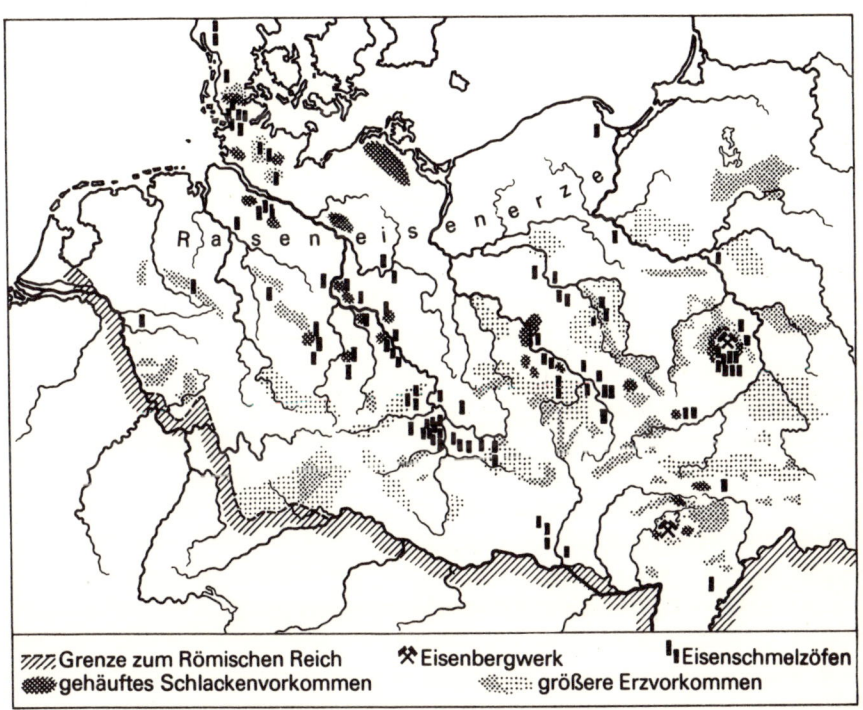

Karte 4   Verhüttungsgebiete im freien Germanien (nach Pleiner, ergänzt)

die Bronze. Im mitteleuropäischen Raum waren es Braun- und Roteisenstein und vor allem Raseneisenstein. Ein Bergbau wurde im freien – d. h. nicht römisch besetzten – Germanien mit ein oder zwei Ausnahmen nicht betrieben. Der Bedarf an Erzen konnte an den »Ausbißlinien« des Bergerzes – wo also die erztragenden Schichten die Oberfläche erreichten – und in der Hauptsache durch die alluvialen Rasen-, Sumpf- und Wiesenerze ausreichend ohne Bergbau befriedigt werden; letztere waren leicht auffindbar und bildeten sich außerdem unter günstigen Bedingungen in wenigen Jahren neu, so daß immer wieder abgebaut werden konnte. Für unsere heutigen Anforderungen sind diese Rasenerze zwar ohne Bedeutung, im Mittelalter aber wurden sie noch, als man anderswo bereits Bergwerke betrieb, von der dörflichen Bevölkerung in sogenannten »Bauernrennöfen« verarbeitet.

Ein umfangreicher Eisenerzhandel war somit nicht notwendig, zumal das Altmaterial unbrauchbar gewordener Gerätschaften immer wieder neu verschmiedet wurde. Das beweisen sehr klar die metallographischen Analysen.

Die Spuren alter Eisenverhüttung zeigen sich vor allem in den Schlacken, die bekanntlich ein Vielfaches des eigentlichen Produktes darstellen. Sie lassen sich oft nur schwer oder gar nicht datieren, stammen aber nach den begleitenden Funden doch in der Hauptsache aus den ersten vier Jahrhunderten unserer Zeitrechnung. Die Karte 4 zeigt uns im mitteleuropäischen Raum bestimmte Zentren, wo sich die Schlackenvorkommen häufen und wo an gleicher Stelle auch die Reste von Eisenverhüttungsstätten angetroffen werden konnten; dort oder in der Nähe befanden sich auch die bedeutenderen Erzlager. Schwerpunkte waren die Slowakei, Böhmen, Südwest- und Südpolen, das Elb-Saale-Gebiet, das Siegerland, Schleswig-Holstein und der Harburger Raum.

Das Eisenerz mußte zunächst aufbereitet werden, indem es durch »Waschen« von löslichen Bestandteilen, durch »Rösten« (= Erhitzen unter freiem Luftzutritt) von festeren Beimengungen und auch von Wasser befreit und schließlich für den Reduktionsprozeß zerkleinert wurde. Der eigentliche Verhüttungsvorgang erfolgte im Rennverfahren, einem direkten Reduktionsverfahren von weltweiter Verbreitung. Dazu diente in der Mehrzahl ein Schachtofen mit meist eingetiefter Herdstelle. Daneben scheint es auch Öfen mit ebenerdiger Herdstelle und einfache Grubenöfen von 1 bis 2 m Durchmesser gegeben zu haben, die dann eine kuppelförmige Haube erhielten. In solchen Öfen wurde das Eisenerz mit Hilfe von Holzkohle auf Temperaturen von 700 bis 800 °C in der Gicht und 1 100 bis 1 300 °C im unteren Teil des Ofens gebracht. In besonders gut gebauten Öfen und in der Nähe der Windkanäle mögen auch Temperaturen bis 1 400 °C erreicht worden sein. Auf Grund metallographischer Analysen der Schlacken und moderner Versuche kann man diese Temperaturwerte nachträglich ermitteln.

Was sich erhalten hat, sind die eingetieften Herdstellen, in denen noch der letzte Schlackenkloß liegt; in einigen der größten Öfen – von Tarchalice (früher Tarxdorf), Kr. Wolów in Südwestpolen – hatte er das stattliche Ge-

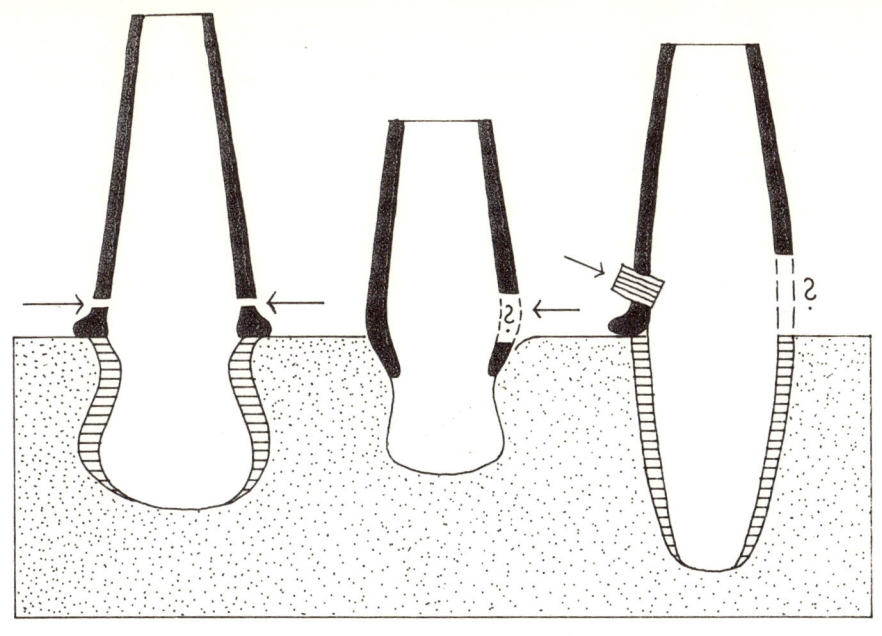

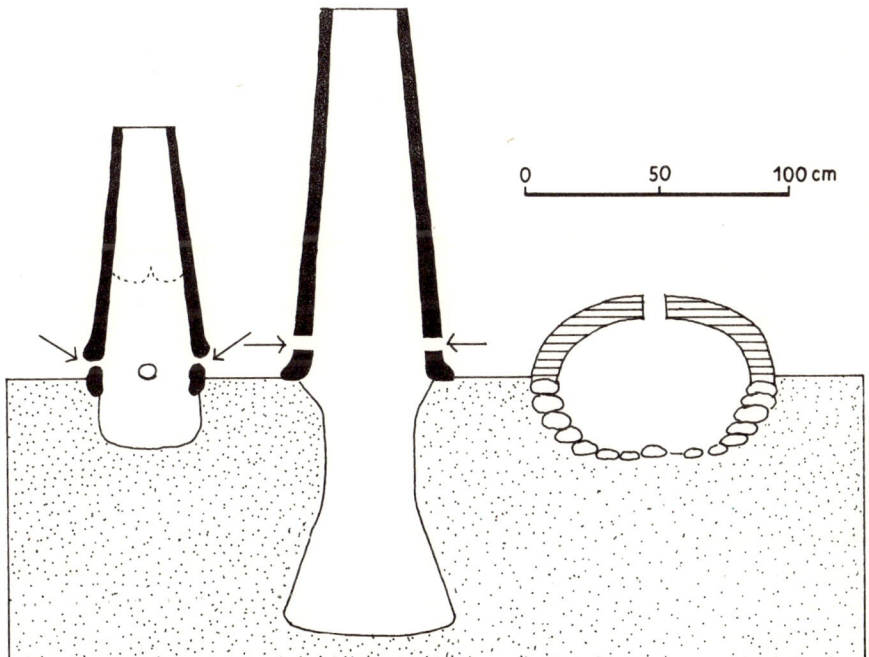

Typen von Rennöfen

wicht von 319 bzw. 341 kg. Die Ofenschächte sind dagegen nur in Bruchstücken erhalten. Sie besaßen eine zylindrische, leicht konische oder tonnen-
förmige Gestalt und waren aus Lehm aufgerichtet (Bild 7). Es gab niedrige
und hohe, schmale und breite Öfen. Die Durchmesser betrugen 20 bis 50 cm

im Lichten, die Höhe bis zu 1 m. In mehreren Fällen waren die Schächte beweglich und konnten von einer Herdstelle zur anderen getragen werden; dadurch ist auch das Fehlen von Mantelresten auf vielen Hüttenplätzen zu erklären. Die Mantelwände waren z. T. durch Holzstangen verstärkt. Nur unter Einfluß provinzialrömischer Eisenschmelzhütten hatte man die Öfen stellenweise mit Steinen im Fundament verstärkt, so im Teutoburger Wald. Ein Ofen von Hamburg-Duvenstedt war aus rund 300 Lehmziegeln von trapezförmigem Grundriß aufgebaut.

Das gute Ergebnis des Reduktionsprozesses hing von ausreichender Sauerstoffzufuhr ab. Dazu hatte man im Schacht oder in der Herdstelle Windkanäle eingebaut, durch die der natürliche Windzug (Windschachtöfen) oder ein Blasebalg (Gebläseöfen) den Sauerstoff in den Ofen führte. Deswegen nutzte man auch gern die Hanglage mit den natürlichen Aufwinden. Düsenziegel sind immer wieder in alten Schmelzstätten gefunden worden: kleine Lehmblöcke von 10 bis 15 cm Größe mit 2 bis 3 cm großen Öffnungen. Auch Lehmpfropfen zum Schließen bestimmter Kanäle im Interesse eines guten Zuges sind bekannt.

Um den teigigen Eisenschwamm bzw. die verklumpte Luppe zu gewinnen, erfolgte entweder ein Abstich der flüssigen Schlacke, um dann die erkaltende Luppe dem Ofen zu entnehmen – in diesem Falle blieb der Ofen zwar stehen, wurde aber meist aufgebrochen und mußte für eine erneute Beschickung repariert werden –, oder man zerstörte den Ofen bzw. hob den Ofenmantel ab und entfernte die teigige Eisenmasse von der Schlacke, der »Ofensau«, wobei jede Herdstelle nur einmal benützt wurde. Nach den Befunden ist dies Verfahren als das damals rationellste angesehen worden. Die große Zahl der Herdstellen an manchen Hüttenplätzen täuscht also eine »Großproduktion« nur vor, vor allem wenn mehrere Generationen an der gleichen Stelle verhüttet haben.

Wie die Schlacke noch Eisen enthielt, da nur etwa 40 bis 50% Eisen bei Rennverfahren ausgebracht wurden, so war auch die Luppe noch mit Schlacke durchsetzt. Es erfolgte der Prozeß des »Ausheizens« in einfachen kessel- oder wannenförmigen Erdgruben, wo bei ähnlich hohen Temperaturen die restlichen Schlacken und Holzkohleeinschlüsse möglichst vollständig entfernt und der noch poröse Eisenschwamm zu einer festen Eisenmasse zusammengeschmiedet wurden. Je mehr Schlackenteilchen im Eisen verblieben, um so näher lag später die Gefahr von Brüchen beim fertigen Produkt.

Bis auf einzelne Tropfen blieb das Eisen im Rennverfahren unter dem Schmelzpunkt, der bei einem Kohlenstoffanteil von 1% bei 1400 °C liegt (der Schmelzpunkt steigt mit fallendem Kohlenstoffanteil und liegt bei reinem Eisen über 1500 °C). Das Eisen der Germanen war also ein Schmiedeeisen, und erst im Mittelalter, als man mit durch Wasser oder Wind betriebenem Gebläse höhere Temperaturen erzielte, konnte hier Gußeisen erzeugt werden.

Die Qualität des Eisens war noch in anderer Beziehung vom Kohlenstoffgehalt abhängig. Eisen mit mehr als 1,7% Kohlenstoff ist hart und spröde und

I Goldene Scheibenfibel von Mölsheim, Kr. Worms/BRD (7. Jh.); Durchmesser 8,3 cm

II Schmuckplatte in Gold-cloisonné-Technik mit eingesetzten Almandinen, rotem Glas und Chrysopras von Großörner, Kr. Hettstedt (5. Jh.), 2fach vergrößert

III Silbervergoldete Schnalle von Erfurt-Bischleben und Perlenkette von Niemberg, Saalkreis (4. Jh.)

IV Fibeln des 6. Jh. aus thüringischen Gräbern (1,3-fach vergr.)

VI   Scheibenfibeln aus einem Adelsgrab von Haßleben, Kr. Erfurt (4. Jh.); Durchmesser 6 cm

V   Vergoldeter Spangenhelm aus einem Adelsgrab von Stößen, Kr. Hohenmölsen (6. Jh.)

VII Silberne Sporen aus einem Grab von Leuna, Kr. Merseburg (4. Jh.)

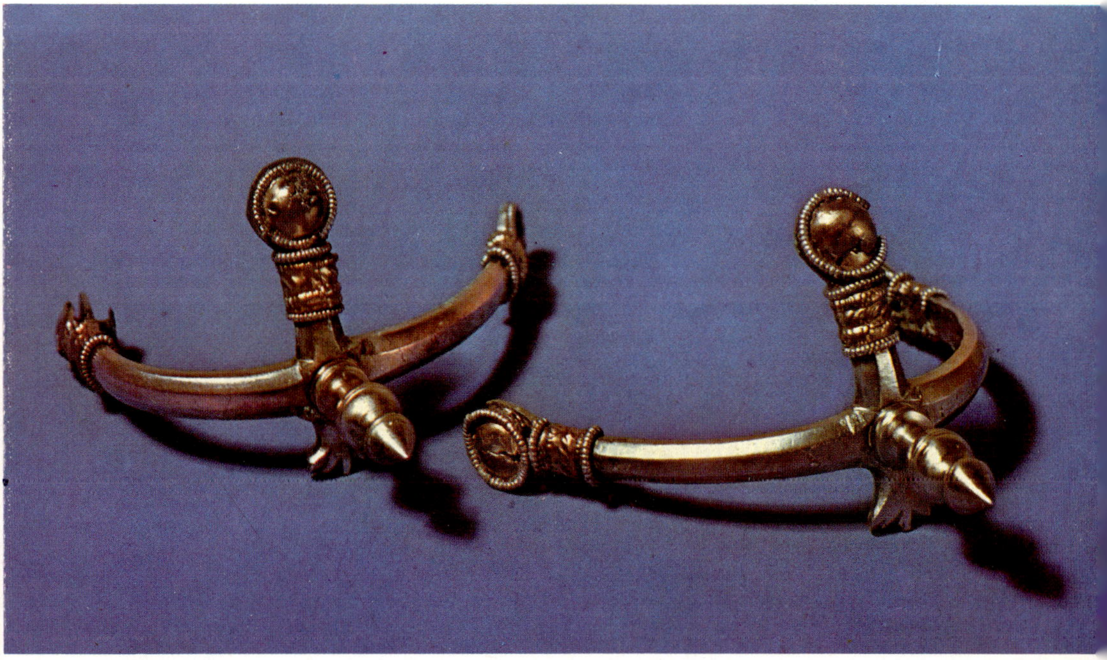

VIII Spatha von Altluß-
heim, Kr. Heidelberg/BRD
(5. Jh.)

IX Silbervergoldete Ru-
nenfibel von Vaerlöse auf
Seeland/Dänemark (3. Jh.),
2/3 nat. Gr.

X Silberne Fibel von Bor-
nitz, Kr. Zeitz (1. Jh.), und
(li.) goldene Fibel von Balg-
städt, Kr. Nebra (5. Jh.), nat.
Gr.

XI Gläserne und tönerne Spinnwirtel (vielleicht auch als Amulett getragen) aus thüringischen Gräbern des 5. und 6. Jh.

XIII   Schatzfund römischer Goldmünzen von Großbodungen, Kr. Worbis (5. Jh.)

XII   Goldbrakteaten des 6. Jh. aus Obermöllern, Kr. Naumburg, und Oberwerschen, Kr. Hohenmölsen (links), 2fach vergrößert

XV Vergoldeter Silberpokal von Himlingoie auf Seeland/Dänemark (3./4. Jh.), etwas
vergrößert

XIV Endbeschläge von Trinkhörnern aus Dollerup in Jütland/Dänemark (1./2. Jh.)

XVI Gläserner Rüsselbecher von Stößen, Kr. Hohenmölsen, und Glasbecher von Erfurt (5./6. Jh.); Höhe des Rüsselbechers etwa 20 cm

XVII Goldener Arm- und Fingerring sowie römische Goldmünze aus Adelsgräbern von Emersleben, Kr. Halberstadt (4. Jh.)

XVIII Römische Glasschale aus Weißenfels (1. Jh.); Durchmesser 23 cm

XX   Goldene Fibeln und Nadeln aus fränkischen Gräbern im Rheingebiet (7. Jh.), etwas verkleinert

XIX   Spielsteine aus einem Grab von Emersleben, Kr. Halberstadt (4. Jh.); Durchmesser 1,7 bis 3 cm

XXI Ostgotische Adlerfibel in Goldcloisonné-Technik von Cesena/Italien (um 500),
1,5fach vergrößert

eignet sich wenig zum Schmieden. Von einem gut schmiedbaren Stahl sprechen wir bei einem Eisen mit einem Kohlenstoffgehalt zwischen 0,05 und 1,7%. Es war für den damaligen Hüttenwerker sicherlich schwierig, diesen bestimmten Prozentsatz zu erreichen, wenngleich es genügend Beispiele dafür gibt, daß ihm dies gelungen ist.

Eine Voraussetzung für den Hüttenbetrieb war eine ausreichende Bevorratung mit Holzkohle. Sie wurde in mit Erde abgedeckten Grubenmeilern gewonnen, wie man sie des öfteren in der Nähe von Schmelzöfen entdeckt hat. Unwahrscheinlich große Mengen Holz wurden benötigt, und dabei mußte es sich um lufttrockenes Holz handeln. In der Hauptsache wird der Bedarf mit Reisig, Ästen, Kiefernzapfen und anderem Kleinholz, weniger mit ganzen Stämmen gedeckt worden sein.

Zu einer Hüttenstelle gehörten meist mehrere Öfen – je nach der Größe und Lebensdauer der Siedlung –, dazu Ausheizherde, Meilergruben und kleine Häuser. Nach den Befunden zu urteilen, standen die Öfen selbst mitunter in Hütten, die dann entsprechende Abzugsöffnungen besaßen. Aus verschiedenen Gründen müssen wir mit Eisenhüttenstellen in fast jeder einzelnen germanischen Siedlung rechnen; einige wenige Siedlungen besaßen eine gemeinsame Verhüttungsstelle. Auch Plätze mit einer größeren Zahl von Öfen – wie etwa von Gera-Tinz mit über 20 Öfen (Bild 7) – sind nur scheinbar umfangreichere Werkstätten, da sich die Benutzung gewöhnlich über mehrere Jahrhunderte erstreckte.

Genauso wie mit Erz hat es auch mit Schmiedeeisen allem Anschein nach keinen Handel gegeben, da Barrenfunde aus dem germanischen Gebiet nicht bekannt sind, was nicht ausschließt, daß mancher Eisenklumpen an Nachbarsiedlungen verhandelt und erst dort verschmiedet wurde.

Das Gewicht des gewonnenen Eisens betrug nur etwa 17 bis 20% der Ausgangsmenge an Erzen, das des schmiedefähigen Eisens entsprechend weniger (7 bis 10%). Die absolut gewonnene Menge aus einem Verhüttungsprozeß war von der chemischen Zusammensetzung des Erzes, der Größe und Konstruktion des Ofens und dem handwerklichen Können der Hüttenmänner abhängig und ist deswegen schwer einzuschätzen. Die aufgefundenen Schlacken lassen auch keine sicheren Rückschlüsse auf die Menge des gewonnenen Eisens zu. Vielleicht kommen wir mit folgender geschätzter Produktivität der damaligen Eisenverhüttung der Wahrheit nahe: Um 1 kg Eisen zu gewinnen, wurden 10 kg Erz und 130 kg getrocknetes Holz benötigt. Die kleineren Öfen lieferten etwa 3 kg, die größeren vielleicht 15 kg Eisen, wobei bereits das »Ausheizen« berücksichtigt ist. Der Aufwand war also erheblich und läßt erkennen, welche große Bedeutung die Eisenverhüttung im alltäglichen Leben des germanischen Mannes eingenommen hat, wenn auch kein römischer Schriftsteller davon berichtet. Damit konnten zahlreiche Geräte und Waffen geschmiedet werden, so daß in einer Siedlung nur in größeren Zeitabständen verhüttet zu werden brauchte, vielleicht nur ein- oder zweimal im Jahr.

Die Lagerstätten waren gesellschaftliches Eigentum der Siedlungsgemeinschaft oder des ganzen Stammes. Germanien war nicht arm an Lagerstätten, so daß es nur selten Streitigkeiten über deren Ausbeutung gegeben haben wird. Da nicht ständig für die verhältnismäßig kleine Menschengruppe verhüttet werden mußte, wurde diese Arbeit zwar durch Spezialisten mit einer langjährigen Erfahrung – vielleicht auch generationenlang durch die gleiche Familie –, nicht aber durch ausgesprochene Handwerker betrieben. Die 2. gesellschaftliche Arbeitsteilung – die Absonderung einer selbständigen handwerklichen Produktion von der landwirtschaftlichen Produktion – hatte sich in der vorrömischen Zeit noch nicht vollzogen, sondern dürfte erst ein Ergebnis der römischen und besonders der Völkerwanderungszeit gewesen sein. Solange erhielten diejenigen, die sich auf das Schmieden spezialisiert hatten, von den einzelnen Familien einen entsprechenden Gegenwert an Naturalien oder anderen Produkten. So bestand weder eine Notwendigkeit noch ein Anreiz zur Schaffung eines Privateigentums in diesem Bereich.

Dieses Bild dörflichen Hüttenwesens wird im freien Germanien durch das eines ungewöhnlich umfangreichen Verhüttungszentrums in der Góry Świętokrzyskie bei Kielce in der heutigen VR Polen (Karte 4) durchbrochen. Am Nordhang dieses Höhenzuges sind 500 km² förmlich mit Eisenschlacken übersät, so daß die dortige Bevölkerung noch bis in unser Jahrhundert hinein diese Schlackenfelder abgebaut hat, um sie noch einmal der Verhüttung zuzuführen. Die Erzbasis bildeten Rot- und Brauneisenstein. Das Roteisenerz wurde sogar im Bergwerksbetrieb gewonnen, was einmalig im Gebiet des freien Germaniens war. Die mit Brettern versteiften Schächte führten 18 bis 20 m tief in das Gestein, von wo 1 m hohe und 80 cm breite Stollen ausgingen, die durch Stempel mit Unterlage und Querbalken abgestützt waren. Im Inneren des Bergwerks wurden noch Holzschaufeln, -keile, Kerbleitern, Kienspäne sowie Keramik, Fibeln und römische Münzen gefunden.

Bis 1964 wurden in 9jähriger Ausgrabungstätigkeit 81 Verhüttungsplätze gefunden, auf denen jeweils 20 bis 230 Öfen gestanden haben. Es konnten bis zu dieser Zeit über 3 000 Öfen ausgegraben werden, d. h. nur die eingetieften Herdstellen mit 100 bis 200 kg schweren Schlackenklötzen. Seitdem sind weitere Hunderte davon durch die polnischen Archäologen geborgen worden. Mitunter standen die Öfen unregelmäßig, meist aber in drei oder vier Reihen so dicht beieinander, daß oft nur wenige Zentimeter frei blieben (Bild 8). Sie sind alle nur einmal benutzt worden. Die Anordnung spricht dafür, daß 2 bis 4 Öfen gleichzeitig in Betrieb waren und immer unmittelbar anschließend die nächsten gebaut worden sind. An den Hüttenplätzen fanden sich außerdem Grubenmeiler, Ausheizherde und Schmieden.

Alles spricht für eine planmäßige und gut organisierte Produktion, die keinesfalls nur den Bedarf für die umliegenden Siedlungen gedeckt hat. Die Masse der Öfen stammt aus dem 3. und 4. Jh. In dieser Zeit müssen hier also viele Tonnen Schmiedeeisen produziert und auch verhandelt worden sein.

Wo lagen aber die Absatzgebiete? Etwa 75% aller Eisenprodukte der Przeworsker Kultur (S. 20) wurden aus dem hier verhütteten Material hergestellt. Trotzdem hätte es dieser »Nowa Huta« der römischen Zeit nicht bedurft. Südpolen und das Krakówer Gebiet – wo auch zahlreiche Eisenverhüttungsstellen neben bedeutenden Keramikproduktionsstätten aus der gleichen Zeit betrieben wurden (S. 76) – zeigten damals starke Beziehungen zum provinzialrömischen Gebiet an der mittleren Donau. Könnte das Eisen nicht in das Römische Reich bzw. seine Donauprovinzen gegangen sein? Tacitus berichtet in seiner Germania (cap. 43) von den Kotinern, daß sie Eisen ausgraben. Dieser Stamm schließt sich »rückwärts der Markomannen und Quaden« an; das wäre die östliche Slowakei oder das südliche Polen. Sollte Tacitus damit nicht dieses Verhüttungszentrum und den Eisenbergbau von Kielce meinen? Auch Ptolemäus erwähnt Eisenbergwerke, aber bei den Quaden – also für das Gebiet der Slowakei –, oder hielt er die südpolnischen Bergwerke für noch im quadischen Gebiet liegend?

Das Hüttenzentrum in Südpolen lag bekanntlich nicht im Kerngebiet der Germanen, sondern wurde erst im letzten Jh. v. u. Z. von Germanen besiedelt (S. 20). Waren die Berg- und Hüttenleute nun Angehörige der alten einheimischen Bevölkerung, vielleicht Kelten, oder waren es Germanen? Tacitus weiß auch zu berichten, daß die Kotiner keltisch sprachen.

Noch eine weitere Bemerkung von Tacitus ist beachtenswert: daß die Kotiner Eisen ausgraben, »vermehre noch ihre Schande«. Bergleute sind zwar in Märchen und Sagen häufig unheimliche, zwerghafte, wenn auch oft helfende Gestalten; aber sollte Tacitus hier nicht eine Überheblichkeit der Germanen gegenüber den einheimischen Bergleuten bekannt geworden sein?

Bisher sprachen wir nur von den germanischen Hüttenwerkern. Sie werden auch zugleich die Schmiede gewesen sein. Deren wichtigste Werkzeuge, die sich kaum von denen eines neuzeitlichen Schmiedes unterschieden (vgl. Kapitelvignette), waren der Hammer und die Zange in Form der Gelenkzange (Bild 6). Um den Schmied während des Arbeitens vom ständigen Zusammendrücken der Griffschenkel zu befreien, saß auf ihnen ein Spannring oder -haken, der in die jeweilig notwendige Stellung geschoben werden konnte. Weiterhin wurden der Meißel, der Abschröter (Meißel zum Einsetzen in den Amboß), das Durchschlageisen, die Feile, das Nageleisen bzw. der Nagelamboß zum Herstellen der eisernen Nägel, das Zieheisen zur Produktion von Draht und die Blechschere benutzt.

Kein Schmied ohne Amboß! Um so erstaunlicher sind die wenigen Funde von Ambossen im germanischen Gebiet und deren geringe Ausmaße, die nur Klein- und Feinarbeiten ermöglichten. Die groben Schmiedearbeiten sind somit sicherlich auf Steinen ausgeführt worden. Wenn auch die ältesten Funde von Hornambossen aus dem 4. Jh. (als Miniaturmodell für eine Halskette) und 6. Jh. stammen, so muß auch der Schmied früherer Jahrhunderte einen derartigen Amboß mit Horn besessen haben.

Zur Unterhaltung des Schmiedefeuers aus Holzkohlen diente der Blasebalg, wie er in der Eisenverhüttung genutzt wurde. Nur die kegelförmigen

Goldene Kette mit figürlichen Anhängern (u.a. Modelle von Schmiedegeräten) von Şimleul Silvaniei, Rumänien (um 400)

Mundstücke aus Stein oder Ton haben sich erhalten; der Blasebalg selbst wird aus zwei dreieckigen Holzdeckeln bestanden haben, die seitlich mit Leder geschlossen waren und an der Spitze im Mundstück endeten.

Die genannten Schmiedegeräte und die Erzeugnisse selbst lassen erkennen, daß die wesentlichsten Techniken des neuzeitlichen Schmiedes auch schon damals beherrscht wurden: die verschiedenen Warmverformungen (Strecken, Biegen, Rollen, Stauchen, Verdrehen, Schärfen, Spitzen, Lochen usw.), das Schweißen, Nieten, verschiedene Kaltverformtechniken und auch das für die Qualität der Produkte wichtige Härten. Dies war bei dem kohlenstoffarmen Eisen besonders wichtig. Eine Härtung des Eisens konnte durch Abschrecken im Wasser (wobei das Eisen aber mindestens 0,4% Kohlenstoff enthalten haben muß), durch Hämmern und vor allem durch »Aufkohlen« mit Karbonisationsmitteln ohne Luftzufuhr, wobei Stickstoff als Katalysator wirkte, erreicht werden. Die dadurch gewonnene Stahlschicht war trotz einer etwa 12stündigen Arbeit nur 2 mm stark. Vor allem wurden die Schneiden von Schwertern und Messern gehärtet, häufig aber auch ganze Stücke wie Äxte, Lanzenspitzen, Scheren.

Spätestens seit den Zeiten der Völkerwanderung wurde ein arbeitsproduktives Verfahren angewandt, das im provinzialrömischen und vorher keltischen Gebiet bereits genutzt wurde: das Zusammenschweißen von Eisen und Stahllamellen, wiederum vor allem bei Waffen wie Schwertern und Streitäxten. Man nennt dieses Verfahren, das im Mittelalter in Damaskus eine besondere Blüte erreichte, Damaszierung.

Noch immer spielte die Bronze neben dem Eisen eine große Rolle, deren Verarbeitungstechnik auch im Norden auf eine lange und beachtenswerte Tradition zurückblicken konnte. Die beiden Grundstoffe Kupfer und Zinn standen nicht überall zur Verfügung und mußten deshalb von außerhalb eingehandelt werden. Der Bedarf war andererseits nicht mehr so groß wie in der Bronzezeit, da zahlreiche Geräte, Waffen und teilweise auch Schmuck jetzt aus Eisen hergestellt wurden; man konnte nun mit der Bronze sehr sparsam umgehen, indem man, statt das ganze Stück aus Bronze herzustellen, nur eine Bronzeplattierung auf Eisenunterlage verwandte.

Die ungünstige Rohstofflage, aber der dafür wachsende römische Import lassen vermuten, daß die Bronzeschmiede in der Hauptsache Schrott der unbrauchbar gewordenen Importstücke verarbeiteten; immerhin lieferte ein schrottreifer römischer Bronzeeimer Material für rund 200 Fibeln.

Im Gegensatz zum Eisen konnte die Bronze gegossen werden, da hierfür nur Temperaturen zwischen 900 und 1 200 °C erreicht zu werden brauchten. Benötigt wurden neben den tönernen oder steinernen Gußformen ein Gußtiegel aus Ton und hölzerne oder eiserne Tiegelzangen.

Auch die Gußverfahren waren seit Jahrhunderten bekannt und zeigten zunächst keine technische Verbesserung, eher eine gewisse Verarmung. In der Hauptsache wurde der Guß in verlorener Form angewandt, wobei das vorgesehene Produkt zunächst in Wachs geformt und mit Ton umhüllt, dann das Wachs ausgeschmolzen und das flüssige Metall hineingegossen wurde; nach dem Erkalten mußte die Form zerschlagen werden. Bei einfachen flachen Objekten mag noch der offene Herdguß (also in einteiliger Form) angewandt worden sein, im übrigen der Kokillenguß (in zwei- und mehrteiligen zusammengefügten Schalenformen).

Um mehrere Teile zu verbinden, eisernen Klingen einen bronzenen Griff zu geben oder Reparaturen vorzunehmen, wandte man den Verbund- oder Überfangguß an. Auch dieser Gußvorgang fand meist in einer verlorenen Form, aber auch mit Hilfe von Gußformen statt. Die Erfahrungen beim Überfangguß führten zur Schweißtechnik – also zum Verschmelzen gleicher Stoffe – und zum Löten, d. h. zum Verbinden zweier Teile durch ein anderes, leichter schmelzbares Metall. Diese Techniken wurden oft an beschädigten römischen Bronzegefäßen angewandt, um ihre Lebensdauer zu verlängern.

Die rohen Gußprodukte hatte der Schmied dann mit Hammer und Feile weiter zu bearbeiten, wobei vor allem die Gußnähte und -zapfen beseitigt und das Schmuckstück entsprechend der Zeitmode, dem Wunsche des Trägers und dem Können des Bronzeschmiedes verfeinert wurden.

Die Belebung der metallenen Oberfläche konnte durch Gravierung mit Hilfe von Punze, Feile, Stichel, mit Formen in Preß- oder Stempeltechnik, durch »Kerbschnitt« oder ähnliche mechanische Verfahren am Grundmetall selbst erreicht werden. Besonders seit der römischen Zeit wandte man in zunehmendem Maße die verschiedensten Techniken durch Einbeziehung anderer Metalle oder gänzlich anderer Stoffe an. Damit wurden Juwelierarbeiten geschaffen, denen wir noch heute Hochachtung zollen müssen.

Da ist zunächst die Inkrustation (Einlegen) mit einem farblich sich abhebenden Stoff zu nennen. Dies Verfahren ist uralt und reicht bis in die Mittlere Steinzeit zurück, wo Harz in Vertiefungen von Horn- und Knochengeräten eingelassen wurde. Auf Metallen setzte man Bernstein, Korallen, Edel- und Halbedelsteine oder Glas – farbig oder mit Goldblech unterlegt – in Vertiefungen oder in einem eigens geschaffenen Zellenwerk ein. Führend war hierbei der pontisch-iranische Raum, und als die Goten diese Kunst um 200 am Schwarzen Meer kennenlernten und nach Mittel- und Westeuropa vermittelten, wurde ihr Einfluß für die Entwicklung der germanischen Kunst bestimmend; man spricht direkt von einem »farbigen Stil« (S. 234 ff.; vgl. Bild I und II).

Neben diesem kalten Verfahren gab es die Inkrustation auf heißem Wege, wobei eine farbige Glasmasse – das Email – in Grübchen und Rillen, zwischen aufgelöteten Metallfädchen oder in Zellen eingeschmolzen wurde. Das Email war anfangs ein Ersatz für die rar werdenden Edelsteine und Korallen, wurde aber später mit einer derartigen Perfektion angewandt, daß emailverzierte Stücke oft mit zu dem Schönsten gehören, was Kunsthandwerker geschaffen haben. Die verschiedenen Farbtönungen wurden durch Beimengung entsprechender Metalloxide erreicht, worin die Kelten, von denen die Germanen gelernt haben, führend waren. Wurde das Email oder eine andere Einlage wie Glasfluß oder Edelstein anschließend mit den Zellenwänden plangeschliffen, so daß sich die Zellenrahmen leuchtend abhoben, spricht man von der Cloisonné-Technik (Bild II).

Ein verwandtes Verfahren war die Niello-Technik, bereits den alten Ägyptern und Herren von Mykene bekannt. In der völkerwanderungszeitlichen Kunst der Germanen nahm sie einen bevorzugten Platz ein. Dabei wurde auf Silber in tiefeingeritzte Muster ein schwefelgeschwärzter Metallschmelz auf heißem Wege gefüllt, wodurch interessante Farbkontraste entstanden.

Eine ähnliche Wirkung rief die Tauschierung hervor, indem auf einer meist weniger wertvollen, aber sich in der Farbe abhebenden Metallgrundlage Metallfäden eingelegt bzw. eingehämmert wurden, meist Silber oder Gold auf Eisen (Bild 9). Bereits die bronzezeitlichen Vorfahren der Germanen wandten diese Technik auf ihren Bronzeerzeugnissen an.

Mit Filigran und Granulation erreichte der Kunstschmied plastisch wirkende Oberflächen auf seinen Erzeugnissen. Beide Techniken waren im Mittelmeerraum schon im 2. Jahrtausend bekannt und erschienen um die Mitte des letzten Jahrtausends v. u. Z. im keltischen Mitteleuropa. Der Germane wandte die Filigrantechnik bereits in den ersten Jahrhunderten unserer Zeitrechnung und die Granulation seit dem 4. Jh. an. Bei der Granulation werden kleinste Metallkörner (meist aus Gold) auf der Grundfläche des Schmuckstückes so leicht angeschmolzen, daß sie wie nur darübergestreut erscheinen. Beim Filigran wird ein glattes, gekörntes oder geflochtenes Silber- oder Goldfädchen aufgelötet. Die Fädchen des Filigrans und die Körnchen der Granulation bilden entweder Einrahmungen von Steinen, dienen der Randbetonung oder sind zu Mustern zusammengefügt. Filigran war nicht nur ein schmückendes Beiwerk, sondern konnte auch zu selbständigen Schmuckstücken zusammengesetzt werden. Höhepunkte erreichten diese beiden Verfahren im Schmuck aus den Adelsgräbern der jüngeren römischen Zeit und später während der Völkerwanderung und der Zeit der Karolinger und Wikinger (Bild I und XX).

Schmuckstücke ein und dergleichen Form finden sich oft massiert in einem größeren Bezirk, lassen aber keinen festen Herstellungsort erkennen. Das spricht dafür, daß die Feinschmiede nicht ortsfest waren, sondern in einem bestimmten Kreis umherzogen, um je nach örtlichem Bedarf zu produzieren. Sie waren ja nicht wie die Eisenschmiede von Lagerstätten abhängig, sondern konnten auf Altmaterial, Gold- und Silbermünzen, nicht mehr benötigte römische Gefäße usw. zurückgreifen, was ihnen ihre Besteller meist selbst brachten. Eine eigene Goldgewinnung ist im germanischen Bereich wohl nicht betrieben worden, erst aus der Karolingerzeit hören wir von Goldwäscherei am Rhein. Auch die häufige Grabberaubung besonders in der Völkerwanderungszeit spricht sehr für einen bestehenden Edelmetallmangel.

Der Schmied genoß in der germanischen Gesellschaft ein hohes Ansehen. Während der Grobschmied in jeder Siedlung neben seiner landwirtschaftlichen Tätigkeit nur zeitweise dieser Arbeit nachging und sich vielleicht sogar erst im Frühfeudalismus gänzlich zum Handwerker entwickelte, werden Feinschmied und Bronzegießer mit ihrem reichen Erfahrungsschatz in den verschiedensten Techniken spätestens in der jüngeren römischen Zeit ausgesprochene Handwerker gewesen sein. Sie leiteten damit die 2. gesellschaftliche Arbeitsteilung bei den Germanen ein. Im allgemeinen wird der Schmied zu den Freien gehört haben, was auch durch die oft reichen Beigaben in Gräbern von Schmieden unterstrichen wird. Ihre Werkzeuge gehörten ihnen persönlich und nicht einer Gemeinschaft – deshalb finden wir in ihren Gräbern ganz im Gegensatz zur germanischen Gepflogenheit auch ihre Werkzeuge beigegeben. Aber mit einer ökonomischen und sozialen Abhängigkeit der Kunstschmiede an den Adelshöfen – vielleicht schon in der frührömischen Zeit – kann gerechnet werden. Ihre Stellung war so, daß sie trotz des Ausbeutungsverhältnisses, in dem sie objektiv standen, ein persönliches Interesse besaßen, gute Arbeit zu leisten. Die hohe Wertschätzung der Goldschmiede kommt auch darin zum Ausdruck, daß für die Tötung eines Goldschmiedes ein bis vierfach höheres Wehrgeld zu zahlen war als für die eines gewöhnlichen Schmiedes (Lex Burgundionum).

Vom Ton zum Gefäß

Seit der Jüngeren Steinzeit nahm in der Wirtschaft die Herstellung von Tongefäßen eine bedeutende Rolle ein. Man benötigte Behälter zum Kochen und Zubereiten der pflanzlichen Nahrung, zum Trinken und zum Aufbewahren von flüssiger, aber auch fester Nahrung wie Getreidekörnern, Früchten, Mehl usw. Auch als Metallgefäße auftauchten, blieb die Keramik das alltägliche Geschirr, besonders weil bronzene oder gar silberne oder gläserne Behälter erst eingehandelt werden mußten. Das gilt nicht nur für die früheste Geschichte der Germanen, sondern auch noch für die Jahrhunderte der Völkerwanderung und die Zeit danach. Aus Ton stellte man aber auch Spinnwirtel (S. 81 f.), Webgewichte (S. 83), Löffel und Kleinplastiken für den Kult oder als Kinderspielzeug her.

In der 1. Hälfte des 1. Jahrtausends u. Z. vollzog sich jener Wechsel in der Herstellungsart, der die Geschichte der Keramik immer und überall in zwei Perioden teilt: der Übergang von der handgearbeiteten zur Drehscheibenware. Interessanterweise war dieser Wechsel bei den Germanen weder einmalig, noch umfaßte er die gesamte Keramikproduktion.

Bis in das 2. Jh. v. u. Z. hinein herrschte durchweg die Handarbeit. Das Gefäß wurde im sogenannten Wulstverfahren hergestellt, indem, vom Gefäßboden ausgehend, einzeln oder in ununterbrochener Spiralform entsprechend der beabsichtigten Form des Gefäßes Tonwulst auf Tonwulst gelegt und dann verstrichen wurde. Bei kleineren und dickwandigeren Gefäßen mag auch die Treibtechnik angewandt worden sein, indem man aus einem Tonklumpen heraus das Gefäß formte. Besonders bei großen und bauchigen Gefäßen ist sicherlich die Hilfe von Formschüsseln oder Formgruben in Anspruch genommen worden.

Um beim Aufbau des Gefäßes dieses stets in der günstigsten Stellung vor sich zu haben, wurde die Arbeit auf einer beweglichen Unterlage ausgeführt. Nach Abdrücken zu urteilen, ist dazu gern eine rundgeflochtene Matte genommen worden.

Von diesem Hilfsmittel bis zu einer zentrierten Scheibe war kein weiter

Weg; vielleicht ist er schon in vorgermanischer Zeit beschritten worden. Diese Scheibe mußte aber jeweils mit einer Hand weiterbewegt werden, während die andere Hand formte. Die Scheibe wurde also entweder nur ruckweise oder in verhältnismäßig langsamer Rotation bewegt. So konnten die Wülste besser verstrichen und dem Gefäß eine mehr symmetrische Form gegeben werden, die wir immer wieder bei der handgefertigten Keramik bewundern können.

Dieses Hilfsmittel entsprach noch nicht der mit dem Fuß in eine schnelle Rotation versetzten eigentlichen Drehscheibe. Bei der Handscheibe wird die Wandung des Gefäßes immer noch »aufgebaut«, während bekanntlich bei der Drehscheibe das Gefäß durch entsprechende Fingerhaltung langsam hochgezogen und dabei geformt wird. Aber die Handscheibe bildet eine Vorstufe der eigentlichen Töpferscheibe. Deren größere Leistungsfähigkeit in quantitativer, aber auch qualitativer Hinsicht liegt auf der Hand. Daraus ist zu ersehen, daß der Schritt zur Töpferdrehscheibe nicht allein eine Frage des »Erfindens«, sondern vom gesamten Produktionsniveau und dem Bedarf abhängig ist. Das wird gerade bei den Germanen sichtbar.

Im Laufe des 2. und vor allem des 1. Jh. v. u. Z. trat im Gebiet an der Saale und an der mittleren Elbe zum ersten Mal Drehscheibenkeramik auf (Bild 10). Daß dieser technische Fortschritt durch die hochstehende keltische Keramikproduktion verursacht worden war, steht außer Zweifel. Es ist sogar nicht ausgeschlossen, daß keltische Handwerker – man hat auch an Kriegsgefangene gedacht – im germanischen Gebiet tätig waren. Dies mag aber keinesfalls für sämtliche Drehscheibenkeramik gelten, vielleicht nur für die Produktion im Grenzgebiet an der mittleren Saale.

Nur für rund fünfzig Jahre war Drehscheibenkeramik hier anzutreffen, dann herrschte wie in allen anderen germanischen Gebieten wiederum allein handgefertigte Keramik vor. Warum nutzten die elbgermanischen Stämme diesen technischen Fortschritt nicht weiter aus? Die Herstellung von Keramik auf einer Drehscheibe ist für einen ausgesprochenen Handwerksbetrieb charakteristisch, aber für eine Hauswirtschaft zu aufwendig. Der Umfang der Produktion in allen Bereichen der Wirtschaft ermöglichte es der germanischen Familie bzw. der germanischen Siedlung, den Bedarf an Keramik noch selbst zu befriedigen. Erst als die Arbeitsteilung immer weiter fortschritt und auch von der Keramikproduktion eine höhere Produktivität gefordert wurde und als durch die wachsende gesellschaftliche Differenzierung seit dem 3./4. Jh. der Wunsch nach einer qualitätsvolleren Ware allgemein wurde, setzte sich bei den Germanen endgültig die Drehscheibe durch, wenn auch die alte Handtechnik noch lange Zeit vorherrschend blieb. So umfaßte die Drehscheibenkeramik bei den Thüringern des 5. und 6. Jh. nur etwa 20% der aus Gräbern und Siedlungen bekannt gewordenen Keramik. Ähnlich war es bei anderen germanischen Stammesverbänden.

Die Produktion von Keramik bestand aber nicht nur aus der Formung der Gefäße, sondern zuvor aus der Wahl und Heranschaffung des Tonmateri-

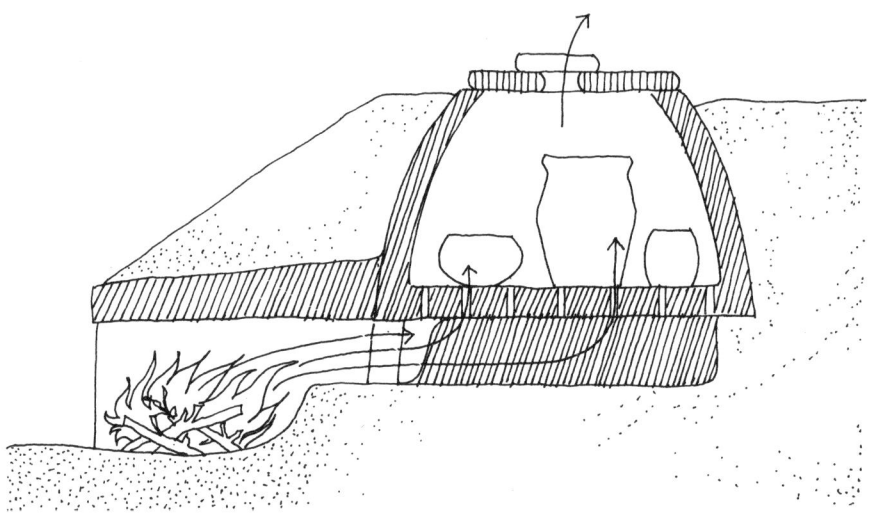

Idealschnitt durch einen Töpferofen aus dem 1. Jh. v. u. Z.

als, dem Ausschlämmen bzw. der Magerung, dem Anbringen der Verzierung und nach der Formung aus dem Trocknungs- und dem wichtigen Brennprozeß.

Das Brennverfahren war neben dem Formen die entscheidende und schwierigste Phase und verlangte einen großen Erfahrungsschatz. Die Oberflächenfärbung verrät uns häufig, ob das Gefäß im offenen Feuer oder im geschlossenen Töpferofen gebrannt worden ist. Es scheint ein gewisser technologischer und arbeitsorganisatorischer Zusammenhang zwischen handgearbeiteter Keramik und offenem Brand sowie zwischen Drehscheibenkeramik und Töpferofen bestanden zu haben.

Der Töpferofen wurde nicht etwa wegen einer höheren Temperatur, die zwischen 750 und 900 °C liegen mußte, bevorzugt, sondern weil die Temperatur konstant gehalten, die Luftzufuhr je nach der gewünschten Oberflächentönung geregelt und vor allem weil in einem Arbeitsvorgang je nach Größe der Gefäße und des Ofens 20 bis 60 Gefäße gebrannt werden konnten. Schon daraus ist ersichtlich, daß für eine Hauswirtschaft ein Töpferofen unrentabel gewesen wäre oder jedenfalls monatelang unbenutzt gestanden hätte. Dagegen konnte eine Siedlungsgemeinschaft recht gut einen gemeinsamen Töpferofen ausnutzen. So sind auch aus Zeiten handgefertigter Keramik bereits Töpferöfen bekannt. Schon die Kelten besaßen den Töpferofen, den die Germanen von ihnen übernahmen. Die Kelten wiederum dürften ihn in der mittelmeerländischen Welt kennengelernt haben.

Ein derartiger Ofen war immer auffallend gleich gebaut. Er bestand aus dem vorgelagerten Feuerungsraum, in dem das Holz bis zur Glut verbrannt wurde, dem Heizungsraum, in den die Glut hineingeschoben wurde, der Herdplatte mit den Heißluftdüsen und dem Einsatz(Brenn-)raum für die Gefäße. Aus konstruktionsmäßigen Gründen war der Grundriß des Ofens rund und der Brennraum dementsprechend kuppelförmig abgeschlossen. Die

Brennräume besaßen Durchmesser von etwa 1 bis 1,5 m, die Höhe des Raumes kann demnach auf 50 bis 70 cm geschätzt werden. Oben befand sich eine Öffnung, die mit einer Platte verschlossen werden konnte. Mit dieser wurde die Luftzufuhr gesteuert. So weist eine rote, braunrote oder lederfarbene Keramik auf einen unter reichlicher Luftzufuhr erfolgten oxydierenden Prozeß, graue, braune und schwarze dagegen auf einen durch Drosselung der Luftzufuhr erreichten reduzierenden Prozeß hin. Tiefschwarze Gefäße erforderten einen vollständigen Luftabschluß. Man konnte auch noch nachträglich die Oberfläche bearbeiten, vor allem einfetten, um dem Gefäß eine tiefschwarze glänzende Oberfläche zu geben.

So entwickelt auch dieser Ofen in thermischer Hinsicht war, konnte in ihm doch nur die übliche »prähistorische« Keramik gebrannt werden, noch keine Waren in der Art der römischen Terra sigillata oder erst recht nicht Steinzeug, das noch nicht einmal der Römer kannte; denn es erfordert Temperaturen von 1 300 °C. Auch hierin kommt wie beim Porzellan Ostasien das Primat zu.

Keramik der Jastorf-Kultur: frühe (li. ob.), mittlere und späte (re. unt.) Stufe (aus Schleswig-Holstein)

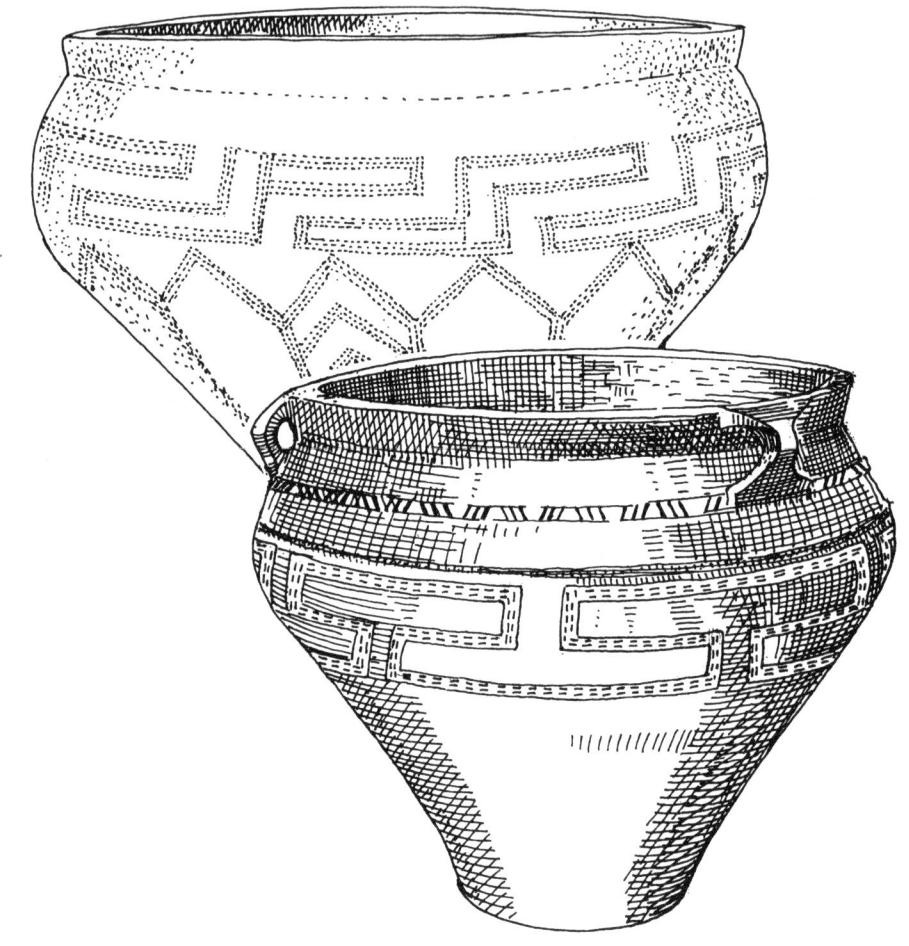

Im allgemeinen wird eine germanische Siedlung mit einem oder wenigen Töpferöfen ausgekommen sein, die Eigentum der gesamten Siedlungsgemeinschaft waren. So setzt uns wiederum ein Fund aus dem Süden der VR Polen in Erstaunen. Östlich des heute größten polnischen Hüttenkombinats Nowa Huta wurden entlang der nördlichen Weichselterrasse neben zahlreichen Eisenverhüttungsöfen (S. 66) eine große Zahl Töpferöfen gefunden. Allein bei dem Dorf Igołomia konnten etwa 50 Öfen aufgedeckt werden (Bild 11). In einem der Öfen stand noch der ganze Satz von Gefäßen aus der letzten Beschickung, die aus irgendwelchen Gründen nicht mehr entnommen worden war. So wie polnische Archäologen diese Öfen von der hüllenden Erde befreit haben, kann man eine ganze Gruppe von ihnen heute noch in ihrem ursprünglichen Zustand besichtigen, geschützt durch eine darübergebaute Halle.

Wie bei den Eisenverhüttungsöfen stellen wir die Frage nach den Ursachen dieser Großproduktion im 3. und 4. Jh. Die Keramik war durchweg auf der Drehscheibe hergestellt, verhältnismäßig hart gebrannt und zeigt Verwandt-

Keramik des 2. und 3. Jh. aus
dem Bereich der Elb-, Nordsee-,
Ost- und Westgermanen (von li.
oben nach re. unten)

schaft mit provinzialrömischer Keramik von der mittleren Donau. Wer waren
die Töpfer, wer die Abnehmer? Die Römer dürften kaum als Käufer in Frage
gekommen sein. So werden es doch Germanen und die einheimische Bevölkerung in Südwest- und Südpolen sowie der Slowakei gewesen sein, welche
diese von guten Töpfern gearbeitete Ware eingehandelt haben. Die Handwerker waren vielleicht Angehörige der einheimischen nicht-germanischen
Bevölkerung, was durch gewisse Übereinstimmungen in der Verzierung mit
der späteren slawischen Keramik gestützt wird.

Die Keramik bildet für den Archäologen über einen Zeitraum von mehr als
6 Jahrtausenden eine der wichtigsten urgeschichtlichen Quellen. Das ist kein
Wunder, da sie durch die hohe Formbarkeit des Tones jeden Stilwandel und
jede regionale Spezifik wie selten ein anderes Material registriert. Form und
Verzierung lassen fast jedes Gefäß auf das Jahrhundert und z. T. noch genauer
bestimmen. Ebenso werden regionale Unterschiede sichtbar.

In der vorrömischen Eisenzeit war die Keramik der Jastorf-Kultur (S. 20)
im gesamten Gebiet sehr einheitlich und läßt nur an den Randzonen einige

Keramik des 5.–7. Jh. der Sachsen, Thüringer, Alemannen, Goten, Franken und Langobarden (von li. oben nach re. unten)

regionale Besonderheiten erkennen. Die Entwicklung der Formen vollzog sich über mehrere Stufen. Seit dem 1. Jh. v. u. Z. und in den folgenden Jahrhunderten formten und verzierten die Germanen an Oder und Weichsel ihre Gefäße anders als die Elbgermanen und diese wiederum anders als die West- oder Nordseegermanen. Eine feinere, von Stammesgebieten bestimmte Gruppierung läßt sich dagegen kaum vornehmen. So kann man die Keramik der elbgermanischen Langobarden bis auf einzelne Besonderheiten nicht von jener der ebenfalls elbgermanischen Hermunduren an der Saale und der Markomannen in Böhmen unterscheiden (Bild 12). Dagegen ist die Keramik der Hermunduren von der ihnen unmittelbar benachbarten chattischen Keramik abzugrenzen (Bild 13).

Der Zeitstil aber durchbrach alle ethnischen Grenzen. Während die Jahrzehnte um die Zeitwende und das 1. und 2. Jh. überall durch hohe, terrinenförmige Gefäße charakterisiert wurden, zeichnete sich das 3. und 4. Jh. durch schalenförmige Gefäße aus. Ähnlich zeitbestimmende Faktoren bietet die Verzierung an. So begegnen wir demselben Mäander und demselben Stufenmuster auf der Keramik der ost- wie der elbgermanischen Stämme des 1. und 2. Jh.; die ersteren liebten es, das Muster mit einem Griffel auszuziehen, letztere dagegen verwendeten ein Rädchen mit ein bis vier Reihen Zinken, mit dem sie die Muster in den noch nicht gebrannten Ton einrollten (Bild 12). Auch dieses Merkmal ist jedoch nicht untrüglich, wie die zahlreichen Beispiele von »Rädchenmäander« bei den Ostgermanen zeigen.

Die Keramik aus der Völkerwanderungszeit vom 5. und 6. Jh. wurde ebenfalls durch Schalengefäße bestimmt, die sich aber durch die Form des Halsteiles und durch die Verzierung von den früheren Schalen unterscheiden. Daneben waren der engmündige hohe Topf und der »spätrömische« Napf einfacher Form beliebt. Deutlich läßt sich nun jedoch die sächsische Keramik von der fränkischen (Bild 15) oder diese von der thüringischen (Bild 14) unterscheiden. Die im 3. und 4. Jh. entstandenen Stammesgruppen hatten sich inzwischen so gefestigt, daß sich ihre Geschlossenheit auch in einer nur ihnen typischen Keramik niederschlug. So können z. B. bei den Thüringern fränkische Gefäße unzweifelhaft als Importstücke erkannt werden (Bild 15).

Das gilt aber nur für die mehr oder weniger seßhaft gebliebenen Stammesverbände und weniger oder gar nicht für die in den Strudel der Völkerwanderung geratenen Verbände wie Goten, Wandalen, Langobarden usw., wo die Keramik der einheimischen Bevölkerung jeweils bestimmend war. Denn die zerbrechliche Keramik konnte ja nicht in größerem Umfang mitgenommen werden, so daß man lieber auf die Erzeugnisse der einheimischen ansässigen Töpfer zurückgegriffen hat. Da es sich überwiegend um provinzialrömisches oder römisches Gebiet handelte, stand sowieso die dortige Keramikproduktion qualitätsmäßig höher als die der einwandernden Germanen. So werden diese gern die römische Keramik benutzt haben.

Spinnen und Weben

Um sich gegen die Unbilden der Witterung zu schützen, hat der Mensch frühzeitig seinen Körper bekleidet. Seitdem er Pflanzen anbaute und Haustiere hielt, konnte er sich aus dem pflanzlichen Gespinst Lein (Flachs) und aus der tierischen Wolle Fäden spinnen und diese zu Stoffen weben. Das Fell bzw. der Pelz waren fortan nur eine zusätzliche, wenn auch für den Winter wichtige Bekleidung.

Verständlicherweise sind solche organischen Materialien nur unter besonders günstigen Bedingungen erhalten geblieben; die Funde reichen aber aus, um die Technik des Spinnens und Webens sowie in vielen Fällen auch den Schnitt der Kleidung bei den Germanen rekonstruieren zu können. Am aussagekräftigsten sind Moorfunde, da die Moorsäure oft ganze Bekleidungsstücke konserviert hat. Meist müssen wir uns aber mit winzigen Stoffresten begnügen, die sich an Metallteilen durch die Oxydation erhalten haben, oder können gar nur Abdrücke auf Ton studieren. Die Erhaltungsmöglichkeiten sind unter diesen Bedingungen im allgemeinen für Wolle günstiger als für Leinen.

Der Flachs wurde bereits seit der Jungsteinzeit angebaut. Die Ernte erfolgte einfach durch Raufen. Nach dem Riffeln (Entfernen der Samenkapseln) wurde geröstet, wobei in einem Gärungsprozeß mit Hilfe von Tau oder Wasser die Faserbündel aus dem Stengel gelöst wurden; anschließend befreite man die Fasern durch Knicken und Schwingen von den verholzten Teilen, bis das Material schließlich nach dem Hecheln (Bürsten) spinnfähig war. Heute rechnet man einen Spinnertrag von 8 kg bei 100 kg Flachsstroh; der damalige Ertrag dürfte nur wenig geringer gewesen sein.

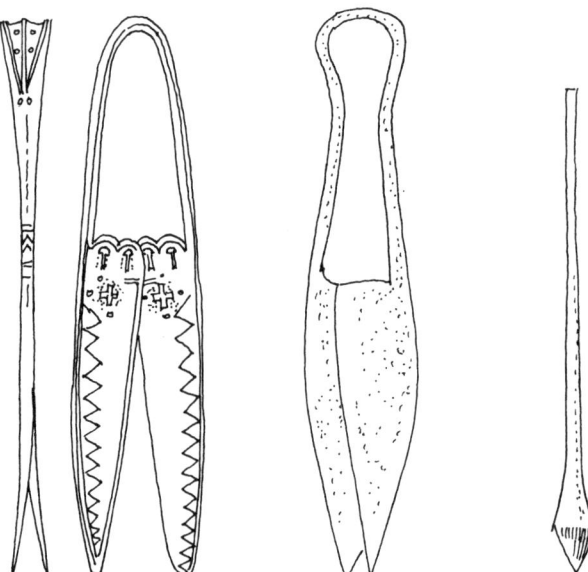

Scheren und Spindelstab

80

Spinnende Frau
(nach einer mittelalterlichen Darstellung)

Das tierische Rohmaterial – die Wolle – wurde wohl nur einmal im Jahr von den Schafen gewonnen, wozu die zahlreich gefundenen Scheren dienten, wie man sie in dieser Form noch bis in die Neuzeit benutzte. Sie gehören zu den häufig in Gräbern angetroffenen Beigaben, gerade auch in den reichen Adelsgräbern. Da kaum anzunehmen ist, daß alle diese Menschen – und besonders Angehörige des Adels – zu Lebzeiten Schafe geschoren haben, so dienten entweder die gleichen Scheren auch zur Bartpflege, oder sie waren ein Symbol für den Reichtum an Schafherden. Vielleicht wurden die Schafe auch gerupft oder ausgekämmt, wie das noch bis in unsere Zeit auf Island und den Färöern der Fall gewesen ist. Dieses Verfahren kann sogar zur Steigerung der Qualität der Wolle beitragen.

Durch Heißwaschen befreite man die Wolle vom Wollfett, das wegen seiner wachsigen Substanz zur Herstellung von Salben und Seifen diente; anschließend wurde die Wolle getrocknet, geschlagen, gezupft und gekämmt und konnte nun in der gleichen Weise versponnen werden wie der Flachs.

Die Spinntechnik war jahrtausendelang und weltweit stets die gleiche: Aus dem auf einem Rocken aufgesteckten Material wurden Fasern abgezogen und zu einem Garn gedreht; diese Drehbewegung wurde entscheidend durch die am Garn befestigte Spindel mit einer darauf befindlichen Schwungscheibe, dem Spinnwirtel, bewirkt. War so viel Garn gesponnen, daß die Spindel den Boden berührte, wurde das Garn um die Spindel gewunden, durch eine Schlinge befestigt und dann weitergesponnen.

Was bis heute erhalten blieb, ist der Spinnwirtel von doppelkonischer oder flachgewölbter Form. Wie in den Jahrtausenden vorher ist er meist aus Ton hergestellt, seltener aus Sand- oder Kalkstein, Glas oder Bergkristall. Er wurde gern verziert, auch mit heiligen Symbolen. In der fränkisch-merowingischen Zeit erhielten die gläsernen Spinnwirtel häufig prachtvolle bunte Muster, so daß sie von den farbenfrohen Perlen und Amuletten jener Zeit oft nicht zu unterscheiden sind (Bild XI).

Das Spinnrad ist bei uns erst aus dem 13. Jh. bekannt und führte damals zur ersten technischen Verbesserung seit Erfinden des Spinnens. Sollten aber wirklich in der Fertigung des gesponnenen Fadens im Laufe der Jahrtausende keine Fortschritte gemacht worden sein? Eine genaue mikroskopische Untersuchung der Fäden zeigt, daß zwar die Technik mit der Handspindel stets die gleiche geblieben, der Erfahrungsschatz zur Gewinnung eines guten Fadens aber ständig gewachsen war. Das wird bei der Zucht der Schafe, der Gewinnung und Verarbeitung der Wolle und schließlich in der Kunst des Spinnens sichtbar.

Vergleicht man Wollstoffe aus der vorrömischen Eisenzeit mit solchen aus der Bronzezeit, so ist die Grundwolle jetzt nicht mehr mit groben Stichelhaaren durchsetzt; sie ist auch länger, glatter und dicker geworden. Man muß die Wollschafe bewußt in dieser Richtung gezüchtet haben. Ebenso achtete man nunmehr beim Spinnen auf die Richtung der Drehung, um für den Kett- und Schußfaden verschieden gedrehte Fäden (in sogenannter Z- und S-Drehung) zu erhalten, was beim späteren Weben einen besseren Zusammenschluß des Gewebes ergab und ein Kräuseln oder Aufrollen von Gewebekanten verhinderte.

Um lange, glatte und gleichmäßige Wollhaare zu erhalten, waren entweder kammartige Geräte im Gebrauch, die uns nicht erhalten geblieben sind, oder man wandte ein besonderes Verfahren bei der Wollgewinnung an, wie es in Nordfriesland noch in jüngster Zeit betrieben wurde: Dort wusch man die Schafe, schor dann nach dem Trocknen die Wolle nicht, sondern zog die lange Rückenwolle mit der Hand in Faserrichtung aus und schichtete sie dachziegelartig; aus einem derartig geordneten Material konnte ein gleichmäßiger und qualitätsvoller Faden gesponnen werden. Mitunter hat man, wie schon in vorgermanischer Zeit, gern Hirsch-, Reh-, Rinder- oder auch Hasenhaare eingewebt, um bestimmte Farb- und Schillerwirkungen zu erreichen oder das Gewebe regenabweisend zu machen.

In diesem Zusammenhang ist das »Schandkleid« eines wohl zur Strafe im Moor versenkten Mannes von Bernuthsfeld, Kr. Aurich/BRD, interessant (Bild 31). Sein Gewand hatte man einst mit unzähligen Flicken repariert, so daß kaum noch das Grundgewebe zu erkennen war. Für die Textiltechnik ist es aufschlußreich, daß der Fachmann in diesen Flicken allein 25 verschiedene Web- und Spinntechniken erkennen konnte. In einigen Flicken waren in die Wolle ebenfalls wieder Rinder-, Ziegen- oder Rehhaare eingewebt und – einmalig – sogar Vogelfedern.

Die Gewänder der Germanen zeichneten sich durch Vielfarbigkeit aus. Die

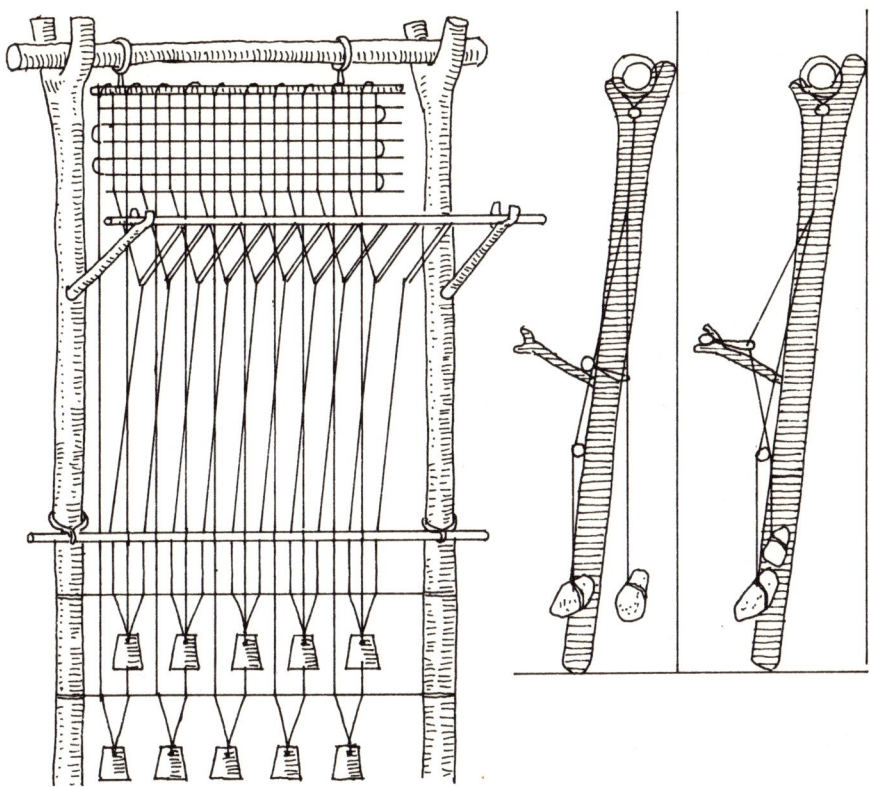

Schematische Darstellung eines senkrechten Webstuhles und seiner Arbeitsweise (nach Schlabow)

Wolle konnte schon von Natur aus weiß, braun, gelb oder schwarz mit allen Zwischennuancen sein. Aus Pflanzen erzeugte Farben (S. 44) waren blau, rot, lila und gelb. Für Lila gewann man den Farbstoff Myrtilin aus der Heidelbeere, und Schwarzfärbung wurde durch Beizen in Eichengerbsäure mit Zusatz von Eisensalzlösung erreicht. Die Färbung erfolgte bereits vor dem Spinnen, wie die gleichmäßige Tönung der Fasern erkennen läßt.

Das in der antiken Welt bekannte Einweben von Gold- oder Silberfäden ist dem germanischen Textilhandwerk lange Zeit unbekannt geblieben. Erst bei den Wikingern wurden solche Fäden wenn auch nicht eingesponnen, so aber eingeflochten oder eingeknotet.

Damit kommen wir schon in die Arbeitsphase der Gewebeherstellung. Wenn wir vom Flechten und Nähen, Sticken und Stricken, Knoten und Knüpfen absehen, wozu nur die Finger, die Nadel oder vielleicht noch ein Rahmengestell benötigt wurden, so sind die Leinen- und Wollfäden doch überwiegend auf dem Webstuhl zu Geweben verarbeitet worden. Außer den tönernen Gewichten zum Strecken der Kettfäden ist bis heute nichts von einem Webstuhl gefunden worden. Trotzdem ermöglichen uns die Gewebetechnik und volkskundliche Parallelen eine ziemlich sichere Rekonstruktion

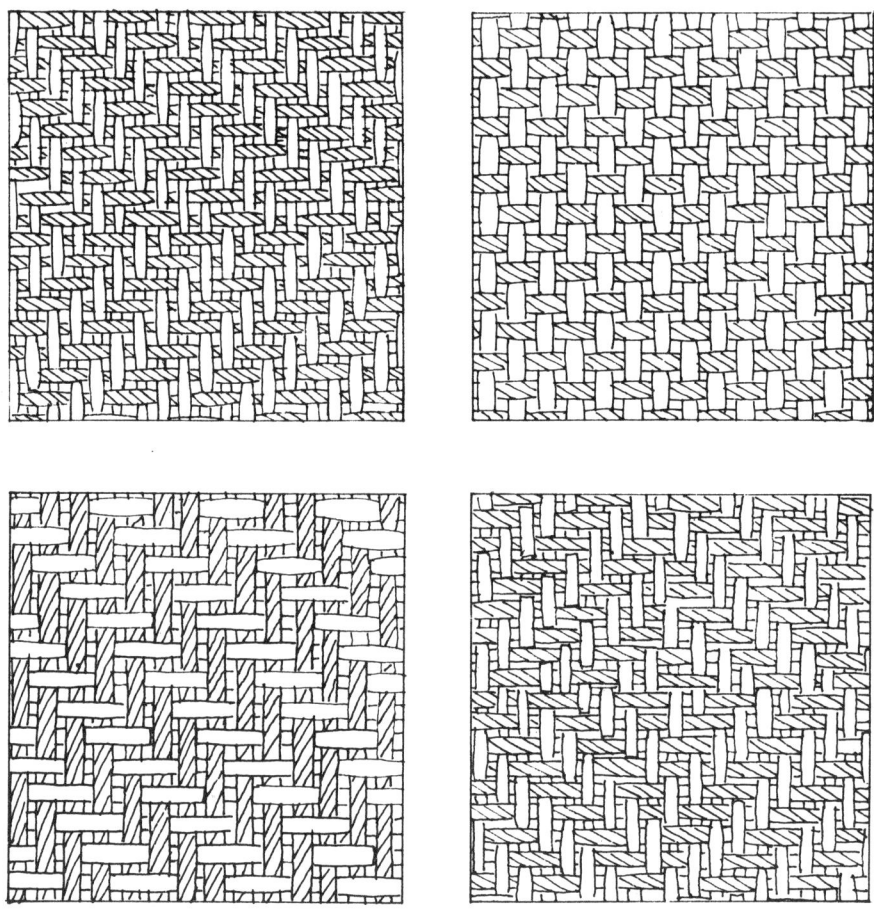

Germanische Webetechniken: Köperbindung (Grat-, Rauten-, Fischgratköper) und Leinenbindung

des germanischen Webstuhls. Die aus geschichtlicher Zeit aus Nordeuropa noch bekannten Webstühle dürften denen der altgermanischen Zeit entsprochen haben.

Es handelte sich bei dem germanischen Webstuhl um den stehenden (vertikalen) Gewichtswebstuhl. Die Abbildung zeigt die schematische Konstruktion und läßt die Arbeitsweise erkennen. Durch den Trennstab werden die geraden und die ungeraden Kettfäden auseinandergehalten. Bei leicht nach hinten geneigtem Webstuhl entsteht dadurch ein Zwischenraum zwischen den vorn hängenden geraden und den ungeraden Fäden. In dieses »Fach« wird der Schußfaden geführt, mit dem Litzenstab werden dann die ungeraden Fäden vorgebracht und der Schußfaden erneut eingebracht.

Das einfachste auf einem solchen Webstuhl gearbeitete Gewebe ist die sogenannte Leinen- oder Tuchbindung. Schon in der Bronzezeit begonnen, wurden seit der vorrömischen Eisenzeit immer mehr Köperstoffe gewebt, die fester und haltbarer waren und deshalb gern für Decken und strapazierfähige Kleiderstoffe benutzt wurden. Der Schußfaden wurde dabei mehrfach (meist 3- bis 4mal) um einen Kettfaden seitlich versetzt, was durch Anwendung mehrerer Litzenstäbe erreicht wurde. Auch Rundgewebe konnten bereits hergestellt werden, also Gewebe ohne Anfangs- und Endkante.

Für kleinere Gewebe, Gürtel, Bänder und Gewebekanten wandte man die Brettchentechnik an. Etwa 5 cm × 5 cm große Holzbrettchen besaßen an den vier Ecken Löcher, durch die die Kettfäden gezogen wurden, die davor und dahinter entsprechend der vorgesehenen Länge des Gewebes verknotet waren. Durch das dabei entstehende Fach wurde der Schußfaden gezogen, dann drehte man alle Brettchen um 90° und zog durch das nunmehr entstandene neue Fach wiederum den Schußfaden usw. Selbstverständlich wurde nicht nur einfarbig, sondern auch mit Fäden verschiedener Farben gewebt.

Ein eigentliches Textilhandwerk hat es bei den Germanen noch nicht gegeben. Die Mehrzahl der Gewebe wurde im Hause hergestellt, hier wurde sowohl gesponnen wie gewebt, wobei das »im Hause« nicht so verstanden sein muß, daß jede Frau in ihrem eigenen Hause allein dieser Beschäftigung nachging. Einige archäologische Funde und antike Nachrichten wie vor allem jüngere Volksbräuche – z. T. nur in unseren Märchen erhalten – scheinen darauf hinzuweisen, daß die Frauen zum Spinnen zusammenkamen und möglicherweise einen oder einige der gesamten Siedlungsgemeinschaft gehörende Webstühle benutzten. Hierbei wurde das Neueste vom Tage ausgetauscht. Zeit war genügend da, denn ehe ein Gewand fertig war, mußten viele Tagewerke mit Spinnen und Nähen ausgefüllt werden. Um ein Tuch von 1 m Breite und 1 m Länge herzustellen, benötigte man allein für Spinnen und Weben 80 bis 100 Arbeitsstunden.

Plinius (Nat. hist. 19) berichtet, daß die Germanen diese Arbeit in tief in die Erde eingegrabenen Räumen verrichteten. Auch aus späterer Zeit wissen wir, daß man zum Spinnen und Weben gern in kellerartige Räume zog. Bauernhäuser auf der Schwäbischen Alb und in Thüringen besaßen ein unterirdisches Gemach, das von der Stube durch eine Falltür zu erreichen war; es war die »Donk«, wo der Webstuhl stand. Der Name steht vielleicht mit dem althochdeutschen Wort »tunk« = Weberaum im Zusammenhang. Sicherlich lag der Grund, solche Plätze zu wählen, darin, daß die vom Dung ausgehende feuchte Wärme für das Gespinst und seine Bearbeitung von Vorteil war. Zur warmen Jahreszeit erfolgte das Spinnen selbstverständlich auch draußen im Sitzen oder im Gehen.

Wir haben drei wichtige Bereiche der materiellen Produktion – Metallverarbeitung, Töpferei, Textilherstellung – behandelt. Damit ist aber noch nicht der ganze Umfang der einstigen materiellen Produktion erfaßt. Denken wir nur daran, wieviel Gerätschaften aus anderem Material als Metall gearbeitet wurden. Was mußte nicht alles aus Holz, Knochen, Horn und Geweih geschnitzt werden? Tischler, Drechsler und Zimmerleute hatten mit diesen Rohstoffen, vor allem mit dem Holz, zu arbeiten. Aus ihm mußten die Häuser errichtet, Boote, Schiffe und Wagen gebaut, Knüppeldämme und Stege angelegt und eine große Zahl von Arbeitsgeräten bzw. Griffe für solche hergestellt werden. Entsprechende Produktionsinstrumente, wie Beile, Äxte und Dechsel, Ziehmesser, Löffelbohrer und Sägen, konnte die archäologische Forschung sicherstellen. Da sich Holz bekanntlich nur unter günstigen Umständen erhalten hat, sind Funde wie solche aus dem alemannischen Gräberfeld von Oberflacht in Württemberg um so wertvoller (S. 177). Neben den reich geschnitzten Totensärgen (Bilder 44/45) haben sich kunstvolle Leuchter, sauber gedrechselte Schalen, Schüsseln, Trinkflaschen, kleine Fäßchen, Eimer, Schuhleisten, Häkelnadeln (?), Saiteninstrumente und anderes erhalten. Aus Ruten mußten Körbe und Reusen geflochten oder aus Fäden und Stricken Netze und Tragmatten geknüpft werden. Auch der Stein hatte noch immer nicht völlig seine Bedeutung verloren. Man brauchte ihn für die Mahlsteine, zum Polieren und Wetzen, als Schlagstein oder als Amboßunterlage. Auch im Hausbau fand er ja Verwendung. Aus den Häuten und Fellen der geschlachteten Haus- und Wildtiere fertigte man Leder und Pelze an und verarbeitete diese weiter zu den verschiedensten Produkten wie Kleidungsstücken, Schuhen, Gürteln, Taschen, Futteralen und anderem. Wie die Tierhäute zu Leder und die Felle zu Pelzen zugerichtet wurden, wissen wir aus den archäologischen Befunden nicht zu deuten. Eiserne und knöcherne Gerätschaften entsprechender Form können als Schabmesser gedeutet werden. Zur weiteren Verarbeitung benutzte man Ahlen, Pfrieme, Nähnadeln und Messer.

So formt sich ein vielseitiges Bild germanischer materieller Produktion als wichtiger Teilbereich der Kultur und als Grundlage aller übrigen Lebensbereiche.

Handel und Verkehr

Beute, Geschenk oder Handelsobjekt? – Gold, Silber und Glas gegen Vieh,
Sklaven und Bernstein – Münze und Waage – Schiff und Einbaum – Wagen
und Schlitten – Wegebauten über Moor und Sand

*»Die Grenznachbarn freilich wissen wegen des
regelmäßigen Handelsverkehrs Gold und Silber zu
schätzen, wobei sie gewisse Arten unseres Geldes
kennen und bevorzugen. Im Inneren herrscht noch
der ältere einfache Tauschhandel.«*

Tacitus, Germania 5

Je höher der Stand der Produktivkräfte ist und je differenzierter sich eine Gesellschaft und ihre Arbeitsorganisation entwickelt haben, eine um so größere Bedeutung gewinnt der Austausch von Rohstoffen, Halbfertigwaren und Fertigprodukten. Da die Natur an keiner Stelle alles das, was der Mensch benötigt, ihm gleichermaßen zur Verfügung stellt, war der Mensch bereits in sehr früher Zeit gezwungen, sich fehlende Rohstoffe außerhalb seines Wohngebietes mit Gewalt oder im Tausch zu besorgen.

Sofern innerhalb einer Wirtschaftseinheit bestimmte Produkte nur von einigen (»Spezialisten«) hergestellt wurden, konnten diese im einfachen Tausch abgegeben bzw. erworben werden. Ein derartiger Tausch erfolgte naturgemäß auf der Grundlage des gegenseitigen Vorteils. Auch als man seit der späten Jungsteinzeit bereits ein Mehrprodukt schuf, änderte sich an der Art des Produktenaustausches grundsätzlich nichts. Wirkte sich die Arbeitsteilung – durch die naturbedingte ungleichmäßige Verteilung von Rohstoffen oder zeitweise unterschiedliche Ertragsergebnisse gefördert – über die Grenzen einer Wirtschaftseinheit, über ganze Stammesgebiete hinweg oder gar noch weiter aus, so blieb es doch immer noch bei dieser Form des Austausches; allerdings benötigte man dann meist ein allgemeingültiges Äquivalent.

Auf dieser Stufe standen auch noch die Germanen in ihrer Frühgeschichte. Der Umfang des Produktenaustauschs innerhalb einer Wirtschaftseinheit ist nicht aus den archäologischen Quellen zu erschließen, sondern nur indirekt aus dem Stand der Arbeitsteilung. Anders ist es schon mit dem Austausch zwischen räumlich und kulturell unterschiedlichen Gebieten, wo die eingehandelten Produkte als Fremdkörper archäologisch sichtbar werden. Das gilt selbstverständlich nur für Objekte, die überhaupt Unterscheidungsmerkmale aufweisen können, wie Waffen, Schmuck, Trachtenteile, Keramik, aber nicht für Getreide, Vieh, Rohstoffe.

Da der Stand der Produktivkräfte bei den germanischen Stämmen am Anfang ihrer Geschichte im allgemeinen gleich war, spielte dieser überstammliche Produktenaustausch in der vor- und frührömischen Zeit keine bedeutende Rolle, was auch die archäologischen Funde zu bestätigen scheinen. Als sich aber an den westlichen und südlichen Grenzen Germaniens ökonomisch und gesellschaftlich fortgeschrittenere Kulturen wie die der Kelten und der Römer entwickelten, war es verständlich, daß deren Produkte im germanischen Bereich Eingang fanden. In den letzten Jahrhunderten vor unserer Zeitrechnung handelte es sich dabei um keltischen, seit der augusteischen Zeit um römischen bzw. provinzialrömischen »Import«. Von den Kelten tauschten die unmittelbar an der Grenze wohnenden Germanen auf der Drehscheibe gearbeitete Keramik ein, die dann zu handgemachten Imitationen bei germanischen Stämmen führte. Beliebt waren weiterhin Fibeln, Hals- und Armringe, aber auch Waffen und Werkzeuge. Das bedeutendste »Import«stück, der Kessel von Gundestrup, dürfte eine besondere Geschichte gehabt haben (S. 226 f.). Als Rom der keltischen Macht ein Ende setzte, hörte selbstverständlich der Fluß keltischer Produkte nach Germanien auf, und an seine Stelle traten römische Erzeugnisse und Waren.

Aber nicht jedes fremde Erzeugnis war auf dem Handelswege in das freie Germanien gekommen. Das trifft vor allem für das aus dem römischen Gebiet stammende Gut zu. Ein Teil mag Beutegut siegreicher Germanenstämme gewesen sein, wobei die erbeuteten Stücke dann den Weg auch zu anderen germanischen Stämmen gefunden haben dürften, die nicht unmittelbar mit den römischen Heeren zusammengestoßen waren.

Einen der umfangreichsten und wertvollsten Funde römischer Silbergefäße auf dem Boden der BRD – den Hildesheimer Silberfund – hat man als das von Arminius erbeutete Tafelgeschirr des Quinctilius Varus ansehen wollen. Die Mehrzahl der Gefäße stammt auch aus augusteischer Zeit, aber einige wenige Gefäße sind wohl in eine jüngere Zeit zu setzen. Trotzdem wäre es möglich, daß die Masse des Silbergeschirrs tatsächlich einst die Tafel des römischen Statthalters geschmückt hat und dem Schatz dann später noch mit der plastischen Darstellung der sitzenden Göttin Athene (Bild 17), eine weitere Schale mit dem Schlangen erwürgenden Herkules (Bild 16), 14 z. T. vergoldete Becher sowie zahlreiche Teller, Schüsseln, Näpfe, Kasserollen, ein zusammenklappbares Serviertischchen – also fürwahr ein stattliches Ensemble.

Einige besonders wertvolle Stücke sind auch Freundschaftsgeschenke römischer Staatsbeamter oder hoher Offiziere an germanische Stammesführer gewesen, um sich deren Zuneigung und politische Parteinahme zu sichern. Nicht immer allerdings scheint Rom mit solchen Danaergeschenken Erfolg gehabt zu haben; denn nur so ist Tacitus' Bemerkung (Germania 5) zu verstehen, daß germanischen Gesandten und Fürsten überreichte Silbergefäße mit Geringschätzung behandelt würden. Im allgemeinen aber dürfte andere Gefäße beigegeben wurden. So umfaßt er u. a. eine 25 cm große Schale das römische Geschirr bei den Germanen sehr beliebt gewesen sein, wie die reichen Gräber aus den ersten vier Jahrhunderten unserer Zeitrechnung beweisen (S. 173, 175 f.).

Es gibt auch unmittelbare Belege für derartige politische Freundschaftsgeschenke. So ist auf einem Silberbecherpaar von Hoby auf Lolland (Bild 18) neben dem Künstlernamen auch der Name des ersten Besitzers, Silius, eingraviert. Ein Silius war von 14 bis 21 unter Germanicus Statthalter von Obergermanien in Mainz. Der Becher könnte also ein Freundschaftsgeschenk des Silius an einen germanischen Fürsten gewesen sein. So heißt es auch in einem Bericht vom Jahre 14 u. Z.: »Augustus' Flotte fuhr durch den Ozean von der Rheinmündung gegen Sonnenaufgang bis zu dem Gebiet der Cimbern, wohin weder zu Land noch zu Wasser ein Römer zu dieser Zeit gekommen war. Die Cimbern, Haruden, Semnonen und andere germanische Völker dieser Gegend haben durch Gesandte um die Freundschaft des Augustus und des römischen Volkes gebeten« (Monumentum Ancyranum).

Schließlich ist auch ein bestimmter Teil römischer Erzeugnisse dadurch nach Germanien gekommen, daß Angehörige des germanischen Adels sowie andere Freie in römischen Diensten gestanden oder als Geiseln in der römischen Welt gelebt und bei ihrer Rückkehr römische Waren mit nach Hause genommen haben.

Wie steht es aber nun mit einem ausgesprochenen Handel? Karten über die Verbreitung römischer Erzeugnisse im freien Germanien (Karten 5 und 6) gestatten uns interessante Einblicke nicht nur in die wechselnden Beziehungen zum Römischen Reich, sondern in viel stärkerem Maße auch in unterschiedliche gesellschaftliche Entwicklungen bei den einzelnen germanischen Stämmen. So ist beispielsweise die Häufung von römischen Importen in Böhmen während des 1. Jh. u. Z. unzweifelhaft auf das »Reich« Marbods zurückzuführen.

Während der ersten vier Jahrhunderte unserer Zeitrechnung waren die der Ostsee zugewandte Küste der Jütischen Halbinsel und besonders die Ostseeinseln Fünen und Seeland, Bornholm und Gotland mit römischem Kulturgut förmlich überschwemmt. Diese Seeverbundenheit in der Verbreitung römischer Waren zeigt sich auch in einer stärkeren Streuung an den südlichen und westlichen Küsten der Ostsee. Sicher hat die fortgeschrittene gesellschaftliche Entwicklung bei diesen Ostseegermanen zu einem gesteigerten Bedürfnis an römischem Tafelgeschirr und anderen Waren geführt. Die römischen Händler werden wahrscheinlich auf dem Seeweg dorthin gekommen sein und die Gefahren einer vieltägigen Seereise von der Kanalküste Galliens her dem Risiko einer Landreise quer durch die Gebiete der verschiedensten germanischen Volksstämme vorgezogen haben.

Die Römer fanden in Germanien Absatzmöglichkeiten besonders für Gefäße aus Bronze, Silber, Glas und Keramik (Terra sigillata). Über 1 300 Bronze- und Silbergefäße sowie etwa 200 Glasgefäße sind aus germanischen Gräbern, Siedlungen und Depots bekannt. Sie verteilen sich über das gesamte germanische Gebiet mit den genannten Schwerpunkten, besonders den dänischen Inseln. Die römische Keramik tritt mit ganz wenigen Ausnahmen dagegen durchweg nur im grenznahen Gebiet wie Friesland, Ruhr-Lippe-Gebiet, an der Unstrut, in Böhmen, Mähren und – am weitesten entfernt – im mittelpolnischen Gebiet auf. Jedenfalls ist diese in den provinzialrömischen

Gebieten produzierte Keramik nur unmittelbar von dort aus auf dem Land-
weg ins Innere Germaniens transportiert worden.

Unter den sonstigen Produkten nimmt noch die römische Fibel einen bevorzugten Platz ein. Verglichen mit den Tausenden von einheimischen Fibeln
ist die Zahl von über 200 römischen Fibeln aber gering. Sie dürften auch
kaum ein ausgesprochenes Handelsobjekt, sondern teils Beute, teils Geschenk oder »Souvenir« gewesen sein. Gegenüber den aus der Massen-
produktion stammenden römischen Fibeln mag die individuell hergestellte
germanische Fibel auch mehr dem Geschmack des Germanen entsprochen
haben. Ein Drittel aller im freien Germanien gefundenen Fibeln fand sich
allein im Gebiet der Markomannen und Quaden, also auf dem Boden der
heutigen ČSSR. Auch noch im Saalegebiet der Hermunduren und bei den
Langobarden an der unteren Elbe begegnen wir zahlreichen römischen
Fibeln.

Die über 100 Bronzestatuetten, die Götter, Heroen oder Tiere darstellen

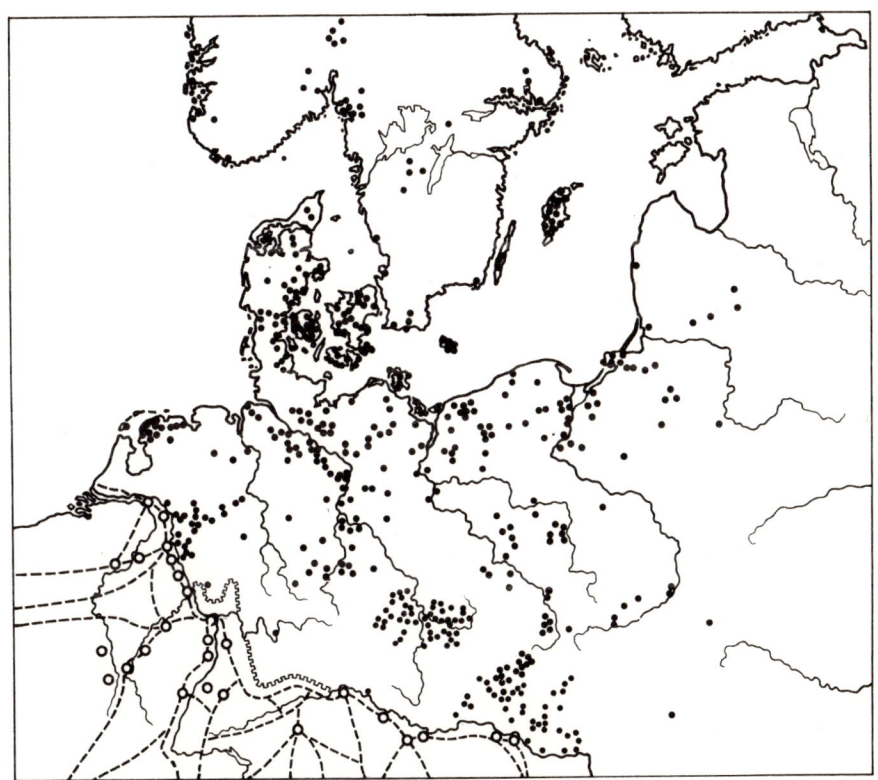

- • römische Erzeugnisse im freien Germanien im 1. u. 2. Jahrh.
- ᚾᚾᚾ Limes
- ‒o‒ wichtige römische Städte und Straßen

Karte 5   Römische Erzeugnisse im freien Germanien aus dem 1. und 2. Jh. (nach Eggers)

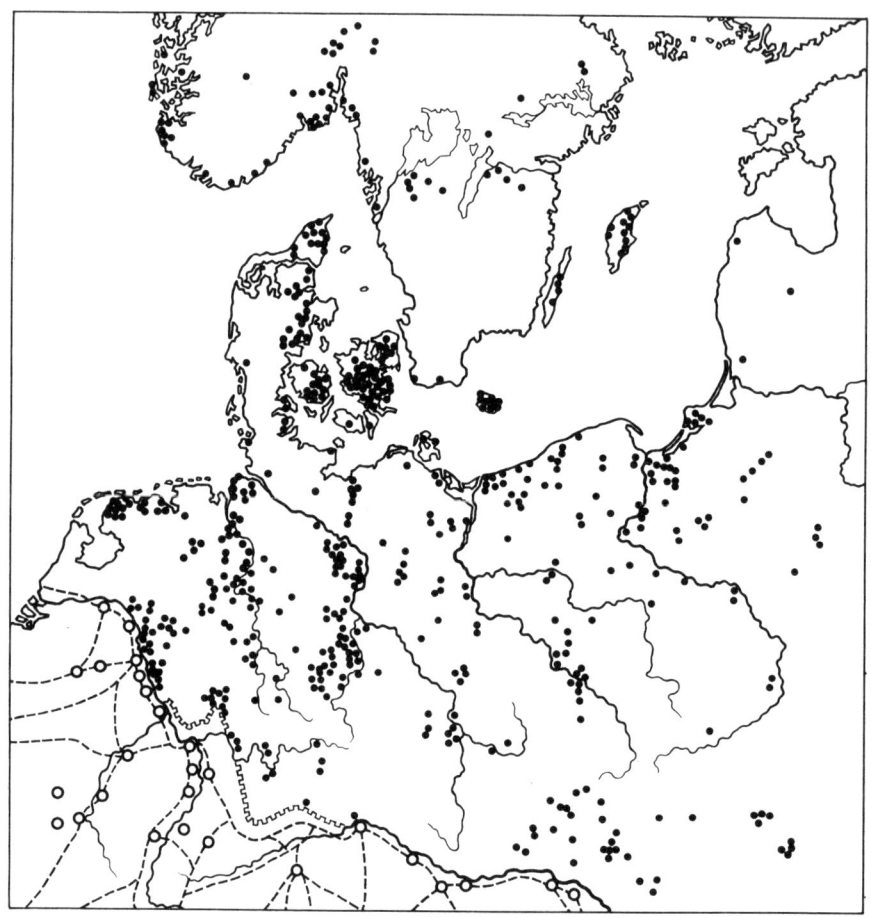

• römische Erzeugnisse im freien Germanien im 3. u. 4. Jahrh.
ⅉⅉⅉ Limes
–o– wichtige römische Städte und Straßen

Karte 6   Römische Erzeugnisse im freien Germanien aus dem 3. und 4. Jh. (nach Eggers)

und z. T. nur Griffe und andere Beschläge von Gerätschaften sind, dürften ebenfalls kein Handelsobjekt gewesen sein. In ihrer gleichmäßigen, weitgestreuten Verbreitung haben sie Seltenheitswert. Nur zwischen Unterrhein und Unterweser treten sie gehäuft auf, wo allein die Hälfte aller im freien Germanien gefundenen Plastiken geborgen wurde.

Vielleicht sollte uns die geringe Zahl römischer Waffen in Erstaunen setzen. Nur von etwa 40 Fundplätzen sind eiserne Schwerter, Dolche, Lanzen, Helme oder Panzer römischer Produktion bekannt. Sie waren Beute, Ehrengaben, Freundschaftsgeschenke oder von im römischen Heer Gedienten mitgebracht worden. Für Waffen bestand verständlicherweise eine Art Ausfuhrverbot, und die Legionäre hatten wohl kaum ihre Waffen an Germanen verkaufen dürfen. Auch an befreundete Germanen gab man lieber Geld als Waffen (Tacitus, Germania 42), wohl weil man nie wußte, wann sie sich einmal gegen Rom selbst richten könnten.

Auf die Schwierigkeiten des Weinimports über die unmittelbar an der römischen Grenze siedelnden Germanen hinaus wurde von uns bereits hingewiesen (S. 43). Das gleiche gilt für etwaige Lebensmittel, deren Transport über weite Strecken schon gar nicht möglich war. So scheint also ein eigentlicher Handel zwischen römischen Kaufleuten und Germanen im Inneren des Landes nur mit Gefäßen aus Metall, Glas und Keramik stattgefunden zu haben.

Anders war es bei den an der römischen Grenze siedelnden Germanen, zu denen wohl weniger römische Kaufleute kamen, als daß sie selbst auf den römischen Märkten erschienen. Ein derartiger Handel scheint sich aber nur am Niederrhein zwischen Bonn (Bonna) und Xanten (Colonia Ulpia Trajana bzw. Castra Vetera), in geringem Maße am Limes in der Wetterau und dann noch sehr lebhaft an der Donaugrenze zwischen Wien (Vindobona) und Budapest (Aquincum) entwickelt zu haben. Vor dem gesamten germanischen und rätischen Limes und weiter die Donau abwärts bis Vindobona liegt ein 150 bis 200 km breiter Streifen fast ohne Funde römischer Herkunft (vgl. Karten 5 und 6).

Auf den römischen Märkten wurden, nach dem archäologischen Befund und den antiken Nachrichten zu urteilen, in der Hauptsache Terra sigillata und andere römische Keramik eingekauft. Daneben werden es Wein und Lebensmittel gewesen sein, vielleicht noch Tuchwaren. Jedenfalls berichtet Tacitus (Germania 23) von den an der Grenze wohnenden Germanen, daß diese Wein einkaufen, und die Quaden in Mähren und der Slowakei scheinen auf den römischen Märkten an der Donau Lebensmittel gekauft zu haben, da Cassius Dio (Buch 71) erwähnt, daß ihnen dies während der Markomannenkriege verboten worden wäre.

Was aber boten die Germanen an? Leider versagen die archäologischen Quellen in dieser Hinsicht fast völlig, was verständlich ist, da es sich wohl überwiegend um Rohstoffe bzw. vergängliche Materialien gehandelt hat. Die wenigen schriftlichen Nachrichten sprechen von Pferden und Rindern, von Pelzen, Rinderhäuten und Getreide, von Sklaven und vom Bernstein. Vieles wurde gerade für die Versorgung und Ausrüstung der römischen Legionen in großer Zahl benötigt. Entweder konnte dies durch Kriegskontributionen, durch Tribute oder auf dem Handelswege erworben werden. Obgleich die Germanen selbst keine Sklaven im antiken Sinne kannten (S. 34 f.), wurden Kriegsgefangene und Unfreie an römische Sklavenhändler verkauft. Über den Umfang können wir uns aber keine Vorstellungen machen.

Im Handel zwischen Germanien und Rom wird immer wieder der Bernstein erwähnt, von dem bereits Pytheas berichtete. Der Bernstein könnte sehr gut der Gegenwert für viele Importstücke längs der Ostseeküste zwischen Oder und Nemunas (Memel) gewesen sein. Wir sprechen direkt von der

»Bernsteinstraße«, die von der unteren Weichsel durch Mittelpolen an die Oder bei Wrocław führte, von dort dem Fluß aufwärts durch die Mährische Senke ins Marchtal folgte und in Carnuntum Anschluß an das römische Straßennetz hatte. Dabei berufen wir uns auf Plinius (Nat. hist. 37), der von einer solchen Reise eines Römers berichtet. Ob dies aber ein Einzelfall war oder tatsächlich römische Kaufleute des öfteren selbst bis an die Ostseeküste reisten, wissen wir nicht. Man möchte aber glauben, daß der Handel über Zwischenträger verlief. Sind vielleicht unterirdische Speichergruben mit einem Inhalt von 1$^1/_2$ t Bernstein, gefunden in einem Vorort von Wrocław, die Reste eines derartigen Umschlagplatzes? Außerdem liegen die heutigen wichtigsten Bernsteinvorkommen nicht im damaligen germanischen Bereich, sondern im Lande der baltischen Ästier. Nach Plinius brachten die Germanen den Bernstein selbst nach Pannonien. Auch Tacitus (Germania 45) weist darauf hin, daß die Germanen den Bernstein auf den römischen Märkten selbst verkauften.

Andere Produkte Germaniens sind Liebhabereien vornehmer Römer gewesen: die Seife – ein Nebenprodukt der Wollproduktion –, die bei den Römern sehr geschätzt war, weiterhin die germanischen Gänse, besonders die Daunenfedern, und das germanische Frauenhaar, das für manche Perücke verarbeitet wurde.

Kehren wir nun noch einmal zu der Frage zurück, ob römische Kaufleute »kreuz und quer« Germanien durchreisten! Es ist wenig wahrscheinlich, daß man etwa mit großen Viehherden über weite Strecken und durch die verschiedensten Stammesgebiete gezogen wäre; schon der Transport von Leder- und Rauchwaren oder anderen Rohstoffen und Halbfertigfabrikaten erscheint in dem von Rom ja in keiner Weise kontrollierten, dafür oft von Stammesfehden zerrissenen Land als ein sehr großes Wagnis. Viel risikoloser für den Römer war es, wenn die Germanen selbst ihre Produkte auf den Markt brachten.

Dagegen wurde ein Handel entlang der Nordseeküste an Skagen vorbei zu den dänischen Inseln und weiter in die Ostsee betrieben, wo römische Schiffe möglicherweise bis an die baltischen Küsten und nach Gotland fuhren. Die Pionierfahrt eines Pytheas hatte würdige Nachfolger gefunden.

Von einem grenznahen Handel wird bei römischen Schriftstellern des öfteren berichtet. Bereits Cäsar erwähnt mehrfach, daß Kaufleute bei den suebischen Stämmen und den Ubiern ein- und ausgingen. Später berichtet Tacitus von römischen Marketendern und Handelsleuten, die germanische Lande durchstreiften. Von den Hermunduren, deren Siedlungsgebiet bis nach Süddeutschland reichte, weiß er zu berichten (Germania 41), daß sie nicht nur am Ufer der Donau, sondern sogar noch tiefer im Römischen Reich, besonders in der Provinz Rätien, Handel trieben. Oder Germanen forderten von der römischen Stadt Colonia Agrippina (Köln) die Aufhebung von Zöllen, sonstigen Abgaben und der Flußwache, um freien Handel treiben zu können (Tacitus, Hist. 4). Alle Nachrichten beziehen sich aber nur auf die beiden Jahrhunderte vor und nach Beginn unserer Zeitrechnung. Nach dem Ausbau des Limes scheint dieser Handel wirklich zum Erliegen gekommen zu sein, wie dies bereits anhand der archäologischen Karten sichtbar wurde.

Bevor Cäsar Gallien unterwarf, prägten rheingermanische Stämme nach keltischem Vorbild eigene Münzen, kleine, leicht gewölbte Stücke aus Silber und später auch aus Bronze. Der Volksmund nannte sie »Regenbogen-schüsselchen«[1]. Es waren Stämme, die in unmittelbarer Nachbarschaft zu den bereits eine Geldwirtschaft betreibenden Kelten saßen. Als jedoch Cäsar Gallien erobert hatte, hörte die Münzprägung auf – ein Zeichen, daß die Germanen in ihrer Gesamtheit ökonomisch noch nicht so weit entwickelt waren, um zu einer Markt- und damit Geldwirtschaft überzugehen.

Hunderte von römischen Münzen haben sich zwar auf germanischem Gebiet gefunden. Trotzdem wird die Münze im binnengermanischen Gebiet aus den genannten Gründen noch nicht der allgemein gültige Wertmesser für den Handel zwischen Römern und Germanen und erst recht nicht für den Handel zwischen den einzelnen germanischen Stämmen gewesen sein. Nur auf den römischen Märkten und im römisch-germanischen Grenzbereich dürfte das römische Geld die Grundlage des Handels gebildet haben, weil die Germanen dort das beim Verkauf erworbene Geld sofort in andere Ware umsetzen konnten. Tacitus (Germania 5) bestätigt, daß im Inneren Germaniens noch der einfache Tauschhandel betrieben wurde und den Germanen, die bereits mit Geld kauften und verkauften, das (silberne) »Kleingeld« lieber war als die Goldmünzen.

Auf der anderen Seite dürfte den Germanen – und ganz besonders der führenden Adelsschicht – der Wert des Geldes bewußt geworden sein. Rom überwies nämlich gern an germanische Adlige und Könige, die die Interessen Roms vertraten bzw. vertreten sollten, Geldgeschenke; in vielen Fällen waren es nichts anderes als Bestechungsgelder. So ist es verständlich, wenn Münzen auch in das Innere Germaniens gelangten. Ihrer Funktion als Tausch-mittel waren sie aber nun entkleidet, sie besaßen Geschenkcharakter, waren Schmuckstücke, hatten einen gewissen Seltenheitswert – wie fremdländische Münzen bei uns heute – oder wurden ihres Edelmetallgehaltes wegen gehortet (Bild XIII).

Wie steht es nun mit dem Handel unter den Germanen selbst? Über den geringen Umfang des überstammlichen Produktenaustausches hatten wir bereits gesprochen, und von dem zwischen benachbarten Siedlungsgemein-schaften oder gar zwischen den einzelnen Hausgemeinschaften innerhalb einer Siedlungsgemeinschaft hatten wir gesagt, daß er archäologisch nicht unmittel-bar faßbar ist, sondern aus dem Stand der Arbeitsteilung mittelbar erschlos-sen werden muß. Je umfangreicher diese wurde, um so höher mußte das Mehrprodukt jedes einzelnen Produktionszweiges sein, für das Nahrungs-

---

[1] Nach dem Regen leuchtet das Wasser in den gewölbten Münzen in allen Regenbogen-farben, und der einfache Mensch glaubte, hier hätte der Regenbogen die Erde berührt.

und andere für den Lebensunterhalt notwendige Güter eingetauscht werden konnten. In manchen Produktionszweigen erfolgte die Arbeit bereits in ausgesprochenen Handwerksbetrieben (S. 71), in anderen nur als Saisonarbeit neben der üblichen landwirtschaftlichen Produktion. Alles, was mit dem Ziel produziert wurde, ein anderes Produkt damit einzutauschen, war nun bereits Ware und die Form des Austausches nunmehr ein Warenaustausch.

Innerhalb der Siedlungsgemeinschaft erfolgte sowohl der Produkten- wie der Warenaustausch durch die Produzenten selbst. Über die Grenzen der Siedlungsgemeinschaft hinaus konnte das in vielen Fällen ebenso erfolgen oder durch Beauftragte der beteiligten Siedlungsgemeinschaften. Um einen Handel über die Grenzen der Stammesgemeinschaft hinaus durchzuführen, wurden ebenfalls Stammesangehörige zeitweise mit dieser Aufgabe beauftragt. Für einen eigentlichen Händlerstand waren die Voraussetzungen bei den Germanen der vorrömischen und römischen Zeit noch nicht gegeben.

Eine Bedeutung im innergermanischen Handel hatten sicherlich die Plätze, an denen zu regelmäßigen Terminen Opferfeste des ganzen Stammes stattfanden. Hier war die beste Gelegenheit, Eigenerzeugnisse gegen andere Produkte oder Rohstoffe einzutauschen. Diese Verbindung von religiösen Festen mit Märkten – und auch Lustbarkeiten – hat sich vielerorts lange erhalten.

Als Äquivalent konnte jedes Produkt bzw. jede Ware dienen, wenn ihr Wert von beiden Partnern anerkannt wurde. Man einigte sich aber im allgemeinen auf bestimmte Produkte, die als Tauschmittel – und damit als Vorformen des Geldes – fungierten. Da wir bei den Germanen keine Metallbarren kennen, die bei anderen urgesellschaftlichen Kulturen oft das Äquivalent bildeten, dürfte es wohl das Vieh gewesen sein, worauf auch die Bedeutung des germanischen Wortes fehu = Vieh *und* Geld hinweist.

Die Bedeutung des Viehs bei den Germanen wird von antiken Schriftstellern immer wieder betont. »Man freut sich über die Menge; ist doch das Vieh ihr einziger und begehrenswertester Reichtum« (Tacitus, Germania 5). Auch außerhalb des Handels hatte das Vieh die sonst durch das Geld wahrgenommene Rolle zu spielen: Bei leichteren Vergehen mußten die Übeltäter ihre Buße durch eine entsprechende Zahl von Pferden oder Rindern entrichten, teils an die Gemeinschaft oder den Herzog, teils an den Geschädigten oder dessen Sippe. Abgaben und Geschenke erfolgten vielfach in Form von Vieh, ebenfalls bestand die Mitgift u. a. aus Rindern (Tacitus, Germania 12, 15, 18).

Fragt man nach den Anfängen eines eigentlichen Händlerstandes bei den Germanen, so muß man sehen, daß es sich führende Adelsgeschlechter auf Grund ihrer ökonomischen Stärke leisten konnten und auch zur Betonung ihrer besonderen gesellschaftlichen Stellung darum bemüht waren, solche Produkte von anderen germanischen Stämmen und vor allem aus dem Römischen Reich zu beziehen, die sich durch eine besondere Qualität auszeichneten. Sie haben dies selbstverständlich nicht selbst getan – sofern nicht der fremde Kaufmann persönlich zu ihrem Hof kam –, sondern schickten Geeignete aus ihrer Umgebung auf den fremden Markt. Taten diese es mit Geschick und zum Vorteil ihres Herrn, dann wurden sie laufend damit beauftragt und erhielten auch eine entsprechende Vergütung. So hat sich allmählich ein selbständiger Händlerstand herausgebildet.

Im gesamten germanischen Gebiet treten immer wieder vor allem Fibeln, aber auch andere Schmuckstücke oder Waffen und Ausrüstungsgegenstände auf, deren Verbreitungsbild ihre fremde Produktion unzweifelhaft erkennen läßt. Für das 1. Jh. u. Z. sind es vor allem markomannische Erzeugnisse, die ihren Weg bis an die Ostseeküste und nach Skandinavien nahmen. Umgekehrt gibt es Erzeugnisse aus dem ostgermanischen und baltischen Gebiet, die in Böhmen gefunden wurden. Auch enge Beziehungen zwischen den Germanen an der unteren Weichsel und denen an der unteren Elbe lassen sich archäologisch erkennen. Sie alle sind aber in keiner Weise ein Beweis für einen ausgesprochenen Handel, sondern zunächst nur für zwischenstammliche Beziehungen, wie sie sich durch gemeinsame Kriegshandlungen, Heiraten untereinander und dergleichen ergaben. Manches Stück mag auch in Form eines Warenaustausches den Besitzer mehrfach gewechselt haben. Talentierte Kunstschmiede werden über die Grenzen der Siedlung oder sogar des Stammes hinaus bekannt geworden sein, so daß man sich vielerorts bemüht haben wird, deren Erzeugnisse im Tausch zu erwerben. Das gleiche gilt auch für spätere Zeiten. So begegnen uns im 6. Jh. langobardische Fibeln und Goldblattkreuze aus Italien bei den Germanen nördlich der Alpen, thüringische Fibeln finden wir an der mittleren Donau, angelsächsische Fibeln auf dem Festland, fränkische Fibeln bis weit außerhalb des fränkischen Machtbereichs.

Fein- und Goldschmiede waren, wie wir sahen (S. 71), in der Hauptsache Wanderhandwerker, die also keinen ausgesprochenen Handelsverkehr benötigten, sondern entweder unmittelbar für den Verbraucher produzierten oder ihre Erzeugnisse selbst verkauften. Aus diesem »Wanderbezirk« sind dann manche Stücke durch Geschenke, Heiraten, Kriegszüge u. ä. in entferntere Gebiete gekommen.

Aber es gab daneben noch eine zwangsläufig ortsgebundene Produktion: etwa die Glasindustrie im nordfränkischen Gebiet, die Töpfereien in den Argonnen und der Eifel oder die Mahlsteinproduktion im Basaltgebiet der Eifel. Hier waren Werkstätten und Handwerker, die meist die alte römische Produktion fortsetzten. Wegen der örtlich begrenzten Vorkommen von Erden und Gestein konnten sie keinen Wanderbetrieb aufmachen und waren deshalb auf einen Handel angewiesen: Entweder verhandelten sie ihre Produkte selbst bzw. durch von ihnen Beauftragte, oder interessierte Käufer schickten ihre Einkäufer zu den Produktionsstätten; vielleicht gab es in diesem Falle auch bereits selbständige Händler, die unter entsprechender Beteiligung am Erlös die Produktion verkauften. Der Handel mit den schweren Mahlsteinen und den zerbrechlichen Glassachen wird sich hauptsächlich auf dem Flußwege vollzogen haben (Saar, Mosel, Rhein, Maas und den rechtsrheinischen Nebenflüssen). Sofern ein Landtransport in Frage kam,

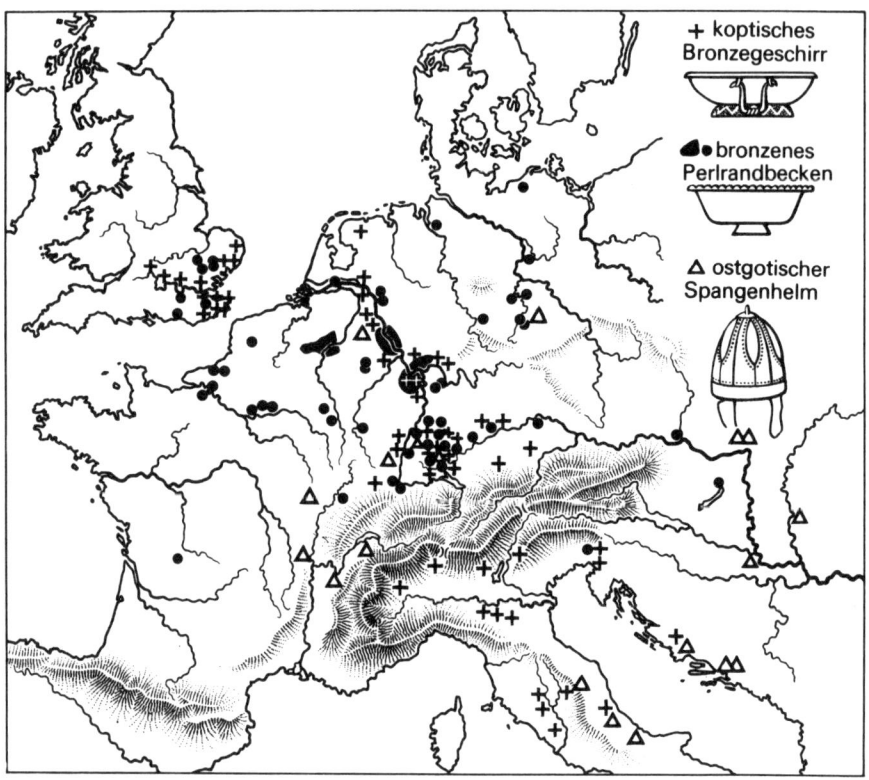

Karte 7 Verbreitung und Charakter der Objekte lassen *Fernhandel* mit koptischem Bronze-geschirr, *Werkstattkreise und Regionalhandel* mit bronzenen Perlrandbecken, *Beziehungen zwischen den führenden Adelsgeschlechtern* durch Geschenke ostgotischer Spangenhelme erkennen (nach Werner).

wurden im linksrheinischen Gebiet die Römerstraßen weiter benutzt. Fränkisches Glas ist bis nach Thüringen sowie nach England und Skandinavien verhandelt worden.

Die kulturellen Verbindungen zwischen dem Mittelmeerraum und dem Europa nördlich der Alpen waren so vielseitig, daß sie nicht allein durch politische, kulturelle oder persönliche Beziehungen erklärt werden können. Als sich germanische Stammesverbände in Italien niederließen (401–412 die Westgoten, 489 die Ostgoten, 569 die Langobarden), bestand das Bedürfnis bei den nördlich der Alpen wohnenden germanischen Verbänden, Güter, die bisher durch den römischen Handel nach Mittel- und Westeuropa gelangt waren, weiterhin zu beziehen und vor allem auch jene Erzeugnisse, die nun in den von den Germanen besetzten Ländern des Mittelmeerraumes durch diese selbst geschaffen wurden. Produkte des Mittelmeerraumes und des Orients waren auch jetzt sehr gefragt, ja in noch größerem Maße durch die steigenden Ansprüche des zu immer größerer Macht gelangenden Stammesadels.

98

Die Verbreitung einiger ausgewählter Bronzeerzeugnisse (Karte 7) kann sehr anschaulich zeigen, ob überhaupt und in welcher Form sich jeweils der Handel vollzog. Die Funde von Perlrandbecken beweisen drei oder mehr Werkstattkreise mit einem entsprechend begrenzten Warenaustausch. Auch die Verbreitung der ostgotischen Spangenhelme (Bild V) spricht nicht für ein halb Europa umfassendes Handelsnetz, sondern weist nur auf die vielfältigen, aus der schriftlichen Überlieferung bezeugten Beziehungen der führenden Adelsgeschlechter untereinander hin; ein derartiger Helm war wirklich ein wertvolles und politisch wirksames Geschenk. Nur die Verbreitung des in Ägypten produzierten koptischen Bronzegeschirrs zeigt sehr anschaulich das Bild eines tatsächlichen Handels von Italien über die Alpenpässe zu den Alemannen und von dort entlang des Rheins bis nach England. Auf diesem Wege wurden auch Dinge verhandelt, die bereits einen langen Weg hinter sich hatten, wie Tigerschnecken (Cypraea tigris) von den Küsten des Indischen Ozeans, indische Almandine oder Gewürznelken, wie sie in einer goldenen Kapsel im Elsaß gefunden wurden.

Was an archäologisch nicht nachweisbaren Rohstoffen und Produkten verhandelt wurde, können wir nur vermuten. So wird wie in früherer Zeit das Salz eine wichtige Rolle gespielt haben; darauf weisen alemannische und langobardische Tauschierarbeiten an Stätten der bajuwarischen Salzgewinnung bei Reichenhall/Bayern und Hallstatt/Österreich hin.

Die verschiedenen Formen der handwerklichen Produktion – Wanderhandwerker, ein durch die Rohstofflage bedingtes ortsfestes Handwerk, ein ortsgebundenes Handwerk für den Eigenbedarf und ein solches für den königlichen Bedarf – lassen also erkennen, daß der Handel bei weitem nicht die Rolle spielte, die ihm auf Grund der vielen »Importgegenstände« in den einzelnen Landschaften früher zugeschrieben wurde.

Hat es nun in den Jahrhunderten der Völkerwanderung eine Geldwirtschaft gegeben, oder blieben die Germanen auch in dieser Zeit noch bei der Naturalwirtschaft? Wo Germanen die Nachfolge des Römischen Reiches antraten, wurde die römische Münzprägung zunächst fortgesetzt. So sind wandalische und ostgotische Prägungen kaum von den bisherigen römischen bzw. byzantinischen Münzen zu unterscheiden, langobardische und westgotische Prägungen weisen nur geringfügige Besonderheiten auf und tragen später auch den Namen der germanischen Könige. Aber mit dem Zusammenbruch der Germanenreiche in Italien, Spanien und Nordafrika setzten auch deren Münzprägungen aus.

Ebenso übernahmen die Franken zunächst die römischen Münzen, bis sie unter Chlodwig zur eigenen Prägung übergingen. Trotz der königlichen Goldmünzen konnte auch bei den Franken von einer geordneten Geldwirtschaft wie im einstigen Römischen Reich nicht gesprochen werden. Man prägte keine Kupfermünzen mehr, sondern nur noch Gold- und später Silbermünzen, die allein keinen normalen Geldverkehr ermöglichten. Es waren teils irreguläre Prägungen, teils anonyme Nachprägungen. Während

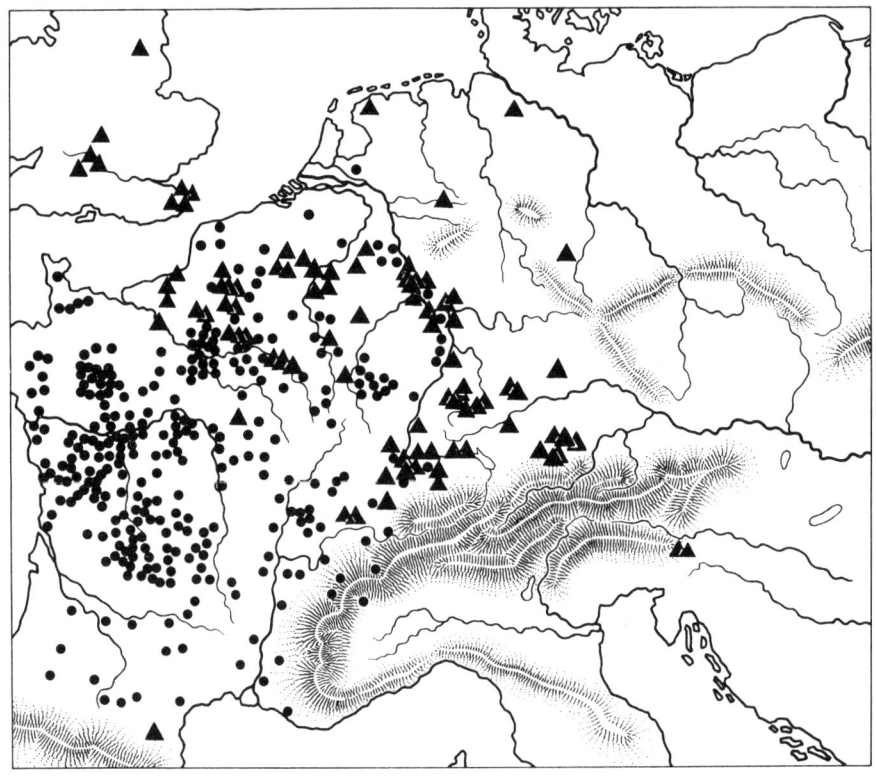

● merowingische Monetarmünze
▲ Feinwaage

Karte 8 Verbreitung der Prägeorte merowingischer Monetarmünzen und der Feinwaagen
(nach Werner)

der fränkischen Zeit des 7. Jh. gab es allein in Gallien über 800 Prägeorte,
an denen 2000 namentlich bekannte Münzmeister prägten (sogenannte
Monetarmünzen mit Namen des Münzmeisters und des Prägeortes). Alle
diese Prägeorte liegen links des Rheins, in der Mehrzahl in Westgallien
(Karte 8). Ähnlich wie die Goldschmiede sind auch die Münzmeister in
einem bestimmten Bezirk herumgezogen, um dort, wo ein Bedürfnis bestand,
zu prägen. Neben diesen fränkischen Münzen liefen noch zahlreiche ostgotische, byzantinische, westgotische, langobardische, später friesische und
angelsächsische Münzen um.

Im rechtsrheinischen Gebiet ist es nicht zu einer eigenen Münzprägung gekommen. Trotzdem war auch hier der Bedarf an Gold- und Silbermünzen
groß. Sie besaßen aber keinen Geldwert, sondern wurden nur nach Gewicht
und Qualität bewertet. Man nahm sie als Schmuckanhänger, als Einsatz für
Fingerringe, legte sie den Toten als Obolus in den Mund, aber das meiste
wurde eingeschmolzen, um neuen Schmuck arbeiten zu lassen. Dazu benötigte man Feinwaagen und Probiersteine, die verständlicherweise dort

fehlen bzw. selten sind, wo die Münze Geldwert besaß. Bisher sind fast 100 derartige Waagen aus dem nordfränkischen, alemannischen und bayrischen Gebiet, vereinzelt aus dem thüringischen, sächsischen und angelsächsischen Raum bekannt (Karte 8). Sie treten als Schnellwaage mit verschiebbarem Gewicht oder als gleicharmige Waage auf. Die Münzwaagen fanden sich meist in den Männergräbern, in vielen Fällen waren es ausgesprochene Adelsgräber, sogar sehr bedeutende, wie das von Planig, Kr. Bingen/BRD. Der Adel wußte also sehr wohl den Wert des Metalles zu schätzen und wollte sich gegen Betrug schützen. Erst im 10. bis 11. Jh., vor allem durch die Herausbildung des frühfeudalen deutschen Staates, fungierte auch im rechtsrheinischen Gebiet die Münze als allgemeines Tauschmittel, als Geld.

Ein bedeutender Fernhandel war schon wegen der unzureichenden Wegeverhältnisse in Germanien nicht möglich. Man hat immer wieder Versuche gemacht, den Verlauf von Handelswegen nach der Verbreitung des »Importes« zu rekonstruieren. Nach dem Gesagten wird es klar, daß solche Versuche

Ein- und gleicharmige Feinwaagen sowie Säckchen mit Bronzegewichten

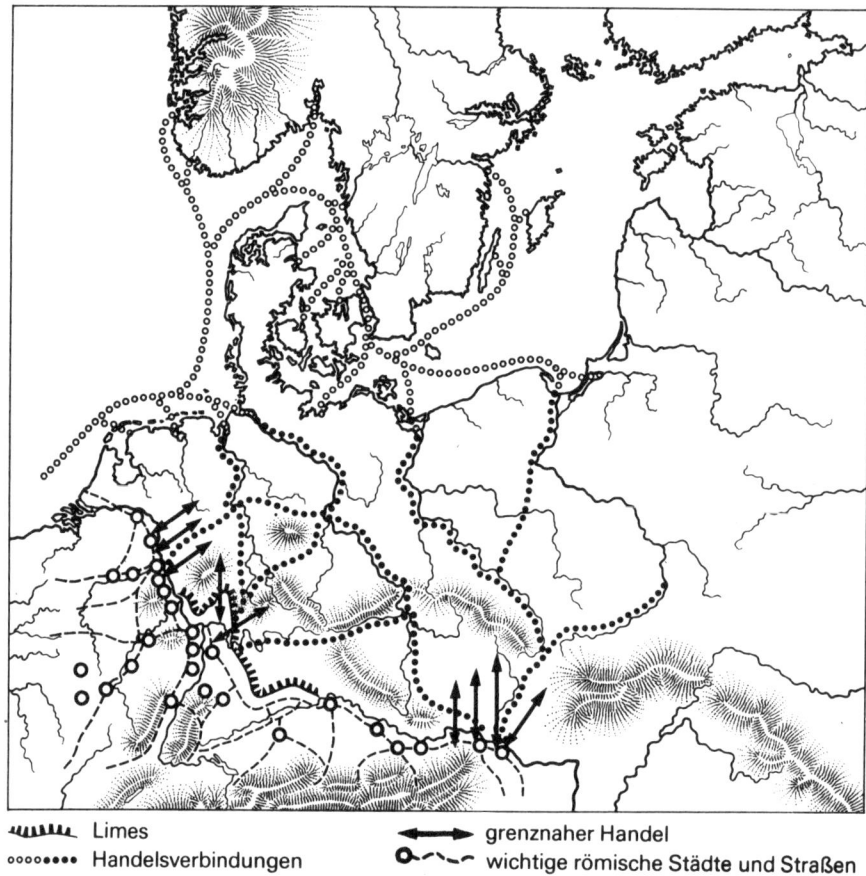

Karte 9   Handelsverbindungen und Handelsverkehr im freien Germanien zur römischen
Zeit

sehr hypothetisch sind und weniger Verkehrswege markieren als vielmehr
allgemeine Beziehungen erkennen lassen (vgl. Karte 9). Gerade im Straßen-
wesen unterschied sich Germanien ganz entscheidend vom Römischen Imperium mit seinem hervorragenden Straßensystem, das wie überall auch in den
Rhein- und Donauprovinzen vor allem militärischen Zwecken diente.

So wird sich der Handelsverkehr in Germanien bevorzugt auf die Fluß-,
Küsten- und auch Hochseeschiffahrt gestützt haben. Das gilt sowohl für die
Römer als auch für die Germanen, die ja auf eine lange Tradition im Schiffbau
zurückblicken konnten, wie das für Bewohner an den langen Küsten der
Nord- und Ostsee und der Inselwelt verständlich ist. Bereits von den bronzezeitlichen Vorfahren der Germanen kennen wir aus vielen Felszeichnungen
in Südskandinavien die Schiffe, die, von zahlreichen Ruderern fortbewegt,
allem Anschein nach sehr stabil gebaut waren und mit denen man auch die
offene See befahren konnte. Mit ihren hohen Steven erinnern sie schon fast an
die wikingischen Schiffe zwei Jahrtausende später.

Es ist auch denkbar, daß in einigen Darstellungen Fellboote ähnlich den grönländischen Umiaks zu sehen sind. Die aus Holzlatten, Walfischbein und Seehundfellen hergestellten Eskimoboote halten oft ein Leben lang. Mit ihnen können 10 bis 20 km in der Stunde zurückgelegt werden. Wenn man mit ähnlichen Booten in der Bronzezeit rechnen will, wäre es vorstellbar, daß man sie später mit hölzernen Kufen versah, die sich vorn und hinten hochschwangen.

Besonders detailliert ist ein Boot auf einer spätbronzezeitlichen Zeichnung von Brandskogen in Uppland in Schweden ausgeführt. Es zeigt wie die meisten anderen Schiffszeichnungen einen Doppelsteven, um ein sicheres Landen an den steinigen Küsten zu gewährleisten, wobei der Relingsteven in einen Tierkopf ausläuft. Der Bau des Bootskörpers ist nicht erkennbar, dürfte aber bereits in Klinkertechnik erfolgt sein, wobei die Planken schindelartig übereinanderlagen. Sie wurden nicht genagelt oder genietet, sondern mit Schnüren zusammengenäht und die Fugen mit Harz und Werg verstrichen. Ein solches Boot war elastisch und dadurch seetüchtig. Die Querabsteifung erfolgte durch Spanten. Das Brandskogenboot wurde von 6 Paar Ruderern (auf der Zeichnung ist jeweils nur einer zu sehen) vorwärtsbewegt. Ob die Zahl der Besatzung genau stimmt, ist schwer zu sagen. Bei einfacheren Zeichnungen sind mitunter sehr viele »Strichmännchen« eingezeichnet, die auf eine bald zehnfach stärkere Besatzung hinweisen könnten. Die Ruderer des Brandskogenbootes blicken in Fahrtrichtung und können deshalb das Boot nicht im Stile unseres »Ruderns« fortbewegt haben. Durch die hohe Haltung der Hände ist auch ein Paddel, wie wir es mit einseitigen Stechpaddeln beim Kanadierboot kennen, nicht denkbar. Vielmehr staken die Ruderpaddel wahrscheinlich in Schlingen und wurden nach vorwärts gestoßen und so das Boot fortbewegt.

Schiffsbilder von bronzezeitlichen Felszeichnungen Schwedens (oben: Schiff von Brandskogen)

103

Aus der vorrömischen Zeit ist aus dem Hjortspring-Moor in Jütland ein Boot erhalten geblieben. Es besitzt eine Länge von 13 m und eine Breite von fast 2 m und besteht aus einer Bodenplanke und beidseitig je zwei Bordplanken, die mit Schnüren zusammengenäht sind. Auch bei diesem Boot sind die beiden Doppelsteven gut zu erkennen. Das Innengerüst wird durch Spanten aus Haselholz, durch die Ruderbänke und deren Stützen sowie durch Spantspreizen gebildet. Das Boot konnte 20 bis 25 Mann aufnehmen. Die sehr schlanke Form, das geringe Gewicht, die gleiche Ausbildung von Bug und Heck und die Möglichkeit des Steuerns ebenfalls an beiden Enden lassen mit Recht vermuten, daß es kein Lastschiff, sondern ein Schnellruderer, sicherlich ein Kampfboot war, das wegen seines geringen Tiefganges überall landen und gleicherweise vor- und rückwärtsfahren konnte. Von diesen vorn und hinten gleich gebauten Schiffen berichtet Tacitus (Germania 44) bei den Svionen (Schweden). Der Kampfcharakter des Schiffes wird auch durch die Fundumstände unterstützt, da zusammen mit dem Boot viele Hunderte von Waffen geborgen wurden, die einst einer Gottheit im Laufe von Generationen geopfert worden sind.

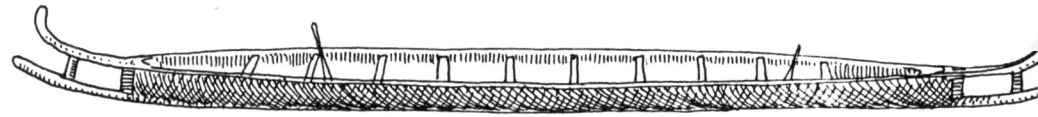

Boot von Hjortspring/Dänemark aus vorrömischer Zeit (Länge 13,3 m)

Die Fortbewegung erfolgte – nach der Bauart des Schiffes und der Nachricht von Tacitus zu schließen – nicht mit Segeln, sondern durch Rudern. »Lose, wie bei manchen Flußkähnen, und beweglich ist das Ruderwerk und kann hier, bald dort eingesetzt werden.«

Etwa ein halbes Jahrtausend jünger sind die Boote aus dem Nydam-Moor in Jütland, einem bedeutenden Opferplatz (S. 189). Leider ist nur ein Eichenboot erhalten geblieben, das eine Länge von fast 23 m und eine Breite von $3^1/_4$ m besitzt (Bild 19). Bei voller Besatzung von 45 Mann und Ausrüstung mit Waffen und dergleichen hatte es einen Tiefgang von 0,5 m und blieb mit dem Bord mittschiffs noch 0,6 m über der Wasserlinie. Es besaß eine verstärkte Kielplanke, der sich die weiteren Planken in Klinkerbauweise anschlossen, die untereinander jetzt bereits mit eisernen Nieten verbunden waren. Die Verbindung der Planken mit den Spanten dagegen erfolgte weiterhin durch Bastschnürung. An jeder Bordseite saßen je 18 Ruderer, gesteuert wurde das Boot achtern von der rechten, also noch heute so bezeichneten Steuerbordseite. Auch dieses Schiff besaß noch keine Segeleinrichtung.

Während das Nydamschiff ebenso wie das Hjortspringschiff dem kriegerischen Handwerk dienten, gab es vermutlich auch Lastschiffe. Sie waren breiter, behäbiger und dementsprechend langsamer, aber ihre Tragfähigkeit war höher. Diese dürften nur im Notfall bzw. bei völliger Windstille gerudert, sonst gesegelt worden sein. Deshalb besaßen sie einen ausgesprochenen Kiel, um bei seitlichem Wind den Kurs halten zu können; als Beispiel kann das Boot von Galtabäck/Schweden dienen.

In diesem Zusammenhang erhebt sich die Frage, seit wann die Germanen in der Schiffahrt das Segel als Fortbewegungsmittel benutzten. Mit Sicherheit ist es erst aus der Wikingerzeit bekannt. Sollte aber ein seefahrendes Volk wie die Germanen tatsächlich erst in dieser späten Zeit das Segeln angewandt haben? Kriegsfahrzeuge sind mit Rudern beweglicher und dadurch von den Launen des Windes unabhängig. Das Fahren auf den Flüssen war ohnehin mit Ruderkraft leichter. Aber bei Lastschiffen, die gegebenenfalls auf günstigen Wind warten konnten, wäre das Segeln auf jeden Fall kräftesparender gewesen. Mit Ausnahme des genannten Schiffes von Galtabäck sind bisher nur schnellfahrende Kriegsboote gefunden worden, so daß wir mit einer Forschungslücke im archäologischen Quellenmaterial rechnen können. Die schriftlichen Quellen berichten zwar von Segelfahrten beispielsweise der Usiper um England herum oder der Goten im Schwarzen Meer, aber hier wurden römische Boote benutzt und vermutlich auch römische Bedienungsmannschaften. So heißt es ausdrücklich von den Usipern, daß sie mangels ausreichender Seemannskunst schließlich Schiffbruch erlitten (Tacitus, Agricola 28). Auf bronzezeitlichen Felszeichnungen sind einige Schiffe abgebildet, in deren Aufbauten man ein Segel vermutet; als sicherer Beweis können sie aber nicht gelten.

In das 7. Jh. gehört der berühmte Schiffsfund von Sutton-Hoo nördlich der Themsemündung, wo ein angesehener angelsächsischer Fürst mit reichen Beigaben bestattet worden ist. Die Länge des Schiffes betrug 24 m, die Breite 4,2 m und die Höhe vom Kiel bis zum Bug 3,75 m. Die Planken waren nicht mehr aus einem Stück, sondern aus verschiedenen Teilstücken zusammengesetzt worden. 38 Ruderer hatten es fortbewegt, eine Segelvorrichtung war nicht mehr festzustellen.

Den Höhepunkt germanischer Schiffbautechnik bilden zweifellos die Wikingerschiffe, die als Funde von verschiedenen Küsten bekannt geworden sind und uns – besonders die aus den Grabhügeln am Oslo-Fjord (Oseberg, Gokstad, Tune) – eine handwerklich hervorragende Arbeit zeigen. Sie gehören bereits dem 9. Jh. an. Ihre bessere Bauweise dokumentiert sich in einer größeren Zahl von Planken und damit einer größeren Bordhöhe, in einem eigentlichen Kiel, dem reichverzierten Steven und einem Segelmast. Sie sind insgesamt tragfähiger und seetüchtiger. Das Schiff von Oseberg (Bild 20) dürfte wegen seines sehr flachen Bodens vielleicht nur zur Totenfahrt oder für festliche Fahrten auf den Fjorden gebaut worden sein.

Das Gokstadschiff mit 23,3 m Länge und 5,2 m Breite besaß 16 Planken und war durch 19 Spanten versteift. Zur Verbindung von Spanten und Planken wandte man die alte Technik des Knüpfens an, um die Planken dünn und damit das ganze Schiff leicht und elastisch halten zu können. 32 kräftige Armpaare haben einst das Boot vorwärtsbewegt, wobei die Riemen durch die drittoberste Planke gesteckt waren, deren Öffnungen auch mit Klappen geschlossen werden konnten. Die Länge der Riemen betrug je nach dem Platz des Ruderers 5,3 bis 5,8 m. Besondere Fürsorge galt dem Mast, der in kräftigen Eichenblöcken ruhte und zum Umlegen eingerichtet war. Der Mast von Oseberg hatte eine Höhe von 13 m. Wenn das Schiff paradieren sollte, wurden über die Reling die Kampfschilde gehängt, die abwechselnd gelb und schwarz gestrichen waren. Diese Wikingerschiffe zeugen von einer hohen Schiffbautechnik und ermöglichten den Germanen, die hohe See zu befahren und weite Fahrten über Meere und Ozeane zu unternehmen.

Unsere Kenntnis über den jüngeren germanischen Schiffbau wird durch die gotländischen Bildsteine ergänzt, auf denen das Schiff sehr häufig abgebildet wurde. Unsere Vignette am Anfang des Kapitels zeigt das Ruderschiff von einem Bildstein aus Stenkyrka. Wir erkennen die sehr realistisch wiedergegebene Art des Ruderns, die sich in keiner Weise vom modernen Ruderstil unterscheidet, einen kajütenartigen Zeltaufbau mittschiffs und zwei Steuerleute an den beiden gleichgeformten Steven. Die von Tacitus erwähnte Landemöglichkeit sowohl mit Bug wie mit Heck wird hier noch einmal augenfällig unterstrichen. An jeder Bordseite saßen 7 bis 10, also insgesamt 14 bis 20 Ruderer, falls sich der Steinmetz in seiner Darstellung an die tatsächliche Zahl gehalten hat.

Auf den jüngeren Bildsteinen (7.–11. Jh.) sind die Schiffe bereits durchweg mit dem charakteristischen rechteckigen Segel dargestellt. Auf einem Bildstein von Lärbro Tängelgårda erkennen wir das gewaltige, aus dekorativen Gründen übertrieben breit gezeichnete Segel mit der kunstvollen Takelage; rechts unter dem Heck wird das Steuerruder an der Steuerbordseite sichtbar. Hinter der Bordwand sitzt – geschützt durch ihre Schilde – die Besatzung.

Darstellung eines wikingischen Segelschiffes auf einem Bildstein von Lärbro Tängelgårda/Gotland

Des öfteren hat man die Wikingerschiffe nachgebaut und Seefahrten unternommen. Einer der letzten Versuche war das schwedische Schiff »Ormen Friske«, das dem Gokstadschiff nachgebaut worden war (Bild 21) und mehrere Hochseefahrten erfolgreich unternommen hat. 1950 befand es sich auf der Fahrt von Stockholm nach Rotterdam. Einen schweren Sturm bei Helgoland hatte es anscheinend gut überstanden, als es dann sein Grab in den Wellen fand. Eine aufgefundene Flaschenpost enthielt die Mitteilung »Hilfe, Hilfe. Ormen Friske, Bombardement« – amerikanische Flieger übten damals bei Helgoland Bombenabwürfe.

Neben diesen ansehnlichen Schiffen wurde aber wie seit alters her auf Flüssen und Seen der Einbaum benutzt. Auch die antiken Schriftsteller wissen davon zu berichten; die Einbäume sollen sogar bis zu 30 Mann haben aufnehmen können (Plinius, Nat. hist. 11). Noch die Goten seien, vor den Hunnen flüchtend, auf Einbäumen über die Donau gesetzt (Ammian 31).

Für den Landtransport standen Tragtiere und Wagen zur Verfügung. Auch der Wagen ist bereits seit dem Neolithikum in diesem Raum bekannt. Neben im Moor gefundenen Wagenrädern sind es wiederum Felszeichnungen, die uns ein Bild dieses Transportmittels zu Beginn des 1. Jahrtausends v. u. Z. vermitteln: Der vierrädrige Wagen mit Scheiben- oder Speichenrädern, gezogen von Rinderpaaren, wie er noch lange von den Germanen benutzt wurde und für sie besonders auf ihren Wanderungen durch halb Europa von großer Bedeutung war. Auf den bronzezeitlichen Felszeichnungen findet sich daneben noch der zweirädrige Wagen, der, von Pferden gezogen, ungleich schneller fuhr.

Aus der jüngsten vorrömischen Zeit besitzen wir einige Wagenfunde aus

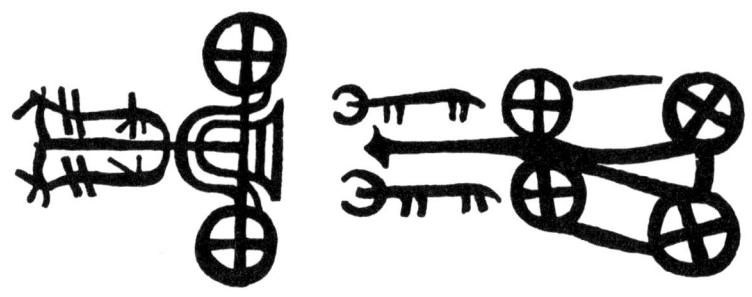

Darstellung von Wagen auf schwedischen Felszeichnungen der Bronzezeit

Gräbern und von Opferplätzen Schleswig-Holsteins und Dänemarks. Allem Anschein nach handelt es sich dabei stets um einen vierrädrigen, leichten Wagen. Es können keine Lastwagen, sondern nur Repräsentationswagen, vielleicht für den Götter- oder Totenkult, gewesen sein. Den Wagen von Dejberg hat man gern mit dem Nerthuskult (S. 184) in Verbindung gebracht, bei dem die Göttin auf einem Wagen durch die Lande gefahren wurde. Dieser wie die anderen Wagen zeigen aber so große Übereinstimmungen mit keltischen Wagen jener Zeit, daß man an Import aus dem Keltenland oder wenigstens an keltische Vorbilder glauben möchte. Der profane germanische Lastwagen ist uns archäologisch bisher nicht bekannt geworden. Ein zweirädriger Wagen – etwa gar in Form des Streitwagens – ist uns weder archäologisch noch durch die antiken Schriftsteller überliefert. Was der Germane aber auch in der Stellmacherei geleistet hat, zeigt Jahrhunderte später der prachtvolle Wagen aus dem Wikingergrab von Oseberg (Bild 24).

Zur Winterszeit benutzte man den Schlitten, den die Völker in den nördlichen Teilen Europas schon seit Jahrtausenden kannten. Aus altgermanischer Zeit sind uns keine Reste überliefert, erst aus dem Wikingergrab von Oseberg kennen wir mehrere prachtvolle, mit Schnitzereien verzierte Schlitten (Bild 23). Auch der Schi ist im Norden Europas seit langer Zeit im Gebrauch. Aber es gibt keinen archäologischen Fund aus dem germanischen Gebiet, sondern nur eine in seiner Bedeutung als Schi noch umstrittene Zeichnung auf dem Runenstein von Böksta in der Provinz Uppland. Mehrfach wird das Schilaufen dagegen in der altnordischen Literatur geschildert (vgl. Abb. S. 106).

Älter ist und einer größeren Beliebtheit bei den Germanen erfreute sich das Schlittschuhlaufen. Mittels knöcherner Schlittkufen konnte man sich schnell über die gefrorenen Seen und Flüsse fortbewegen. Es waren tierische Extremitätenknochen mit zubereiteter glatter Unterseite, die mit Riemen an den Fuß gebunden wurden.

Für den Verkehr zu Lande gab es zwar kein ausgebautes Straßennetz, aber es wurden doch stets die gleichen Routen befahren, wie sie sich auf Grund der geographischen Verhältnisse anboten. So mußten Pässe und Täler immer wieder benutzt werden. Eine feste Route wird von Carnuntum durch das

Marchtal, die Mährische Senke ins Oder- und Weichseltal gegangen sein, eine andere über Mähren nach Böhmen und dann die Elbe abwärts oder von Böhmen über den Paß bei Cheb (Eger) ins Maintal, vom Mainzer Becken durch die Wetterau und die Fulda und Weser abwärts (vgl. Karte 9). Die Flüsse waren also auch hier die Leitlinien, in vielen Fällen die eigentlichen Transportwege. Eine West-Ost-Verbindung wird sich entlang des Nordrandes der deutschen Mittelgebirge angeboten haben, wobei aber die zahlreichen Flußüberquerungen sicherlich Hindernisse gebildet haben. Die kulturellen Beziehungen und Verbindungen sowie die allgemeine Streuung der Funde bestätigen immer wieder die alten Verkehrswege. Ihr genauer Verlauf ist meist nur dort festzustellen, wo die frühgeschichtlichen Wege noch heute benutzt werden, teils als unbefestigter Feldweg, teils zur modernen Straße ausgebaut. Sie tragen häufig noch die alten Namen wie Hohe Straße, Heerweg, Ochsenweg, Salzstraße u. dgl. m. In anderen Fällen sind die Wege nicht mehr benutzt

Konstruktion von Bohlenwegen aus
nordwestdeutschen Mooren

109

worden und inzwischen längst überweht und zugewachsen, und nur eine Abdeckung der Humusdecke läßt die alten Wagengleise sichtbar werden.

Die Wege waren im allgemeinen unbefestigt und wurden im Laufe der Zeit immer breiter, da die schweren Wagen ausgefahrene Gleise mieden und festen Boden daneben suchten. Sie paßten sich den natürlichen Bodenverhältnissen an. Wo moorige Stellen nicht vermieden werden konnten, waren Bohlen- und Knüppeldämme, Kiesaufschüttungen oder Steinpflaster angelegt.

Von mehreren Stellen in Dänemark kennen wir bereits aus der vorrömischen Eisenzeit und auch aus späteren Perioden 3 bis 5 m breite, mit handgroßen Steinen gepflasterte Straßen, deren Ränder von größeren Steinen eingefaßt waren. In einem Falle – hier handelt es sich zwar um die Siedlung selbst – lief daneben ein Fußsteig aus einzelnen Trittsteinen (Bild 22).

Bohlenwege über die Moore konnten stellenweise noch über Strecken von 6 km ohne jegliche Unterbrechung freigelegt werden. Sie wiesen eine sehr stabile und gut konstruierte Bauweise auf. In Wegerichtung verliefen die hölzernen Unterzüge aus gespaltenen Erlen- oder Birkenstämmen und quer darüber die Eichenbohlen. Senkrecht in den Boden getriebene Pfähle stützten einmal die Unterzüge ab und verhinderten zum anderen ein Verrutschen der Bohlen. Diese Pfähle waren dementsprechend entweder mit Zapfen oder mit Durchbohrungen versehen. Die Wegbreite betrug bis zu 3 m, die Spurweite der Wagen – an den Radspuren auf dem Holz erkennbar – 1,2 bis 1,5 m.

Die Bohlenwege mußten damals natürlich auch erhalten werden. So wurde im Wittmoor/Holstein eine Baustelle freigelegt, wo verbrauchte Bohlen herausgerissen und beiseite geräumt waren, Werkzeuge, Keulen, Hebebäume danebenlagen und eine Feuerstelle die Arbeitenden gewärmt hatte – nur ist die Arbeit nicht beendet worden.

Offene Wasserläufe sind auf Furten (oder auf Fähren?) überquert worden, Hinweise auf germanischen Brückenbau gibt es nicht. Lediglich im linksrheinischen Gebiet konnten römische Brücken benutzt werden; eigene Brückenbauten scheinen von Germanen erst in karolingischer Zeit errichtet worden zu sein.

Körperschmuck und Kleidung

Von Moorleichen und Siegessäulen – Haarknoten und Bärte – Vom Rotfärben
der Haare und von der Deformierung des Schädels – Blaue Mäntel und kurze
Röcke – Die »Macht« des Gürtels

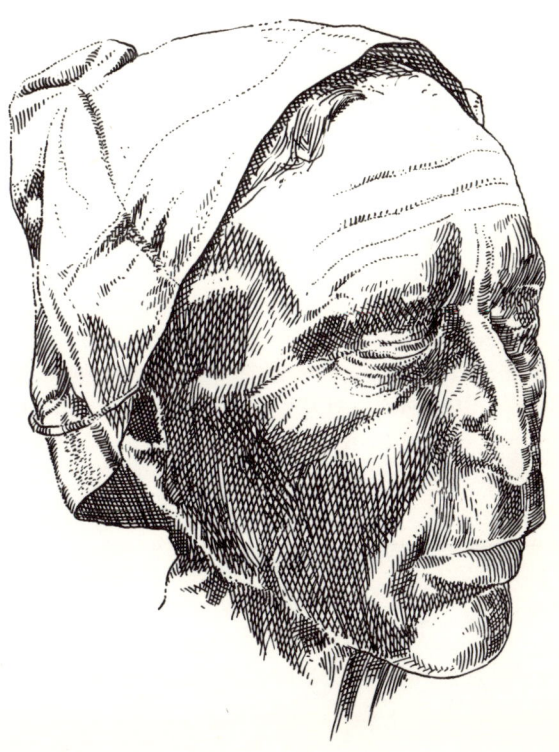

*»Die Augen trotzig und blau, die Haare rötlich-
blond, die Körper hochgewachsen und nur zum
Ansturm stark.«*

Tacitus, Germania 4

Wohl selten ist das äußere Bild eines frühgeschichtlichen Menschen so
von Phantasie, Schwärmerei und nationalistischer Überheblichkeit verzerrt
worden wie das des Germanen durch die deutsche Geschichtspropaganda. Anfänge dieser Geisteshaltung mögen in der durchaus begrüßenswerten und gesunden Rückbesinnung auf die eigene Frühgeschichte, wie sie die Romantik
der ersten Hälfte des 19. Jh. angeregt hatte, wurzeln. In gleicher Weise haben
auch die Befreiungskämpfe von der napoleonischen Fremdherrschaft, die
demokratischen Bewegungen und das Ringen um ein einheitliches demo-
kratisches Deutschland, das seinen Höhepunkt in der Revolution von 1848
erreichte, solche Bestrebungen, die Frühgeschichte des deutschen Volkes zu
erforschen, gefördert. Die bereits in jener Zeit hier und dort sichtbar werdende Überschätzung der Germanen oder der »alten Deutschen« steigerte sich
dann in der Übergangsperiode zum Imperialismus bis zur Germanomanie.
Diese erreichte ihren Höhepunkt in der faschistischen Ideologie, wo die Ver-
herrlichung des germanisch-nordischen Menschen zu ihrem wesentlichen
Kern gehörte. Sie entsprachen voll und ganz der politisch-reaktionären Aufgabe im Klassenkampf, die das Monopolkapital dem deutschen Faschismus,
vor allem im Kampf gegen den Kommunismus, zugedacht hatte.

Der von den Faschisten vertretene Rassenfanatismus und die von seinen
Apologeten großen Teilen des deutschen Volkes eingeimpfte Vorstellung
von der welthistorischen Sendung des »nordisch-germanischen« Menschen
waren Ausdruck größten geistigen und physischen Terrors und wissenschaftlich völlig haltlos. Daß alle Rassen gleichwertig waren und sind, sprachen
schon vor zwei Jahrhunderten der große russische Gelehrte M. W. Lomo-
nossow und im vorigen Jahrhundert Alexander von Humboldt aus. Doch
die im 19. Jh. von Graf Gobineau begründete Ideologie von der Ungleichheit
der Rassen traf in der spätkapitalistischen Gesellschaft auf fruchtbaren Boden.
Noch heute kämpft die fortschrittliche Menschheit um ihre endgültige
Beseitigung, wenn wir nur an Südafrika oder die USA denken. Wir haben
diese unheilvolle Ideologie samt ihren gesellschaftlichen Wurzeln über-
wunden und können frei von Chauvinismus und Rassismus an die Frage des
äußeren Bildes des germanischen Menschen herantreten. An Quellen stehen

112

uns hierzu die antiken Darstellungen, die schriftlichen Nachrichten und aus dem Bereich der archäologischen Forschung die mitunter überraschend gut erhaltenen Moorleichen und das Skelettmaterial zur Verfügung.

Dem untersetzten und dunkelhaarigen Südländer fielen in erster Linie der hohe Wuchs und die Blondheit der Nordländer auf. Wie Tacitus die Germanen sah, haben wir an den Anfang dieses Kapitels gestellt. Aus der Bemerkung der »trotzigen« Augen spricht die Anerkennung des Römers gegenüber dem Feind. Cäsar steigerte sich sogar zu der Behauptung, daß die römischen Kaufleute kaum den »wilden, feurigen Blick« der Germanen hätten ertragen können, eine Vorstellung, die nicht ohne Einfluß auf die Moral seiner Legionen geblieben wäre (bell. gall. 1). Auch Strabon (Buch 7) betont die Wildheit, Körpergröße und das blonde Haar der Germanen – alle diese Merkmale seien noch stärker ausgeprägt als bei den Kelten –, und Plutarch (Marius 11) ordnete die Cimbern wegen ihrer hohen Gestalt und blauen Augen den Germanen zu. Das Skelettmaterial und die Moorfunde zeigen aber, daß keineswegs alle Germanen hochgewachsen waren, sondern oft nur eine mittlere Größe erreichten. Ebenso werden nicht alle Bewohner Germaniens blaue Augen und rotblonde Haare besessen haben. Freilich besteht kein Zweifel, daß die Germanen einen anderen anthropologischen Rassentyp darstellten als die Römer oder andere barbarische Stämme, mit denen Rom in Verbindung kam. Wenn Tacitus aber behauptete, die Germanen seien reinrassig, so trifft das nicht zu. Jedenfalls gehörten sie keineswegs nur einer der von der Anthropologie herausgearbeiteten Rassentypen an, wenn auch die Merkmale der nordeuropiden (atlanto-baltischen) Rasse überwogen. Eine weitere Unterteilung in nordische, fälische usw. Unterrassen ist jedoch bereits sehr problematisch. Schon was wir über die Ethnogenese der germanischen Stämme (S. 18 ff.) sagten, läßt auf sehr verschiedenen rassischen Anteil und eine starke Verflechtung verschiedener Rassentypen schließen.

Die in Schleswig-Holstein und Jütland gefundenen Moorleichen und die antiken Darstellungen ermöglichen uns, den Germanen noch zwei Jahrtausende später förmlich ins Auge sehen zu können. Auf Reliefs römischer Siegessäulen, auf Silberbechern, Gemmen und Grabsteinen oder als kleine Bronzeplastiken treten uns Germanen – meist als Unterworfene Roms – entgegen. Am aussagereichsten dürfte jener Fries sein, der sich zwanzigmal spiralig um die Markussäule in Rom zieht und vom Geschehen der Markomannenkriege (166–180) berichtet. Diese wie auch die Reliefs von der Trajanssäule in Rom sind von hohem kulturhistorischem Wert (Bild 1 und 25).

Keineswegs wurde immer der »Idealtyp« eines hochgewachsenen Menschen mit langschädeligem und schmalgesichtigem Kopf gezeigt. Zwei aus der Trierer Gegend stammende Sandsteinplastiken zeigen Germanen mit breitem Gesicht und breitwurzeliger Nase. Oder eine Tonbüste unbekannter Herkunft führt uns einen Germanen – wenn der Haarknoten diesen Schluß gestattet – mit tiefliegenden Augen und einer sattelförmig gebogenen, stumpfen Nase vor Augen. Nicht zu übersehen ist jedoch, daß der vorherrschende

Typ der nordeuropide war, der sich sehr gut vom mediterranen Typ des Südländers abhob.

Es war aber nicht nur die körperliche Gestalt, die Römer und Germanen unterschied, sondern auch die Haartracht und vor allem die Bekleidung. Moorleichen, römische Darstellungen und einheimische Plastiken zeigen uns immer wieder ein Merkmal des germanischen Mannes, den auf der rechten Kopfseite getragenen Haarknoten (Bild 27). Er scheint aber auch bei anderen barbarischen Stämmen getragen worden zu sein. Da Tacitus über diese Sitte vor allem von den suebischen Stämmen berichtet (Germania 38), nennt man ihn auch gern den »suebischen Haarknoten«. Das Haar wurde hierzu sauber von der linken Seite her gekämmt und gerafft über der rechten Schläfe regelrecht geknotet, wobei dann ein kleiner Haarschopf herunterhing, während auf der linken Seite ein gerader Scheitel gezogen war. Mitunter band man das Haar auch in der Mitte nach rückwärts, wobei nur der Haarschopf ähnlich dem heute gern von jungen Mädchen getragenen »Pferdeschwanz« herunterhing. Diese Haartracht wurde damals aber anscheinend vor allem von alten Männern getragen. Daneben gibt es auch Darstellungen, die das Haupthaar gleichmäßig bis auf die Schulter fallend zeigen. Vielleicht mag auch das kurzgeschnittene römische Haar bei Germanen, die länger im Römischen Reich lebten, Mode geworden sein.

Neben dem Knoten ist es der Bart, der den germanischen Mann auszeichnete und ihn von den meist bartlosen Römern unterschied, dagegen weniger von anderen barbarischen Völkern. Den Darstellungen nach wurde der mehr oder weniger lange, sauber geschnittene, spitze Kinnbart oder ein Vollbart, seltener ein ausgeprägter Backenbart getragen. Eine Holzfigur aus einem seeländischen Moor (aus der Zeit um 500) zeigt sehr realistisch einen schnauzbärtigen Germanen (Bild 71). Haar und Bart galten bei den Germanen wie bei zahlreichen anderen Völkern auf ähnlicher Kulturstufe als Symbol der Kraft und Manneswürde. Das völlige Abschneiden des Haupthaares geschah deshalb auch als Sühne für eine ehrenrührige Tat und war damit zugleich ein Opfer an die durch die Tat beleidigte Gottheit. Auch Frauen wurden in dieser Weise bestraft; so hatte man einem jungen Mädchen den gesamten Kopf geschoren, bevor man es im todbringenden Moor von Windeby der Gottheit überließ (S. 213 und Bild 30). Die Sitte des Haaropfers hat sich ja bis in die Religionen der Klassengesellschaft erhalten, wo ordinierte Mönche und Nonnen ihr Haar opfern mußten. So ist es verständlich, daß man sich die Götter auch mit wallendem Haar und mächtigem Bart vorstellte.

Im beginnenden Feudalismus pflegten Könige und Adel ganz besonders ihr Haar, um sich mit diesem Schmuck von den übrigen Freien und erst recht den Unfreien abzuheben. Wenn in späteren Zeiten die Natur dem gereiften Mann den vollen Haarwuchs versagte, mußte die Perücke die »Würde« des Mannes sichern. Bei den Haaren der Könige und Götter wurden auch Eide geschworen; eigenartigerweise hat sich bei uns mehr die Floskel »beim Barte des Propheten« erhalten.

Haupthaar und Bart wurden mit Rasiermessern und Kämmen gepflegt – Utensilien, die wir mindestens seit der Bronzezeit kennen. Auch sie waren nicht einfach profane Toilettengeräte, sondern besaßen nach der Vorstellung der Germanen sogar eine magische Kraft; denn man schmückte die Kämme seit alters her mit Sinnbildern, sogar Runen. In der Bronzezeit hatte man dies auch mit den Rasiermessern getan, während die eisernen Messer der germanischen Zeit derartige Motive – vielleicht wegen des schlechten Erhaltungszustandes – nicht mehr aufweisen. Kämme galten als Schutz vor Gefahren und bösen Geistern und wurden deswegen in einem Futteral stets mitgeführt. Diese schicksalbeschwörende Bedeutung hat der Kamm noch in unseren Märchen (z. B. Schneewittchen) und sogar in der christlichen Votivkunst behalten (vgl. Grabstein von Niederdollendorf, S. 178 und Bild 46).

Besonders reich gestaltet wurden Kamm und Rasiermesser in der Völkerwanderungs- und Merowingerzeit, aus der wir ein- und zweireihige Kämme sowie feststehende und klappbare Rasiermesser kennen. Welche Bedeutung der Herstellung der Kämme beigemessen wurde, zeigt sich nicht nur in der sauberen Arbeit und der reichen ornamentalen Verzierung, sondern auch in der recht früh erkennbaren Spezialisierung zu einem regelrechten Handwerk, wie dies der Fund einer Kammacherwerkstatt von Großjena im Kreise Naumburg beweist.

Die Haartracht der germanischen Frau war auffallend einheitlich. Von einem Mittelscheitel ausgehend, floß das gelöste Haar schlicht oder in weichen Locken auf die Schultern herab. Oft hat ein Band allzu üppiges Haar gehalten. Die florentinische sogenannte »Thusnelda« (Bild 26) und eine ähnlich anmutige Frauenbüste in der Leningrader Eremitage zeigen uns am eindrucksvollsten die Haartracht der germanischen Frau und lassen verständlich erscheinen, daß die Römer auf germanisches Frauenhaar so großen Wert legten.

Den Römern imponierte auch gerade das rote Haar der Germanen und Gallier, so daß sie gern die von diesen hergestellten Tinkturen zum Rotfärben ihrer eigenen Haare benutzten, vor allem wenn sie langsam ergrauten. So schreibt der römische Dichter Martial (Epigrammaton 14):

»Chattischer Schaum färbt das Haar der Teutonen zu leuchtender Röte. Schöner Schmuck noch verleiht dir der Gefangenen Haar.«

Denn die Germanen haben tatsächlich ihrem von Natur schon ins Rötlichblonde gehenden Haar durch Bleichen nachgeholfen bzw. es regelrecht gefärbt. Dies geschah nicht allein aus einem Schönheitssinn, sondern hatte einen sozial-geschichtlichen Aspekt, der mit der stärkeren gesellschaftlichen Differenzierung immer mehr an Bedeutung gewann. Das zeigt sich auch darin, daß weniger die Frauen als vielmehr die Männer ihr Haar färbten; so berichtet es Plinius. Sie wollten damit ihre bevorzugte Stellung in der Gesellschaft sichtbar zur Schau tragen. Wenn in den nordischen Sagen von den »blonden« Edlen und den »schwarzen« Unfreien gesprochen wird, so beruht das allein auf Standes- bzw. Klassenbewußtsein, und erst spätere Generationen haben daraus germanischen Rassenstolz und -schönheit konstruieren wollen.

Blondierungsmittel gab es genügend. Zum Bleichen reichte oft kalkreiches Wasser aus. So heißt es in der Edda, daß Brunhild und Gudrun zum Wasser gingen, um ihr Haar zu bleichen. Schon von den Alemannen des 4. Jh. erzählt Ammianus Marcellinus, daß sie vor dem Kampf ihr Haar färbten. Damit mag auch eine Ehrenbezeigung gegenüber der Gottheit zum Ausdruck gebracht worden sein. Jedenfalls besaßen die Germanen in diesem Zweig der Kosmetik einige Erfahrungen, so daß die Römer, wie gesagt, blondes Haar sehr schätzten und germanische Rezepturen dafür benutzten.

Körperbemalungen oder Tätowierungen scheinen bei den Germanen nicht üblich gewesen zu sein, denn anderenfalls hätten die antiken Schriftsteller sicherlich darüber berichtet. Nur Tacitus (Germania 43) erwähnt einmal von den im Osten lebenden Hariern – die vielleicht gar keine Germanen waren –, daß sie ihre Körper bemalten und damit ihre schreckeneinflößende Wildheit noch steigerten. Ob spitze Nadeln, am Gürtel getragen und aus burgundischen Gräbern bekannt, zum Tätowieren benutzt wurden, muß dahingestellt bleiben.

Zu einem eigenartigen Schönheitsempfinden fanden Germanen im 5. Jh. unter dem Einfluß der Hunnen, indem sie künstlich den Schädel deformierten. Bereits im Säuglingsalter wurde der Kopf über Stirn und Hinterhaupt hinweg mit einer Binde fest umschnürt, so daß sich ein Turmschädel entwickelte (Bild 28). Soweit anthropologische Untersuchungen vorliegen, ist diese Sitte fast ausnahmslos bei Frauen üblich gewesen und erinnert uns in gewissem Maße an die altchinesische Sitte der künstlichen Verkrüppelung der Füße. Die Schädeldeformierung ist uns außer bei den mittelasiatischen Steppenvölkern auch durch andere völkerkundliche Beispiele bekannt.

Im germanischen Bereich »verschönten« vor allem langobardische, thüringische und burgundische Frauen in dieser Weise ihren Kopf. Die Grabausstattung verrät, daß sie meist Angehörige des Adels waren, aber mitunter auch aus der einfachen Bevölkerung stammten. Nur bei den Gepiden scheint diese Sitte auch bei Männern vertreten gewesen zu sein. Bei anderen germanischen Stämmen kam sie nur vereinzelt vor; vielleicht waren es eingeheiratete Frauen aus den genannten Stämmen, die zum Hunnenreich auch sonst enge Beziehungen unterhielten. Als das Reich der Hunnen auseinanderfiel, verlor sich diese Sitte bei den Germanen recht bald.

In der Kleidung unterschied sich der germanische Mann ganz wesentlich vom Römer. Spätestens seit Beginn der römischen Zeit ist er mit der verhältnismäßig eng anliegenden, meist langen Hose bekleidet (Bild 32). Sie besaß einen interessanten, von unseren Hosen abweichenden Schnitt. Jedes Hosenbein bildete ein Stoffstück, das an der Innenseite zusammengenäht war; am Gesäß und vorn hatte man entsprechende Tuchstücke eingesetzt. Unterhalb des Knies wurde die Hose geschnürt. Hier endete auch die kurze Hose. Die lange Hose dagegen besaß noch angenähte Füßlinge, während es Strümpfe

Trageweise des germanischen Mantels (nach Schlabow)

anscheinend nicht gegeben hat. Die Hose wurde durch einen Gürtel gehalten.

Der Germane wird in den antiken Bildern oft nur mit der Hose, also mit
entblößtem Oberkörper, dargestellt. Das findet seine Ursache darin, daß sich
der Germane im Kampf gern der Oberbekleidung entledigte und so auch in
Gefangenschaft geriet. Diese Kampfsitte fiel dem schwer bewaffneten und
gepanzerten Römer besonders auf. Zur Kleidung gehörte aber sonst ein
Kittel in Hemdform, der bis auf die Oberschenkel reichte. Die angesetzten
Ärmel bedeckten teils den gesamten Arm, teils nur den Oberarm.

Eine besondere Rolle spielte beim germanischen Mann der Mantel. Man
sollte dieses Kleidungsstück vielleicht besser als Cape bezeichnen, Tacitus
nennt es »sagum«, was soviel wie Umhang bedeutet. Das rechteckige Tuch
wurde über die Schulter geworfen und vorn an der rechten Schulter mit einer
Fibel zusammengehalten. Beide Arme konnten sich frei bewegen, anderseits
war es leicht, bei Kälte oder Regen den Umhang mit den Händen vorn zu-
sammenzuhalten. Dieses Kleidungsstück wurde mit besonderer Liebe gewebt, wobei man gern an den Kanten bunte Querstreifen einwebte und das
Tuch nach unten zu in langen Fransen enden ließ.

Einer der prachtvollsten Mäntel ist uns im Moorfund von Thorsberg, Kreis
Schleswig, erhalten geblieben. Dieser bereits 1859 aus dem Moor geborgene
Mantel war ein aus Schafwolle gewebtes quadratisches Tuch von etwa 170 cm
Seitenlänge, leuchtend blau mit hellen Zierkanten und langen Fransen. Auch
webtechnisch bildet der Mantel eine hochstehende Leistung, weil zwei verschiedene Webarten – Köperbindung für das eigentliche Tuch und Brett-
chenwebetechnik für die Kanten – in einem einheitlichen Arbeitsvorgang
angewandt worden sind. Infrarotaufnahmen ließen erkennen, daß der Stoff
nicht einheitlich blau gewesen, sondern durch Benutzung verschiedener
Farbtöne zu einem karierten Muster gewebt worden war. Daß diesen Mantel
eine hochgestellte Persönlichkeit getragen hat, dürfte die errechnete Arbeits-

zeit von einem ganzen Jahr für zwei Weberinnen beweisen. Das Blau tritt bei mehreren Mänteln auf und scheint die soziale Stellung des Trägers hervorgehoben zu haben. So erscheint auch Odin in den späteren germanischen Sagen gern mit einem blauen Mantel bekleidet.

Diesem aus dem 3. Jh. stammenden Mantel gesellt sich ein weiterer Prachtmantel des 4. Jh. aus dem Vehnemoor in Oldenburg/BRD hinzu, der, diesmal in Beige-Farbe mit braunen Randstreifen und in der gleichen Webetechnik geschaffen, gleichfalls von einer ausgezeichneten Leistung und hohem ästhetischem Empfinden kündet. Auch die Darstellungen auf den römischen Denkmälern betonen immer wieder die reizvoll gewebten Ränder des germanischen Umhanges.

Ebenso zeigen sie uns die Germanen fast immer barhäuptig; nur einige Personen tragen eine konische Mütze. Mögen sie im Sommer tatsächlich meist ohne Kopfbedeckung gegangen sein, so trugen sie im Winter wohl eine ähnliche Kopfbedeckung, wie sie uns bereits aus bronzezeitlichen Baumsärgen bekannt ist, nämlich eine aus Filz hergestellte Kappe. Der Mann aus dem Tollund-Moor (Bild 29 und Kapitelvignette) trug eine Lederkappe auf dem Kopf, die mit einer Lederschnur unter dem Kinn zusammengebunden war.

Als Fußbekleidung diente Männern und Frauen in der Hauptsache ein Bundschuh, der aus einem Lederstück geschnitten war und dann mit Riemen, die durch die Oberkanten des Leders gezogen waren, an den Fuß gebunden wurde. Er brauchte nur noch an der Ferse genäht zu werden. Das Oberteil war mit eingeschnittenem Muster geschmackvoll verziert. Es wurden aber nicht nur Bundschuhe, sondern auch niedrige Schaftstiefel getragen. So konnte aus dem Großen Moor bei Hunteburg/BRD ein Fuß geborgen werden, der noch einen Stiefel aus Rindleder trug. Der etwa 25 cm hohe Schaft war aus mehreren Teilen mit Flachsfäden zusammengenäht, die flache Sohle bestand aus 4 bis 5 mm starkem Leder.

Wir wissen nicht, was die Germanen an Unterwäsche getragen haben, da sich Leinen in den Mooren nicht erhält. Man muß aber auch hier analog den Wolltuchen mit einem hohen Können in der Leinenherstellung und der Schneiderkunst rechnen.

Im kalten Winter reichte die bisher beschriebene Bekleidung nicht aus. Männer wie Frauen haben dazu noch Pelzbekleidung angelegt. Die Unter-

Formen des germanischen Schuhes

118

suchungen der Moorleichen – und bereits der bronzezeitlichen Baumsarg-
funde – zeigen uns überzeugend, daß man lange schon nicht mehr Felle trug,
sondern sie bereits regelrecht gerbte und aus mehreren Teilen zu Kleidungsstücken zusammennähte. Es waren also Pelze, Produkte eines Kürschner-
handwerks. Bevorzugt verarbeitete man Felle von Schaf und Reh. Auffallenderweise scheint man sehr selten Edelpelze benutzt zu haben, obwohl entsprechende Tiere im germanischen Gebiet lebten (Hermelin, Iltis, Fuchs,
Biber u. a.). Vielleicht ist dies auch nur eine Forschungslücke, da es sich bei
den Moorleichen vielfach um aus der Gesellschaft Ausgestoßene gehandelt
hat, denen man keinesfalls wertvolle Pelzbekleidung mitgegeben hat. Tacitus
(Germania 17) weiß zu berichten, daß die Pelzkleidung sorgfältiger wird, je
mehr man sich dem Inneren Germaniens zuwendet. Außerdem verziere man
dort die Kleidung mit Pelzstücken von Tieren, die der ferne Ozean liefere.
Pelze wurden als Schulterkragen oder Schulterumhang, der bis zu den Hüften
reichte, getragen. Nach dem Schnitt zu urteilen, konnten sie mitunter auch
wechselseitig – je nach Witterung – angelegt werden. Aus einem dänischen
Moor wurde ein mit Lammfell gefütterter Schuh geborgen.

Wie kleidete sich sonst die germanische Frau? Auf den römischen Denkmälern, auf denen die germanischen Frauen, gemeinsam mit ihren Männern
den Weg in die Gefangenschaft antretend, dargestellt sind, tragen sie ein
ärmelloses, bis zu den Füßen reichendes hemdartiges Gewand, das auf den
Schultern mit Fibeln zusammengehalten wurde. Durch je einen Gürtel unter
der Brust und um die Hüften herum konnte das Gewand reich gebauscht
werden. Unter diesem Gewand trug die Frau dann eine Ärmeljacke. Tacitus
erwähnt noch leinene Überwürfe mit roten Verzierungen.

Ein junges Mädchen aus dem Ruchmoor von Damendorf, Kreis Eckern-
förde/BRD, trug ein nur 30 cm kurzes Röckchen. Da der Saumumfang dafür
die stattliche Länge von 165 cm betrug, muß es vielfach gefaltet worden sein
und insgesamt einen wippenden »Minirock« abgegeben haben. Schlaufen am
oberen Rand lassen auf eine Tragweise mit Schulterbändern schließen. Über
die Schultern hatte das etwa 14jährige Mädchen einen dieser genannten Pelz-
umhänge geworfen, der aus Rehfellen durch Zwischensetzen von Lederstrei-
fen zusammengeschneidert war.

Sicherlich unterlag die Bekleidung im Laufe der Jahrhunderte gewissen
Veränderungen und Modeerscheinungen. Alles, was wir hier geschildert
haben, beruht auf den archäologischen Funden und den Bilddenkmälern
hauptsächlich der römischen Zeit. Aus den jüngeren Perioden – vor allem aus
der Völkerwanderungszeit – besitzen wir leider weniger Quellen zur
Kleidung, als man vermuten möchte. In der Hauptsache ist es nur Zubehör
wie Knöpfe, Gürtel, Schmuck, Fibeln und in einigen Fällen auch Textilreste,
die uns aber in ihrer Kleinheit nur die Webetechnik und nicht die Form und
den Schnitt des gesamten Gewandes zeigen. Grundlegend scheint sich allerdings weder die männliche noch die weibliche Kleidung gewandelt zu haben,
wenn auch die wachsende soziale Differenzierung im Übergang zur frühfeuda-

len Gesellschaft ihren Niederschlag in Kleidung, Schmuck und Bewaffnung gefunden hat.

Das Schuhwerk dürfte in der Völkerwanderungszeit fester geworden sein, worauf metallene Schuhschnallengarnituren hinweisen, die sich im Stil und Material der Gürtelgarnitur des Trägers anpaßten. Auch die kräftigen Bügelsporen verlangten feste Schuhe. Die Schnallen und Beschläge waren aus Eisen, Bronze oder Silber gefertigt, mitunter sogar vergoldet und oft reich verziert. Leider sind Lederreste von völkerwanderungszeitlichen Schuhen nicht genügend erhalten geblieben, um uns den genauen Schnitt der Schuhe zu verraten. Schuhreste aus dem alemannischen Gräberfeld Oberflacht zeigen noch die leichte Sandalenform.

Befunde aus alemannischen Gräbern lassen erkennen, daß die Frau ihr Bein mit Wadenbinden schmückte. Nach der Lage und Zahl der quadratischen Riemenkreuzbeschläge und Riemenzungen muß das Band – aus Stoff oder Leder – um den Knöchel und unterhalb des Knies verschnallt worden sein. Da nur die Garnitur am Knöchel besonders verziert war, dürfte die Frau immer noch den langen Rock getragen haben, der beim Schreiten dann die geschmückte Fessel erkennen ließ.

Wir haben bisher nur über die eigentliche Kleidung gesprochen, also über die aus Stoffen geschneiderten Stücke, nicht aber über das Zubehör. Hiervon sind in erster Linie die Fibeln zu nennen, die stets zur Kleidung getragen wurden. Die Fibel verrät uns wie kaum ein anderes Stück den wechselnden Geschmack der Germanen. Allem Anschein nach haben Männer und Frauen jeweils Fibeln der gleichen Art und des gleichen Geschmacks getragen. Die Zahl der Fibeln ist im allgemeinen geschlechtlich unterschieden und richtete sich nach der Art des Gewandes; vielleicht hat man auch Fibeln zusätzlich als Schmuck an das Gewand geheftet.

Bei den Germanen der vorrömischen Zeit war anstelle der Fibel für einige Zeit die Nadel getreten, nachdem ihre spätbronzezeitlichen Vorfahren derartig »barocke« Fibeln getragen hatten, die eine Weiterentwicklung kaum zuließen. Unter keltischem Einfluß trat in der 2. Hälfte des 1. Jahrtausends v. u. Z. wieder die Fibel auf, die auch in den Formen ihren keltischen Einfluß nicht leugnen kann (Bild 54). Aus den einfachen Fibeln der Spätlatènezeit entwickelten sich dann zu Beginn unserer Zeitrechnung die verschiedensten Fibelformen (S. 234).

Ein weiteres Zubehör zur Tracht war bei Mann und Frau der Gürtel, der in der Mehrzahl wohl aus Leder, vielleicht aber auch mitunter aus Stoff gefertigt war. Bis auf einige Reste haben sich sonst nur der Verschluß, das metallene Riemenende und andere Beschlagteile erhalten. In der vorrömischen Zeit wurde der Gürtel durch einen zungenförmigen Haken geschlossen, der in einen Ring am anderen Ende des Gürtels eingehakt wurde (Bild 54). Im Gebiet der mittleren Elbe trug man Gürtel, die mit reichem bronzenem Zierat beschlagen waren und Schmuckgehänge trugen. Ein derartiger Gürtel hat übrigens den Weg zum keltischen Oppidum von Manching bei Ingolstadt/

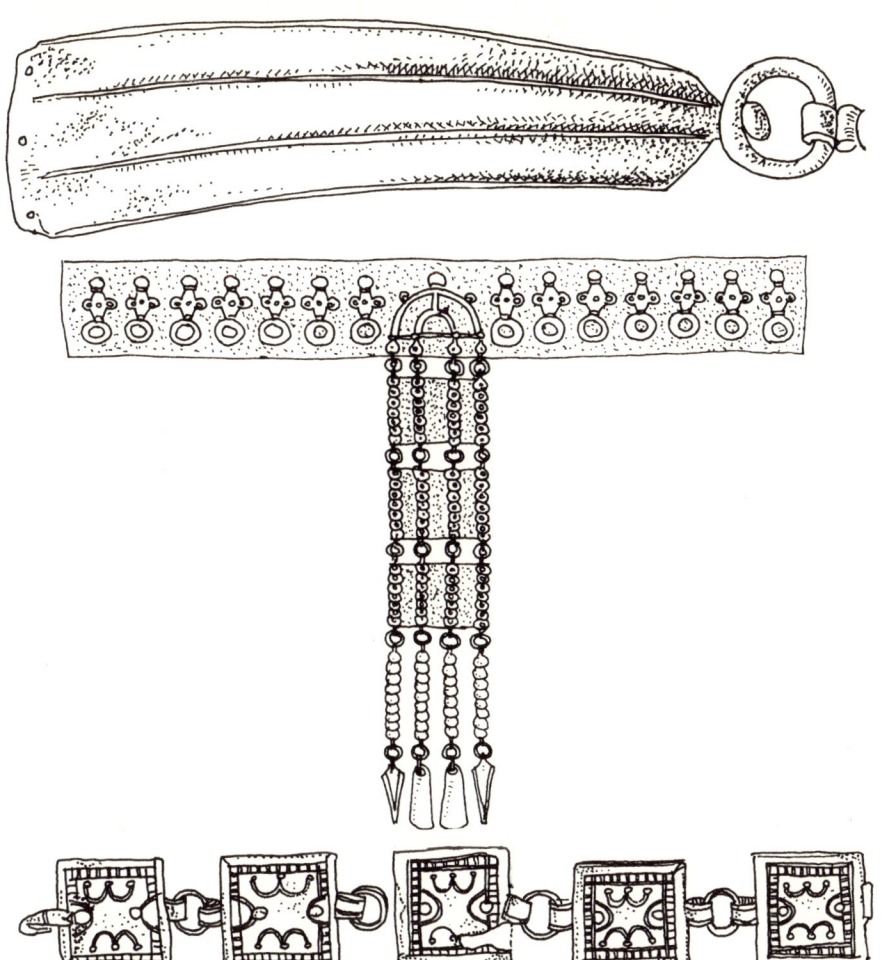

Gürtelschmuck aus vorrömischer Zeit

BRD gefunden. Im 1. Jh. v. u. Z. trugen die Germanen im Gebiet von Schleswig-Holstein Metallgürtel, aus quadratischen Bronzeplatten bestehend, die durch Ringe miteinander verbunden waren. Die einzelnen Platten hatte der Handwerker mit den verschiedensten Mustern verziert.

Mit Beginn unserer Zeitrechnung wurde der Gürtel mit einer Schnalle geschlossen, die aus einem einfachen runden, ovalen oder rechteckigen Schnallenrahmen mit einem Dorn bestand. Als man an diesem Rahmen Beschläge anbrachte, bot sich hier vielfältige Möglichkeit für eine schmuckvolle Gestaltung. Besonders früh begannen damit die Markomannen, indem sie kunstvoll durchbrochene Bronzebleche auf den Ledergürtel nieteten und dem Schnallenrahmen elegant geschwungene Formen gaben. Diese in Böhmen hergestellten Stücke fanden auch bei anderen germanischen Stämmen Anklang. Seit dem 4. und 5. Jh. kann man an den nun immer häufiger auftreten-

Gürtel aus alemannischen Gräbern und Gürtel-
schnallen aus römischer Zeit

den Gürtelbeschlägen besonders schön die kunsthandwerkliche Entwicklung bei den Germanen verfolgen (Bild 9 und III).

Der Gürtel diente nicht allein zum Zusammenhalten der Kleidung oder als Schmuck, sondern auch zum Anhängen von notwendigen Utensilien und Waffen. Danach richtete sich die Breite des Gürtels. So wurde seit dem 7. Jh. der bislang oft nur 1,5 cm breite Gürtel durch einen solchen bis zu 8 cm Breite ersetzt, weil es nun Sitte wurde, das schwere eiserne Hiebschwert, den Sax, am Gürtel aufzuhängen. Die Frau trug am Gürtel gern eine Leder- oder Stofftasche, in der Kamm, Schlüssel oder Schmuck aufbewahrt wurden, während die dem Mann mit ins Grab gegebene Tasche kleine Werkzeuge wie Messer, Stichel oder Pfriem enthielt; oft fanden sich in den Taschen auch nur einzelne Perlen, Glas- und Bronzestücke, die möglicherweise eine kultische Bedeutung besaßen. Zur vollständigen Ausrüstung des Mannes gehörte neben Kamm und Rasiermesser noch das »Feuerzeug«, bestehend aus Feuerstahl, Feuerstein und Zunder.

Der Gürtel hatte aber noch eine weitere Funktion, die mit germanischen Glaubensvorstellungen zusammenhing, auf die auch Einflüsse aus der Welt der osteuropäisch-mittelasiatischen Reiternomaden (Hunnen, später Awaren) eingewirkt haben dürften. Der Gürtel war ein Symbol der Kraft, die nicht allein durch das mit dem Gürtel erfolgende Anlegen der Waffe erreicht wurde, sondern schon durch den Vorgang des Gürtens selbst, das dem magischen Knoten eines (Schicksal-)Bandes entsprach (vgl. Merseburger Zaubersprüche, S. 202). In der Zeit der späten Urgesellschaft und des beginnenden Feudalismus bildete der Gürtel damit auch das Zeichen der Macht und der Herrschaft. So haben die auffallend reichen Gürtelgarnituren der Völkerwanderungs- und Merowingerzeit letztlich soziale Ursachen, da sich in ihnen die gesellschaftliche Stellung ihrer Träger dokumentierte. Je mehr Gold und Silber der Gürtel trug und je herrlicher und inhaltsreicher die Muster und Darstellungen auf ihm waren, um so höher stand der so Gegürtete in der gesellschaftlichen Pyramide seines Volkes. Der Gott Thor verdoppelte seine göttliche Kraft, wenn er sich gürtete, Brunhild wurde nach Anlegen des Kampfgürtels unbesiegbar, und in zahlreichen Märchen spielen mit einem Zauber verbundene Gürtel eine wichtige Rolle.

Die germanische Frau, aber auch der Mann hatten weiterhin die Möglichkeit, entsprechend der Mode der Zeit und ihrer gesellschaftlichen Stellung, Arme, Finger, Hals oder Ohren mit Ringen zu schmücken, Perlenketten oder Anhänger zu tragen und Nadeln und Broschen anzulegen. In je jüngere Zeiten der germanischen Kulturgeschichte wir blicken, eine um so größere Bedeutung wurde dem schmückenden Beiwerk zugemessen. Nicht ohne Einfluß blieb das römische Vorbild. Aber mit Ausnahme einiger römischer Fibeln oder Anhänger aus römischen Münzen trugen Mann und Frau weiterhin Schmuck aus einheimischer Produktion. Diese erreichte im Laufe der Jahrhunderte eine derartige Entwicklungshöhe, daß die Germanen auf fremden Schmuck nicht angewiesen waren. Edelmetalle wie Gold und Silber, Einlagen von Edelsteinen, Glas oder Email trugen zur Werterhöhung des Schmuckes bei, der dadurch auch immer mehr zum Gradmesser der gesellschaftlichen Stellung seines Trägers wurde.

Zum freien Germanen gehörte selbstverständlich auch das Tragen der Waffe. Tacitus (Germania 13) weiß zu berichten, daß die Germanen in öffentlichen und persönlichen Angelegenheiten immer mit Waffen erschienen, soweit sie wehrfähig waren. Dem herangewachsenen Jüngling wurden in öffentlicher Versammlung Schild und Speer als Zeichen der erreichten Wehrfähigkeit feierlich überreicht. Durch die Art der Bewaffnung unterschieden sich die verschiedenen sozialen Schichten, besonders in den späteren Jahrhunderten mit starker sozialer Differenzierung.

Bewaffnung und Kriegswesen

Eiserne Schwerter, hölzerne Schilde und silberne Sporen – Römisches Söldnerheer gegen germanisches Volksheer – Waffen des Adels – Von der Lanze zur Fahne – Spatha, Sax und Franziska – Vergoldete Helme und eiserne Panzer – Reiterei ohne Sattel

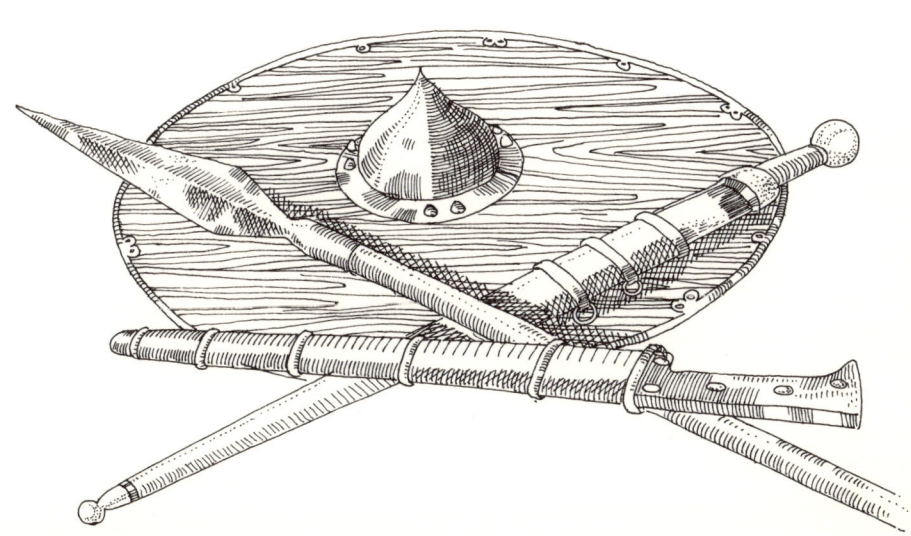

*»Insgesamt liegt die größere Stärke beim Fußvolk.
Deswegen kämpfen sie im gemischten Verband,
indem die Fußtruppen sich den schnellen Bewegungen
des Reiterkampfes anpassen und ihnen entsprechen.«*

Tacitus, Germania 6

Der Germane als Krieger fand beim Römer ein ganz besonderes Interesse, da Rom ja immer wieder in Kämpfe mit den Germanen verwickelt wurde. Die römischen Legionen bekamen die germanischen Heere öfter zu spüren, konnten aber auch sehr wohl ihre eigene militärische Überlegenheit erkennen. So schwankt das »Feindbild« zwischen Darstellungen, die Schrecken und Furcht hervorrufen sollen, und solchen, aus denen die Überheblichkeit des Römers als des Beherrschers großer Teile der Alten Welt spricht.

Während wir die Nachrichten über die Bewaffnung der Germanen ausreichend durch archäologische Funde kontrollieren können, sind wir in Fragen der Kampfesweise und Taktik allein auf die historischen Schilderungen angewiesen. Auch die Verteilung der verschiedenen Waffenarten auf den einzelnen Krieger bleibt unsicher, da die Beigabe von Waffen für den Toten den jeweiligen Grabsitten bzw. gesellschaftlichen Gepflogenheiten entsprach und nicht immer die gesamte Waffenausrüstung eines Mannes zu Lebzeiten zu umfassen brauchte; es gab germanische Stämme, bei denen dem Toten überhaupt keine Waffen mitgegeben wurden.

Betrachten wir zunächst die Waffenausrüstung in der vorrömischen und römischen Zeit! Zu Fuß kämpfende Krieger unterschieden sich in der Bewaffnung kaum von den Reitern. Das ist auf die mehrfach überlieferte Kampftaktik der Germanen zurückzuführen, nach der die entscheidende Kampfkraft beim Fußvolk lag. Ausgesprochene Reiterangriffe kannte der Germane nicht, sondern Berittene und Unberittene kämpften gemeinsam. Cäsar berichtet, daß sich jeweils ein Reiter und ein Fußsoldat gegenseitig deckten. »Wenn einer schwer verwundet vom Pferde gesunken war, stellten sie (die Fußkämpfer) sich als Verteidiger um ihn herum. Wenn es erforderlich war, weiter vorzustoßen oder sich rasch zurückzuziehen, dann zeigten sie dank langer Übung eine solche Schnelligkeit, daß sie, sich an die Mähnen der Pferde klammernd, mit ihnen im Laufen Schritt hielten« (bell. gall. 1). Oder die Reiter sprangen vom Pferd und kämpften zu Fuß, während die Tiere abgerichtet ruhig auf der Stelle stehenblieben (ebd. 4). Unter diesen Kampfbedingungen war es verständlich, wenn Reiter und Fußkämpfer mit gleichen Waffen ausgerüstet waren.

Die häufigste Waffe scheint die Lanze bzw. der Speer gewesen zu sein; hier decken sich wiederum schriftliche Nachrichten und bildliche Darstellungen auf römischen Denkmälern mit den Ergebnissen der Archäologie, nach denen die Lanze gegenüber dem Schwert dreimal so häufig auftritt.[1] Sogar die germanische Bezeichnung für diese Waffe, Framea, ist uns durch Tacitus überliefert. Sie wurde gleicherweise als Wurf- und Stoßwaffe benutzt. Die kleineren Speere dagegen dienten allein als Wurfgeschosse, weswegen der Krieger jeweils mehrere davon besaß. Für den Nahkampf wurde die kräftige Lanze – oder das Schwert – verwandt. Im 1. Jh. v. u. Z. ist ein Einfluß der waffentechnisch fortgeschritteneren Kelten spürbar. So werden die eisernen Lanzenblätter häufig geschlängelt geformt oder mit gefährlichen Ausschnitten versehen, um größere Wunden zu reißen. In dieser Zeit hat man gern das Blatt durch Punzen oder Ätzen verziert, um dieser Waffe ein »gefälligeres« Aussehen zu geben.

An Schwertern benutzte der Germane sowohl das einschneidige Kurz- als auch das zweischneidige Langschwert. Es gehörte aber nicht zur Ausstattung jedes einzelnen Kriegers; viele waren nur mit Lanze und Schild bewaffnet. Die Länge beider Schwertformen wechselte im Laufe der Jahrhunderte, was teils eine Modeerscheinung war, in der Hauptsache aber auf eine Anpassung an die Waffentechnik des Gegners zurückzuführen ist. So wurden die zweischneidigen Schwerter im Laufe der letzten Jahrhunderte vor unserer Zeitrechnung immer länger, bis sie schließlich Längen von 90 bis 100 cm, z. T. bis 110 cm erreichten und damit dem keltischen Schwert ebenbürtig waren. Um im Kampf mit dem römischen Legionär zu bestehen, wurde das germanische Schwert wieder kürzer geschmiedet (nur 60–65 cm, z. T. unter 50 cm lang); ein zu langes Schwert wäre im Handgemenge hinderlich gewesen. Seit dem 3. Jh. erforderte die Kampfweise dann wiederum längere Schwerter.

Ähnlich den Lanzenblättern wurde auch die Schwertklinge in Punztechnik oder durch Ätzen verziert. Vereinzelt besaßen die Klingen eingestempelte Werkstatt- oder Eigentumsmarken. Der Krieger trug das Schwert in einer Scheide, die unter keltischem Einfluß aus Eisen-, seltener Bronzeblättern, später aus eisenbeschlagenen Holz- oder Lederblättern bestand und ebenfalls oft verziert war. Die Scheide mit ihren Rundbeschlägen und Ringen ermöglichte es, das Schwert am Gürtel oder am Tragriemen über der Schulter zu tragen. Allem Anschein nach – denn die Brandbestattung läßt es nicht erkennen – wurde das Schwert rechts getragen; die wenigen Darstellungen von Schwertträgern auf römischen Bildwerken scheinen das zu bestätigen. Da das Schwert sehr lose hing, bereitete das Ziehen der Waffe mit der rechten Hand keine Schwierigkeit.

[1] Die Zahlen sind zwar nach einer bereits 50 Jahre zurückliegenden Arbeit angegeben, und die absolute Zahl ist inzwischen erheblich gewachsen, aber der prozentuale Anteil dürfte sich nicht wesentlich verändert haben. So werden für die Zeit von 100 v. u. Z. bis 200 u. Z. aufgeführt: rund 1 400 Lanzen- und Speerspitzen, 500 Schwerter, 600 Reste von Schilden.

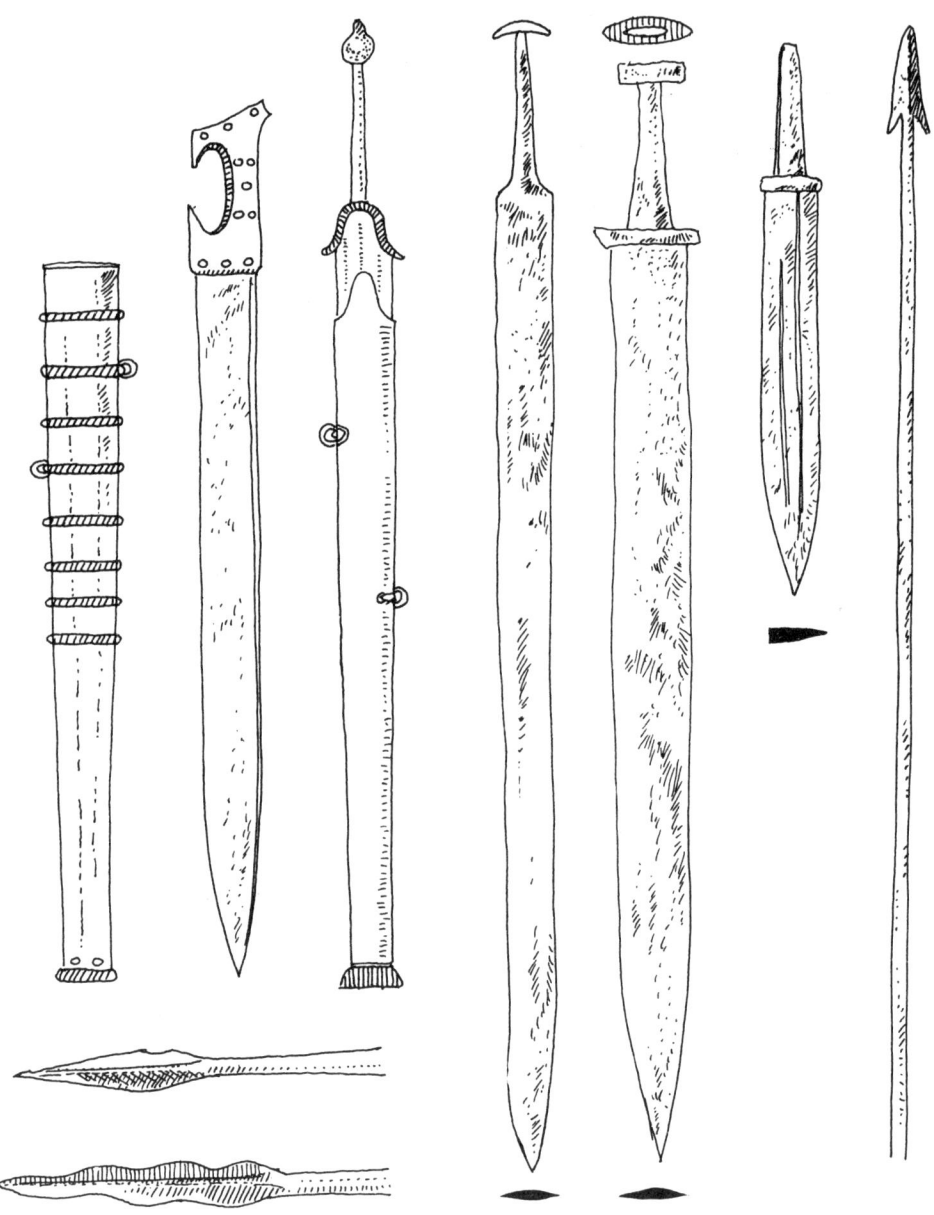

Germanische Waffen der vorrömischen und römischen Zeit (li.) sowie der fränkischen Zeit (Spatha, Sax, Ango)

Zum Schutz gegen feindliche Wurfgeschosse und Schwerthiebe diente der Schild, der aus Holz mit bronzenen oder eisernen Randeinfassungen und einem eisernen Schildbuckel bestand. Der ursprüngliche und eigentliche Sinn des Buckels war der Schutz der Faust und des Handgriffes. Er war mitunter innen durch eine entsprechend geformte geflochtene Haube gefüttert, wie wir eine solche aus dem Moorfund von Thorsberg kennen. Bevor überhaupt der

Buckel aus Eisen geformt wurde, bestand er aus Holz oder Rutengeflecht. So berichtete Tacitus (Annal. 2): »Nicht einmal ihre Schilde seien durch Eisen oder Leder verstärkt, sie beständen nur aus Weidengeflecht oder wären dünne, ungefärbte Bretter.« Daß diese Feststellung damals keinesfalls noch Allgemeingültigkeit besaß, beweisen die archäologischen Funde. Aber der weidengeflochtene oder hölzerne Buckel gab dem ersten eisernen Schildbuckel in der jüngsten vorrömischen Zeit damit seine flachkugelige Form.

Da sich das Holz nur in einigen Moorfunden erhalten hat, kann die Form des Schildes sonst nur nach den Randbeschlägen und antiken Darstellungen erschlossen werden. Es gab runde, ovale und länglich-sechseckige Schilde von 50 cm bis über 1 m Durchmesser – also eine Vielzahl von Formen. Man vermutet, daß die kleineren Schilde von den Reitern, die größeren dagegen von den Fußkämpfern benutzt wurden. Möglicherweise spiegeln sich aber auch Stammesunterschiede in den verschiedensten Formen wider.

Die Konstruktion der Schilde aus einzelnen, z. T. sogar sehr dünnen Brettern und die Art der Zusammenfügung – durch Leim, Randeinfassungen, zusätzliche Verbindungsbeschläge und mitunter durch einen Überzug aus Leder zusammengehalten – lassen erkennen, daß der germanische Schild keinesfalls mit dem großen, schweren römischen Schild zu vergleichen ist. Kräftige Lanzenstöße und wuchtige Schwertschläge hätten ihn zertrümmert. Der germanische Krieger mußte deshalb bemüht sein, Schwerthiebe mit dem eisernen Buckel zu parieren und Lanzenwürfe und -stöße abzulenken. Während sich

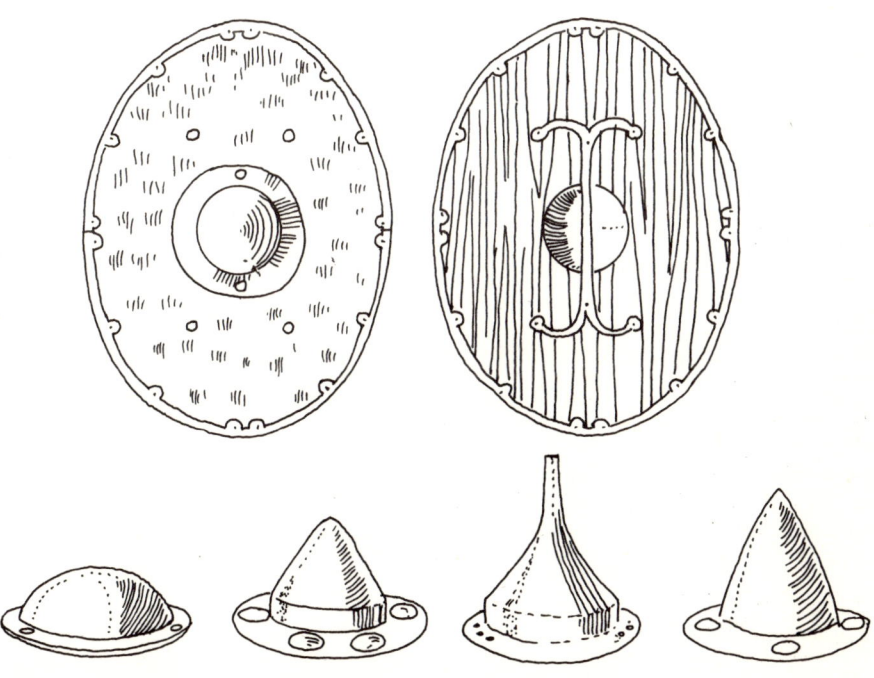

Schild (rekonstruiert nach einem Fund von Mannheim-Feudenheim/BRD) und Schildbuckel

der römische Legionär hinter seinem Schild förmlich verschanzen konnte, mußte der Germane somit seinen Schild ständig in Bewegung halten. Wechselnde Kampftaktik gab zu verschiedenen Buckelformen Anlaß. Besonders mit dem stangenförmigen Buckel konnte man feindliche Schwerthiebe gut parieren. Der Schild diente aber nicht allein zur Abwehr, sondern auch zum Angriff. »Die Bataver begannen die Gegner mit den Schildbuckeln zu stoßen und ihnen nach den Gesichtern zu stechen« (Tacitus, Agricola 36). Auch der bei den Römern sehr erfolgreiche Sturm unter einem Dach von Schilden wurde mitunter von Germanen angewandt.

Großen Wert legte der Germane auf die Bemalung der Schilde, wobei die rote Farbe besonders beliebt war. Tacitus berichtet, daß man sie mit den auserwähltesten Farben bemalte (Germania 6). Vielleicht haben sich die verschiedenen germanischen Stämme in den Farben der Schilde unterschieden.

Andere Schutzwaffen wie Helme und Panzer waren selten. Eine eigene Produktion scheint es nicht gegeben zu haben, obwohl die bronzezeitlichen Vorfahren der Germanen bereits den bronzenen Helm kannten. In der römischen Zeit wurden meist nur erbeutete (oder geschenkte?) Helme und Panzer getragen. Erst seit der jüngeren römischen Zeit und der Erstarkung des Gentiladels finden sich diese Schutz- und Prunkwaffen etwas häufiger, da damit auch das Ansehen des Mannes gehoben wurde (Bild 36). Die Schilderung Plutarchs von der glänzenden Rüstung mit eisernen Panzern und furchterregenden Helmen bereits bei den Cimbern dürfte jedenfalls übertrieben sein.

Die Bogenwaffe spielte bei den Germanen der vorrömischen und frührömischen Zeit keine große Rolle. Die Germanen waren ja auch kein ausgesprochenes Reitervolk wie etwa Skythen oder Sarmaten. Erst seit dem 3. Jh. gewann die Bogenwaffe an Bedeutung. Allein aus dem Opferplatz von Vimose auf der dänischen Insel Fünen wurden 30 Bogen geborgen, deren Enden zum Teil mit Eisen oder Horn verstärkt waren. Die Pfeile trug man in einem Köcher aus Holz und Leder. Ein derartiger kunstvoll aus einem Holz geschnitzter Köcher – ebenfalls von Vimose – bot Platz für 20 Pfeile. Die Pfeilspitzen selbst waren aus Knochen geschnitzt oder aus Eisen geschmiedet. Die Bogenwaffe diente nicht nur als Kampfwaffe, sondern fand bei den jungen germanischen Adligen auch in der sportlichen Betätigung Verwendung. Dafür spricht das Vorkommen silberner Pfeilspitzen in den Adelsgräbern von Leuna (Bild 37).

Zur Ausrüstung des Reiters gehörten die Sporen. Bis in das 2. Jh. v. u. Z. war den Völkern nördlich der Alpen das Reiten mit Sporen unbekannt. Wie den Steppennomadenvölkern genügte den Germanen die Peitsche zum Antreiben des Pferdes. Die Kelten lernten den Sporn aus der griechischen Welt kennen, und von ihnen übernahmen ihn dann im 1. Jh. v. u. Z. die germanischen Reiter. Auch er machte verschiedene Wandlungen durch. Zunächst herrschte nur der Knopfsporn vor, seit dem 1. Jh. u. Z. trat daneben der Platten- (oder Stuhl-) sporn auf, besonders bei west- und elbgermanischen Stämmen. Da die Römer ihre Reiterei überwiegend aus nicht-römischen Hilfstruppen bildeten, kannten sie selbst zunächst auch nicht den Sporn. Erst im 1. Jh. v. u. Z. erschien er im provinzialrömischen Gebiet als Ösensporn, der sich seit dem 3. Jh. auch bei den Germanen durchsetzte. Die Befestigung des Knopf- und Ösensporns erfolgte durch ein Lederband, während der Plattensporn erst auf einen ledernen Spornhalter aufgenietet werden mußte, um ihn dann am Schuh zu befestigen. Vor allem aus der frühen Zeit fand man oft nur ein Sporn in den Gräbern, so daß anzunehmen ist, daß auch nur mit einem Sporn geritten wurde. Je nach dem gesellschaftlichen Rang des Besitzers wählte man das Material. Adlige Persönlichkeiten trugen silbervergoldete, filigranverzierte oder tauschierte Sporen, die oft prachtvolle Erzeugnisse germanischer Kunstschmiede waren (Bild VII).

So bedeutend auch für den Ausgang eines Kampfes die Technik der Waffen war und ist, so wissen wir, daß sie nicht allein einen Kampf oder gar einen Krieg entscheidet, sondern daß der Charakter des Krieges mit seinem gesellschaftlichen Hintergrund und daraus resultierend das Bewußtsein und die Moral der Kämpfenden, weiterhin die Taktik und Strategie ihrer Führer letztlich die Ursachen für Erfolg oder Mißerfolg sind. Das germanische Heer war im Gegensatz zum römischen Söldnerheer ein Volksheer, zu dem sich im Falle feindlicher Aggression oder eigener kriegerischer Unternehmungen alle Wehrfähigen zusammenfanden und aus ihrer Mitte einen Heerführer, einen Herzog, wählten. Über die wachsende Bedeutung dieses Führers haben wir bereits gesprochen (S. 27 f.). Während die römischen Legionäre und besonders die nicht-römischen Hilfstruppen fern der Heimat nur für die Macht und das Ansehen des Imperiums kämpften und als Anreiz allein Beute, Geld, Auszeichnungen und Beförderungen kannten, kämpfte jeder Germane für die Interessen seines Stammes, seiner Familie und nicht zuletzt für sein eigenes Wohl. Damit war von vornherein seine Moral eine andere als bei den römischen Soldaten, wie die Schilderungen der römisch-germanischen Kämpfe immer wieder bestätigen.

Aber bereits in den Kämpfen mit Rom wirkte sich der besondere Charakter der späten Urgesellschaft aus, wo der Krieg ein Mittel zur Erhöhung von Reichtum, Macht und Ansehen einzelner wurde. Die gewählten Herzöge hatten ein besonderes Interesse am Krieg und erfolgreichen Ausgang eines Kampfes, weil nur so ihre Machtstellung gesichert und ausgebaut werden konnte; ähnlich verhielt es sich mit den germanischen Gefolgschaften (vgl. S. 33 f.).

Da ein Volksheer nicht wie ein stehendes Heer ausgebildet und straff geleitet werden konnte, besaßen die Germanen auch eine ihnen eigene Kampfesweise, über die mehrfach die antiken Schriftsteller berichten. Schon die gegenüber dem schwerbewaffneten Legionssoldaten doch sehr leichte Bewaffnung verbot im allgemeinen eine Kampfesweise wie die der Römer. Die Germanen mußten beweglicher kämpfen und tunlichst Nahkämpfe Mann gegen Mann vermeiden. Deswegen legten sie auch behindernde Oberbekleidung, vor allem den Mantel, ab, um ungehindert mit Lanze, Schild und Schwert kämpfen zu können. Man erhob ein Kriegsgeschrei, stimmte anfeuernde Gesänge an und schlug die Waffen zusammen, wenn man in die Schlacht zog. Damit erhoffte man sich einen erfolgreichen Kampf. Dieser Brauch wird bereits von den Cimbern berichtet und findet sich Jahrhunderte später noch bei den Goten der Völkerwanderungszeit.

Daß die Germanen in ungeordneten Haufen anstürmten – wie einige Quellen berichten –, ist unzutreffend und steht auch zu anderen Quellen im Widerspruch, wo von einer tiefgestaffelten Schlachtordnung, von Reih und Glied, von der Bereitstellung von Reserven usw. gesprochen wird. Die antiken Quellen sprechen von einem »Keil« (lat. cuneus) und vergleichen ihn mit einem Eberkopf. Natürlich ist eine ausgesprochen keilförmige Schlachtordnung mit einer dünnen Spitze zum Gegner militärisch unsinnig. Die im tiefgestaffelten Geviert kämpfenden Germanen, deren hintere Glieder immer wieder die entstandenen Lücken füllten und so den Eindruck eines nach hinten zu breiter werdenden Keils hervorriefen, unterschieden sich dadurch wesentlich von den in Phalanx (Schlachtreihe) kämpfenden Römern. Der Angriff in der Phalanx erforderte aber ständiges Exerzieren und kam schon deswegen für die Germanen nicht in Frage. Der wuchtige Block, in dem die Germanen zum Angriff vorgingen, konnte sehr wohl die gegnerische Front im ersten Ansturm ins Wanken bringen. Gelang dies aber nicht und begannen die Nahkämpfe oder gegnerische Angriffe an den Flanken, so konnte leicht die Entscheidung zuungunsten der Germanen fallen. Sicherlich haben die Germanen im Laufe der Auseinandersetzungen mit römischen Heeren auch einiges von deren Kampfesweise gelernt. Die Krieger unter Ariovist, Arminius, Marbod und anderen unterstrichen nachhaltig, daß die Germanen sehr wohl auch in größeren Heeren kämpfen konnten.

Selbstverständlich nutzten die Germanen ihre Ortskenntnis und die natürlichen Vorteile des Landes aus. Bei drohenden feindlichen Angriffen verließen sie mit allen Bewohnern, der beweglichen Habe und dem Vieh die Orte und verbargen sich in den Wäldern. Die wehrfähigen Männer trafen sich an einem bestimmten Punkt, um von dort aus zum Gegenangriff zu schreiten. Die Schlacht im Teutoburger Wald ist das historisch überzeugendste Beispiel, wie die Germanen die großen, für die Römer unheimlichen Wälder für ihren Vorteil auszunutzen verstanden.

Besonders die ersten Kämpfe mit Rom erfolgten auf der Wanderung, wo also Frauen und Kinder, Vieh und die gesamte Habe mitgeführt wurden. Zu deren Schutz legte man Wagenburgen oder kleine Erdbefestigungen an. Kam es dort zum Kampf, griffen die Frauen ebenfalls zu den Waffen oder unterstützten mit Zurufen die Kämpfenden, ja sie traten sogar flüchtenden Männern entgegen. So wird von den mit Cimbern und Teutonen verbündeten Ambronen erzählt, daß »die Frauen unter furchtbarem Geschrei in hellem Zorn den Flüchtenden und ihren Verfolgern mit Schwertern und Äxten sich entgegenstellten, indem sie sich unter die Kämpfenden warfen und mit bloßen

Händen die Schilde den Römern wegrissen, ihre Schwerter anpackten und Wunden und tödliche Streiche aushielten, bis zum letzten Hauch in ihrem Mut unbesiegt« (Plutarch, Marius 19). Die Schilderung des Furor Teutonicus mag übertrieben sein, aber immer wieder finden sich ähnliche Schilderungen von dem Kampfesmut der germanischen Frauen. So sollen die Frauen der Cimbern und Teutonen nicht nur die Flüchtenden getötet, sondern ihre unmündigen Kinder erwürgt und sich selbst entleibt oder sich von den Pferden zu Tode haben schleifen lassen. Die überlebenden Männer hätten sich an Bäumen oder den Wagendeichseln aufgehängt, da es für sie fern der Heimat tatsächlich nur Tod oder Sklaverei gab. Dieser den Römer so beeindruckende Kampfesmut bei Männern und Frauen bildet nicht etwa eine nur den Germanen eigene Wesensart, sondern ist mehr oder weniger für alle um ihre Existenz kämpfenden urgesellschaftlichen Stämme und Völkerschaften charakteristisch.

Der Kampf unter dem Schutz von Burgen war dem Germanen unbekannt. Wir werden darauf im Zusammenhang mit dem germanischen Siedlungswesen noch zu sprechen kommen (S. 164 ff.). Mit wenigen Ausnahmen waren es Fluchtburgen, die schon von Natur her einen Schutz boten oder schnell mit einem einfachen Erdwerk gesichert werden konnten. So besaßen die Germanen auch kaum Erfahrungen im Kampf um Befestigungen; Belagerungsmaschinen waren ihnen unbekannt. Nur einige grenznahe Stämme haben sich auch in dieser Kunst versucht. So bauten sich die Bataver bei ihrem Aufstand gegen die Römer schwerfällige fahrbare Türme, um die römischen Mauern leichter einnehmen zu können, und setzten Leitern und Schutzdächer ein; die gleiche Technik benutzten später die Goten beim Sturm auf die Stadt Philippopolis (dem heutigen Plovdiv in Bulgarien).

Die Zeit der Völkerwanderung und des frühen Feudalismus mit ihren entwickelteren gesellschaftlichen Verhältnissen brachte auch einige Veränderungen auf dem Gebiet der Kriegstechnik. Galt früher schon immer das Tragen einer Waffe allgemein als ein Zeichen des freien Mannes, so wurden jetzt bestimmte Waffen – etwa der Helm und der Panzer – bzw. die besonders wertvolle Ausführung der gebräuchlichen Waffen mehr und mehr zum sichtbaren Standeszeichen des Adels der werdenden Feudalgesellschaft. Die Kampftechnik änderte sich dadurch freilich nicht. Nur die Reiterei gewann gegenüber dem Fußvolk an Bedeutung, wofür es verschiedene Gründe gab. Einmal galten das Reiten und der Kampf zu Pferde für vornehmer und dem gesellschaftlichen Stande des Adels angemessener, dem möglichst viele nacheiferten. Zum anderen wurde die Durchführung der großräumigen Wanderungen dadurch erleichtert, daß ein hoher Prozentsatz der Männer beritten war. Und zum dritten hatten die Germanen erkannt, daß Kämpfe und Gefecht oft erst durch den Einsatz von Reitertruppen militärisch entschieden wurden. Die große Bedeutung der Lanze und die Vervollkommnung der Reiterausrüstung lassen das Anwachsen der Reiterei bei den Germanen sichtbar werden.

Die germanischen Heerführer hatten gelernt, mit Truppen verschiedener

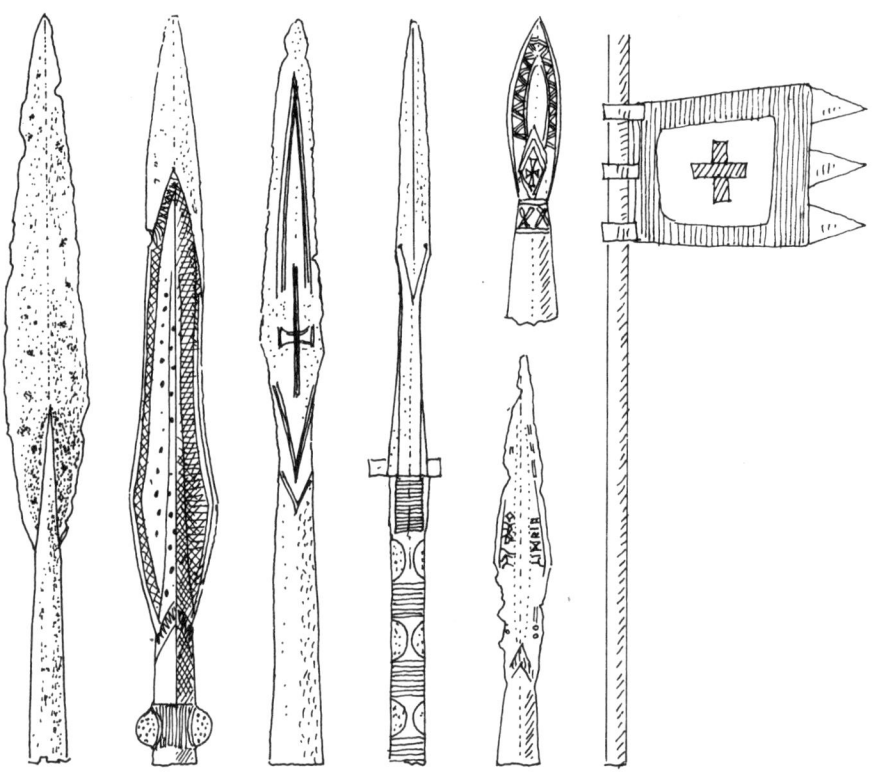

Reichverzierte Lanzenspitzen aus alemannischen Gräbern, rechts: Zeichnung einer Fahnenlanze nach der Darstellung auf dem Stein von Hornhausen, Kr. Oschersleben

Waffengattungen umzugehen, diese sich gegenseitig decken zu lassen und sie getrennt einzusetzen. Ihre Kriegsführung wurde dadurch erschwert, daß fast immer mit einem gewaltigen Troß – also den Nichtkämpfenden des Stammes, dem Vieh usw. – gerechnet werden mußte. Hinzu kamen die Sorgen um die Verpflegung und Ausrüstung der Wandernden. Noch immer war oft die Wagenburg nicht nur die »Siedlung«, sondern auch die militärische Basis für den Kampf.

Unter den Waffen der Völkerwanderungszeit und der folgenden Jahrhunderte nahm die Lanze weiterhin eine bevorzugte Stellung ein. Reich geschmückte Lanzen deuten darauf hin, daß sie mitunter mehr als Würdezeichen denn als einfache Kampfwaffe zu gelten hatten. Die Ornamentik weist hier Symbole auf, die dem Träger den Sieg bringen sollten – selbst das christliche Kreuz auf Lanzenblättern des 7. Jh. diente diesem Zweck. Wie schon ostgermanische Lanzenspitzen der römischen Zeit, tragen auch sie jetzt mitunter Runeninschriften (vgl. S. 198 ff.).

Andere Lanzenspitzen waren dafür eingerichtet, um an ihnen Fahnentücher anbinden zu können. Sie finden sich besonders häufig in Gräbern angesehener Persönlichkeiten. Aus der spätmerowingischen und nachfolgenden Zeit kennen wir mehrere Darstellungen dieser Fahnenlanzen. Auch diese Sitte geht wie viele andere auf reiternomadische Einflüsse des Ostens zurück. Jahrhundertelang war die Fahnenlanze das Symbol für die Herrschaft. Sie verkündete weithin, wo sich der Führer und Herrscher befand. Wenn sie auf fremdem Boden aufgepflanzt wurde, galt dies als ein Zeichen der Machtergreifung. Wer einen Eid leistete oder einen Vertrag abschloß, legte seine Hand an die Lanze. Erst im Laufe des Mittelalters wurde die Fahnenlanze durch die Fahne ersetzt. Deren Bedeutung und Symbolgehalt sind bis heute gleichgeblieben. Was früher an Heil- und Siegeszeichen auf die Lanzenspitze graviert oder geätzt worden war, stickte, webte oder malte man fortan auf das Fahnentuch.

Die Lanze wurde gern personifiziert, sie erhielt einen Namen, ihr sausender Flug wurde mit dem Flug von Raubvögeln, besonders von Adler und Falke, verglichen. Die Lanze war die Waffe des germanischen Gottes Odin/Wodan (S. 182). Ganz gleich, ob er oder ein Sterblicher dargestellt sein sollte, so verkörpert das Bild eines Lanzenreiters immer Kraft und Macht, wenn wir uns entsprechende Zierscheiben oder Steindenkmale, beispielsweise den Stein von Hornhausen, Kr. Oschersleben (Bild 35), ansehen. Aus dem lanzenbewaffneten Gott des germanischen Kriegers wurde in der christlichen Welt der Hl. Mauritius oder St. Georg. Hier wie dort soll der Sieg des Guten über das Böse symbolisiert werden.

Die Lanze galt bei den Germanen allgemein als die Waffe des Freien. Germanische Könige wurden noch lange Zeit mit der Lanze dargestellt, und auch zu den Reichsinsignien der mittelalterlichen deutschen Kaiser gehörte die »Heilige Lanze«.

Eine besondere Lanzenform mit einer Spitze mit Widerhaken und einer mitunter über 1 m langen schmalen Schafttülle bildete der sogenannte Ango. Er wurde aus größerem Abstand gegen den Feind geschleudert. Auch wenn

Darstellung eines Kampfes mit dem Sax, nachdem die Lanzen unbrauchbar geworden sind (nach einer Darstellung auf einem Helm von Vendel/Schweden)

der Ango nicht gleich tödlich traf, so war ein Herausziehen aus dem Schild, der Kleidung oder dem Körper kaum möglich und behinderte den Getroffenen im nun folgenden Nahkampf mit dem Schwert erheblich. Ein Helm von Vendel/Schweden zeigt eine derartige Kampfszene, und im Hildebrandslied (Vers 63 ff.) heißt es:

> »Da ließen sie erst eschene Lanzen laufen.
> In scharfen Schauern. Die standen im Schilde fest.
> Dann stapften sie zusammen.«

Eine zweite, auch sehr angesehene, aber keinesfalls häufige Waffe war das zweischneidige Schwert, die »Spatha« (Bild VIII). Die nur seltene Beigabe in den Gräbern, die reiche Ausschmückung des Griffes und der hervorragende, oft damaszierte Stahl der Klinge lassen vermuten, daß nur die Vornehmsten der Freien das Schwert trugen oder das Recht hatten, es ins Grab mit zu bekommen. Noch in den germanischen Heldengedichten wird das Schwert besungen.

Die Spatha bestand aus einer 75 bis 95 cm langen und 4 bis 6 cm breiten Klinge, auf deren Griffangel der bronzene oder eiserne Griff saß. Dieser trug hölzerne oder knöcherne Griffschalen und war bei wertvollen Exemplaren mit Goldblech überzogen. Den Schwertknauf hatte man entsprechend dem Zeitstil besonders reich verziert (Bild 34). Dazu bediente man sich bei Bronzegriffen der Reliefarbeit, bei Eisengriffen der Tauschiertechnik und schmückte silberne Griffe in Niellotechnik (S. 70) oder vergoldete sie. Eine besondere Sorgfalt wandte man der Scheide zu, die aus Holz bestand, mit Fell gefüttert und mit Leder oder auch Birkenbast überzogen war. Silberne oder vergoldete

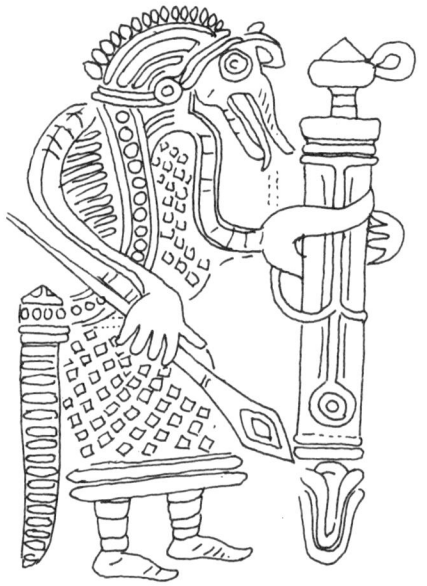

Darstellung eines als Wolf verkleideten Kriegers mit Schwert und daran befestigtem magischem Anhänger auf einer silbernen Schwertscheide von Gutenstein, Kr. Stockach/BRD (um 600)

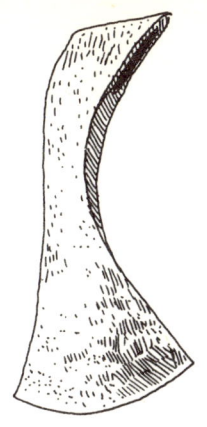

»Franziska« (Wurfaxt) und Bartaxt des 5./6. Jh.

Beschläge, eingesetzte Almandine an Scheidenmund, Ortband und Riemen-
halter schmückten die Scheide, und das Leder wies häufig reliefartige Muster
auf. Die Spatha wurde an einem Hüftgurt getragen.

Mehrfach fand man perlenartige Schwertanhänger, die aus Glas, Bergkristall, Bernstein, Nephrit, Chaladon bestanden und in Leder, Silber oder
Gold eingefaßt waren. Sie dienten nicht allein zum Schmuck oder dem Ansehen der Träger, sondern einem magischen Zweck. Wie viele andere Bräuche
ist auch diese Sitte von den Hunnen zu den Germanen gelangt. Die Darstellung auf der Schwertscheide von Gutenstein zeigt allem Anschein nach
einen derartigen magischen Anhänger.

Die Form des einschneidigen Schwertes finden wir im »Sax« wieder, der
seit dem 7. Jh. sogar noch häufiger auftritt als die Spatha. Er war kürzer und
die Klinge im allgemeinen breiter, so daß der Sax ein wuchtiges und wir-
kungsvolles Hiebschwert darstellte. Er wurde am Gürtel getragen. Es ist
unwahrscheinlich und steht auch im Gegensatz zu den archäologischen
Befunden, daß der Krieger Sax wie Spatha gleichzeitig angelegt hat, auch
wenn es im Waltharilied (Vers 336 ff.) heißt:

»Gürtet die Hüfte links mit doppelschneidigem Schwerte,
Und nach pannonischem Brauche die rechte zugleich mit dem zweiten,
Welches mit einer Seite jedoch nur erteilet die Wunden.«

Das einschneidige Schwert war vor allem bei Ost- und Nordgermanen schon
seit Jahrhunderten üblich, doch ist sein Gebrauch durch die Berührung mit
den Reiternomaden des Ostens (Hunnen) gefördert worden.

Eine weitere Waffe bildeten Pfeil und Bogen. Die Form der Pfeilspitzen
ist meist zweiflügelig, während die dreiflügeligen (dreikantigen) auf hunnisch-
awarische Herkunft bzw. entsprechenden Einfluß deuten. Nach Beobachtungen in Oberflacht haben die Pfeilschäfte eine Befiederung besessen. Man kennt
auch einige Bogen, teils in einfacher Form, teils als Typ des zusammenge-
setzten bzw. Reflexbogens, der ebenfalls unter hunnisch-awarischem Einfluß
Eingang in die germanische Waffentechnik fand.

Lamellenhelm von Niederstotzin-
gen, Kr. Heidenheim/BRD (7. Jh.)

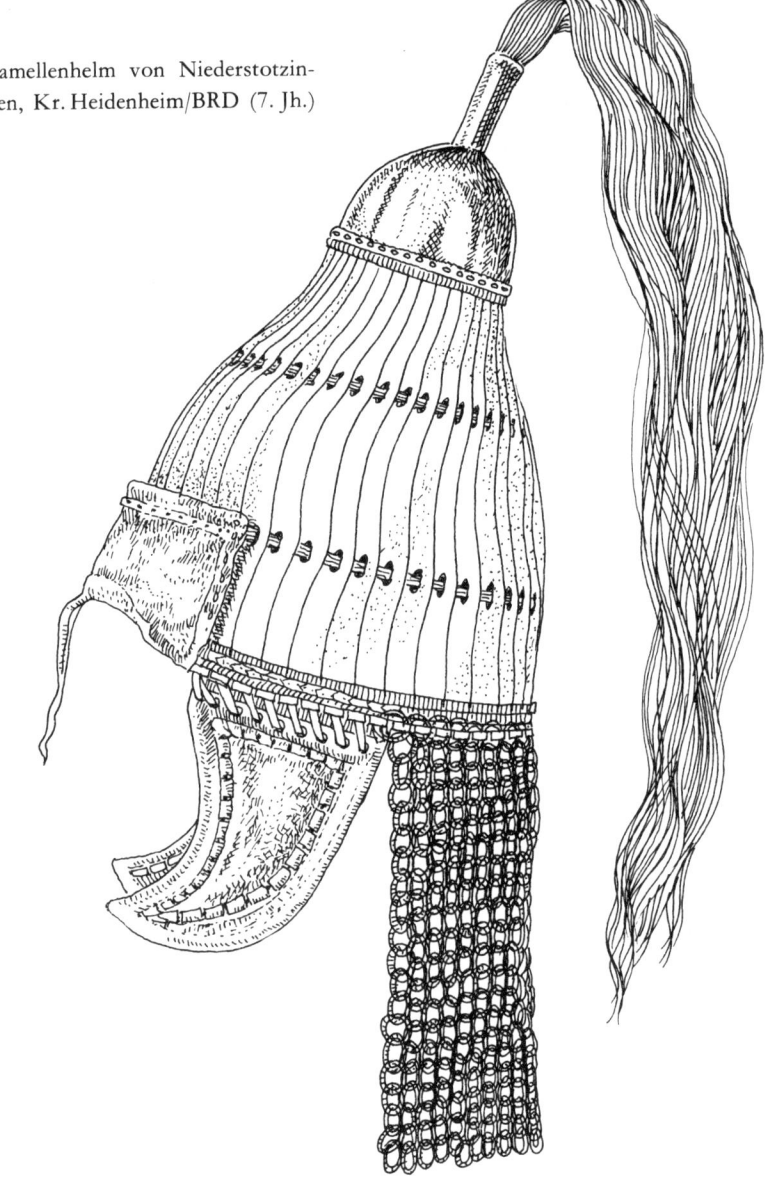

Eine bereits früher bei einzelnen germanischen Stämmen vorhandene und
auch in den römischen Quellen genannte Waffe war die Streitaxt von unterschiedlichen Formen: Bartäxte mit nach unten ausgezogener Schneide, Breit-
äxte mit beiderseitig verbreiterter Schneide und die geschwungene Form, wie
sie vor allem von den Franken als Wurfaxt benutzt wurde und deswegen den
Namen »Franziska« trug.

An Trutzwaffen stand dem Krieger wie früher der Schild, vor allem in der
runden Form von 80 bis 90 cm Durchmesser, zur Verfügung. Die Zahl der
Helme ist auch in der 2. Hälfte des 1. Jahrtausends noch gering. Wir
kennen den Lamellenhelm und den Spangenhelm. Beim Lamellenhelm sind

die halbkugelige Helmglocke und der Stirn-Nasenschutz aus Eisen die tragenden Teile. Von der Helmglocke zum Nackenschutz bzw. Kopfring wurden eiserne oder aus organischem Material gefertigte Lamellen angebracht, im Inneren eine Lederkappe eingefügt und Wangen- sowie Nackenschutz angehängt.

Der Spangenhelm (Bild V) bestand aus dem eisernen Stirnband, von dem 6, seltener 4 Spangen ausgingen, die sich oben in einer runden Platte vereinten. Die freien, etwa dreieckigen Flächen füllten eiserne Zwischenplatten. Das Innere hatte man mit Leder gefüttert. Die Wangenklappen waren aus Bronze, Stirnband und Spangen versilbert oder vergoldet. Alle bisher bekannten etwa 20 Helme sind reich mit eingestanztem und figuralem Schmuck verziert. Der Spangenhelm hat seinen Ursprung im orientalischen Bereich und wurde zunächst von den Ostgoten übernommen (vgl. Karte 7), während der Lamellenhelm sicherlich awarischen Ursprungs ist.

Derselben Herkunft dürfte auch der Lamellenharnisch zuzurechnen sein. Wie der Name sagt, wurden hier Lamellen – meist aus Eisen – durch Riemchen miteinander verbunden. Um dem Körper größte Beweglichkeit zu bieten, sind die Mehrzahl der Lamellen je nach ihrem Platz in Form, Größe und Wölbung einzeln gearbeitet. Eine andere Panzerform ist der Ringpanzer, wie wir ihn z. B. aus dem reichen Grab von Gammertingen kennen, wo 15 000 eiserne Ringe zu einem Panzerhemd verarbeitet waren.

Abschließend sei noch kurz auf die Reiterausrüstung eingegangen. In der vorrömischen und römischen Zeit kannte der Germane weder Sattel noch Steigbügel. Cäsar (bell. gall. 4) schreibt sogar, daß bei den Germanen »nichts schimpflicher und unmännlicher sei, als einen Sattel zu benutzen«. Wie bereits seit dem Ende der Bronzezeit wurde das Pferd auf Trense geritten, was durch Funde von bronzenen oder eisernen Gebißstangen, Knebeln (Psalien) und Riemenverteilern belegt ist.

Der seit der Völkerwanderung immer größere Bedeutung gewinnende Gentiladel legte auf ein prachtvolles Pferdegeschirr großen Wert. Die Metallbeschläge des Zaumzeuges zeigen deshalb hervorragende Preßblech- und

Gesatteltes Pferd, nach einer Darstellung im Stuttgarter Psalter (um 830)

Tauschierarbeiten, in denen der Kunststil jener Zeit seinen Niederschlag gefunden hat. Es ist verständlich, wenn gerade hier der Einfluß der östlichen Reitervölker sichtbar wird. Auch den Sattel lernten sowohl die Römer als auch später die Germanen erst von ihnen kennen, die einen von den Parthern, die anderen von den Awaren. Die Steppennomadenvölker benutzten ihn bereits seit vielen Jahrhunderten; denn ohne ihn wäre ein Kampf mit der Bogenwaffe vom Pferde aus, wie ihn Skythen, Sarmaten und andere Reitervölker so erfolgreich führten, gar nicht möglich gewesen. Obwohl die Germanen so manches von den Hunnen übernommen haben, blieb der Sattel bei ihnen unbekannt. Erst als sie mit den Awaren in Berührung kamen, scheint der Sattel von der führenden germanischen Oberschicht verwendet worden zu sein. Er bestand aus einem Holzgerüst, das mit Leder und Stoff ausgepolstert war.

Auf etwa das gleiche Alter und die gleiche Herkunft geht die Benutzung von Steigbügeln zurück, wobei zwar schon vorher mit der Verwendung von Schlaufen oder Bügeln aus organischem Material zu rechnen ist. Sattel und Steigbügel setzten sich bei den Germanen nur langsam und bei den einzelnen germanischen Völkern zeitlich verschieden durch, so etwa bei den Nordgermanen endgültig erst im 11. Jh.

Bei der Betrachtung des germanischen Kriegswesens ist damit wohl sichtbar geworden, daß sich gerade auch in der Geschichte der Bewaffnung und des Kriegswesens als Teilbereich der Kulturgeschichte die Entwicklung der germanischen Gesellschaft in der Epoche der späten Urgesellschaft und beginnenden Feudalisierung widerspiegelt.

Haus und Siedlung

Die Germanen in ihrer natürlichen Umwelt – Wald und Siedlungskammer –
Einzelhöfe und Siedlungen in Nordgermanien – Vom Kampf der Wurten-
bewohner gegen das Wasser – Wandernde Siedlungen – Vom universalen
Wohnstallhaus zum differenzierten Kleinhaus – Germanen in Burgen?

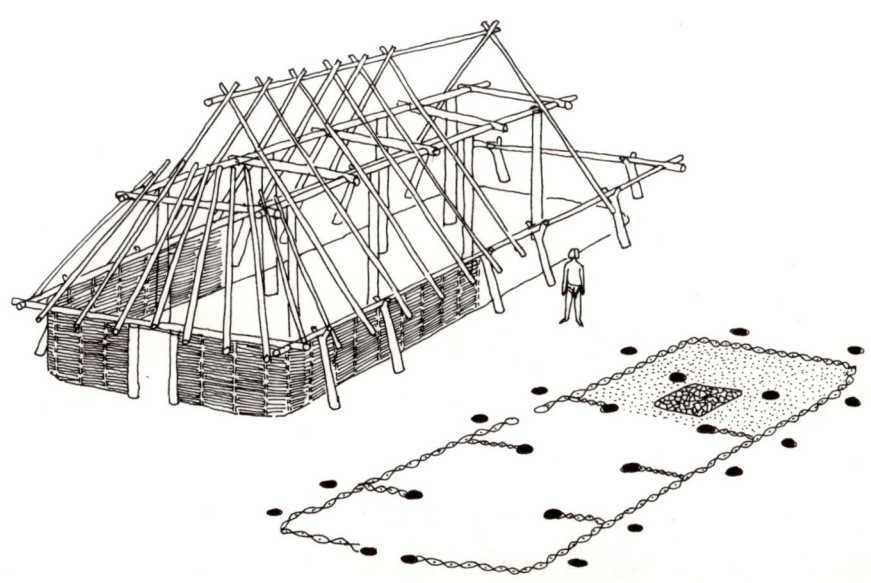

»Es ist hinreichend bekannt, daß germanische Völker nicht in Städten wohnen ... Die Dörfer legen sie nicht nach unserer Art an mit verbundenen und zusammenhängenden Gebäuden. Jeder umgibt sein Haus mit einem Hof ... Auch behauene und gebrannte Steine verwenden sie nicht. Sie brauchen zu allem Bauholz.«

Tacitus, Germania 16

Während wir heute in Mitteleuropa in einer Kulturlandschaft leben, in einem Gebiet also, dem der Mensch im Laufe von Jahrhunderten sein Gepräge gegeben hat, lebten die Germanen noch in einer ausgesprochenen Naturlandschaft. Trotzdem waren auch damals schon die Spuren menschlicher Arbeit im Charakter des Landes sichtbar. Wenn Tacitus (Germania 5) von »schaurigen Wäldern und widerwärtigen Sümpfen« berichtet, so spricht aus seinen Worten der Römer, der jahrhundertelang an Italiens Wäldern Raubbau getrieben und Sümpfe trockengelegt hat und der die sonnige Campagna di Roma nicht mit den dunklen Wäldern Germaniens vertauschen mochte.

War Germanien tatsächlich ein Land der Wälder und Sümpfe? Wissenschaften wie Geographie, Geologie, Bodenkunde, Biologie und Archäologie haben versucht, die einstige Landschaft in den verschiedenen ur- und frühgeschichtlichen Perioden zu rekonstruieren. Seit Jahrtausenden wirkten nicht mehr allein natürliche Faktoren auf das Landschaftsbild ein, sondern bereits der Mensch mit seiner Arbeit. Vor allem war es ein Kampf des Menschen gegen den Wald. Der Germane hat zwar noch keine raumgreifenden Rodungen durchgeführt, aber die Ausbreitung des Waldes immer wieder durch die landwirtschaftliche Produktion verhindert. Andererseits war er wie zu allen frühen Zeiten auf den Wald angewiesen; denn dieser lieferte ihm das Holz für Hausbau, Feuerung und Eisenverhüttung, bot ihm die Möglichkeit zur Jagd und Sammeltätigkeit, ernährte ihm das Vieh in Form der Waldweide und trennte ihn nicht zuletzt schützend von möglichen feindlichen Nachbarn.

Der mitteleuropäische und südskandinavische Raum weisen zahlreiche Gebiete auf, die bereits seit der Jüngeren Steinzeit immer wieder besiedelt wurden und so mehr oder weniger offene Landschaften blieben. Durchflossen von Bächen, Flüssen oder Seen und umgeben von Wäldern, waren sie auch für die germanischen Stämme gesuchte Siedlungsräume. Die Grenzen zwischen Freilandschaft und Wald blieben nicht stets gleich. Ackerflächen wurden wieder zu Wald, Waldgebiete wiederum gelichtet und schließlich dem Ackerbau erschlossen. Moderne botanische Untersuchungen, vor allem die Pollenanalyse, können sehr gut die Einwirkungen des Menschen auf die Natur in den einzelnen ur- und frühgeschichtlichen Perioden feststellen.

142

Das von den germanischen Stämmen besiedelte Gebiet läßt sich in die beiden großen Landschaftszonen gliedern: in das Flachland zwischen den Mittelgebirgen und den Meeren einschließlich Jütland und Südschweden und in das Mittelgebirgsland, das in der antiken Überlieferung als Herzynischer Wald bezeichnet wurde.

Das Flachland mit seinen Ebenen, den Seen und Mooren sowie den Moränenzügen ist ein Ergebnis der Eiszeit. Die Böden wechseln dementsprechend von den fetten Marschen an der Nordseeküste zu den leichten und sandigen Böden von Geest, Heide und Moränengürtel sowie zu den schweren Böden im Jungmoränengebiet des Nordens und des Lößes im Vorfeld der Mittelgebirge. Die Urstromtäler durchziehen von Südost nach Nordwest diese Landschaftszone.

Die Mittelgebirge zergliedern das südliche Mitteleuropa in bedeutendem Maße. Hier gab es immer wieder aufgesuchte und damit konstante Siedlungsräume, zum anderen häufig begangene Durchzugsgebiete und zum dritten Landschaften, die in ur- und frühgeschichtlicher Zeit kaum betreten wurden. In dieser Landschaftszone ziehen die Flüsse ihre Bahn: nach Norden in die Ost- und Nordsee, nach Westen in den Rhein und nach Süden in die Donau. Sie beeinflußten in starkem Maße die Richtung von Verkehrs- und Kulturverbindungen (vgl. Karte 9).

Das Waldbild wird wesentlich durch das Klima bestimmt. Seit dem jüngeren Neolithikum (etwa 2500 v. u. Z.) herrschte das Subboreal, ein gegenüber der davorliegenden Periode geringfügig kühleres Klima. Auf Kosten der zuvor herrschenden Eichenmischwälder hatte sich die Buche ausgebreitet.[1] Die Nordgrenze der Hasel verschob sich von Südskandinavien nach Mitteleuropa. Statt der Kiefer breitete sich im Mittelgebirge die Tanne aus. Im allgemeinen war das Subboreal eine Übergangsperiode vom trockenen zum feuchten Klima.

Endgültig setzte sich das feuchte Klima um die Mitte des 1. Jahrtausends v. u. Z. durch. In diesem nun folgenden Subatlantikum sank weiterhin die Durchschnittstemperatur und stieg die Niederschlagsmenge. Die Wasserführung der Flüsse nahm dementsprechend zu, so daß Siedlungen in den Flußauen aufgegeben werden mußten. Klima und Niederschläge entsprachen etwa den heutigen Verhältnissen, wobei es aber regionale Unterschiede und auch zeitliche Wechsel gegeben hat. So scheint in den letzten Jahrhunderten vor unserer Zeitrechnung ein stellenweise trockeneres Klima eingesetzt zu haben, das wieder zur Besiedlung in den Auen der großen Flußgebiete führte. Die durchschnittliche Jahrestemperatur betrug damals 8 bis 9 °C (errechnet für das nördliche Harzvorland). Die Buche blieb der vorherrschende Baum und bildete mit Eiche, Erle, Birke und anderen den Laubwaldbestand, während im Nadelwald des nördlichen Mitteleuropas die Kiefer vorherrschte und

---

[1] Die Erkenntnis über die Waldentwicklung gewinnen wir aus dem wechselnden Anteil der Pollen, die sich in Mooren über die Jahrtausende hinweg erhalten haben.

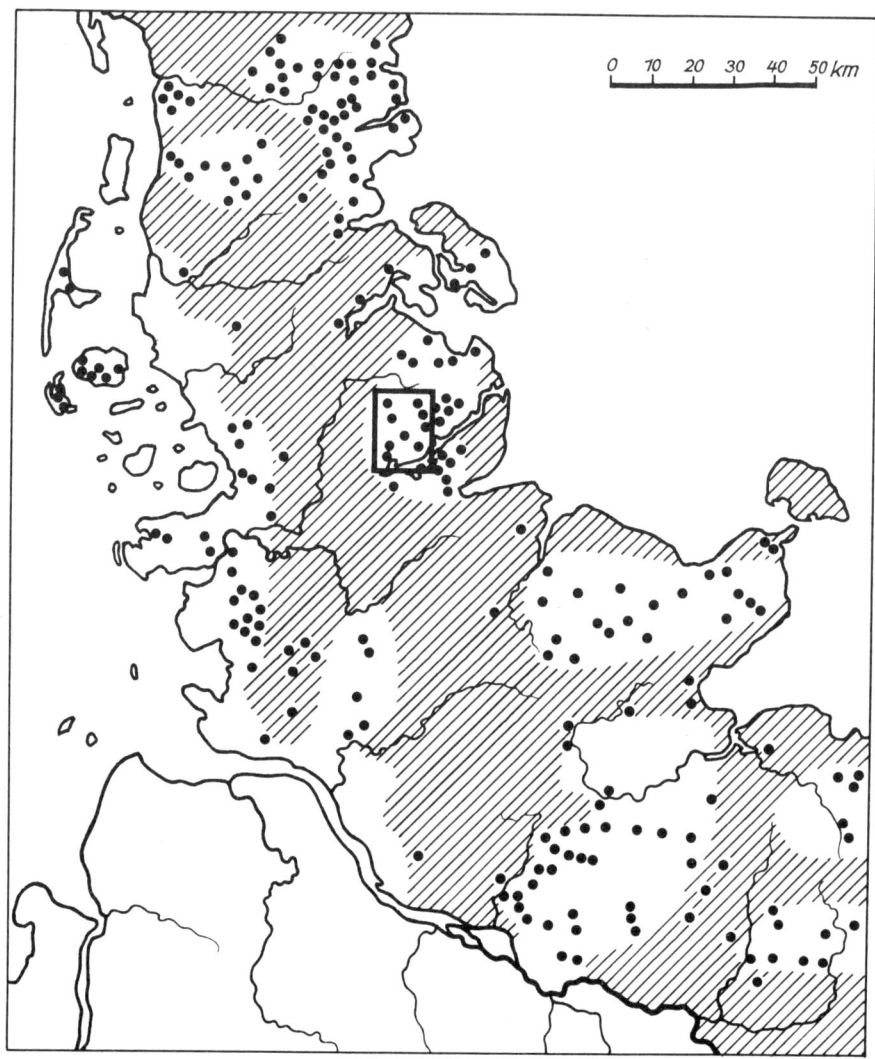

Karte 10 Siedlungsräume, umgeben von Wald, in Schleswig-Holstein; eingezeichneter Ausschnitt entspricht nebenstehender Karte 11: Siedlungsweise an der Schlei; beide Karten nach Jankuhn.

im gebirgigen südlichen Mitteleuropa Tanne und Fichte gegenüber der Kiefer überwogen.

Erst seit 700 u. Z. wurde im Waldbild der Einfluß des Menschen spürbar, indem die bisher nur geringen Rodungen jetzt einen größeren Umfang annahmen. Auf Kosten der Laubbäume stieg der Anteil von Fichte und Kiefer am Waldbestand.

In dieser Landschaft lebten die germanischen Stämme. Verbreitungskarten der archäologischen Funde (Karte 3) vermitteln uns ein Bild von ihren Siedlungsräumen, das der Wirklichkeit aber nur angenähert sein kann, weil es

144

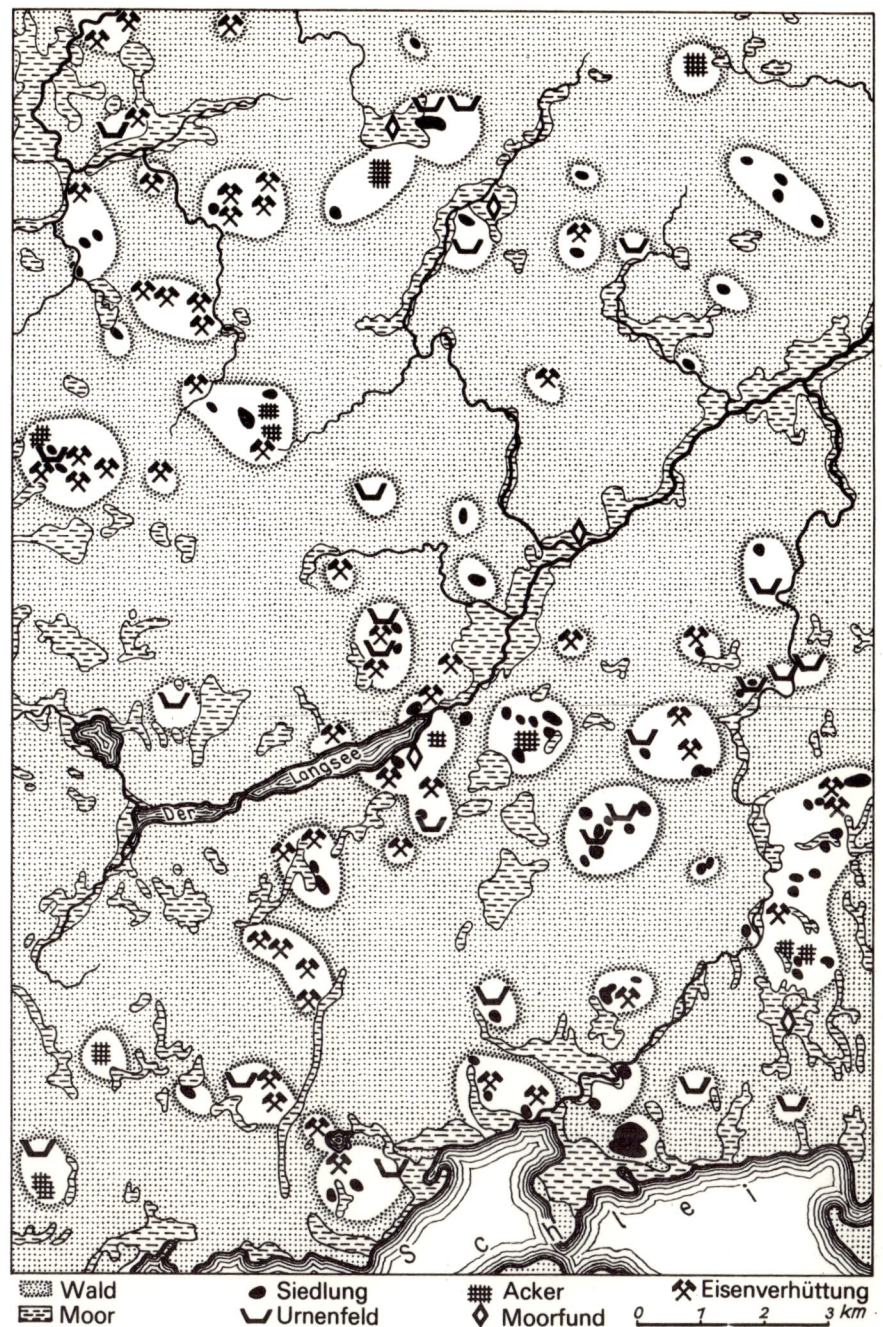

Legende:

▦ Wald	● Siedlung	▦ Acker	⚒ Eisenverhüttung
⊟ Moor	ᐡ Urnenfeld	◈ Moorfund	0 1 2 3 km

stark vom lokalen Forschungsstand abhängig ist. Detaillierte, besonders in Schleswig-Holstein und Dänemark durchgeführte Untersuchungen (Karte 10) lassen erkennen, daß die Siedlungsräume der Stämme und Stammesteile die größeren wald*armen* Landschaften waren, umgeben von dichten und nur

145

auf einzelnen Wegen passierbaren Wäldern – jenen, die Tacitus so schreckten. Innerhalb dieser Siedlungslandschaften wohnten dann auf den ausgesprochen wald*freien* Flächen die einzelnen Siedlungskollektive. So bot die germanische Besiedlung in großen Teilen des Landes das Bild von einzelnen »Siedlungskammern« (Karte 11). Hier befanden sich die Ackerfluren, gemeinschaftlich genutzten Produktionsstätten (z. B. Eisenverhüttung), Friedhöfe, Viehweiden, Haus- und Hofanlagen; von hier aus nutzte man den Wald. Kurzum – eine derartige Siedlungskammer erlaubte ihren Bewohnern eine im allgemeinen autarke Wirtschaft. Trotzdem war die Bevölkerung um einen Austausch über die Grenzen ihrer Siedlungskammer hinaus bemüht (vgl. S. 96). Auch die Angelegenheiten des ganzen Stammes und die Notwendigkeit der Verteidigung erforderten, stets den Blick über den engen Horizont von Haus und Hof zu werfen.

Die Schätzungen der Bevölkerungsstärke gehen verständlicherweise sehr auseinander. Wenn wir die Extremwerte unberücksichtigt lassen, kann zur römischen Zeit mit einer germanischen Gesamtbevölkerung von 2 bis 5 Millionen bzw. mit einer Bevölkerungsdichte von 3 bis 7 Menschen je km^2 gerechnet werden.

Unsere Kenntnisse über das Haus- und Siedlungswesen der Germanen fußen vor allem auf den Ergebnissen der archäologischen Forschung und weniger auf den antiken Nachrichten. Was aber beispielsweise Tacitus davon berichtet, wird durch die Funde vollauf bestätigt. In seinen an den Anfang dieses Kapitels gesetzten Worten klingt zwar eine gewisse Abwertung mit, die aber wiederum aus der Sicht des Römers verstanden werden muß, der auf eine jahrhundertelange Tradition und Erfahrung in der Architektur mit Stein und Ziegel zurückblicken konnte und dem ein einstöckiges Holzhaus, auch wenn noch so exakt und ansprechend gebaut, als primitiv galt.

Ein einzelnes Haus und noch mehr eine ganze Siedlung können sehr anschaulich die sozialen und ökonomischen Verhältnisse ihrer einstigen Bewohner widerspiegeln. Gliederung des Hauses und Aufbau der Siedlung geben uns Hinweise, ob die Menschen überwiegend von Ackerbau oder von Viehzucht lebten, und ihre Produktionsstätten sind unmittelbare Belege für den Stand der Produktivkräfte. Größe und Raumeinteilung der Häuser sowie das Gesamtbild der Siedlung lassen uns erkennen, welche sozialen Beziehungen zwischen den Bewohnern bestanden haben.

Der wichtigste Baustoff war im germanischen Bereich das Holz für die tragende Konstruktion, die Wände und das Dachskelett. Dort, wo die letzte Eiszeit zahlreiches Geröllmaterial zurückgelassen hatte, wurde für das Hausfundament auch Stein verwendet. Für die Wände verbaute man häufig Grasplaggen (-soden), die man regelrecht als »Rasenziegel« bezeichnen kann. Schilf, Rohr, Stroh und ebenfalls Grassoden dienten zum Decken des Daches. Eine wesentliche Rolle spielte wie seit Jahrtausenden der Lehm, teils zum Füllen und Verschmieren der Flechtwerkwände, teils in Verbindung mit Spreu, Häcksel u. ä. zum Errichten ganzer Wände.

Hervorgerufen durch antike Schilderungen und durch zahlreiche archäologische Befunde, stand vor der Forschung immer wieder die Frage der »unterirdischen« Wohnungen. Wir haben über den Vorteil solcher Behausungen für Spinnen und Weben bereits gesprochen (S. 85). Daneben wurden eingetiefte Räume als Vorrats- und Speicherkeller genutzt, obgleich oberirdische, gestelzte Bauten gegen Feuchtigkeitsschäden und Ungezieferfraß für viele Früchte weit geeigneter waren und auch aus dem archäologischen Befund ausreichend bekannt sind. In anderen Fällen waren es Kochhütten, Badehäuser, Mahlhäuser oder Werkstätten für bestimmte Gewerke. Schließlich mögen die eingetieften Bauten in harten Wintern tatsächlich als Wohnung oder Schlafhaus gedient haben. Das eigentliche Wohnhaus der Germanen war aber der ebenerdige Bau.

Die wichtigsten und sichersten Quellen bieten die archäologischen Funde trotz ihres fragmentarischen Charakters, da im allgemeinen nur die Bodenverfärbungen von Pfosten und Schwellen oder in günstigen Fällen – bei Moorbauten, Wurtensiedlungen – das Fundament mit den untersten Teilen der aufgehenden Wand zu erkennen sind, aber nicht die Dachkonstruktion, die immer nur aus dem Grundriß und allgemeinen statischen Überlegungen ermittelt werden kann (vgl. Kapitelvignette). Das als dunkler Fleck sich im hellen Boden abzeichnende Pfostenloch erlangt somit für uns entscheidenden Aussagewert. Die archäologischen Quellen zum Siedlungswesen sind ohnehin nicht wie die Gräberfelder gleichmäßig über die germanischen Landschaften gestreut. Aus weiten Gebieten besitzen wir für viele Jahrhunderte außer Siedlungsgruben, einzelnen oder einem Wirrwarr von Pfostenlöchern oder gar nur »Kulturschichten« keine weiteren Befunde.

Der Pfostenbau mit lehmverstrichenen Flechtwänden, der rechteckige Grundriß und das sattelförmige Dach waren die allgemeinen Merkmale des Hauses im germanischen Raum, wie bereits seit den Zeiten des Neolithikums. Nach den großen Untersuchungen germanischer Siedlungen in Skandinavien, auf den Wurten der holländischen und nordwestdeutschen Nordseeküste und auch auf dem Gebiet der DDR wissen wir über das germanische Haus aber mehr zu sagen als nur diese Allgemeinheiten. Danach scheint der weitverbreitetste Typ das dreischiffige Hallenhaus gewesen zu sein. Die Dreischiffigkeit ergab sich durch zwei Längsreihen von Pfosten, die auf Seitenpfetten das Dach trugen, wodurch die schwere und nach außen drückende Dachlast von den Wänden genommen wurde. Neben diesen großen Häusern, die meist Wohnung und Stall unter einem Dach vereinten, gab es kleinere Wohnhäuser, Wirtschaftsgebäude und vor allem Speicherbauten. Diese Speicher sind auf den Ausgrabungsplänen an den meist 9 in einem Quadrat stehenden Pfosten erkenntlich, die einst einen wohl offenen, jedenfalls luftigen Bau trugen.

Versuchen wir uns zunächst eine Vorstellung der Häuser im nordgermanischen Raum zu machen. Die ältesten uns bekannt gewordenen Siedlungen stammen aus der frühen Eisenzeit Mitteljütlands, die meisten aus den letzten Jahrhunderten vor unserer Zeitrechnung und der römischen Zeit.

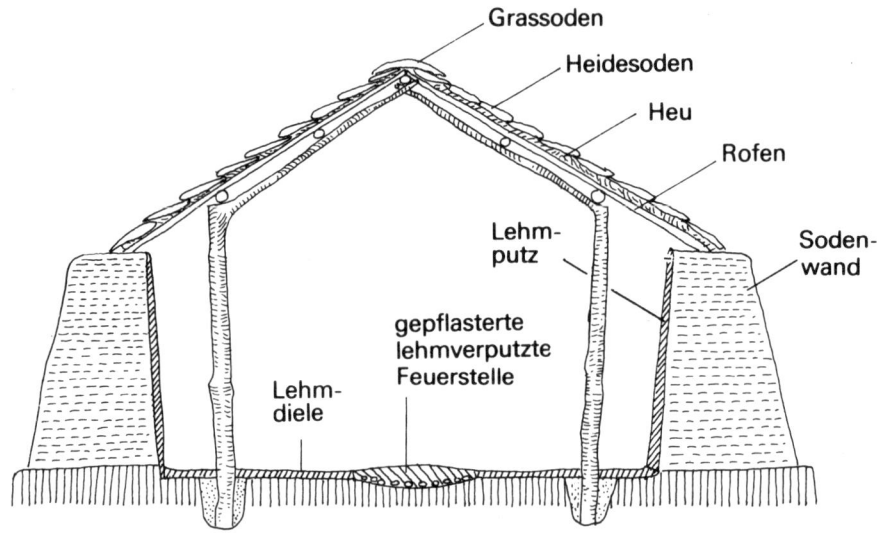

Querschnitt durch ein nordgermanisches Haus mit Grasziegelwänden

Die Wände der Häuser bestanden entweder aus den genannten Rasenziegeln oder aus Holzpfosten mit dazwischengefügtem lehmverstrichenem Flechtwerk; vielfach wurden Steinwände von außen angebaut, um vor allem ein Auseinanderfließen der Plaggenwände zu verhindern. Die Häuser waren immer auf einer Längsseite über einen gepflasterten Eingang zu betreten, von wo man in den westlichen Wohn- und Küchenteil mit einer Herdstelle oder in den östlichen Stallteil treten konnte. Mitunter waren Stall und Wohnung voneinander durch eine Wand getrennt. Sicherlich wegen der vorherrschenden Westwinde hatte man die Häuser überwiegend in Ost-West-Richtung gebaut. Im Stallteil erkannte man noch die Einteilung in Boxen, deren Zahl uns einen Eindruck von der ökonomischen Stärke der Bauern vermittelt. Wir können danach mit Bauern rechnen, die ein Dutzend und mehr Stück Vieh besaßen. Diese Wohnstallhäuser waren 10 bis 25 m lang und 4 bis 6 m breit, andere Häuser – nur mit Wohnteil oder für wirtschaftliche Zwecke – entsprechend kleiner.

Daß man damals das Vieh in der Winterszeit einstallte, war etwas Neues. Die unmittelbare Ursache mag die Klimaverschlechterung um die Mitte des 1. Jahrtausends v. u. Z. gewesen sein. Außerdem erhielt man nun die Möglichkeit, mit dem anfallenden Stallmist die Felder im Frühjahr zu düngen.

Die Wohnstallhäuser besaßen wohl kaum Fenster. Das Licht kam nur durch die Türöffnung und den Rauchabzug, der durch vier Pfosten abgestützt war. Die Tür bestand aus Holz oder im Sommer aus Weidengeflecht. Wenn draußen winterliche Kälte herrschte und alles verschlossen wurde, mußten Feuer und Kienspäne zur Beleuchtung ausreichen.

Im Inneren des Wohnteiles fanden sich außer dem Herd Mahlsteine, Mörser, große Vorratsgefäße für Getreide, Erdbänke zum Sitzen und Liegen,

148

Ton- und Holzgefäße, Körbe und manches andere. Webegewichte zeigten den Platz des Webstuhles an.

Über die Größe der Siedlungen läßt sich schwer etwas sagen, weil sich die aufgefundenen Häuser meist auf mehrere Jahrhunderte verteilen. Denn die Lebensdauer eines Hauses war nicht lang. Oft fielen die Häuser einem Brand zum Opfer – kein Wunder bei der offenen Herdstelle. In mehreren Fällen wird uns eine solche Katastrophe bildhaft vor Augen geführt, wenn man noch die abgerissenen Stricke, von denen sich die verängstigten Tiere losgerissen hatten, oder die im Brand elend umgekommenen Pferde, Rinder oder Schafe findet. Aber auch wenn das Haus nicht abbrannte, war es doch nach einigen Jahren so erneuerungsbedürftig, daß man es einriß, den Platz einebnete und meist an der gleichen Stelle ein neues errichtete. So liegen oft die Spuren von 4, 6 oder sogar 10 Häusern übereinander.

In der Nähe von Grøntoft in Mitteljütland konnten in den letzten Jahren zwei Siedlungen vollständig ausgegraben werden. Sie lagen nur wenige hundert Meter auseinander und gehörten zwei aufeinanderfolgenden Perioden der

Grundrisse von nordgermanischen Häusern mit Steinwand (oben) und Grasziegelwand (unten)

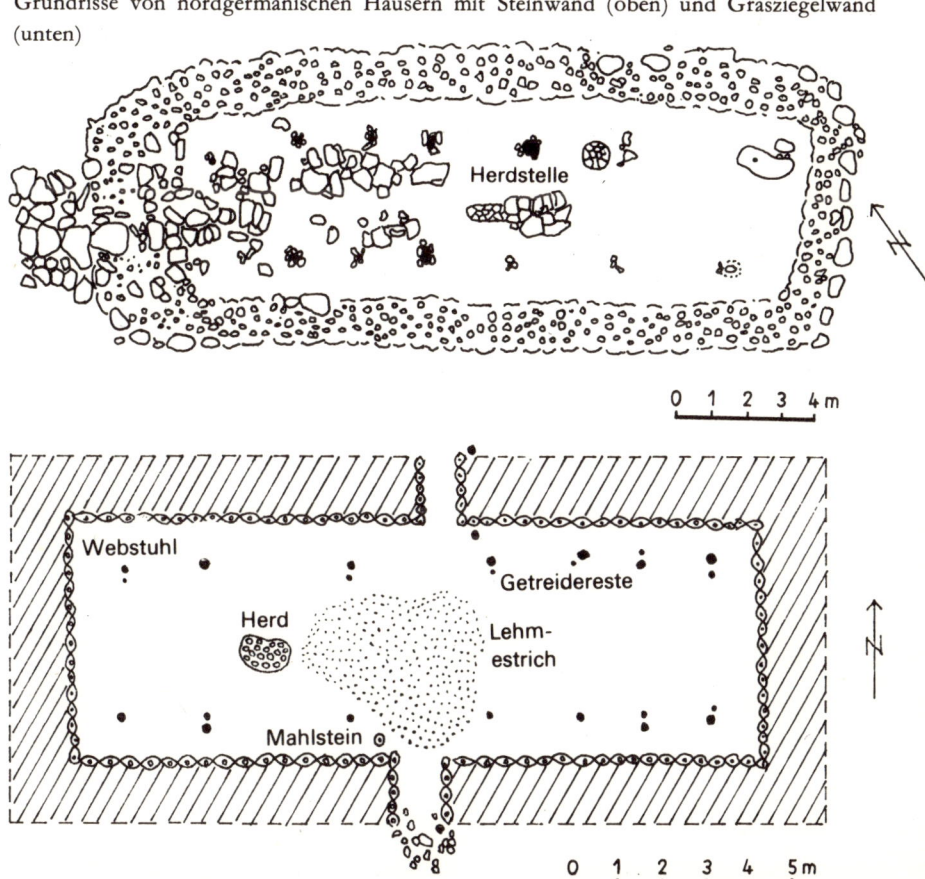

frühen vorrömischen Zeit an. So ist zu vermuten, daß die Bewohner insgesamt ihre Siedlung zu einem einheitlichen Zeitpunkt verlegt hatten. Die ältere Siedlung mit etwa 20 Wohnhäusern und Speichern war etwas weiträumiger angelegt und von keinem Zaun umgeben. Die Häuser der jüngeren Siedlung waren ebenso in Ost-West-Richtung angelegt, besaßen die gleiche Konstruktion und Innengliederung. Aber sie waren breiter und konnten in den Viehboxen die Rinder nunmehr in zwei Reihen aufnehmen. 5 Häuser hatten Platz für 10 bis 18 Tiere, 2 bis 3 Häuser für 3 bis 5 Tiere, und 2 Häuser besaßen keine Boxen. Die Gesamtzahl der Häuser hatte sich auf 12 vermindert. Sie lagen enger beisammen und waren von einem Zaun umgeben, um das Vieh zusammenhalten zu können. Insgesamt besaßen die Bewohner – nach der Zahl der Boxen – etwa 70 Stück Vieh.

Nicht immer jedoch lagen die einzelnen Häuser so geschlossen beieinander, sondern in lockerer Siedlungsform, wie das noch bis in die Neuzeit ein Wesenszug bäuerlicher Siedlungsweise in Nordeuropa ist. So standen in Vallhagar auf Gotland mehrere hundert Meter voneinander entfernt die einzelnen Wohnstallhäuser oder Häusergruppen (Hofverbände). Unmittelbar an die Häuser schlossen sich die Äcker an, deren Grenzen noch heute an den kleinen Wällen entlang der Feldraine zu erkennen sind, auch wenn 2 000 Jahre seitdem ins Land gegangen sind.

Bei einer solch lockeren Form des Siedelns lag die Möglichkeit der Herausbildung von Privateigentum näher als in geschlossenen Siedlungen. Die archäologischen Quellen wären aber überfordert, wollte man aus ihnen diese Frage beantworten. Sicherlich blieben Grund und Boden noch lange – und sei es nur formal – Gemeineigentum, wenn die Nutzung auch bereits einen individuellen, privaten Charakter trug.

Ähnliche Schlußfolgerungen zur sozialen Entwicklung lassen sich aus den Untersuchungen der Wurtensiedlungen an der nordwestdeutschen und holländischen Nordseeküste ziehen. In den letzten Jahrhunderten vor unse-

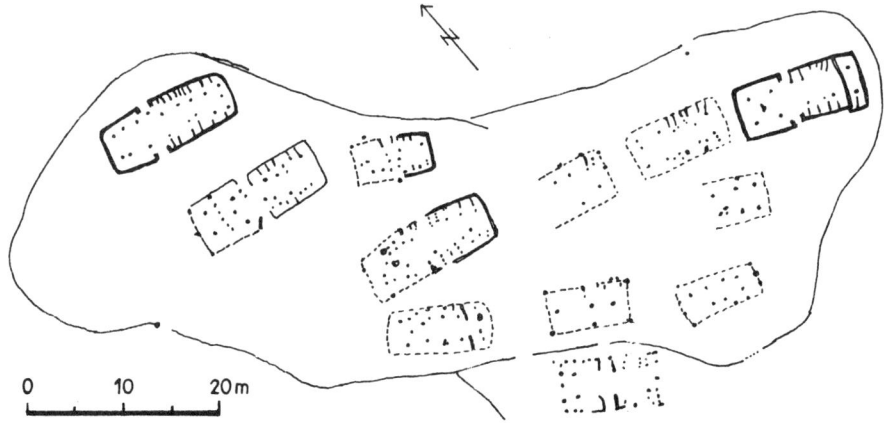

Plan der Siedlung von Grøntoft/Dänemark während einer Besiedlungsphase

Scale legend:

0 20 40 m

☐ Haus
⌐ Acker (-Wall)
✳ Grabhügel
w Wasserstelle
/// Wald

Plan der Siedlung von Vallhagar auf Gotland

151

rer Zeitrechnung hatten die Wasser der Nordsee das heutige Marschengebiet freigegeben, das nun der Mensch betreten und besiedeln konnte. Als zu Beginn unserer Zeitrechnung eine erneute Überflutungsperiode einsetzte, mußten die Menschen entweder die Marschen räumen, um nicht ein Opfer der Sturmfluten zu werden, oder künstliche Hügel anlegen, die im niederdeutschen Dialekt Wurten, Warfen, Warpen o. ä. und im holländischen Terpen genannt werden. Die Zahl der Wurten ist bedeutend; allein in den beiden holländischen Provinzen Groningen und Friesland zählt man etwa 1 000 Wurten. So ist es kein Wunder, daß sie auch den Römern auffielen. Was Plinius (Nat. hist. 16) sonst von diesem »elenden Völkchen« schreibt, entspricht aber in keiner Weise dem hohen Kulturstand der Wurtenbewohner, wie ihn uns die Ausgrabungen aufzeigen.

Gerade die Notwendigkeit, sich mit der ihre Existenz gefährdenden Umwelt erfolgreich auseinanderzusetzen, hatte bei diesen Küstenbewohnern zu einer Erhöhung der Produktivkräfte und zu neuen Formen des Zusammenlebens geführt. Größere und planvollere Arbeitsleistungen waren notwendig geworden. Das enge Zusammenleben auf den begrenzten Wurten führte zur individuellen Nutzung von Acker und Vieh und damit zu einer der Voraussetzungen für die spätere Ausbildung von Privateigentum und für den Einsatz fremder, nicht zur Familie gehörender Arbeitskräfte.

Gras- und Heidesoden, Abfälle und Stallmist, Marschenklei und Bauschutt abgerissener oder abgebrannter Häuser waren das Material, mit dem die Wurten errichtet wurden. Über einer ersten Flachsiedlung erhob sich zunächst eine etwa 1 m hohe Kernwurt, über der sich nun Schicht auf Schicht auflagerte. Mit der Höhe wuchs der Durchmesser der Wurt. Bot die Kernwurt oft nur für ein oder wenige Häuser Platz, so konnte die Zahl der Bauten mit dem Wachsen der Wurt ständig erweitert werden. Mancherorts vereinigten sich mehrere Kernwurten schließlich zu einer gemeinsamen großen Wurt.

Der Anstieg des Sturmflutspiegels war in den Jahrhunderten ungleichmäßig und wirkte sich in den einzelnen Marschenlandschaften verschieden aus. In Holland mußte man mit der Anlage von Wurten bereits in vorrömischer Zeit beginnen. Manche Wurten sind zeitweise oder für immer verlassen worden, viele aber tragen auch heute noch eine Besiedlung. Erst ab 1100 begann man mit der Eindeichung des gefährdeten Gebietes. So wuchsen im Laufe mehrerer Jahrhunderte die Wurten in 5 bis 10 Schichtenfolgen auf 5 bis 7 m Höhe und bis zu 400 m Durchmesser an. Eine Ausgrabung bietet somit ein anschauliches Bild einer Siedlung in den einzelnen Perioden und läßt Veränderungen im Siedlungs- wie im allgemeinen Kulturbild und im sozialen Gefüge ablesen.

Eine der erstausgegrabenen und zugleich ältesten Wurten ist Ezinge in der holländischen Provinz Groningen (Bild 39). Hier lag bereits im 5. Jh. v. u. Z. eine Flachsiedlung, die aus einem 12 m langen, dreischiffigen Wohnstallhaus und einem großen Pfostenbau, vielleicht einem Speicher, sowie mindestens einem weiteren Wohnhaus bestand und von einem Zaun umgeben war. Die

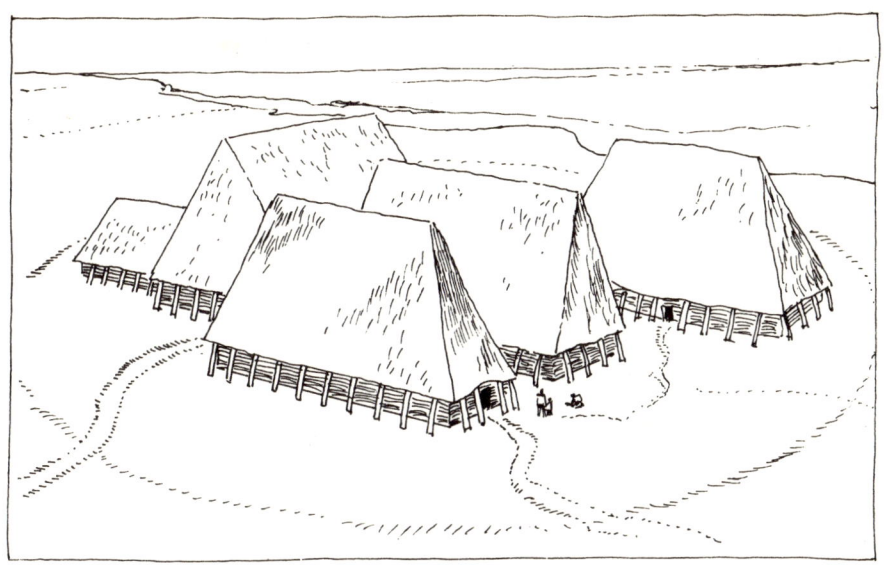

Rekonstruktion der Kernwurt Ezinge/Niederlande

Wände waren aus Holzpfosten und Flechtwerk erbaut. Das Dach wurde von den beiden Reihen Pfosten im Inneren getragen und war über die Flechtwand hinaus laubenartig gezogen.

Im folgenden Jahrhundert entstand die Kernwurt von 35 m Durchmesser und 1,2 m Höhe, nunmehr mit 5 Häusern, davon zwei mit Stallteil. Die Bauweise blieb die gleiche. Im 1. Jh. v. u. Z. wuchs die Wurt erneut. Aus dieser Periode stammten so viele immer wieder erneuerte Häuser, daß oft 5 bis 10 Hausgrundrisse ineinandersaßen und die Zahl gleichzeitiger Häuser nicht mehr zu ermitteln war. Zwischen den einzelnen Häuserschichten hatte sich Sand abgelagert – ein Beweis, daß die Siedlung immer wieder von Sturmfluten heimgesucht worden war. Die Häuser lagen radial zur Mitte geordnet. Nach mehrmaliger Erhöhung erreichte die Wurt eine Höhe von 5,5 m. Während des 5. Jh. war die Siedlung mit zahlreichen kleinen Grubenhäusern von 3 bis 4 m Größe besetzt.

Nördlich Bremerhaven liegt 3,5 km vom Geestrand entfernt die Wurt Feddersen Wierde, die in siebenjähriger Arbeit in wesentlichen Teilen ausgegraben wurde (Bild 40). Auf einer Flachsiedlung des 1. Jh. v. u. Z. waren hier mehrere kleine Wurtenhügel entstanden, die dann in der 3. Siedlungsperiode zu einer großen Wurt zusammenwuchsen. In allen 7 Siedlungshorizonten blieben die Haustypen die gleichen: dreischiffige Hallenhäuser, meist Wohnstallhäuser, kleine Firstpfettenhäuser, Speicher. Jahrhundertelang fanden sich die Häuser mit unbedeutenden Verschiebungen immer an der gleichen Stelle. Sie lagen wie in Ezinge radial angeordnet. Gräben – mehr der Entwässerung dienend als zur Sicherung – und Palisadenzäune umgaben die Siedlung oder mehrere Wirtschaften. Wege zogen sich zwischen den einzelnen

Häusern entlang, deren Fußsteige mit Flechtwerk oder Heidekraut ausgelegt waren.

Die Wohnstallhäuser, meist 10 bis 15 m, einige sogar 25 bis 30 m lang, wurden wie im nordgermanischen Gebiet von den Längsseiten betreten. Meist war der Wohnteil des Hauses dem Mittelpunkt der Wurt zugewandt. Das Vieh stand in Boxen (Bild 41), mit den Köpfen zur Wand; zu beiden Seiten des Mittelganges zogen sich Jaucherinnen entlang, die vom Gang durch Hölzer abgetrennt waren. Ein großes Haus aus einer frühen Siedlungsperiode konnte in seinen Boxen 32 Stück Vieh oder Pferde aufnehmen. Kleinere Häuser boten Platz für 2 bis 4 Rinder oder nur für Ziegen und Schafe – ein Beweis, daß der Viehbesitz sehr unterschiedlich war. Neben den Wohnstallhäusern standen die Speicher. Mehrere Häuser eines wirtschaftlich zusammenhängenden Hofverbandes umgab jeweils eine Umzäunung.

Die erhaltenen Holzteile lassen gut den hohen Stand der Zimmermannstechnik erkennen; Vierkantzapfen, Rund- und Vierkantlöcher, Nuten mit Schwalbenschwanz, Holznägel und Zapfenschlösser waren dem germanischen Zimmermann bekannt.

Ein besonderes Interesse erweckt der östliche Teil der Wurt. Hier stand,

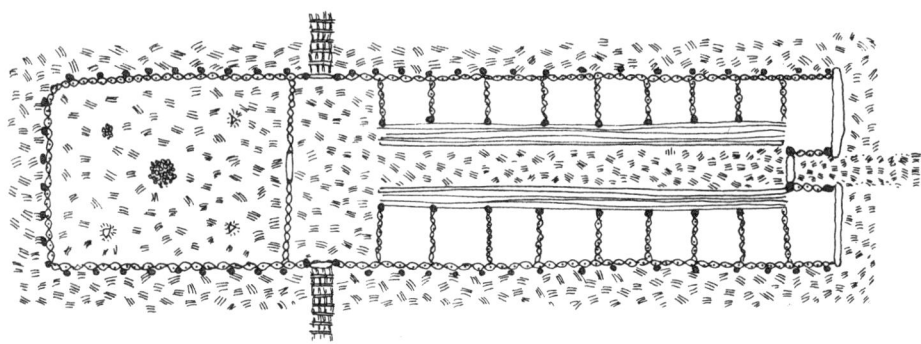

Hausgrundriß von der Wurt Feddersen Wierde (Länge 35 m)

abseits und durch einen kleinen Deich zusätzlich gegen Wassereinbruch gesichert, in allen Siedlungsperioden der fünf Jahrhunderte immer wieder an der gleichen Stelle ein Hallenhaus. Zu ihm gehörten Speicher, Getreidedarren, Eisen- und Bronzewerkplätze. Hier saß vermutlich ein Bauerngeschlecht, dessen Betrieb bereits eine bedeutende Vorratswirtschaft ermöglichte, dessen Vieh aber von anderen versorgt wurde und dem außerdem der wichtige Produktionszweig der Metallverarbeitung gehörte. Seit dem 3. Jh. fanden sich die Produktionsstätten (Eisenverarbeitung, Bronzewerkstätten, Töpferei) dann nicht mehr auf diesem Hof, sondern daneben auf dem östlich anschließenden Gelände, wo sie bis zum Wüstwerden der Siedlung verblieben. Es dürfte sich hier wirklich um einen Herrenhof gehandelt haben.

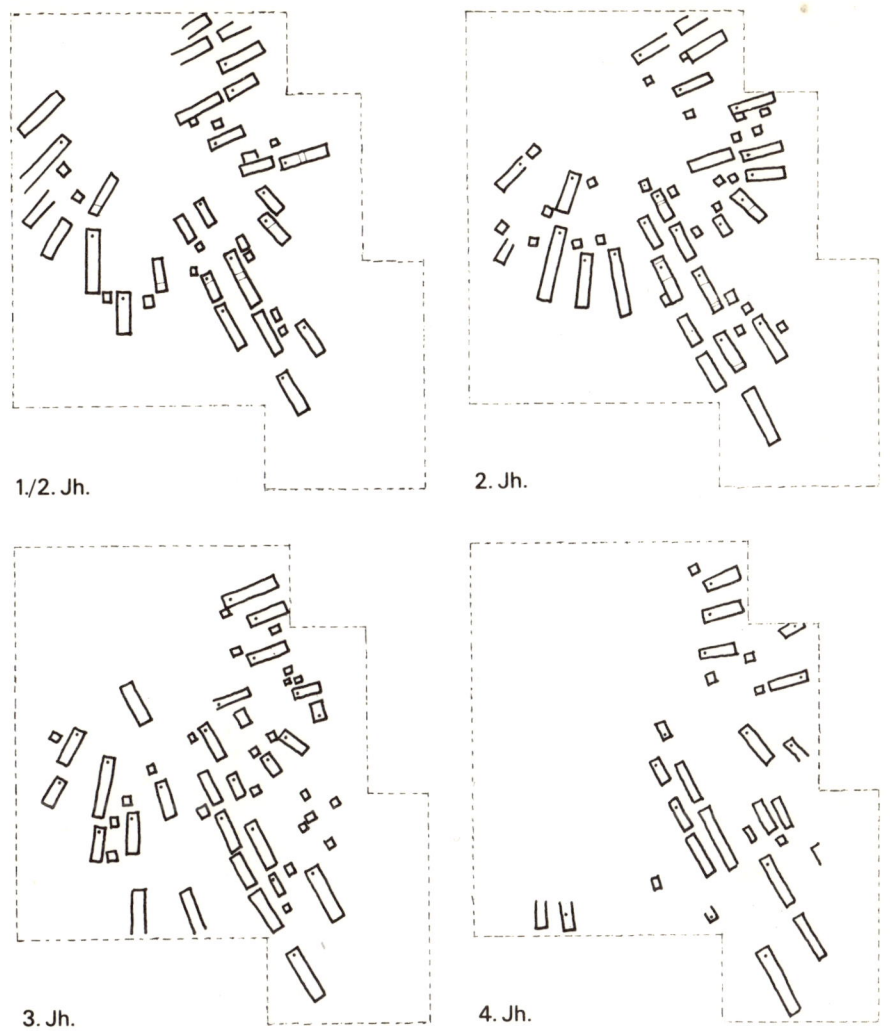

1./2. Jh.   2. Jh.

3. Jh.   4. Jh.

Plan der Wurtensiedlung Feddersen Wierde in 4 Siedlungsperioden vom 1.–4. Jh.

Diese Vermutung wird noch unterstrichen durch besonders reiche Funde in der unmittelbaren Umgebung des Hauses, darunter auch römischen Importgutes. In nächster Nähe befand sich noch ein weiteres Hallenhaus, ebenfalls ohne Stallteil mit einem 4 m, also auffallend breiten Mittelschiff. Auch dieses Haus war immer wieder an der gleichen Stelle und in gleicher Form aufgebaut worden. Da zu ihm keine Wirtschaftsgebäude gehörten und ein Weg direkt von der Siedlung dorthin führte, sieht man in ihm eine Gemeinschaftshalle. So standen hier Herrenhof und Versammlungshaus nahe beieinander.

In der letzten Siedlungsperiode kündete sich auf Feddersen Wierde ein Notstand an. Waren bereits vorher immer wieder Überflutungen erfolgt, so nahmen diese im 4. und 5. Jh. derartig zu, daß die bestellten Felder keine Erträge brachten. Fehlende Viehboxen deuten auf Abnahme des Viehes hin. Nur die Produktionsstätten blieben noch bestehen. Die Häuser wurden an Zahl geringer und in den Maßen kleiner. Selbst der Herrenhof – wenn auch immer noch der stattlichste – verarmte, bis man dann endgültig die Wurt verlassen mußte.

So aufschlußreich auch die Untersuchungen von Wurtensiedlungen für das germanische Siedlungswesen sind, so bilden diese schließlich doch nur eine an die natürlichen Bedingungen dieser Landschaft gebundene besondere Siedlungsform. Deshalb wollen wir den Blick noch in das germanische Binnenland werfen.

Während man im Marschenland beim Kampf mit den von Jahrhundert zu Jahrhundert steigenden Fluten den Ausweg im Wurtenbau fand, ging man im Binnenland bei ähnlich bedrohlichen Gefahren einen anderen hier auch viel näher liegenden Weg. Bedrohten steigendes Grundwasser oder stärkere Wasserführung der Flüsse die Siedlung, so wurde der Wohnplatz einfach an einen höheren Platz verlegt. Im allgemeinen war man aber bestrebt, die Siedlung an der gleichen Stelle zu belassen, und die einzelnen Bauern bauten ihre abgebrannten oder baufällig gewordenen Häuser auch immer wieder an der gleichen Stelle auf. Man tat es vor allem deswegen, weil die Nebengebäude, der Brunnen und die Äcker weiter genutzt werden sollten und auch die wirt-

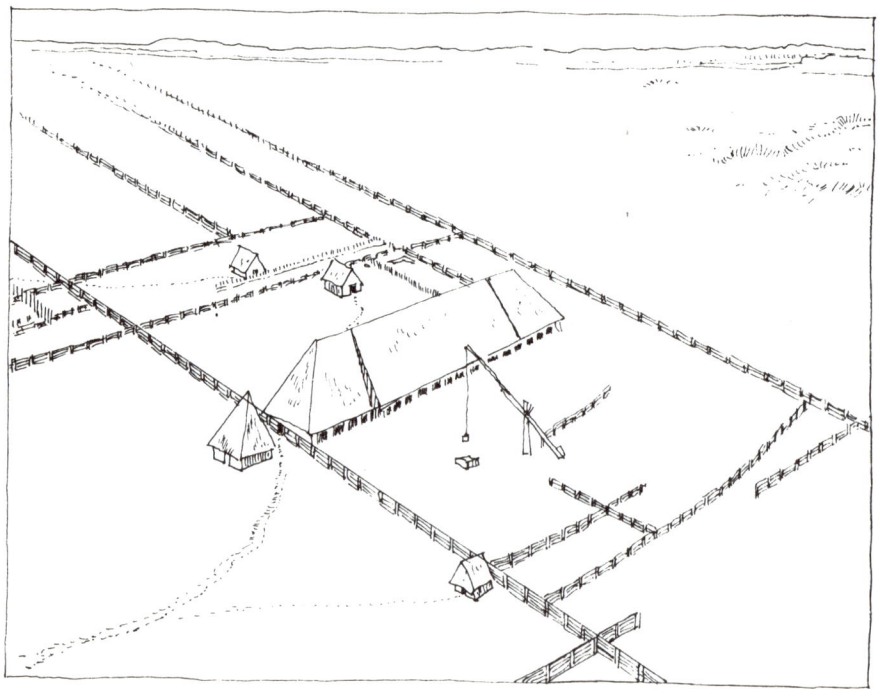

Herrenhof von Fochteloo/Niederlande (nach van Griffen)

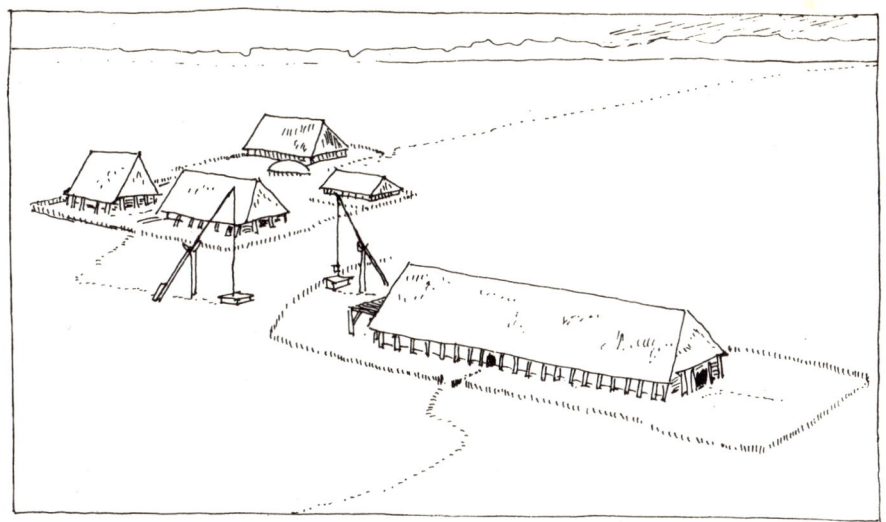

Weiler mit großem Bauernhof von Fochteloo/Niederlande (nach van Griffen)

schaftliche Verbundenheit mit den Nachbarn der Siedlung das erforderte. Hier können wir von einer echten Siedlungskonstanz sprechen. Es gibt aber auch Beispiele, wo Neubauten regelmäßig immer ein Stück abseits errichtet wurden, ohne daß zunächst natürliche Ursachen wie Meerestransgression oder steigender Grundwasserspiegel erkennbar sind. So verschob sich die gesamte Siedlung langsam, aber stetig in einer Richtung. Die Gründe können nur in der wachsenden Ertragsarmut der Äcker und in der Notwendigkeit, neue Ackerflächen unter den Pflug zu nehmen, gesucht werden. Ein Beispiel dafür ist eine Siedlung von Hamburg-Farmsen, wo trotz der ununterbrochenen Besiedlung über 5 Jahrhunderte keines der ständig vorhandenen 5 bis 6 Gehöfte länger als ein Jahrhundert am gleichen Ort stand bzw. nie an der gleichen Stelle neu aufgebaut wurde. Vielmehr verschob sich der kleine Ort ständig und »durchwanderte« im Laufe des halben Jahrtausends ein Gebiet von 44 ha. Hier sprechen wir von einer unechten Siedlungskonstanz.

Vom Wachstum einer auf der holländischen Geest siedelnden Großfamilie kündet ein Herrenhof von Fochteloo, Provinz Friesland, aus dem 1. und 2. Jh. Er bestand aus dem gleichen dreischiffigen Wohnhaus wie auf den Wurten – aber ohne Stallteil – sowie aus Nebengebäuden, Speicher, Brunnen und einer Umzäunung. Das zunächst 19 m lange Haus wurde zweimal auf beiden Schmalseiten auf schließlich 36,5 m erweitert. Die selten große Breite von 8 m ermöglichte auch ein stattliches Mittelschiff von 4 m. Nicht weit davon entfernt lag ein Weiler mit einem großen Wohnstallhaus nebst einem Brunnen und drei kleineren Bauernhäusern. Jedes dieser 4 Häuser war für sich und dann waren noch alle gemeinsam von Palisadenzäunen und Gräben umgeben.

Diese Schutzmaßnahme ist hier im westlichen Grenzgebiet Germaniens verständlich. Wenn es auch keine »Burg« war und kaum die römischen Legionen eingeschüchtert haben dürfte, so boten doch der kleine Graben und die Palisade einen Schutz vor umherstreifenden Gruppen, wie sie in jenen Zeiten der vielen Kriege im Friesenland sicherlich existierten. Da Befestigungen von den Germanen selten angelegt wurden, mögen hier auch römische Städte und Militärlager Vorbild gewesen sein. Das trifft besonders auf einige andere Siedlungen in der holländischen Provinz Drente zu, wo die Langhäuser mit ihren Nebengebäuden an geradlinig verlaufenden und rechtwinklig sich schneidenden Wegen lagen.

Auch auf dem Gebiet der DDR sind germanische Siedlungen mehr oder weniger vollständig untersucht worden. Das bisher beste Beispiel ist eine Anlage von Kablow, Kr. Königs Wusterhausen. Während im 1. Jh. v. u. Z. dort nur eine kleine Siedlung mit fünf kleinen Häusern bestand, deren Bewohner anscheinend mehr Fischfang in der Dahme und dem Krüpelsee betrieben als Ackerbau, fand sich aus dem 2. und 3. Jh. nunmehr eine große Bauernsiedlung mit etwa 66 Häusern, die aber – sich mehrfach im Grundriß überschneidend – offensichtlich zu verschiedenen Zeiten bestanden hatten, weil sie immer wieder wegen Baufälligkeit und Brandkatastrophen neu errichtet werden mußten. Wiederum handelte es sich um das gleiche dreischiffige Haus, von der Längsseite betretbar und in einen Wohn- und Stallteil gegliedert, zwischen denen oft noch eine oder zwei kleine Kammern eingebaut waren.

Die Größe dieser Häuser wuchs auch hier im Laufe der Zeit von 9 bis 10 m Länge zu solcher von 15 bis 17 m und erreichte gegen Ende der Besiedlung in einem Falle sogar 20 m. Bei einigen größeren Häusern waren noch zusätzlich Firstträger in der Mitte des Hauses eingezogen gewesen, was damit zu vierschiffigen Innenräumen führte. Nach der Boxeneinteilung zu schließen, hatte man in den einzelnen Häusern Platz zunächst für 12 Stück Vieh; der Stall des einen Hauses wurde dann aber für 22 Stück erweitert, und in der

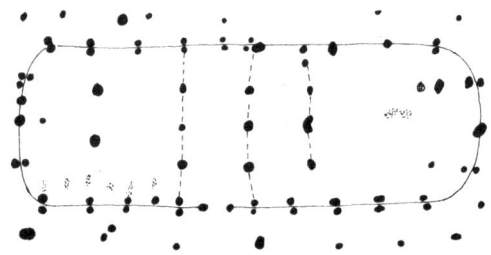

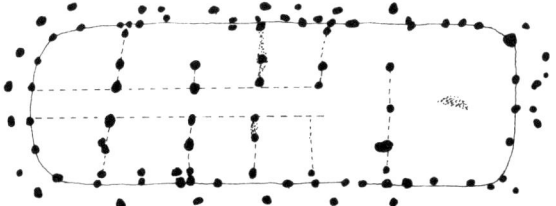

Hausgrundrisse (1:200) des 2./3. Jh. von Kablow, Kr. Königs Wusterhausen, und Nauen-Bärhorst

158

jüngsten Periode konnte der wohl reichste Bauer der Siedlung sogar 32 Stück Vieh unterstellen. Zwei kleinere Häuser in dessen Nähe hatten nur für wenig Vieh Platz; diese Bewohner dürften in sozialer Abhängigkeit vom Großbauern gestanden haben. Ein anderes Haus, das bereits in der 2. Bauperiode das größte war und nach einem Brand auf 20 m erweitert wurde, scheint wiederum kaum Platz für Vieh gehabt zu haben und erinnert dadurch an das eine Haus von Feddersen Wierde; vielleicht wurde das Vieh dieses Bauern an anderer Stelle von Unfreien oder wirtschaftlich von ihm Abhängigen versorgt.

Neben den Wohnstallhäusern gab es in Kablow eine Eisenverhüttungsstelle mit Schachtofen und mehreren offenen Rennfeuern, Kalkbrennöfen, ebenerdige oder gestelzte Speicherbauten und schließlich eingetiefte Web- und Spinnhütten, deren starke Pfosten tatsächlich – wie die antiken Historiker berichten – schwere Dungdächer getragen zu haben scheinen und deren Funktion durch die dort gefundenen Spinnwirtel und Webegewichte ausreichend belegt ist.

Überblickt man die Baugeschichte dieser Siedlung in den zwei Jahrhunderten, so ist die Entwicklung vom universalen Wohnstallhaus zur Hofanlage mit getrenntem Stall, mehreren Speichern und Spinnhütten nicht zu übersehen. Das war keinesfalls nur eine bautechnische Entwicklung, sondern hatte sozialökonomische Gründe. Einmal zeigte sich darin eine wachsende ökonomische Stärkung einzelner Bauern, während andere ökonomisch zurückgeblieben waren. Das führte zu einer stärkeren Arbeitsteilung und trug in sich die Tendenz zur Bildung von Privateigentum und zur Ausbeutung von Menschen durch einige wenige Großbauern.

In einem breiten Saum von der Rheinmündung entlang der Nordseeküste bis auf die Jütische Halbinsel und nach Südschweden sowie bis in den Berliner Raum begegnen wir also immer wieder dem dreischiffigen Hallenbau. Die technischen Gründe für diesen Haustyp sind darin zu sehen, daß nicht die Wände, sondern vornehmlich die beiden Reihen der Innenpfosten das Dachgerüst trugen. Man baute bekanntlich die Häuser in Ost-West-Richtung, um den vorherrschenden Westwinden einen möglichst geringen Widerstand zu bieten. Aus dem gleichen Grunde wollte man auch die Wände niedrig halten, weil sowohl eine lehmverstrichene Flechtwerk- als auch eine Rasenziegelwand gegenüber Regen und Wind besonders empfindlich waren. Zog man das Dach aber weit über die Wand hinaus bis fast zum Boden, so erhielt die Wand einen größeren Schutz. Auch deshalb mußte das Dach in der Hauptsache auf dem inneren Kerngerüst ruhen; zusätzlich saß es mit seinen beiden Traufseiten häufig auf Pfosten außerhalb der Wand auf. Die Wände hatten somit nur eine raumabschließende und keine dachtragende Funktion. Sie konnten auch wegen der geringen Höhe nicht die Querverbindungen aufnehmen, die vielmehr auf den beiden inneren Säulenreihen ruhten. Die niedrigen, untermannshohen Wände störten nicht weiter, weil im Stall das Vieh ohnehin stehen konnte und sich im Wohnteil an den Wänden sicherlich die Schlaf-, Sitz- und Abstellplätze befanden.

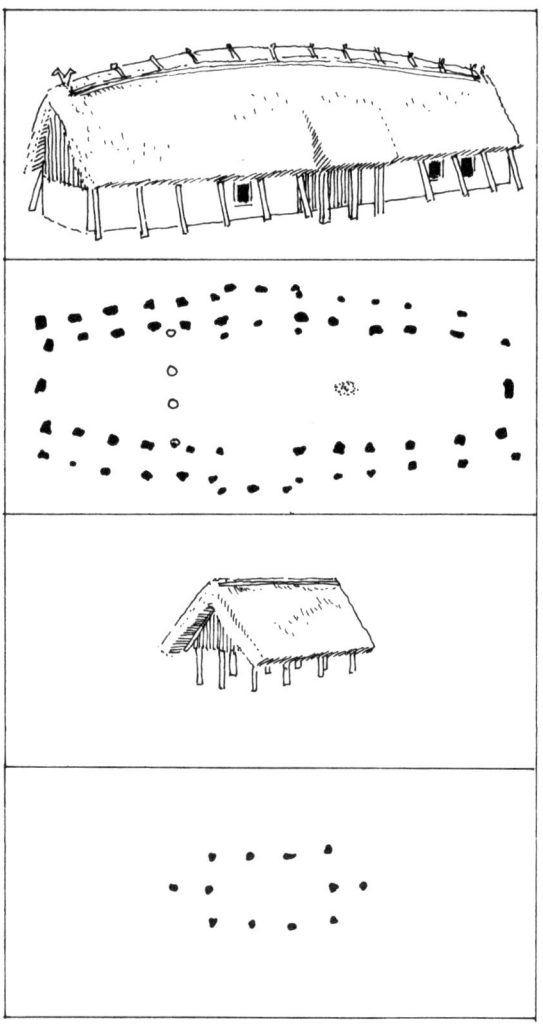

Daß Mensch und Vieh unter einem Dach lebten, hatte Vor- wie Nachteile. Aber wichtig war, daß die wertvollen Tiere des Nachts oder im Winter stets unter Aufsicht standen und zusätzlich zum Herdfeuer für eine angenehme Temperatur im Haus sorgten. Die unangenehmen Ausdünstungen wurden durch die natürliche Ventilation, hervorgerufen durch das offene Feuer und den Rauchabzug im Dach, in bedeutendem Maße abgeführt.

Das dreischiffige Wohnstallhaus blieb im ganzen 1. Jahrtausend vorherrschend. Erst dann gewann das Wohnstall-Speicherhaus mit breitem Mittelschiff an Bedeutung, weil die Höherentwicklung der Produktivkräfte einen größeren Getreideanbau ermöglichte, was wiederum die ökonomische Grundlage zur vollen Entfaltung der feudalen Produktionsverhältnisse, vor allem zur Entstehung der Stadt, schuf. Das niederdeutsche Bauernhaus bildet das letzte Glied dieser Entwicklung. Im Vorfeld der Mittelgebirge und in den

160

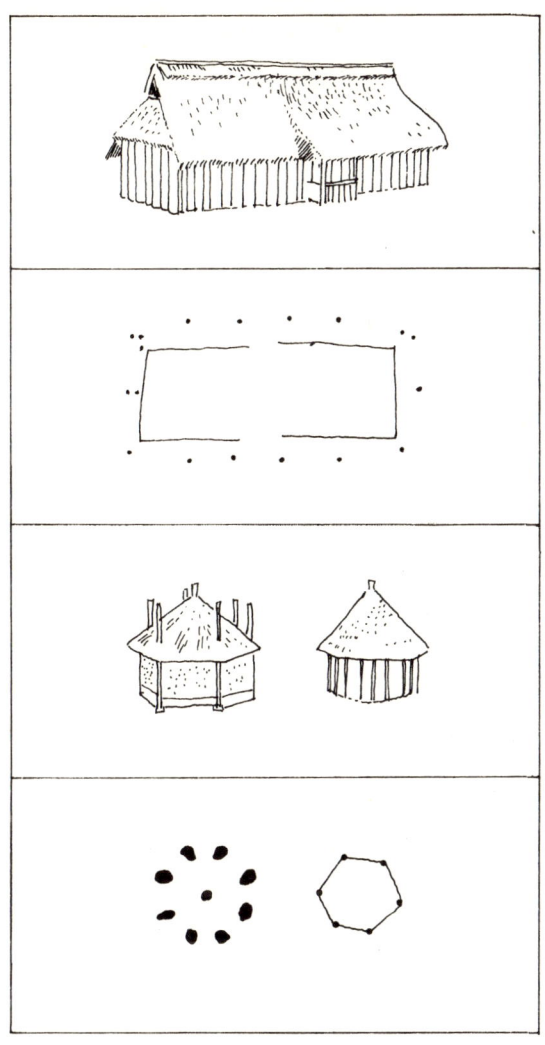

mitteleuropäischen Berglandschaften war hingegen das kleinere ein- und zweischiffige Haus mit höheren Wänden vorherrschend; es entsprach wohl besser den hier gegebenen natürlichen Bedingungen und ökonomischen Verhältnissen.

Für die Völkerwanderungs- und Merowingerzeit besitzen wir aus dem Gebiet der Franken, der Alemannen, der Bajuwaren und der Thüringer nur Ausschnitte einiger weniger Siedlungen, die sich durch die Kleinheit der Häuser auszeichnen. Es handelt sich um oft nur 3 bis 4 m, selten 6 bis 7 m lange, in vielen Fällen in den Erdboden eingetiefte Häuser. Das große Wohnstallhaus scheint – jedenfalls bei den Alemannen – nicht verbreitet gewesen zu sein, sondern vielmehr das Gehöft mit einer großen Zahl von Einzelgebäuden verschiedenster Funktion. In der Lex Alamannorum und ähnlich auch in anderen germanischen Volksrechten wird außer vom Wohnhaus noch von Vorratshäusern, Scheunen, Backstuben, Schaf- und Schweineställen gesprochen, sogar die Unfreien besaßen vom Wohnhaus getrennte Scheunen und Speicher. Dementsprechend konnten die Bauten tatsächlich klein bleiben.

Im Gebiet der Sachsen wurden dagegen sowohl die Tradition der großen Hallenhäuser fortgesetzt wie auch mehr Kleinbauten als früher errichtet. An einem Beispiel aus dem sächsischen Kolonisationsgebiet sei dies gezeigt. Von der 2. Hälfte des 7. Jh. bis zum Ende des 8. Jh. bestand eine Siedlung bei Warendorf in Westfalen, wo während mehrerer Jahre bisher 186 Bauten untersucht wurden. Neben den 25 großen, 14 bis 25 m langen Bauten fanden sich rund 40 kleinere Pfostenbauten, 70 kleine Grubenhäuser sowie Schuppen, Speicher, Scheunen oder andere offene Bauten. Aus der Überschneidung der Grundrisse ist ersichtlich, daß in diesen etwa 100 Jahren 4- bis 5mal nacheinander die Häuser immer wieder an der gleichen Stelle errichtet wurden. Sie lagen in traditioneller Weise in Ost-West-Richtung. Der Grundriß der Groß-bauten war in der Mehrzahl rechteckig, in den jüngeren Zeiten aber »schiffs-förmig« mit einer größten Breite in der Mitte (maximal + 2,5 m gegenüber den Schmalseiten). Diese finden ihre Parallelen im nordeuropäischen Raum der gleichen und der folgenden Wikingerzeit und zeigen uns interessante kultur-geschichtliche Verbindungen zwischen Nordgermanen und Sachsen auf. Im Gegensatz zu den älteren Hallenbauten trugen hier allein die Wände das Sparrendach. So störte kein Pfosten mehr das Innere dieses Hallengebäudes. Gegenüber dem Eingang befand sich ein Ausbau, der vermutungsweise die Stelle eines Ehrensitzes für den Hausherrn war. Wir denken dabei an eine Erzählung in einer isländischen Saga: Wenn man durch die Tür trat, sah man gegenüber an der langen Wand den Hochsitz mit den Pfosten auf jeder Seite, die als Zeichen der Macht mit Nägeln beschlagen waren.

Der größere Teil der ausgegrabenen Siedlung umfaßte etwa 4 bis 5 Höfe, zu denen jeweils auf einer Fläche von 100 m × 100 m ein großes Wohnhaus, etwa 8 ebenerdige kleinere Bauten, 2 Speicher und 3 bis 4 Grubenhäuser ge-hörten. So spiegeln sich auch hier, wo das große Hallenhaus noch geblieben war, im Siedlungswesen die wachsende Produktion und Arbeitsteilung wider, aber auch die Zunahme der unfreien und abhängigen Arbeitskräfte. Je statt-licher das Hallenhaus gebaut wurde und je größer zugleich die Zahl der Klein-häuser war, um so bedeutender muß die Ausbeutung im System des sich ent-wickelnden Feudalismus gewesen sein.

Von kulturgeschichtlichem Interesse sind die Bauten, die zur Sicherstellung des für Mensch und Vieh lebensnotwendigen Trinkwassers errichtet wurden. Denn es wurde nicht nur aus stehenden und fließenden Gewässern geschöpft, sondern auch aus Brunnen, wie sie uns aus zahlreichen Siedlungen bekannt geworden sind. Sofern keine größere Tiefe benötigt wurde, konnte man sich mit ausgehobenen Grubenschächten ohne weiteren Ausbau begnügen. Im allgemeinen erforderte aber die Tiefe des Schachtes doch eine Versteifung aus Steinen, Holz oder Geflecht. Die hölzerne Konstruktion bestand meist aus Brettern oder Bohlen, die entweder zu einem etwa quadratischen Kasten zusammengefügt oder seltener senkrecht in den Boden getrieben waren. In beiden Fällen mußten die Bohlen verzahnt bzw. vernutet werden, um dem Druck des umgebenden Erdreichs genügend Widerstand leisten zu können. Denn wir kennen Brunnen, wo man bis zu 6 m Tiefe gegangen war. In einem Falle (Siedlung Hamburg-Farmsen) besaßen die Bohlen einen keilförmigen Querschnitt, um sie schindelartig, sich überdeckend, aufeinandersetzen zu können. Auch ausgehöhlte Baumstämme wurden als Brunnenfassung genommen. Anderswo bestand die Konstruktion aus trocken zusammengefügten Steinen oder auch nur einem einfachen Rutengeflecht. Über dem Rand des Brunnens lagen zwei Balken, zwischen denen sich eine Spindel drehte, über die der Strick mit dem Eimer lief. Um ein Aufwühlen der Brunnensohle zu vermeiden, hatte man auf dem Grund ein Reisigfilter oder Steinlager einge-

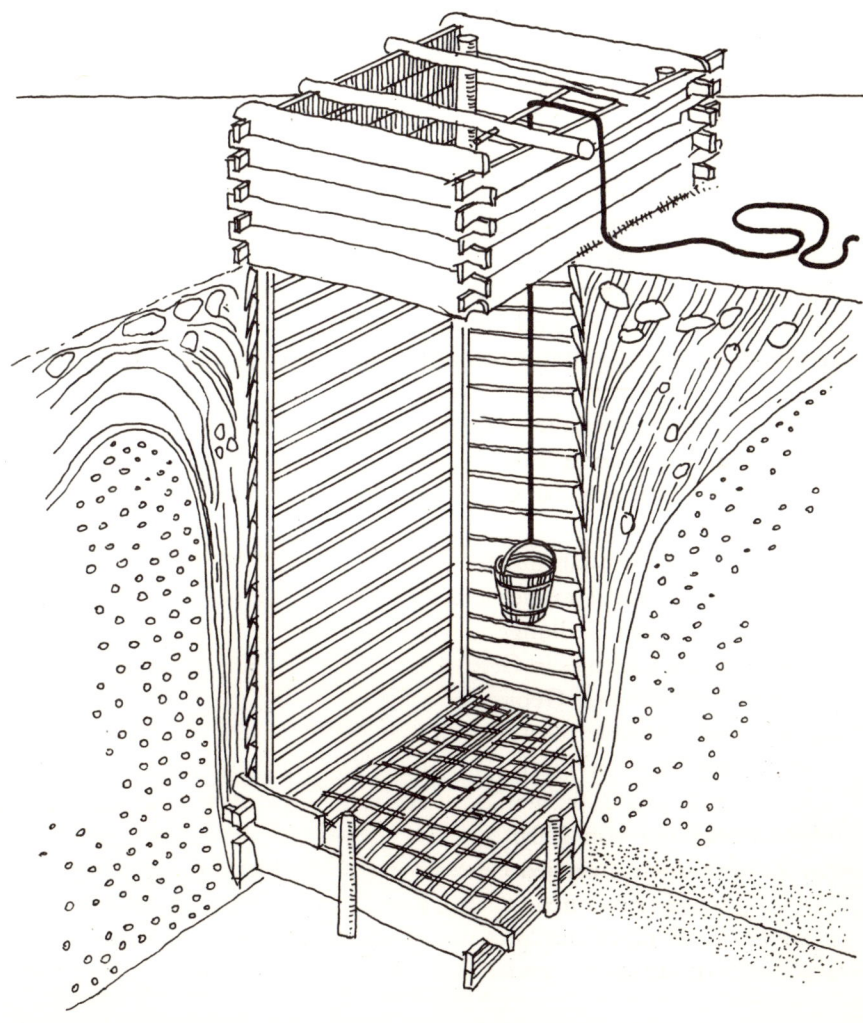

Brunnen von Hamburg-Farmsen aus dem 1.–5. Jh. (nach Westhusen)

baut. Pfostenstellungen um einige Brunnen lassen vermuten, daß man sogar Brunnenhäuschen über ihnen errichtet hatte.

Zu einer Siedlung gehörten Töpferöfen (S. 74 f.), Backöfen und meist auch die Produktionsstätten zur Eisenverhüttung und -verarbeitung (S. 62 ff.). Keinesfalls verfügte jede einzelne Familie über alle diese Einrichtungen, vielmehr wurden diese von der gesamten Siedlungsgemeinschaft errichtet und genutzt und waren dementsprechend Gemeineigentum. Die Backöfen bestanden aus einem meist steinernen Feuerungsraum und einem darüber befindlichen Brennraum, über den sich ein lehmverstrichenes Flechtwerk kuppelartig erhob. Solche Öfen dienten nicht nur zum Backen, sondern auch zum Trocknen und Rösten von Getreide und Früchten.

Wenn für den Siedlungsplatz auch meist trockenes Gelände gewählt wurde, so war man doch mancherorts gezwungen, die Wege zu befestigen. Genau wie auf den »Fernstraßen« (S. 108 ff.) wurden Kiesschüttungen, trocken zusammengefügtes Steinpflaster, Bohlenwege oder Reisigteppiche angelegt. Wie zahlreiche Siedlungen in Dänemark zeigen, besaßen die Fahrwege eine Breite von etwa 3 m, so daß ein Wagen gut darauf fahren konnte. Für Fußgänger legte man entsprechend schmalere Steige an oder nur einzelne Trittsteine.

Kulturen und Völker im Stadium der Militärischen Demokratie verfügen oft über ein bedeutendes Burgensystem. Wir sagten schon, daß die Germanen keine ausgesprochenen Burgenbauer waren und sich ebensowenig auf die Belagerung und Einnahme von Befestigungen verstanden. Aus der Mitte des 1. Jahrtausends v. u. Z. sind uns aus dem germanischen Gebiet keine Befestigungsanlagen bekannt, ganz im Gegensatz zum südlich anschließenden Gebiet. Zwar kennen wir aus der jüngeren Bronze- wie frühen Eisenzeit einige Burgen im Grenzgebiet, die auf Grund ihrer Lage den Germanen zugerechnet werden könnten, aber in ihrer ganzen Bauweise den Burgen der »Lausitzer Kultur« so entsprechen, daß sie wohl nur von Angehörigen dieser Kultur angelegt sein können.[1]

Erst in den letzten Jahrhunderten vor unserer Zeitrechnung scheint sich das Bild stellenweise gewandelt zu haben. Vielleicht unter Einfluß der Kelten, die ihre stadtartigen Siedlungen – Oppida – durch ansehnliche Mauern und Gräben sicherten, kam es in Germanien zu vereinzelten Befestigungsbauten. Aus dem jütländischen Gebiet kennen wir die Anlage von Borremose in Himmerland. Auf einer Insel gelegen, war der Platz nur auf einem 3 m breiten, gepflasterten Weg vom Festland aus zugänglich. Zwei Wälle und ein Graben sicherten im 3. und 2. Jh. v. u. Z. rundherum diese schon von Natur aus geschützte Siedlung von 100 m × 150 m Größe. Bereits im folgenden 1. Jh. v. u. Z. verzichtete man jedoch wieder auf die Befestigung, und aus der Inselburg wurde eine offene Siedlung mit 20 Häusern (vgl. Bild 22).

Neuere Grabungen auf den nordfriesischen Inseln – besonders in der Archsumburg auf Sylt – und auf der Insel Gotland scheinen die Existenz

---

[1] So Kamminke, Kr. Wolgast; Basedow, Kr. Malchin

kleiner ringförmiger Burgen von 60 bis 80 m Durchmesser bei nordgermanischen Stämmen in einem größeren Maß zu bestätigen, als bisher angenommen wurde. Soweit die Befunde es gestatten, dürften sie tatsächlich in die vorrömische und vielleicht den Beginn der römischen Zeit gehören, wogegen aus den nachfolgenden Jahrhunderten uns bislang Befestigungen unbekannt sind. Sie gewinnen erst in der Wikingerzeit wieder eine große Bedeutung. Die unzureichenden Ausgrabungen erlauben uns auch noch nicht, die Funktion dieser frühen Befestigungen mit Sicherheit zu klären. Sollten sie im Zusammenhang mit der durch die reichen römischen Importfunde (vgl. S. 90 mit Karte 5) belegten stärkeren sozialen Differenzierung der Nordgermanen stehen?

Bei den Westgermanen können wir von einer Burg mit Sicherheit nur im Falle der »Heidenschanze« bei Sievern, Kr. Wesermünde/BRD, sprechen. Zwei, auf einer Seite sogar drei Holz-Erde-Mauern mit den entsprechenden Gräben davor umschlossen eine Kernburg von 2 ha und eine Gesamtfläche von 10 ha. Um 50 v. u. Z. errichtet, wurde sie in einem Zeitraum von 100 Jahren zwei- bis dreimal erneuert und verstärkt. Sie war keine Fluchtburg, sondern lag ganz bewußt an einem bedeutenden Verkehrsweg neben einer Furt. So dürfte kein Zweifel darüber bestehen, daß ihr Bau durch die römischen Angriffe auf das nordwestgermanische Gebiet in der augusteischen und tiberianischen Zeit verursacht wurde, um die Römer am weiteren Vordringen in germanisches Gebiet zu hindern. Von hier aus waren auch eine Überwachung und ein Schutz der Wesermündung vor Angriffen der römischen Flotte möglich. Um die Mitte des 1. Jh. u. Z. scheint die Notwendigkeit einer Burg schon nicht mehr bestanden zu haben.

Problematisch ist die mögliche Besitzergreifung keltischer Burgen durch Germanen am Rhein, in Böhmen und Mähren. Funde dieser Zeit beweisen zwar die Anwesenheit von Germanen auf diesen Plätzen. Aber haben sie diese Befestigungsbauten genutzt, instand gehalten oder gar weiter ausgebaut? Eine Schlüsselstellung in dieser Frage nimmt die Altenburg bei Niedenstein in Hessen ein. Noch heute ist der wissenschaftliche Streit nicht entschieden, ob hier das bei Tacitus (Annal. 1) als Hauptburg der Chatten erwähnte Mattium oder nur eine einfache Siedlung gelegen hat. Die von Wällen umgebene Fläche von 70 ha Größe trug eine dichte Besiedlung mit zahlreichen Produktionsstätten. War nun die durch Brand hervorgerufene Zerstörung bereits bei der Eroberung des Oppidum durch die Sueben des Ariovist erfolgt, oder wurde die Burg durch die Chatten zunächst zu ihrem Mattium ausgebaut, das dann erst im Jahre 15 u. Z. durch Germanicus eingeäschert wurde? Für letztere Annahme spricht auch die Konstruktion des Walles in einfacher Holz-Stein-Erde-Konstruktion, die nicht den typischen keltischen Kastenaufbau erkennen läßt.

Mag die Altenburg, wenn sie mit dem chattischen Mattium tatsächlich identisch ist, noch in ihrer Funktion einer keltischen stadtähnlichen Ansiedlung nahegekommen sein, so waren andere Anlagen dieser Zeit nur reine

Fluchtburgen. Wenn Cäsar von den »Oppida« der Sueben und der Ubier spricht (bell. gall. 4 und 6), so braucht damit nicht ein stadtähnlicher Charakter zum Ausdruck gebracht worden zu sein, da Cäsar sie selbst nicht gesehen oder gar ihre Funktion erkannt hat. Vielleicht sind es überhaupt nur augenblickliche Zufluchtsorte gewesen, die schon von ihrer Lage her natürlichen Schutz boten. Denn immer wieder berichten die antiken Schriftsteller von den Wäldern, welche die Germanen mit der gesamten Bevölkerung und ihrer Habe aufsuchten oder wohin sie die Frauen, Kinder und den Besitz schafften, bevor sie den Gegner angriffen. Natürlich gesicherte Höhen oder aus vorgermanischer Zeit stammende Befestigungen werden dazu genutzt worden sein.

Wo es sich anbot und die Voraussetzungen gegeben waren, sind dann mitunter auch Wälle aufgeworfen worden. So dürfte die Erdenburg bei Bensberg in der Nähe von Köln aus dem 1. Jh. v. u. Z. stammen. Ein dreifacher Ring zog sich um eine 165 m × 230 m große Fläche. Der Innenwall war in Holz-Erde-Kastenkonstruktion mit Palisadenschutzwehr errichtet, während die beiden anderen Befestigungsringe nur aus Erdwällen mit Palisaden bestanden; vor jedem der drei Wälle zog sich ein Spitzgraben entlang. Eine raffinierte Toranlage, vielleicht sogar mit einem Torturm, sicherte diesen empfindlichsten Teil jeder Burg. Nach den geringen Siedlungsspuren zu urteilen, handelte es sich in diesem Falle ebenfalls mehr um eine Fluchtburg. Der Bau der Befestigung scheint nicht zum Abschluß gebracht worden zu sein.

Aus den antiken Quellen hören wir weiterhin von Landwehren, die Stammesgebiete voneinander trennten. Die bekannteste derartige Anlage war der Angrivarierwall gegen die Cherusker, der an der Weser südlich Nienburg lag. Auch von den Treverern berichtet Tacitus (Hist. 4), daß diese an ihrer Grenze gegen die Römer einen Wall mit Brustwehr erbauten.

Leider können wir uns keine Vorstellung machen, wie die Sitze germanischer Stammesführer ausgesehen haben. Tacitus spricht immerhin von einer »Belagerung« des Segestes durch die Cherusker (Annal. 1). Oder wie soll man sich Hof und Burg (ebd. 2: regia castellumque) des Marbod vorstellen? Hat auch er von einem keltischen Oppidum Besitz ergriffen? War es das südlich Prag gelegene größte mitteleuropäische Oppidum Závist mit 170 ha Fläche?

Ob wir nun die eine oder andere Burganlage heute bereits oder in Zukunft den Germanen zuschreiben können oder nicht, so ist doch insgesamt erkennbar, daß kein größeres gesellschaftliches Bedürfnis für umfangreiche Befestigungen im innergermanischen Gebiet vorlag. Die Palisadenzäune und die schmalen, auch mehr der Entwässerung dienenden Gräben auf den Wurtensiedlungen waren zwar gewisse Schutzmaßnahmen, machten aber die Siedlungen deshalb noch lange nicht zu Burgen.

Wir nannten bereits den Herrenhof von Fochteloo, wo möglicherweise das römische Vorbild Einfluß genommen hatte. Der Plan eines Legionslagers scheint in Holland mehrmals auf befestigte germanische Bauernsiedlungen förmlich übertragen worden zu sein. Als Beispiel sei nur die Siedlung Zeijen, Provinz Drente, genannt: fast quadratisch mit palisadenbewehrter Holz-Erde-

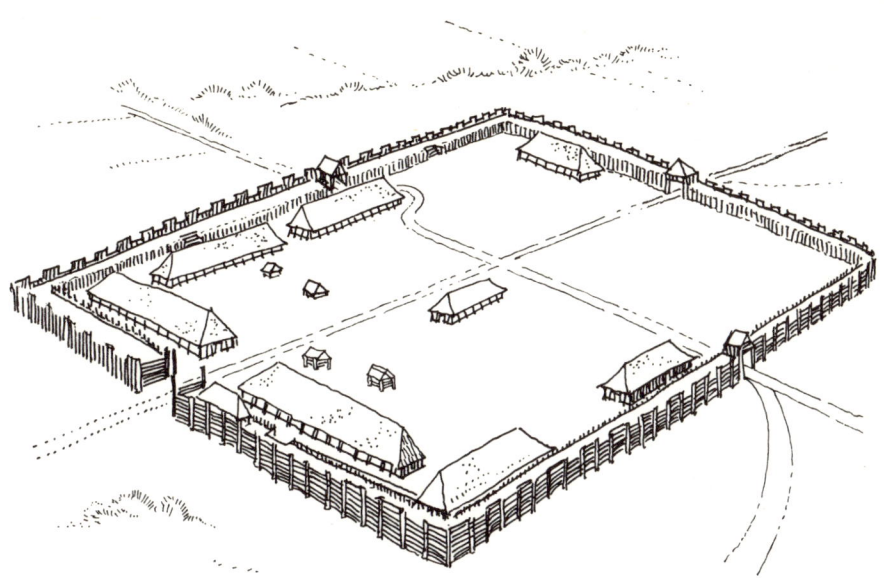

Befestigte Siedlung von Zeijen, Prov. Drente/Niederlande, aus der römischen Zeit (nach van Griffen)

Mauer und je einem Eingangstor in der Mitte aller vier Seiten. Parallel mit der Befestigung verlaufend, erstreckten sich die Langhäuser. Im Inneren des Platzes scheint genügend Raum für das Vieh gewesen zu sein.

Aus den folgenden Jahrhunderten fehlen fast gänzlich schriftliche und archäologische Belege für Burgen. Erst in der Zeit um 400 scheint der seit Jahrtausenden immer wieder besiedelte und schon in der Urnenfelder- und später in der keltischen Zeit befestigte Glauberg im Kreis Büdingen/BRD von Germanen erneut ausgebaut worden zu sein. 1,5 m breite Trockenmauern umzogen fortan die 200 m × 1000 m große Fläche. Die Mauern waren mit Pfosten abgestützt, nach vorn zu mit Basaltsteinen verkleidet und ihr Kern mit Erde und Basaltschotter gefüllt. Im Inneren fanden sich neben den Besiedlungsspuren auch Reste von Produktionsstätten.

Was für die Inbesitznahme keltischer Oppida durch die Germanen im 1. Jh. v. u. Z. galt, traf in ähnlicher Weise später für die Völkerwanderungszeit zu, als Germanen eroberte Burgen bezogen. So haben sich die Goten an den Küsten des Schwarzen Meeres in steinernen Festungen der einheimischen Bevölkerung niedergelassen und diese auch verteidigt. Die bekannteste ist Sadowec in Bulgarien, die dann um 600 von den Awaren eingeäschert wurde. 1,8 m starke Mauern, kasemattenartige, an die Innenmauer angelehnte Bauten und ein Befestigungsturm mit 2,7 m starken Wänden wirken so gar nicht germanisch, daß die eigentlichen Erbauer nur in der unterworfenen Bevölkerung zu suchen sind.

Erst als mit fortschreitender Feudalisierung die inneren und äußeren Widersprüche wuchsen und die Klassengegensätze einen immer stärkeren antagonistischen Charakter annahmen, entstanden vielerorts im germanischen Bereich

Burgen als Sitze des Feudaladels. Mögen vielleicht einige Burgenbauten bis in das 7. Jh. zurückreichen, so begann doch erst im 8. Jh. der große Burgenbau, vor allem bei Franken und Sachsen, der dann unter Heinrich I. einen Höhepunkt erreichte.

Auch im nordgermanischen Raum kam es später zu stattlichen Befestigungsbauten. Die Untersuchung einer der frühesten Burgen Schwedens ist auf der Insel Öland noch im Gange. Diese »Eketorps-borg« ist eine kreisrunde Anlage von 80 m Durchmesser, die einst durch 5 m breite und ursprünglich 5 bis 6 m hohe Steinmauern geschützt war. Genauso planvoll war die Innenbesiedlung vorgenommen, wo gegen 90 Häuser, in zwei Ringen angelegt, Menschen, Vieh, Vorräte und Produktionsstätten aufnehmen konnten. Diese im 5. Jh. errichtete Burg bestand bis zum Ende des 7. Jh. Sie war kein Feudalsitz, sondern eine Burg für eine große Gemeinschaft, die sich der zunehmenden räuberischen Unternehmungen der Nordgermanen zu Wasser und zu Lande erwehren mußte bzw. selbst an diesen beteiligt war. Aus der folgenden Zeit der Wikinger kennen wir weitere, ebenfalls so planvoll angelegte Bauten. Auch sie sind keine Burgen im Stile der mitteleuropäischen, sondern eher Militärlager als Basis für die großen Meeresfahrten der Wikinger.

In den provinzialrömischen Gebieten, wo ja gleichfalls Germanen in größerer Zahl die Bevölkerung bildeten, bestimmten zivile und militärische Bauten das Gesicht wie überall, wo der römische Soldat und der römische Beamte die Interessen des Imperiums vertraten. Eine große Zahl der heutigen Städte an Rhein und Donau führen ihren Ursprung auf römische Städte oder Militärlager zurück. Dazu gehören solche bedeutenden Städte wie Köln (Colonia Agrippina), Trier (Augusta Treverorum), Bonn (Bonna), Mainz (Mogontiacum), Koblenz (Confluentes), Wiesbaden (Aquae Mattiacorum), Augsburg (Augusta Vindelicorum), Regensburg (Castra Regina), Wien (Vindobona) und viele andere (vgl. Karte 2). Paläste, Villen, Tempel, Bäder, Aquädukte, Stadttore (Bild 38), Stadtmauern wurden in Stein errichtet und künden oft noch heute in ihren Resten vom Können römischer Architekten und Baumeister. Wo Germanen in den provinzialrömischen Gebieten fernab der römischen Städte wohnten, wird sich die Bauweise ihrer Häuser und Siedlungen nicht von der im freien Germanien unterschieden haben. Aber immer mehr wurden die römischen Städte auch Anziehungspunkte für die einheimische Bevölkerung, die dort ihren Lebensunterhalt leichter zu finden glaubte, jedoch damit ihre bisherige Freiheit gegen die Ausbeutung in den römischen Produktionsstätten eintauschte. Als dann die germanischen Stammesverbände die Nachfolge der römischen Herrschaft antraten – ob in Gallien oder Spanien, in Italien oder auf dem Balkan –, wurden die römischen Städte oft germanische Königssitze, Zentren der Kirche und schließlich Mittelpunkte der feudalen Staaten.

Totenkult und Religion

Vom Werden und Vergehen des Lebens – Prunkbestattungen des Adels –
Eigenartige Totenbräuche – Der Blick in die Zukunft – Die germanischen
Götter und ihre hölzernen Abbilder – Das Geheimnis der Moore – Das Kreuz
auf dem Helm

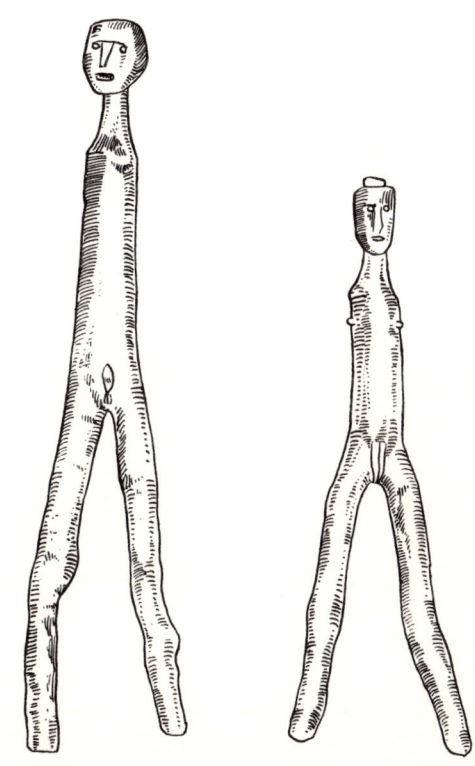

In der Natur vollziehen sich ständig Vorgänge, denen gegenüber sich der ur- und frühgeschichtliche Mensch machtlos und unwissend fühlte, weil er weder die Ursache noch die Zusammenhänge kennen konnte. Er nahm das Geschehen um sich herum aber mit seinen Sinnen auf und formte sich sein Weltbild, das in seinen kausalen Zusammenhängen um so irrealer und phantastischer war, je weiter wir in die Frühgeschichte der Menschheit zurückblicken. So spiegelte sich die tatsächliche Welt in wesentlichen Zügen verzerrt im Bewußtsein der Menschen wider.

Bewußtseinsformen sind für schriftlose Zeiten nicht unmittelbar überliefert, nur in ihren für uns sichtbaren Auswirkungen können sie in groben Umrissen erfaßt werden. Die in diesem Zusammenhang wichtigste materialistische Erkenntnis, daß das Bewußtsein vom Sein, die Idee von der Materie bestimmt wird, gibt uns das methodische Rüstzeug, in die Tiefe einstigen Gedankengutes vorzustoßen und zu versuchen, das Weltbild vergangener Generationen zu rekonstruieren. Da sich die Entwicklung des Bewußtseins gegenüber der des Seins immer wieder gesetzmäßig verzögert, können wir aus späteren überlieferten schriftlichen Quellen gewisse Erkenntnisse für die davorliegenden Perioden gewinnen.

Für die Germanen hat man die umfangreiche Überlieferung von Heldengeschichten und Sagen dazu ausgewertet. Sind sie aber noch eine Widerspiegelung der Germanen zur römischen Zeit oder zur Völkerwanderungszeit? Der inhaltliche Stoff geht zwar teilweise bis in die Völkerwanderungszeit zurück, aber als sie im Mittelalter gesungen und niedergeschrieben wurden, geschah dies mit den Augen und Vorstellungen der in einer Klassengesellschaft lebenden Menschen; auch manches christliche Gedankengut war in die Überlieferung eingedrungen. So sind die mittelalterlichen Heldensagen von unsicherem Quellenwert für die Vorstellungswelt der frühen Germanen.

Als zweite Quellengattung für Kult und Religion der Germanen werden gern die bronzezeitlichen Felsbilder Südskandinaviens genutzt, obgleich die dortige Kultur des 2. Jahrtausends v. u. Z. höchstens als »vor-germanisch« bezeichnet werden kann. Von den bronzezeitlichen Felszeichnungen bis zu den isländischen Sagas sind gut zwei Jahrtausende verflossen, in denen sich wahrlich entscheidende Veränderungen auch im Bewußtsein der Menschen vollzogen haben. So stehen uns deshalb wiederum in erster Linie die archäologischen Quellen und zeitgenössischen Berichte der antiken Schriftsteller zur Verfügung.

Der Schritt ins Leben und der Weg aus diesem Leben in den Tod waren zwei Phänomene, die den Menschen von frühester Zeit an bewegten. Wenn den Germanen auch bereits seit langem die unmittelbaren Vorgänge und Zusammenhänge von Zeugung und Geburt bewußt waren, so glaubten sie doch darin unbekannte Kräfte zu spüren, vor allem, wenn der Nachwuchs ausblieb oder nicht lebensfähig war. Deshalb nahm der Fruchtbarkeitskult wie überall in der Urgesellschaft und noch in den ältesten Klassengesellschaften einen bedeutenden Platz ein. Er schloß gleichermaßen die Bitte für ertragreiche Ernten und reichlichen und kräftigen Nachwuchs beim Vieh ein. Daher genoß die Frau und Mutter als Verkörperung des Lebens und der Fruchtbarkeit bei den Germanen hohe Achtung. Mehrfach berichteten die römischen Schriftsteller, daß »den Frauen etwas Heiliges und Seherisches innewohne und man nicht ihre Ratschläge verschmähe« (Tacitus, Germania 8); einige dieser Seherinnen waren den Römern sogar namentlich bekannt (Veleda, Albruna).

Die Germanen standen auf einer geistigen Entwicklungsstufe, auf welcher der Fruchtbarkeitskult bereits seinen festen Platz in der germanischen Götterwelt hatte. Wir werden deshalb auf die damit verbundenen Bräuche und Sitten im Zusammenhang mit der germanischen Religion eingehen (S. 181 ff.). Inhaltlich ist mit ihm die Sage von der Entstehung des Menschengeschlechtes verbunden. Hierin unterschieden sich die germanischen Vorstellungen kaum von denen vieler anderer Völker. Als Stammvater galt bei den Germanen Mannus, ein Sohn des Gottes Tuisto[1]; und dieser Gott Tuisto selbst wäre aus dem Mutterschoß der Erde geboren. So wird wiederum die Erde als die Gebärerin alles Neuen gesehen.

Dem Werden neuen Lebens steht auf der anderen Seite das Vergehen des Alten gegenüber. Mag es auch widerspruchsvoll klingen, aber nirgends tritt uns der Mensch mit seinen einstigen Gedanken, Gefühlen und Vorstellungen so unmittelbar entgegen wie durch den Grabkult. Dessen geistige Grundlage war die Vorstellung vom Weiterexistieren des Verstorbenen, sei es in einer Seele, sei es im eigenen Körper; der Tote begebe sich nur in ein dem Menschen unbekanntes »Jenseits«. Für diesen Aufenthalt benötigte er das gleiche wie zu Lebzeiten: Nahrung und Kleidung, Waffen und Schmuck. Die Vorstellungen von diesem Jenseits und der notwendigen Ausstattung des dorthin Gehenden veränderten sich, wobei die Grabausstattung wohl nur selten dem gesamten Umfang der materiellen Güter zu Lebzeiten entsprach. Entscheidend für den

---

[1] Der Name bedeutet soviel wie »Zwitter«; ein derartiges doppelgeschlechtliches Wesen steht häufig als Anfangsglied der mythischen Vorstellung vom Ursprung der Götter oder der Menschen. In der germanischen Götterwelt erscheint der Name sonst nicht.

Umfang an Beigaben war vor allem die gesellschaftliche Stellung des Verstorbenen. Adelsgräber unterschieden sich ganz wesentlich von denen der übrigen Bevölkerung. Wollte man dem Totenkult des Adels nacheifern, bediente man sich des »frommen Betruges«, indem man von aufwendigen oder kostbaren Stücken nur Teile oder diese aus minder wertvollem Material oder gar nur in einer Zeichnung mitgab. So mußte sich mitunter der Tote anstelle eines mitbestatteten Pferdes mit der Gravierung eines aufgezäumten Pferdes auf einem Tongefäß »begnügen«.

Die Art der Bestattung – ob Körper- oder Aschenbeisetzung – ist ein Ergebnis der jeweiligen Vorstellungen vom Leben nach dem Tode. Als in großen Teilen Europas die Menschen gegen Ende der Jungsteinzeit und dann vor allem im Verlaufe der Bronzezeit ihre Toten zu verbrennen begannen, mögen vermutlich verschiedene und von uns heute nur schwer zu erforschende Ursachen sie zu diesem Schritt bewogen haben. Der Hauptgrund dürfte in der Vorstellung zu suchen sein, daß man der Seele den Weg aus dem zerfallenden Körper erleichtern wollte. Die zum Himmel lodernden Flammen und dahinziehenden Rauchschwaden des Scheiterhaufens mögen diesen Flug der Seele versinnbildlicht haben, wobei das Feuer ohnehin im Kult eine große Bedeutung besaß. Das Verbrennen des Toten stand andererseits nicht im Gegensatz zu der Vorstellung, daß dieser auch weiterhin Mitglied der Gemeinschaft – der Sippe – blieb. Das gilt gerade für die Germanen.

Während der vorrömischen Zeit haben die Germanen ihre Toten überwiegend verbrannt, deren Asche ausgelesen, in eine Urne geschüttet und diese in einer Grube beigesetzt (Bild 42). Das Aschengefäß verschloß man meist mit einer Schale, einem Tondeckel oder einer Steinplatte und schützte alles mit Steinen, ja ganzen Steinpackungen. Oft mußten auch die Grube selbst, ein Beutel oder ein hölzerner Behälter die Urne ersetzen.

Die in der vorrömischen Zeit nicht allzu zahlreichen Beigaben hatte man zusammen mit dem Toten dem Feuer übergeben. Sofern die Sachen nicht bereits dadurch entsprechend verformt waren oder gar nicht auf dem Scheiterhaufen gelegen hatten, wurden die Waffen wie Schwerter, Lanzen und Schildbuckel zusammengebogen. Es war wohl weniger der praktische Grund, sie dadurch besser in die enge Grabgrube bringen zu können, als vielmehr die Vorstellung, auch die Waffen müßten »sterben« und sollten nie mehr in die Hand eines anderen geraten. Die Toten lebten nach den Vorstellungen der Germanen in der Gemeinschaft weiter. So lagen die Gräber nicht vereinzelt oder in der Nähe des Hofes, sondern auf großen Friedhöfen, die oft Hunderte und Tausende von Bestattungen aufwiesen. Vielleicht dienten sie auch mehreren Siedlungen als gemeinsamer Bestattungsplatz. In vielen Fällen verblieben die Gräberfelder länger am gleichen Platz als die Siedlungen, deren Bewohner – wie bereits dargelegt – aus ökonomischen Gründen häufig wandern mußten.

Eine Ordnung der Gräber ist nicht erkennbar. Ältere und jüngere Gräber liegen nahe beieinander, ohne sich jedoch häufig zu überschneiden, was auf

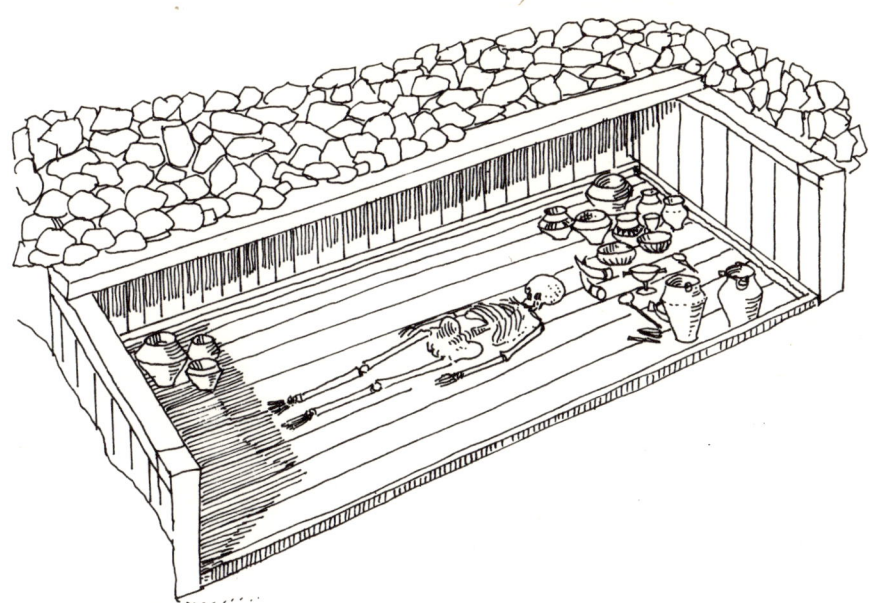

Adelsgrab von Gosławice/VR Polen (1. Jh.)

eine oberflächliche Kennzeichnung durch einen kleinen Hügel oder ein Holz-mal schließen läßt. Man findet mitunter leere Gräber (Kenotaphien), in die eine Urne, aber ohne Leichenbrand, eingesetzt war. Diese Gräber sind symbolisch für Krieger und Seefahrer errichtet worden, die in der Fremde verstarben oder als vermißt galten.

Gegen Ende der vorrömischen Zeit trat neben der Brandbestattung die Körperbestattung auf. Dieser neuen Bestattungssitte begegnen wir vor allem bei den reich ausgestatteten Gräbern, in denen ohne Zweifel Angehörige einer sozial führenden Schicht ruhten. Soweit der Grabbau bei diesen Adelsgräbern noch erkenntlich war, hatte man dem Toten eine hölzerne oder steinerne Grabkammer von oft beträchtlicher Größe (so in Gosławice bei Opole 2,5 m × 5 m) errichtet. Der Tote war mitunter nach alter Sitte in einem Baumsarg beigesetzt. Über der Grabkammer erhob sich ein Hügel aus Steinen und Erde. Diese Hügel sind durch ihre stattlichen Ausmaße oft eindrucksvolle Denk-mäler in der heutigen Landschaft. So besaßen die Grabhügel von Storedal am Oslo-Fjord Durchmesser bis über 22 m. Am Fuße des Hügels zog sich ein Steinkreis herum, der zugleich ein Auseinanderfließen der Hügelerde verhin-derte, aber vor allem einen »Bannkreis« bilden sollte, den man nicht oder nur unter Zeremonien überschreiten durfte.

Diesen in Grabbau und -ausstattung imposanten Gräbern – nach dem Fund-ort Lubieszewo (Lübsow) bei Szczecin »Adelsgräber vom Lübsower Typ« ge-nannt – begegnen wir vereinzelt in Südnorwegen und Mittelschweden, mehr-fach in Jütland und auf den dänischen Inseln, in Mecklenburg und Westpolen sowie bei den Elbgermanen. Sie fehlen bei den Westgermanen.

Zur Ausstattung dieser Gräber gehörte in erster Linie ein vollständiges Trinkservice mit bronzenen und silbernen Gefäßen, Glasbechern und -schalen römischer Herkunft sowie Trinkhörnern und Tongefäßen einheimischer Produktion. An sonstigen Beigaben fanden sich Fibeln, Gürtel, Messer und Schere, silberne oder knöcherne Nadeln, Fingerringe, in den Frauengräbern Kamm, Spiegel und verschiedene Schmuckanhänger, in den Männergräbern Spielsteine bzw. -würfel und Sporen, aber – von geringfügigen Ausnahmen abgesehen – keine Waffen.

Die Sitte der Körperbestattung fand jedoch nicht nur Eingang bei den führenden Schichten der Germanen, sondern unter einzelnen Stämmen auch bei der gesamten Bevölkerung. Ganz augenfällig war dies bei den Goten, als sie zu Beginn unserer Zeitrechnung, von Skandinavien kommend, im Weichselmündungsgebiet erschienen.

Der Anstoß, die Toten nicht mehr zu verbrennen, sondern beizusetzen, dürfte von den Römern, vielleicht von den Kelten gekommen sein. Wie zu allen Zeiten war auch bei den Germanen der Adel für fremdländische Sitten besonders anfällig, vor allem, wenn er sich dadurch von der sonstigen Bevölkerung unterscheiden konnte. Wohl scheint Tacitus' Bericht über die Bestattungssitten (Germania 27) im Gegensatz zu diesen Beobachtungen zu stehen, wenn er schreibt, daß »die Leichen berühmter Männer im Feuer gewisser Holzarten verbrannt werden«. Doch wird Tacitus seine Kenntnis in der Hauptsache von den Westgermanen erhalten haben, bei denen Körperbestattungen trotz der Nähe zur römischen Grenze nicht üblich waren; auch der markomannische Adel verbrannte im Gegensatz zu den übrigen Elbgermanen seine Toten.

Seit dem 3. Jh. setzte sich die Körperbestattung immer mehr durch und wurde in vielen Gegenden Germaniens die vorherrschende Bestattungsform (Bild 43). Die Brandbestattung gab man aber nicht gänzlich auf. Eine bedeutende Rolle spielte sie nach wie vor bei den Sachsen, den Langobarden und anderen elbgermanischen Stämmen sowie den Burgunden in der Lausitz, die alle ihre Toten noch im 3. und 4. Jh. fast ausnahmslos verbrannten. Bei den Franken fanden sich Brandbestattungen sogar aus der Zeit des 8. Jh., obgleich hier das Christentum sicherlich gegen diese heidnische Sitte eingeschritten war. Es sieht wie eine Opposition gegen den neuen Glauben aus.

Ähnlich wie in der vorrömischen Zeit vereinigten die Friedhöfe in diesen Jahrhunderten Hunderte und oft Tausende von Gräbern. Auf einem langobardischen Gräberfeld an der unteren Elbe schätzt man sogar ihre Zahl auf 8 000 bis 10 000 Gräber. Auch unter Berücksichtigung zahlreicher Generationen können auf solchen Friedhöfen die Toten nicht nur eines Dorfes, sondern müssen die Verstorbenen mehrerer Siedlungen beigesetzt worden sein. Es hat also über die Dorfgrenzen hinaus gesellschaftliche Beziehungen gegeben, die auch oder gerade nach dem Tode respektiert wurden.

Außer dem »Reiseproviant« in Form von Fleisch und Getränken erhielt der Tote seinen Schmuck, die Kleidung (von der sich meist nur die Fibeln, Gürtelteile und metallener Besatz erhalten haben), Messer, Schere, Toilettengeräte (Pinzette, Ohrlöffel, Rasiermesser; vgl. Bild 52) mit. Im allgemeinen handelte es sich nur um sein persönliches Eigentum, das er meist ständig mit sich geführt hatte. Die Sitte der Waffenbeigabe war unterschiedlich. Bei manchen Stämmen geschah dies überhaupt nicht, bei anderen nur zu einem geringen Prozentsatz. Werkzeuge oder gar vollständige Werkzeugensembles, die den Toten als Handwerker ausweisen könnten, waren selten. Nur beim Schmied scheint – wie wir sahen (S. 71 f.) – eine Ausnahme gemacht worden zu sein. Verstorbenen Hüttenmännern wurde mitunter ein Stück Eisenschlacke mit ins Grab gegeben. Die Frau hatte außer Schmuck und Kleidung oft ein Holzkästchen mit dazugehörigem Schlüssel, weiter Kamm, Schere und Messer oder eine Spindel mitbekommen, also ebenso nur das unmittelbare persönliche Eigentum.

Während uns die Adelsgräber Kenntnis von der fortschreitenden sozialen Differenzierung geben, zeigen uns zahlreiche Erscheinungen im germanischen Totenkult, wie tief noch das Gemeinschaftsbewußtsein der Urgesellschaft verwurzelt gewesen sein muß. So wurden in Nordjütland regelrechte Sippengräber wie vor Jahrtausenden aus Findlingen errichtet, während sonst in Germanien jeder Tote sein eigenes Grab besaß. Die Dänen sprechen im Vergleich zu den großen jungsteinzeitlichen Bauten direkt von den »Großsteingräbern der Eisenzeit«. Die übereinandergeschichteten Wandsteine dieser Gräber ragten immer ein wenig über die darunterliegenden Steine hinweg nach innen, so daß schließlich eine Art Gewölbe (»falsches Gewölbe«) entstand. Eines der größten Gräber besaß eine Länge von 3 m, eine Breite von 1,5 m und eine ausreichende Höhe, um darin stehen zu können.

An einem anderen Beispiel wird sichtbar, daß der Platz der Toten nicht nur diese vereinte, sondern zu bestimmten Tagen und besonderen Anlässen auch die Lebenden. Bekanntlich blieb der Germane auch nach dem Tode Mitglied der Sippe, und die Lebenden wollten bei wichtigen Entscheidungen auf den Rat der Verstorbenen, der sich in Form einer Eingebung vollzog, nicht verzichten, worauf wir noch zu sprechen kommen. Polnische Archäologen haben bei Odry in der Heide von Tuchola in Nordpolen ein Grabhügelfeld mit etwa 20 Hügeln und 10 Steinkreisen untersucht. Meist fanden sich innerhalb dieser Steinkreise von 15 bis 33 m Durchmesser keine Gräber, so daß diese wohl bestimmte Regionen eines Kultplatzes gewesen sein dürften. Auf einem anderen Gräberfeld von Węsiory lagen mindestens 55 Flachgräber (soviel sind bisher nur untersucht), 22 Hügelgräber und 5 Steinkreise. Die Zahl der Steinkreise entspricht der Zahl der benachbarten Gräberfelder, die aber über keine Steinkreise verfügen. So liegt der Gedanke nahe, daß hier ein kultisches Zentrum für mehrere Siedlungen war, vielleicht zugleich der Thingplatz.

Die fortschreitende soziale Differenzierung findet auch im Totenkult ihren nachhaltigen Niederschlag. Aus dem 3. und 4. Jh. hebt sich wieder eine Anzahl von reich ausgestatteten Adelsgräbern aus der Masse der Tausenden von einfachen Gräbern heraus. Im Grabbau und in der Ausstattung sind sie noch imposanter als die Adelsgräber der frührömischen Zeit. Es seien hier nur solche berühmten Gräber wie die von Leuna, Kr. Merseburg, oder Haßleben, Kr. Erfurt, aus Zakrzów (Sakrau) bei Wrocław, aus Mecklenburg oder von Seeland genannt. Teils waren die bis zu 5 m großen Grabkammern aus Holzbrettern – von kräftigen Eckpfosten gehalten –, teils aus 1 m dicken Trockenmauern errichtet. In der Kammer lag der Tote lang ausgestreckt auf einer Liege in vollständiger Kleidung. Der Mann trug an seinen Schuhen silbervergoldete Sporen, die Frau reichen Schmuck aus Hals- und Fingerringen, Ketten mit Perlen und Anhängern aus Gold, Silber und Glas (Bild 66 und 70). Eine griechisch-sarmatische Sitte aufgreifend, hatte man dem Toten eine Goldmünze in den Mund gelegt.[1] Neben ihm stand kostbares Tafelgeschirr aus römischer und einheimischer Produktion, lagen silberne Eßlöffel, Brettspiele, Toilettengeräte wie Kämme, Ohrlöffelchen, Pinzetten und Scheren, römische Glasschalen und Terra-sigillata-Gefäße. Die Wegzehrung bestand aus ganzen Ferkeln und Schweinen oder Teilen davon, aus Lämmern, Hühnern und Fischen. Zum festlichen Mahle schien also das Fleisch eines Säugetieres, eines Vogels und eines Fisches gehört zu haben. Ob der Beigabe dieser drei Tiere der Erde, der Luft und des Wassers eine tiefere kultische Bedeutung beizumessen ist, muß offenbleiben. Wiederum wie schon in den Adelsgräbern des 1. Jh. erhielt der Mann kaum seine Waffen mit, nur silberne Pfeilspitzen, die weniger dem Kriege als der sportlichen Betätigung dieser privilegierten Schichten gedient hatten.

Seit der 2. Hälfte des 5. Jh. wurden die Toten in sogenannten Reihengräberfriedhöfen beigesetzt. Im Gegensatz zu früher lagen jetzt die Gräber in einer gewissen Ordnung – wenn auch keineswegs in Reihen, wie wir es von unseren heutigen Friedhöfen kennen. Nur die einheitliche Ost-West-Richtung erweckt den Eindruck einer »Reihe«. Wie früher nur für die Angehörigen des Adels, so wurden jetzt in größerem Maße bretterverschalte Holzkammern oder aus Steinen gemauerte Gewölbe erbaut. Wenn auch nicht immer die hölzernen Spuren erhalten geblieben sind und dadurch das prozentuale Verhältnis der gezimmerten bzw. gemauerten Kammern zu den einfachen Erdgruben nicht immer genau zu bestimmen ist, so läßt sich daraus doch eine verhältnismäßig breite sozial gehobenere Bevölkerungsschicht erkennen: der niedere Adel. Die Gräber des hohen Adels heben sich aus diesen wiederum heraus. So gab es auf dem alemannischen Friedhof von Holzgerlingen unter 302 Gräbern 42 Gräber mit Holzeinbauten bzw. -särgen.

Die Ausmaße einer solchen Kammer überstiegen oft wesentlich das für den Toten notwendige Maß; eine Länge von 2 bis 3 m und eine Breite von 1 bis 2 m waren normal. Die gezimmerte Grabkammer einer adligen Alemannin aus Güttingen, Kr. Konstanz/BRD, hatte die beträchtliche Länge von fast 4 m; fränkische Gräber erreichten Längen von 5 m und waren dann in mehrere

---

[1] Im griechischen Totenkult sollte damit der Fährmann Charon, der die Toten über den Fluß Styx zum Hades übersetzte, entlohnt werden.

26   Kopf einer Mamorstatue der »Thusnelda« in der Loggia dei Lanzi in Florenz (wohl
1. Jh.)

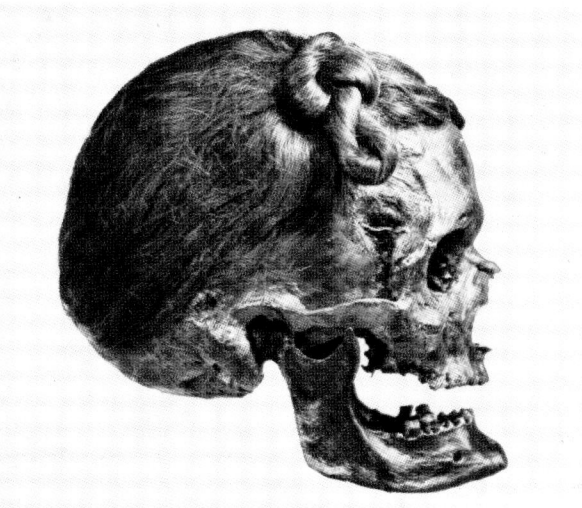

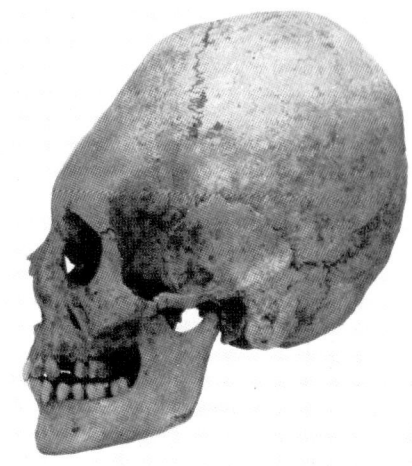

27 Haartracht der männlichen Moorleiche von Osterby, Kr. Eckernförde/BRD (1. Jh.)
28 Deformierter Schädel einer 20jährigen Thüringerin aus Hedersleben, Kr. Quedlinburg

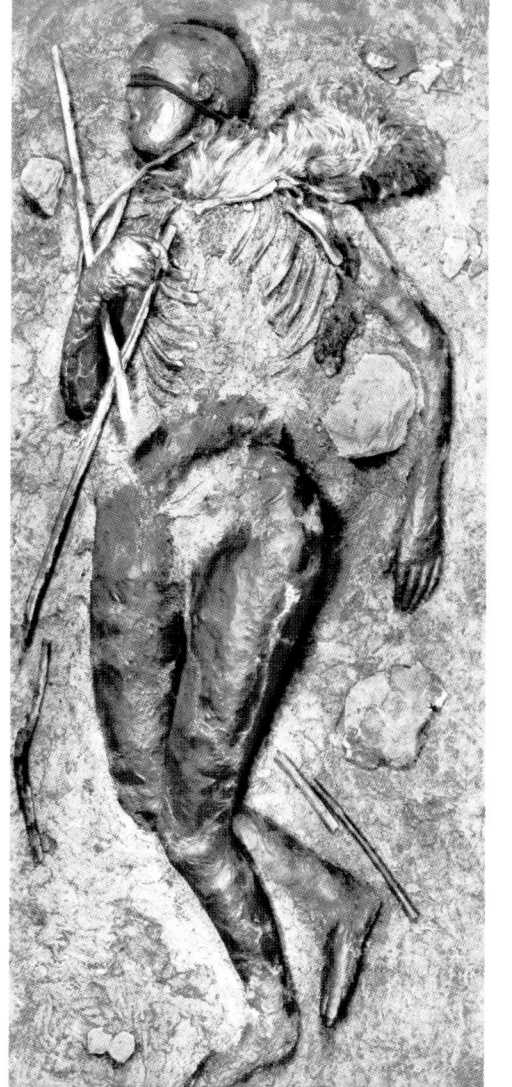

29 Moorleiche (re.) von Tollund in Jütland/ Dänemark (1. Jh. v./1. Jh. u. Z.)
30 Moorleiche (li.) eines 14jährigen Mädchens aus Windeby, Kr. Eckernförde/BRD (1. Jh.)

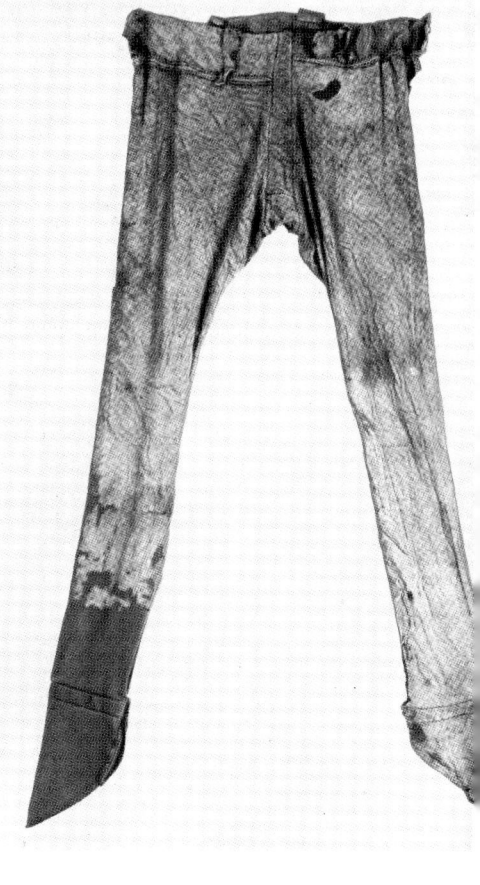

31 Aus zahlreichen Flicken zusammengesetztes »Schandkleid« von Bernuthsfeld, Kr. Aurich/BRD

32 Hose aus dem Moorfund von Thorsberg bei Süderbrarup/Schleswig-Holstein

33 Kronenhals- und Wendelringe aus Mecklenburg (vorrömische Zeit)

34 Schwertgriff von Snartemo/Norwegen (6. Jh.)

35 Reiterstein von Hornhausen, Kr. Oschersleben (um 700); erhaltene Höhe 78 cm

36 Kettenhemd aus 20 000 Ringen von Vimose auf Fünen/Dänemark (2.–3. Jh.)

37 Silberne Pfeilspitzen aus einem Adelsgrab von Leuna, Kr. Merseburg (4. Jh.); Länge 11,5 bzw. 12,5 cm

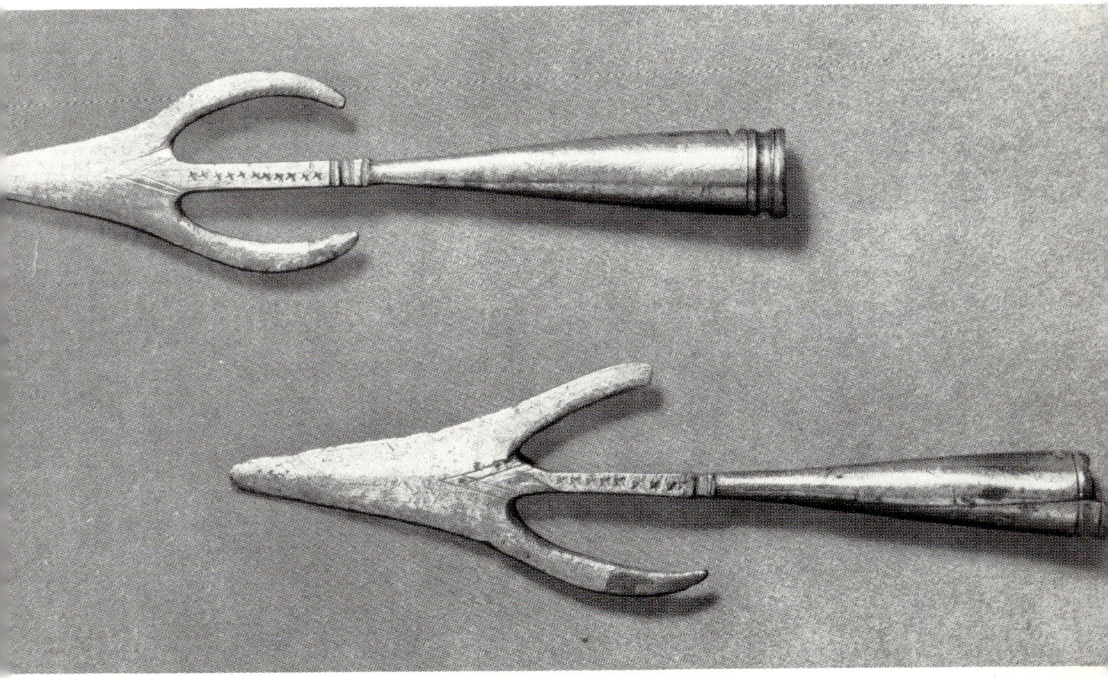

38 Porta Nigra in Trier
39 Häuser von der Kernwurt Ezinge, Prov. Groningen/Niederlande

40/41 Wurt Feddersen Wierde bei Bremerhaven: Häuser des ersten Siedlungshorizontes (oben) und Stallteil mit Viehboxen (unten)

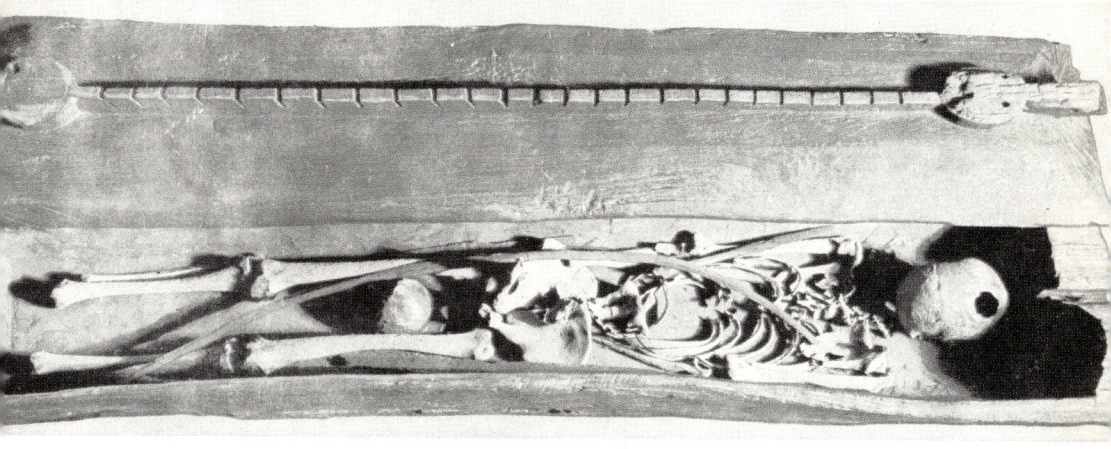

42   Freigelegte Urnenbestattung der älteren römischen Zeit (li. ob.)

43   Körperbestattung aus einem Gräberfeld der Thüringer von Mühlhausen, Bez. Erfurt (li. unt.)

44/45   Hölzerne Särge vom alemannischen Gräberfeld Oberflacht, Kr. Tuttlingen/BRD (Nachbildungen)

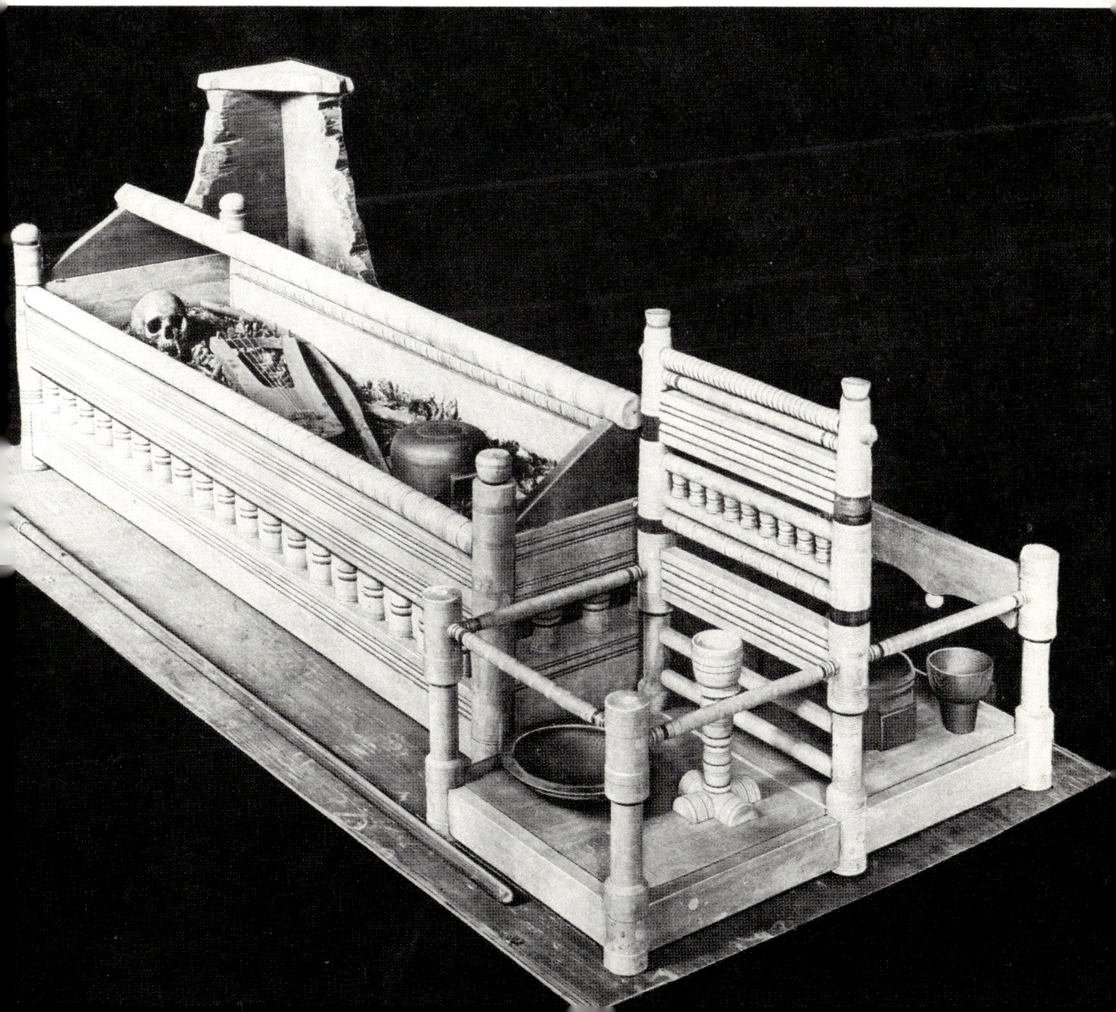

48   Köpfe der Figuren von Braak, Kr. Eutin/BRD; Höhe des männlichen Kopfes etwa 30 cm

46   Vorder- und Rückseite des Grabsteins von Niederdollendorf, Siegkreis/BRD (7. Jh.)
47   Kessel von Gundestrup in Jütland/Dänemark (1. Jh. v. u. Z.); Höhe 42 cm

49 Runenbrakteat von Vadstena in Ostergötland/Schweden (6. Jh.), 3fach vergrößert

51 Runenstein von Rök in Östergötland/Schweden

50 Ausschnitt aus den Merseburger Zaubersprüchen (im 10. Jh. aufgezeichnet)

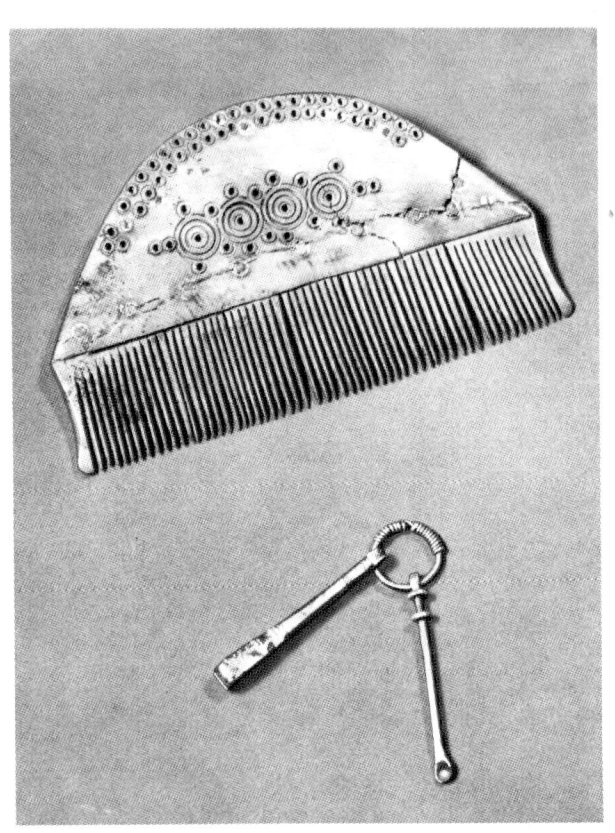

52 Kamm, Ohrlöffelchen und Pinzette aus Adelsgräbern von Emersleben, Kr. Halberstadt (4. Jh.)

53 Römisches Arztbesteck von Aschersleben; Länge des größten Instrumentes 13,5 cm

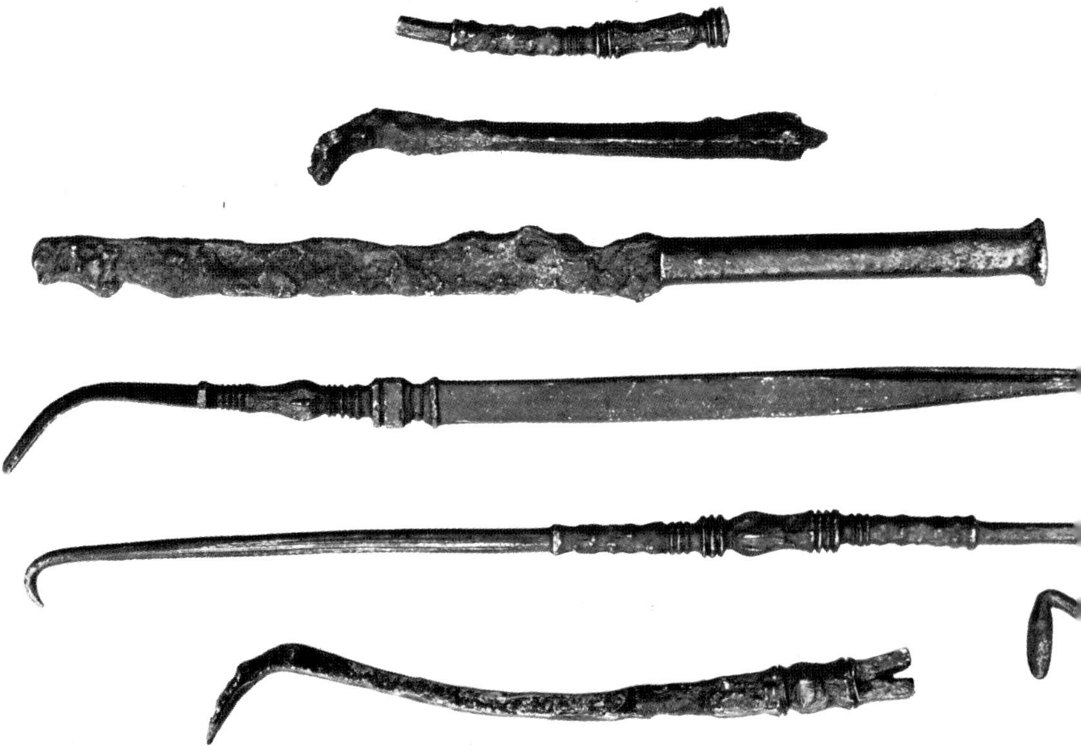

Fränkisches Grab von Morken, Kr. Bergheim a. Erft/BRD

Räume geteilt, so daß man direkt von einer Totenwohnung sprechen kann.
Die Steinkammern von Gammertingen in Württemberg hatte man in schwerer
Arbeit bis zu 3 m tief in den Jurakalk eingehauen.

Der Leichnam selbst war in einen Baum- oder Bohlensarg, auf einem
»Totenbrett«, einer trogförmigen Tragbahre oder nur in ein Leinentuch ge-
hüllt auf ein Lager von Moos, Heu oder Stroh gebettet. Wir begegnen hier
also immer noch der bronzezeitlichen Sitte des Baumsarges. Daß es nicht
oder nicht immer nur roh zugeschlagene und ausgehöhlte Stämme waren,
zeigen die Gräber von Oberflacht, Kr. Tuttlingen in Württemberg (Bild 44
und 45). Sie reichten bis in den feuchten Lettenlehm hinein, so daß es zu einer
hervorragenden Konservierung all dessen kam, was aus Holz bestand. Leider
hat man bei den alten Grabungen zu wenig Sorgfalt angewandt, und die Holz-

177

objekte sind später an der Luft zerfallen und uns heute nur noch in Zeichnungen oder Rekonstruktionen erhalten. So war der Deckel eines Baumsarges dachartig ausgeprägt und der First zu einer Schlange, dem Begleittier des Totengottes Wodan, mit stilisierten Tierköpfen an beiden Enden geschnitzt. Im einst von den Römern besetzten fränkischen Gebiet benutzte man auch steinerne Sarkophage teils römischer, teils eigener Produktion.

In der Zeit der Reihengräber erhielt der Mann das »Heergewäte« (die Waffen) und die Frau die »Gerade« (Schmuck u. dgl.) mit, weiterhin selbstverständlich Speise und Trank als Wegzehrung. Eine in dieser Zeit bei mehreren Stammesverbänden verbreitete Sitte war das Bestreuen der Leiche mit Vogelfedern; welche Glaubensvorstellung zu diesem Brauch geführt hat, wissen wir nicht. Dem adligen oder königlichen Verstorbenen mußte auch das Pferd folgen. Selten sind beide gemeinsam beigesetzt, meist das Pferd allein für sich. Die Beigabe des Pferdes mag auf einen östlichen Einfluß der Steppennomadenvölker zurückzuführen sein. Auch Hunde und Vögel als Lieblingstiere des Toten durften nicht fehlen.

Die Tradition der steinernen oder hölzernen Umfriedung des Grabes wurde vielerorts beibehalten. Mitunter findet man innerhalb einer solchen Einfassung anstelle des Grabes einen Pfosten. Wie die Leergräber der römischen Zeit diente diese Stätte zur Erinnerung an einen in der Fremde Verstorbenen. So berichtet Paulus Diaconus, daß Pfosten mit hölzernen Tauben errichtet wurden, die in die Richtung des fern Verstorbenen blickten.

Erstmalig tritt die Sitte des Errichtens von Grabsteinen auf, vor allem in den einst römischen Gebieten. Aus ihren Inschriften können wir lesen, daß es sich dabei in den meisten Fällen bereits um Christen gehandelt hat. Einer der bekanntesten Grabsteine wurde in Niederdollendorf, Siegkreis/BRD (Bild 46), gefunden, auf dessen einer Seite in stilisierter Form ein Krieger mit einem Sax und einem Kamm in der Hand sowie einer Feldflasche am Boden dargestellt ist; darüber windet sich eine Schlange. Auf der Rückseite steht Christus im Strahlenkranz, mit einer Lanze in der Hand, unter seinen Füßen winden sich Schlangen. Auf dieser ältesten germanischen Christusdarstellung verbindet sich die germanische Vorstellung von dem nach Walhall einziehenden Krieger mit dem christlichen Auferstehungsgedanken. Christus ist aber – der germanischen Vorstellung entgegenkommend – als »Herzog« mit dem Insignium der Lanze bzw. als Himmelskönig dargestellt, der wie später der Heilige Georg das Gewürm zertritt. So liegt diesem Bilde die gleiche Tendenz wie dem Heliand-Epos[1] zugrunde.

[1] Altsächsische Dichtung aus dem 9. Jh., in der die Vorgänge des Neuen Testaments in germanisches Milieu versetzt werden: Christus ist der Herzog, die Bergpredigt eine Ansprache in der Volksversammlung usw. Der politisch-propagandistische Sinn gerade gegenüber den sich der Christianisierung widersetzenden Sachsen ist augenscheinlich. – Neuerdings wird der Stein als Gedenkstein und in den beiden Zeichnungen ein gänzlich anderer Inhalt (Bonifazius und sein heidnischer Mörder) gesehen.

Aus dem nordgermanischen Gebiet kennen wir die Sitte, seit dem 4. Jh. sogenannte Bautasteine zu errichten. Häufig trugen diese Totendenkmale Runeninschriften, auf die wir noch zu sprechen kommen werden.

Je mehr und je stärker das Christentum bei den germanischen Völkern Fuß faßte, um so mehr glich sich die Bestattungsform den christlichen Gepflogenheiten an. Die Körperbestattung entsprach dem neuen Glauben. Die Sitte dagegen, dem Verstorbenen seine persönliche Habe mitzugeben, widersprach der christlichen Vorstellung und mußte deshalb ausgerottet werden, was nach wechselndem Erfolg endgültig erst in der Zeit Karls des Großen gelang. Er verbot in seinem Herrschaftsgebiet die Bestattung auf den heidnischen Friedhöfen, auf denen man zum Christentum Übergetretene immer noch bestattete, und verlangte, die Friedhöfe um die christliche Kirche herum zu benutzen. Die Beigaben waren schon seit dem 8. Jh. sparsamer geworden, später wurde – fast symbolisch – nur das eine oder andere Stück mitgegeben; dagegen kam die Sitte auf, daß die Hinterbliebenen aus dem Besitz des Verstorbenen wertvollen Schmuck der Kirche übergaben. Als letzter Rest des einst so prunkvoll ausgestatteten Grabes ist bis heute der Blumenschmuck geblieben, der dem Verstorbenen mitgegeben wird.

Der Totenkult ist eng mit den religiösen Vorstellungen eines Volkes verbunden. Religion ist zu allen Zeiten nichts Selbständiges, das unabhängig von dem sonstigen Lebensprozeß der Menschen besteht, sondern ist »nichts anderes als die phantastische Widerspiegelung in den Köpfen der Menschen, derjenigen äußeren Mächte, die ihr alltägliches Dasein beherrschen, eine Widerspiegelung, in der die irdischen Mächte die Form von überirdischen annehmen« (F. Engels). Die Religion stellt eine besondere Form des gesellschaftlichen Bewußtseins dar und wird wie das gesamte Bewußtsein demzufolge letztlich vom materiellen Sein bestimmt. Sie ist dabei immer mit einer illusionären Praxis, dem Kult, verbunden.

Die Entstehung von Religionen wurde durch das Unvermögen des Menschen, die tatsächlichen Vorgänge und Zusammenhänge in der Natur und Gesellschaft zu erfassen, gefördert. Je niedriger der wissenschaftliche Erkenntnisstand einer Gesellschaft ist, um so größere Bedeutung besitzen Religion und Kult im Leben des Menschen. Dieses Ohnmachts- und Abhängigkeitsgefühl wird durch verschiedene Emotionen – durch erregende Erlebnisse hervorgerufen – gefördert. Da der Mensch aber bemüht ist, in die Geheimnisse der Natur einzudringen und Ereignisse, die sein Leben beeinflussen, möglichst sicher vorauszusagen, hat er immer wieder gewisse Naturgesetze unbewußt erkannt, so daß er auf diesem empirischen Wege sich die Grundlagen eines in manchen Zügen wissenschaftlichen Weltbildes geschaffen hat. So konnten sich in früher Zeit mitunter religiös-phantastische Vorstellungen und wissenschaftlich-reale Erkenntnisse verbinden. Damit ist nicht gesagt, daß die Religion im Laufe der Menschheitsgeschichte etwa immer »wissenschaftlicher« geworden wäre, sondern im Gegenteil, je komplizierter die Gesellschaft und das Bewußtsein wurden, um so komplizierter wurde auch die Religion. Neben der materiellen Welt entstand eine zweite ideelle Welt. »Erst die wirkliche Erkenntnis der Naturkräfte vertreibt die Götter oder den Gott aus einer Position nach der anderen« (F. Engels).

Wie in allen frühen Kulturen, so glaubten auch die Germanen, daß die Vorgänge in der Natur und die Beziehungen der Götter untereinander sowie deren Verkehr mit den Menschen sich nach menschlichen Motiven und Vorstellungen vollziehen. Auch in der Welt der Götter gebe es Liebe und Haß, Reue und Verrat, Kampf und Versöhnung. Durch Geschenke, Bitten und beschwörende Worte könne man von diesen Mächten Unterstützung und Wohlwollen erlangen. Äußerlich würden diese im allgemeinen unsichtbaren Kräfte auch einmal sichtbare Formen annehmen, solche von Menschen, Tieren, Bäumen, auch unbelebten Erscheinungen der Natur, oder illusionär als Phantasiewesen in der Welt leben.

Archaische Formen der germanischen Religion waren die Relikte eines Totemismus, der sich in der Verehrung der verschiedensten Tiere zeigte. Einstige Sippentotems waren im Zuge der historischen Entwicklung zu Stammestotems emporgestiegen. In der bildenden Kunst erscheinen immer wieder bestimmte Tiere. Sie haben oft nicht mehr die Funktion eines Totemtieres besessen, sondern wurden nur unbewußt gestaltet, weil gerade diese Tiere durch Mythen und Sagen noch in besonderer Erinnerung der Menschen haftengeblieben waren, wie der Eber, der Vogel, der Stier, seltener das Pferd, der Hirsch oder auch Phantasietiere. Selbst Namen germanischer Stämme können auf Tiere zurückgeführt werden, wie der der Eburonen auf den Eber. Die einstigen Totemtiere wurden schließlich die lebenden Attribute der germanischen Götter. Der Eber hat sich sogar bis heute als »Glücksschwein« gehalten.

Ähnlich archaisch ist die Verehrung von Pflanzen, Bäumen, Quellen, Bergeshöhen und anderen Erscheinungen in der natürlichen Umwelt des Menschen. Die auffallende Häufung von Opfergaben an Quellen, auf Bergen und in Mooren lassen auf den einst heiligen Charakter solcher Stätten schließen. Wälder und Moore galten in ihrer Unheimlichkeit als Sitz von Geistern und Dämonen. Die Wasser-, Erd- und Berggeister in unseren Märchen sind ein Nachklang dieser Vorstellung von der Geisterwelt unserer Vorfahren.

Alten Ursprungs waren auch die magischen Bräuche, um Kranke zu heilen, kriegerischen Unternehmungen einen glücklichen Ausgang zu geben, Naturkatastrophen abzuwenden u. dgl. m. Meist sind diese uralten animistischen Vorstellungen in die germanische Götterreligion eingeflossen.

Damit steht auch die mehrfach von den antiken Schriftstellern bezeugte Weissagung im Zusammenhang. So glaubte man aus der Stimme oder dem Flug der Vögel oder aus dem Verhalten der Pferde Entscheidungen treffen zu können (Tacitus, Germania 10). Mehrfach werden Frauen erwähnt, die als Seherinnen die Zukunft vorausgesagt haben sollen. Von den Cimbern berichtet Strabon (Buch 7), daß vor der Schlacht Priesterinnen in weißen Gewändern mit bronzenen Gürteln (wir denken an Funde aus Jütland und

Schleswig-Holstein, vgl. S. 120 f. mit Zeichnung) Kriegsgefangenen die Kehle durchschnitten und deren Blut in einen großen Mischkessel laufen ließen, um aus dem Blut zu weissagen. Dies erinnert an eine Darstellung auf dem in Jütland gefundenen, aber im keltischen Gebiet hergestellten Kessel von Gundestrup (S. 226 f. und Bild 47), auf der ebenfalls Menschen über einem Kessel geopfert werden. Des weiteren berichtet Strabon, daß Priesterinnen den Leib von Gefangenen aufschlitzten, um aus den Eingeweiden zu weissagen. Nach Plutarch verkündeten germanische Frauen aus den Strudeln der Flüsse und dem Murmeln der Bäche die Zukunft. Die Stellung der Sterne und besonders die Phasen des Mondes beeinflußten sehr die Entscheidung, ob eine Schlacht begonnen oder lieber verschoben werden sollte. So stellte sich Ariovist Cäsar deswegen nicht zum Kampf, weil die Losstäbchen ausgesagt hätten, daß man nicht vor dem Neumond kämpfen dürfte (Cäsar, bell. gall. 1). Noch bis in unser Jahrhundert hinein glaubte man an Beziehungen zwischen Mondphasen und menschlichen Vorgängen, etwa bei der Heirat, der Geburt, dem Umzug, der Ernte usw.

Die bekannteste Form der Weissagung war das Loswerfen, worüber Tacitus wie folgt berichtet: »Einen Zweig, den sie von einem fruchtbringenden Baum abgeschnitten haben, zerteilen sie in Stäbchen, diese unterscheiden sie durch gewisse Zeichen und streuen sie aufs Geratewohl und, wie der Zufall es will, über eine weiße Decke. Dann betet der Priester, wenn öffentlich, der Familienvater, wenn von einzelnen um Rat gefragt wird, zu den Göttern, indem er zum Himmel aufblickt und drei Stäbchen nacheinander aufhebt. Diese deutet er dann nach dem Zeichen, das vorher auf jedes eingeritzt war. Sind die Zeichen ungünstig, so findet am selben Tage keine Beratung über dieselbe Sache statt; sind sie aber günstig, so sucht man noch die Bestätigung durch Vorzeichen zu erlangen.« Bemerkenswert ist dabei, daß für die Stäbchen Zweige von *frucht*bringenden Bäumen benutzt werden mußten und nicht etwa trockene Hölzer. Man glaubte also an eine entsprechende Kraft des Baumes und nicht nur an den »Zufall des Falles« – wie etwa beim Würfeln. Ob auf den Stäbchen nur symbolische Figuren oder Runen angebracht waren, läßt sich nicht mehr sagen.

Die Germanen übten allem Anschein nach noch Menschenopfer aus. Auch in diesem Falle waren die Götter die Empfangenden. Während vor allem Wodan an bestimmten Tagen Menschen geopfert wurden, mußten sich Donar und Ziu mit Tieropfern begnügen (Tacitus, Germania 9). Im heiligen Hain der Semnonen wurden bei einem »grauenhaften, barbarischen Fest« Menschenopfer dargebracht (ebd. 39). In den meisten Fällen dürfte es sich um Gefangene gehandelt haben, wie dies von den Cimbern, Franken, Herulern, Sachsen und anderen berichtet wird. Die Tötung sämtlicher Kriegsgefangenen erfolgte aber schon nicht mehr, da diese nun immer häufiger als unfreie Arbeitskräfte verwandt wurden.

Alles, was bisher an religiösen Vorstellungen und kultischen Bräuchen genannt wurde, ging in seinen Anfängen in weit vor der germanischen Zeit

Göttergestalten (?) auf
bronzezeitlichen Fels-
zeichnungen Schwedens.
»Hammergott« weiht
Hochzeitspaar und
»Speergott«

liegende Jahrtausende zurück. Bewußt haben wir nicht die Götterwelt an den
Anfang unserer Betrachtung gestellt. Denn der Mensch hat sich die Götter
erst zu einem verhältnismäßig späten Zeitpunkt geschaffen, wenn man
Naturkräfte und andere geheimnisvolle Vorgänge auch schon früh personifizierte. Das waren aber noch keine Götter.

Wenn auf den bronzezeitlichen Felszeichnungen große Männer (größer als
die zahlreichen anderen eingeritzten Personen) mit Schwert, Hammer oder
Lanze dargestellt sind, die das gesamte sonst abgebildete Geschehen beherrschen, dann drängt sich wirklich der Gedanke auf, daß die bronzezeitlichen
Vorfahren der Germanen bereits einen hammerschwingenden Donar, einen
lanzentragenden Wodan, einen Schwertgott wie Freyr, eine bezopfte Göttin
wie Freya, Göttinnen oder Priesterinnen auf Wagen wie die Nerthus,
Sonnengötter und andere besessen haben.

Für die römische Zeit können wir mit der illusionären Existenz von Göttern
bei den Germanen rechnen. Wir hören von ihnen bei den antiken Schriftstellern, wenn auch in der »Interpretatio Romana«. Die reichste schriftliche
Quelle ist wieder Tacitus (Germania 9), der an erster Stelle Merkur nennt, mit
dem unzweifelhaft Wodan gemeint ist.[1] Diese Gleichsetzung wirkt zunächst
seltsam, weil Merkur nur der Gott des Handels war, während Wodan eine
erheblich größere Bedeutung im germanischen Götterhimmel besaß. Aber
bei einem Handelsgeschäft zwischen Römern und Germanen riefen die Römer
ihren Merkur, die Germanen dagegen Wodan an, so daß diese Teilfunktion
Wodans die Römer zur Gleichsetzung veranlaßte. Wodan war der Gott des
Sturmes, der Gott des Gesanges, der Gott der Toten und damit der Beherr-
scher auch des Jenseits. Die Walküren empfingen und begleiteten die Seelen
der Krieger nach Walhall, wie dies mehrfach auf Bildsteinen dargestellt ist.
So war Wodan bzw. in der nordgermanischen Form Odin auch der Gott der

[1] Vgl. auch die Übereinstimmung des römischen Namens für Mittwoch »Mercurii dies«
(im Französischen Mercredi) mit dem englischen Namen Wednesday (Wodanstag); auch in
einigen deutschen Mundarten ist der Mittwoch nach Wodan genannt, während die Kirche den
heidnischen Götternamen durch den neutralen, heute gebräuchlichen Mittwoch ersetzte.

Krieger. Entsprechend der wachsenden sozialen Differenzierung »auf Erden« erhielten auch die Götter in den Vorstellungen der Germanen eine Rangordnung. So rückte bei der Bedeutung des Krieges und des Totenkultes Wodan an die erste Stelle, ohne aber dabei die Funktion eines Göttervaters wie Zeus bei den Griechen oder Jupiter bei den Römern einzunehmen. Wodan hat sich auch in der volkskundlichen Überlieferung am längsten erhalten, so als der im Sturmwind dahinbrausende »Wilde Jäger« oder gemeinsam mit den Seelen der Verstorbenen in der nächtlichen »Wilden Jagd«.

Als zweiten Gott nennt Tacitus den Herkules, mit dem wegen seiner Keule und dem Kampf mit Ungeheuern und Riesen nur der hammerschwingende Donar gemeint sein kann.[1] Donar, der im Norden Thor hieß, war der Gott des Donners und Blitzes. Die Germanen brachten ihm Tieropfer dar und riefen vor dem Kampf seinen Namen in den Schild, um aus dem Widerhall den Ausgang des Kampfes vorauszusagen (Tacitus, Germania 3 und 9). Der hammerschwingende Gott bzw. im Mittelalter der Hammer allein standen im Dienste der Fruchtbarkeit. Bei den Nordgermanen war Thor gegen Ende der heidnischen Zeit der bedeutendste Gott. Sein Bild entsprach ganz der damaligen Zeit der Fehden und Kämpfe. Mit seiner gewaltigen Kraft war er der Beschützer der kämpfenden Männer und der Schrecken der Feinde, und auf hoher See riefen die Wikinger ihn um günstigen Wind an. Begleitet wurde er oft von seinen Böcken oder dem listigen Loki. In den mittelalterlichen Epen werden vor allem seine Kämpfe mit Riesen und Ungeheuern geschildert, von denen sein Kampf mit der Midgardschlange, jenes die Weltmeere bewohnenden Ungeheuers, am bekanntesten ist.

Ein dritter Gott wird von Tacitus als Mars bezeichnet, dessen Gleichsetzung mit dem germanischen Kriegsgott Ziu (Tyr) keinem Zweifel unterliegt.[1] In späterer Zeit besaß er bei den Germanen keine oder nur eine untergeordnete Bedeutung. Als weibliche Gottheit nennt Tacitus bei den Sueben eine Isis, also eine ursprünglich ägyptische Göttin. Es ist schwer, hier die analoge germanische Göttin zu finden. Da der Kult der Isis durch die römischen Soldaten bis an den Rhein gelangte, kann Tacitus sie möglicherweise auch bei den Germanen angenommen haben; vielleicht aber ist damit die am Rhein verehrte Nehalennia gemeint.

Denn die Germanen besaßen selbstverständlich auch weibliche Gottheiten, von denen die bekanntesten die Freya bei den Nordgermanen und die Frigg (Frija) bei Nord- und Südgermanen waren. Schon die Namensähnlichkeit weist darauf hin, daß beide vielleicht auf einen gemeinsamen Ursprung zurückgingen. Aber an sich waren ihre Wesen sehr unterschiedlich. Frigg als Gemahlin Odins hatte mehr mütterliche Züge, während Freya die Männer

---

[1] Donar und Ziu haben sich ebenfalls in den Namen der Wochentage erhalten: Donnerstag und Dienstag (engl. Tuesday, aber französisch Mardi nach lat. Martis dies). Ziu ist auch sprachlich mit dem griechischen Gott Zeus und dem indischen Dyâus verwandt, was bis in die Zeit der indoeuropäischen Sprachverwandtschaft zurückreicht.

Walküre reicht einem in Walhall einreitenden toten Krieger den Trunk der Unsterblichkeit (nach der Darstellung auf einem gotländischen Bildstein von Halla Broa)

mit ihrer Schönheit betörte und um die Gunst der Männer buhlte. Frigg hatte gewisse gemeinsame Züge mit ihrem Gatten: Sie war die Göttermutter, folgte im Sturm Wodan (vgl. »Windsbraut«), war heilkundig, konnte die Zukunft voraussagen. Sie war das Vorbild der germanischen Hausfrau und wurde deswegen auch um Kindersegen gebeten.

In viel stärkerem Maße aber war Freya die Göttin der Fruchtbarkeit. Wie ihr Bruder Freyr wurde sie auf dem Rücken des Ebers durch die Lüfte getragen. Als Göttin der sinnlichen Liebe wurde sie angerufen, wenn das Mädchen die Liebe eines Jünglings gewinnen wollte. Ihre Schönheit betonte sie durch kostbaren Schmuck. In der goldenen Abendsonne glänzte noch einmal der herrliche Brustschmuck, bis dieser ihr dann für die Nacht von Loki geraubt wurde. Am Morgen eroberte ihr Heimdall, der Sohn Odins, den Schmuck wieder zurück. Zur Winterszeit, besonders dort, wo die Sonne unter dem Horizont bleibt, glaubte man, daß Freya von Riesen entführt worden wäre. In späterer Zeit nahm sie, wie gesagt, Züge von Odins Gemahlin Frigg an.

Ihr Bruder Freyr war ein ausgesprochener Fruchtbarkeitsgott mit all den Eigenschaften und den damit verbundenen kultischen Bräuchen, wie sie derartigen Gottheiten eigen waren. Zu ihm gehörte eine Frau, deren Bild durch das Stammesgebiet gefahren wurde, währenddessen große Feste stattfanden, die oft mit sexuellen Handlungen verbunden waren. Freyr zu Ehren wurden in Hainen heilige Pferde gehalten, die als Medien für die Weissagung zu dienen hatten. So erinnert alles sehr lebhaft an die Schilderung Tacitus' vom Nerthuskult (Germania 40): »Auf einer Insel des Ozeans ist ein heiliger Hain, in ihm ist ein geweihter Wagen, der mit einem Tuch überdeckt ist. Nur dem Priester ist es erlaubt, ihn zu berühren. Er merkt es, wenn die Göttin im Heiligtum anwesend ist, spannt dann Kühe an den Wagen und geleitet die Göttin mit großer Ehrfurcht. Freudig sind jetzt die Tage, festlich geschmückt all die Orte, welche die Göttin ihrer Ankunft und ihres Besuches würdigt. Man zieht nicht in den Krieg, greift nicht zu den Waffen; weggeschlossen ist alles Eisen. Ruhe und Frieden ist jetzt nur bekannt, jetzt nur beliebt, bis derselbe Priester die Göttin, die des Verkehrs mit den Menschen müde ist, in das Heiligtum zurückbringt. Dann werden Fahrzeug und Decken und, wenn man es glauben will, die Gottheit selbst in einem verborgenen See abgewaschen. Dabei bedienen Sklaven, die sofort derselbe See verschlingt. Daher herrscht ein geheimes Grauen, ein heiliges Dunkel, was das für ein Wesen sei, das nur Todgeweihte sehen.«

Bei dem festlichen Wagen denken wir an jene im Moor von Dejbjerg gefundenen Wagen (S. 108), die wegen ihrer prachtvollen Beschläge sehr wohl zu solchen Zwecken benutzt worden sein können. Daß der Wagen der Nerthus von Kühen gezogen wurde, unterstreicht den Fruchtbarkeitsgedanken dieser vielleicht zu Beginn des Frühlings erfolgten heiligen Ausfahrt. Bereits auf den Felszeichnungen der bronzezeitlichen Vorfahren der Germanen sind solche Wagen mit einer anscheinend göttlichen Gestalt abgebildet. Umfahrten oder Umritte zur Osterzeit oder zu Frühjahrsbeginn gehören in vielen Gegenden noch heute zum Brauchtum.

Dies alles war so stark im Bewußtsein der Menschen verwurzelt, daß die christliche Kirche es übernahm und selbst mancherorts bis in die Neuzeit hinein die Felder von ihren Priestern segnen ließ. Die enge Verknüpfung von Hochzeit und Bestellung des »jungfräulichen« Bodens dokumentierte sich noch in all jenen Bräuchen, wo Braut und Bräutigam mit einem Pflug unbebauten Boden aufbrechen mußten (Steiermark).

Ebenso war das Wasser, mit dem Wagen und Göttin gewaschen wurden, immer wieder untrennbar mit dem Fruchtbarkeitskult verbunden. Das Wasser heiliger Quellen galt als Mittel gegen Unfruchtbarkeit, mit dem Wasser reinigte man Körper und Seelen. Von Stämmen am Rhein wird berichtet, daß Neugeborene in den Strom gelegt worden sein sollen, wobei dann außereheliche Kinder von den Strudeln verschlungen worden wären.

Dem Nerthuskult verwandte religiöse Riten waren allgemein bei den indoeuropäischen und auch anderen Völkern verbreitet. So wurde vielerorts eine heilige Hochzeit der Göttin mit einem männlichen Partner zelebriert, häufig stellvertretend durch den Priester mit dafür besonders ausgewählten Mädchen – eine Sitte, die sich in frühen Klassengesellschaften zu einer Art sakraler Prostitution entwickelt hatte, wenn wir beispielsweise an die Hetären in Griechenland denken. Ob eine derartige sakrale Hochzeit beim Nerthuskult stattgefunden hat, berichtet Tacitus nicht – oder könnte die Erwähnung der nachfolgenden Reinigung ein Hinweis darauf sein? Dann wäre in der mythologischen Vorstellung als männlicher Partner in erster Linie Freyr in Frage gekommen. Die heilige Vermählung zu Beginn einer neuen Wachstumsperiode findet sich auch wiederum schon auf den alten Felszeichnungen, wo ein innig verbundenes Paar dargestellt ist, das durch eine axtschwingende (göttliche?) Gestalt gesegnet zu werden scheint (vgl. Zeichnung S. 182).

Bei einzelnen germanischen Stämmen wurden noch weitere weibliche Gottheiten verehrt, die aber nie über eine lokale Bedeutung hinausgewachsen sind. Solche Stammesgöttinnen waren Tafana bei den Marsern und Baduhenna bei den Friesen. Im provinzialrömischen Grenzgebiet kennen wir zahlreiche Steindenkmale mit Weihinschriften an verschiedene Lokalgötter, bei denen neben keltischen auch mit germanischen Göttern zu rechnen ist. Bemerkenswerterweise überwiegen hierbei wieder die weiblichen.

Als Wodan, Donar, Ziu und andere männliche Götter mit zunehmender Bedeutung des Krieges und Erstarken der Adelsschicht immer mehr in den Mittelpunkt der germanischen Religion rückten, verloren diese weiblichen Gottheiten an Bedeutung. Sie waren in römischer Zeit noch letzte Relikte früherer matriarchalischer Verhältnisse. Nur jene Göttinnen konnten sich in die jüngere germanische Religion »retten«, die als Ehefrauen dieser Götter fungierten. In der einfachen Bauernbevölkerung mögen dagegen die weiblichen Gottheiten noch weiter verehrt worden sein.

Wie bei den meisten Religionen indoeuropäischer Völker hatten die Germanen auch ein göttliches Zwillingspaar, das von Tacitus (Germania 43) bei den ostgermanischen Nahanarwalen erwähnt und mit dem römischen Paar Castor und Pollux verglichen wird, während im Germanischen die göttlichen Zwillinge »Alken« hießen.

Der vielen Religionen eigene Dualismus zwischen Gutem und Bösem war durch den Frühlings- und Fruchtbarkeitsgott Baldr und den heimtückischen Loki vertreten. Aus den römischen Quellen sind sie uns noch nicht überliefert. Da die Vorstellung vom Kampf zwischen Gutem und Bösem, vom unendlichen Wechsel von Werden und Vergehen uralt ist, dürfte die Existenz dieser beiden Götter sicherlich viel älter sein, als wir es durch die Göttersagen des frühen Mittelalters belegen können. Während uns Baldr immer als der schöne und junge Gott des Lichtes in den Mythen entgegentritt, ist Loki – obgleich auch nur auf einen kleinen Kreis der germanischen Dichtungen beschränkt – in vielfältigsten Farben und unterschiedlichsten Funktionen geschildert. Mit seiner Schlauheit und Gerissenheit stiftet er einmal Unheil, das andere Mal greift er wieder helfend ein. Durch die Art und Weise, wie er dies tut, ist er der Schalk unter den Göttern. Er hütet das Herdfeuer, das er einst der Göttin Freya gestohlen und zu den Menschen gebracht hat. Sein Wirken erfolgt oft unter der Erde, wo er auch Schwerter schmiedet. Er tritt in den verschiedensten Gestalten auf: Einmal melkt er als Magd unter der Erde Kühe, ein andermal sticht er als Floh die Göttin Freya oder gebiert als Stute den achtbeinigen Leibhengst Wodans, Sleipnir; auch als Fliege, Seehund oder Fisch vollführt er seine Taten. Das eine Mal begleitet er Wodan, das andere Mal fungiert er neben dem Donnergott Donar als Blitzgott. Er und seine Welt sind schließlich in die christliche Vorstellung vom Teufel und dessen Hölle eingegangen, und in unseren Märchen lebt er in den Zwergen fort, die gleichfalls mehr helfende als zerstörende Geister sind (Schneewittchens Zwerge, Heinzelmännchen). Ebenso hat die uralte Vorstellung von den schalkhaften, zwerghaften Gestalten, die das Eisenerz aus der Erde holen oder einen Goldschatz bewachen, mit der Vorstellung von Loki manches Gemeinsame.

Die skandinavisch-isländischen Mythen nennen noch zahlreiche andere böse, furchterweckende Götter in Wolfs-, Hund-, Riesen-, Zwergen- und Drachengestalt. Diese düsteren Gestalten spiegeln schon eine andere Welt wider, in der Stammesfehden, jahrelange Seefahrten mit all ihren Gefahren, Kämpfe der Adelsgeschlechter um die führende Rolle und Sucht nach Reichtum und Macht das Leben des Alltags bestimmten. Die Erde, so glaubte man, sei im grausamen Kampf zwischen Göttern und Riesen sowie zwischen Göttern verschiedener Geschlechter entstanden. Und so würde auch im mordenden Kampf zwischen den unheilbringenden Mächten einerseits und den Göttern und Menschen andererseits die Welt untergehen. Die Nordgermanen in der Zeit der ausgehenden Urgesellschaft und beginnenden Klassengesellschaft konnten sich Veränderungen in der Welt ohne Kampf nicht vorstellen. Nach dem Untergang der Welt sollte dann aber nach ihren Vorstellungen durch Baldr ein neues Geschlecht von Göttern und Menschen entstehen, das in Überfluß und Frieden leben würde. Die uralte Vorstellung vom Werden neuen Lebens durch die Macht der Fruchtbarkeit scheint sich hier mit dem christlichen Erlösungsgedanken verbunden zu haben.

So spiegelte sich in der Geschichte der germanischen Götterreligion in mehrfacher Hinsicht die gesellschaftliche Entwicklung wider: Das patriarchalische Element gewann vollends die Oberhand, aus einer Vielzahl von Stämmen und Stammesgöttern entstanden größere Stammesverbände und gemeinsame Götter. Die soziale Einheitlichkeit der Gesellschaft und die Gleichrangigkeit der vielen Götter wurden von einer Rangordnung auf Erden und am Götterhimmel abgelöst. Die Bedeutung der ökonomischen Basis der Landwirtschaft trat gegenüber der des Krieges ebenso zurück wie die fruchtbarkeitsbringenden Erdgöttinnen zugunsten der Kriegs- und Himmelsgötter.

Beim germanischen Götterkult fielen dem Römer besonders zwei Merkmale auf: Es gab keine Götterfiguren und keine Tempel. Für die Bewohner einer Stadt wie Rom, das überreich an Tempeln und Götterstatuen war, mußte dies tatsächlich bemerkenswert sein. Die Götter saßen nach der Vorstellung der Germanen nicht in einer Art Götterhimmel, von wo sie die Welt regierten, sondern waren vielmehr noch in starkem Maße mit der Natur, den Bäumen und Tieren, dem Gewitter und den Wolken, der Sonne und den Gestirnen, verbunden. Deshalb sprach man mit ihm auch draußen in der Natur, in Hainen und Wäldern, auf Höhen und an Quellen. Das hatte nichts mit größerer »Erhabenheit« und Frömmigkeit zu tun oder mit einer besonderen Gefühlswelt, sondern entsprach dem Stand der gesellschaftlichen Entwicklung und des Bewußtseins der noch in der Urgesellschaft lebenden Germanen.

Der Platz, wo man mit den Göttern Zwiesprache hielt, war vielleicht durch einen ähnlichen Steinkreis, wie er dem Ahnenkult oder den Volksversammlungen diente, durch ein Steinmal, eine hölzerne Einfassung, einen markanten Felsen oder alten Baum (man denke an jene Donareiche, die der Missionar Bonifazius gefällt haben soll) gekennzeichnet gewesen.[1] Es gibt keinen archäologischen Befund, der als ausgesprochenes »Gotteshaus« zu deuten

---

[1] So ist wohl auch der Ausdruck »templum« bei Tacitus (Germania 40) nicht als Tempel, sondern nur allgemein als Heiligtum zu übersetzen.

wäre. Erst während der Völkerwanderungszeit lernten die Germanen in den römischen Provinzen Tempel kennen und nutzen.

Auch der Germane wird sich seine Götter in menschlicher Gestalt vorgestellt haben. Aber sie porträthaft darzustellen, wagte er nicht. So hat es tatsächlich keine Götterbilder mit einem ausgeprägten und nur dieser Gottheit eigenen Gesicht gegeben. Dagegen muß man mit rohen, abstraktsymbolischen Statuen rechnen, bei denen nur durch ein paar wenige Zurichtungen das Charakteristische der Gottheit, vor allem ihr Geschlecht, gezeigt wurde. So sind uns aus verschiedenen Moorfunden schmale, aus einem Holzstamm roh zugeschnittene Figuren bekannt. Schon vor einem Jahrhundert wurde in einem Torfmoor bei Possendorf, Kr. Weimar, eine leider heute nicht mehr erhaltene 90 cm hohe menschliche Figur aus Eichenholz geborgen. Kopf und Hals hatte man klar vom sonst unprofilierten Körper herausgeschnitzt, auch Augen, Mund und Haare waren angedeutet. In zwei seitlichen Löchern der Schulter sollen nach der alten Fundbeschreibung »zwei aufwärtsgebogene Espen« gesteckt haben, die als emporgewandte Hände gedeutet wurden. Die Beifunde datierten die Figur in das 1. Jh. v. u. Z.

Die Vermutung, daß dort in Possendorf ein germanischer Opferplatz gewesen sei, wird durch weitere jüngere Moorfunde in Dänemark, Schleswig-Holstein und Thüringen bestätigt. Nicht weit von Viborg/Dänemark wurde in unmittelbarer Nähe eines zu kultischen Zwecken aufgeschichteten Steinhaufens im Moor eine 88 cm hohe, armlose Holzfigur mit sorgfältig geschnitztem Kopf und betontem Geschlechtsteil geborgen. Die Beine waren durch zwei Stöcke angedeutet.

Überlebensgröße besitzen zwei Holzfiguren – eine männliche und eine weibliche – aus dem Moor bei Braak, Kr. Eutin/BRD (Bild 48 und Kapitelvignette). Kopf und Gesicht sind gut herausgeschnitzt, in zwei seitlichen Löchern saßen einst die Arme. Die Beine werden durch die Astgabel dargestellt. Mann und Frau erkennt man nicht nur an den Geschlechtsmerkmalen, sondern auch an der unterschiedlichen Größe (er 275, sie 227 cm), die Frau ferner an dem »Dutt« als Haartracht und dem kleinen, schmalen Gesicht. Alle diese Figuren hatten im Kult der Germanen ihren Platz. Sie waren an geweihter Stelle aufgerichtet und mahnten die Menschen zum Opfer.

Im Moor von Oberdorla, Kr. Mühlhausen (Bez. Erfurt), ist durch umfangreiche Untersuchungen der letzten Jahre ein über mehrere Jahrhunderte genutzter germanischer Opferplatz freigelegt worden. Die Holzidole standen z. T. innerhalb von Umzäunungen, und in ihrer Nähe lagen die Reste geopferter Tiere. Da man hier planmäßig graben konnte, wurde alles nur irgendwie Verdächtige geborgen. So hat es neben geschnitzten Holzidolen, an denen das Gesicht, die Geschlechtsmerkmale usw. erkenntlich waren, auch einfache, wenig bearbeitete Hölzer gegeben, die kaum von bedeutungslosen Pfählen zu unterscheiden waren.

Müssen wir nun unsere Ansicht und die der antiken Schriftsteller von der Scheu der Germanen, ihre Götter abzubilden, berichtigen? Der Pfahl oder

der Menhir (aus Stein) nahmen schon in vorgermanischer Zeit eine bedeutende Rolle im Kult ein. Vielleicht unter dem Einfluß der römischen Götterdarstellungen, oder wohl eher unabhängig davon, personifizierte man diesen Pfahl und hat in ihm ein Abbild der Gottheit gesehen.

So berichtet ja auch Tacitus von einem Bild, das beim Nerthuskult auf einem Wagen herumgefahren wurde. Die beiden Braaker Figuren könnten sehr wohl solche Fruchtbarkeitsgötter gewesen sein; vielleicht verkörperten sie Freyr und Freya oder auch Ask und Embla, das nach der germanischen Mythologie erste Menschenpaar. Die Namen dieser beiden Ahnengestalten deuten interessanterweise auf »Baumklötze« hin. Dasselbe trifft für ein göttliches Brüderpaar »Raos« und »Raptos« zu, deren Namen möglicherweise mit »raus« (= Rohr) und »rafts« (= Balken) verwandt sind und auf derartige Holzfiguren hinweisen könnten.

Auch in der Edda (Hávamál, Vers 49) heißt es:

Zwei Holzmännern
Auf der Heide draußen
Gab ich mein Gewand;
Lebend schienen sie,
Als sie Lumpen hatten;
Der Nackte gilt nichts.

Daß solche Holzmänner noch in der Wikingerzeit im Norden gestanden haben, wird aus einer Saga sichtbar, nach der ein Däne Ögmund an der Küste einen »alten Holzmann fand, der 40 Fuß hoch und mit Moos bewachsen war. Doch konnten sie sich eine Vorstellung von seinem Aussehen machen und warfen untereinander die Frage auf, wer wohl diesem großen Gotte geopfert habe«.

Die Moore waren jene Plätze, an denen der Germane den Gottheiten seine Gaben brachte. Mit ein Grund ist darin zu suchen, daß die Moore den Menschen in alter Zeit unheimlich waren. Immer wieder verschwanden Menschen auf unerklärliche Weise in ihnen, sie wurden förmlich von einer unsichtbaren Kraft hineingezogen und für immer behalten. Aus dem Moor erklangen des öfteren seltsame Laute, und des Nachts schienen Lichter über das Moor zu geistern. So glaubte man, Götter und Dämonen würden in den Mooren hausen, und brachte deshalb dorthin die Opfer: Erträge des Feldes, Tiere, vielleicht auch Menschen, dann Werkzeuge, Schmuck und Waffen der verschiedensten Art.

Vor allem wurde in Verbindung mit dem Kriegsgeschehen geopfert, sei es vor Beginn eines Feldzuges, um einen Sieg zu erflehen, sei es nach siegreichem Abschluß als Dankopfer. Allein in Dänemark sind bisher etwa 20 derartige »kriegerische« Opferplätze bekannt geworden, jeweils mit Tausenden von Einzelstücken. Im Nydam-Moor fand man außer den schon genannten Booten rund 100 eiserne Schwerter, 550 Speere, zahlreiche Pfeilspitzen, Bogen, aber auch Gefäße, Kämme, Gürtel- und Riemenbeschläge sowie römische Münzen. In Vimose waren es 1000 Speere, 100 Schwerter, Ring-panzer und vieles andere. Der Opferplatz im Thorsberger Moor hatte einst im offenen Wasser gelegen, zu dem ein etwa 20 m langer Steg führte. Fünf Jahr-hunderte lang wurden dorthin immer wieder Weihegaben gebracht: Waffen, Schmuck, Bekleidungsstücke, Reitzeug, Wagen, landwirtschaftliche Geräte usw. Am Rande des Ejsbøl-Moores hatten die Bewohner aus Baumstämmen und eingerammten Pfählen eine feste Plattform gebaut, von der die Waffen und andere Ausrüstungsstücke in das Moor geschleudert und dem Gotte geopfert wurden. So breitete sich davor fächerförmig eine gewaltige Kollek-tion von Opfergaben aus: Über 600 Pfeilspitzen, 200 Speerspitzen, 100 Schild-buckel, 70 Schwerter usw. konnten geborgen werden.

Bemerkenswerterweise waren hier wie auf den meisten Opferplätzen die Waffen vorher absichtlich zerstört worden. Man nimmt deshalb an, daß es sich in diesen Fällen um die Kriegsbeute gehandelt hat, die man als Dank für den errungenen Sieg dem Gott opferte. Aber es wäre auch denkbar, daß gleichfalls eigene Waffen dem Gotte dargebracht wurden. Einmal den Göt-tern geweiht, durfte das Opfer nie mehr von Menschenhand berührt oder gar genutzt werden. Deshalb hatte man die Waffen vorsätzlich zerstört.

Diese Plätze mit den Götteridolen dienten nicht nur dem Kult, sondern wie die Bestattungsplätze auch der Beratung der Stammesangelegenheiten. Sie schienen sogar über die Stammesgrenzen hinaus von Bedeutung gewesen zu sein, wenn wir den Berichten von Tacitus Glauben schenken können. Die Verbindung von religiösem Kult und politischer Beratung ist noch lange erhalten geblieben, und beides war meist noch mit einem Volksfest und einem Markt verbunden. Die Verkehrslage, Flurbezeichnungen und auch noch moderne Handelsgepflogenheiten weisen darauf hin. Beispielsweise heißt der Berg neben dem Thorsberger Moor »Gerichtsberg«, und in der unmittelbar danebenliegenden Stadt Süderbrarup findet noch heute der größte Markt Schleswig-Holsteins statt. So dürfte der Kultplatz am Thorsberger Moor das zentrale Heiligtum der Angeln gewesen sein. Die christliche Kirche hatte bekanntlich gern den Zeitpunkt ihrer Feste auf den alter germanischer bzw. slawischer Feiern gelegt, um der Religion schneller Eingang in die breiten Massen zu verschaffen, z. B. das Osterfest auf den Zeitpunkt der beginnenden Aussaat und das Weihnachtsfest auf die Wintersonnenwende. Es ist nicht nur der Zeitpunkt, sondern es sind vor allem die damit verbundenen Bräuche, die den alten »heidnischen« Kern dieser Volksfeste verraten. Auch die germa-nischen Götter, vor allem Wodan, finden sich in vielerlei Gestalt in den christlichen Heiligen oder in Märchengestalten wieder: Wodan im St. Michael oder St. Georg, im Nikolaus und Weihnachtsmann, die Göttin Freya oder eine andere Fruchtbarkeitsgöttin in der Frau Holle, der Gründonnerstag war der Tag des Gottes Donar usw.

Schließlich bleibt noch die Frage nach der Rolle und Bedeutung der Priester bei den Germanen zu beantworten. Sicherlich gab es bereits in römischer Zeit Priester, die im Auftrage des Stammes oder der Siedlungsgemeinschaft und später des Stammesführers die kultischen Handlungen vollzogen. Die römischen Schriftsteller berichten mehrfach von Priestern, wobei deren Verhältnis zu den politischen Führern nicht immer klar wird. Teils scheinen beide Funktionen in einer Person vereinigt gewesen zu sein, teils mögen die Priester sogar eine größere Bedeutung als der politische Führer besessen haben. So war bei den Burgunden der Priester unabsetzbar und auf Lebenszeit in seinem Amt, während Könige beim Versagen im Kriege oder bei Eintreten von Mißernten ihre Würde abgeben mußten. Auch Frauen werden diesen priesterlichen Dienst verrichtet haben. Bei den ostgermanischen Nahanarwalen trug der Priester weibliche Tracht; wie die Existenz weiblicher Gottheiten, so erinnert auch dies noch an das einstige Matriarchat, als in alter Zeit weibliche Schamanen ihres Amtes walteten.

Das Christentum fand wie zahlreiche andere Religionen seit dem 2. Jh. Eingang in die römischen Rheinprovinzen, in denen auch die dort ansässigen Germanen diese Religion kennenlernten, ohne daß der neue Glaube eine größere Bedeutung für sie erhielt. Seit der Mitte des 3. Jh. gab es in Trier einen christlichen Bischof. Mit dem 4. Jh. begann dann die langsame Christianisierung der freien Germanen. 325 wurde bei den Goten auf der Krim die erste germanische Kirchengemeinde gegründet und 20 Jahre später Wulfila zum Bischof der Goten ernannt, dessen kulturgeschichtlich bedeutende Tat die Übersetzung der Bibel in das Gotische war. Auch bei anderen ostgermanischen Stammesverbänden sowie bei den elbgermanischen Langobarden fand der christliche Glaube in der arianischen Form[1] Eingang. Das thüringische Königsgeschlecht dürfte spätestens gegen Ende des 5. Jh. den christlichen Glauben angenommen haben. Darauf weisen verschiedene Kreuze auf Goldbrakteaten und auf dem vergoldeten Helm von Stößen (s. Schutzumschlag und Bild V) hin; auf einem Silberlöffel dieser Zeit aus Weimar, der Inschrift nach einst einer Basena[2] gehörend, befindet sich das Monogramm Christi.

Charakteristisch für diese Zeit des Überganges von einem Glauben zum anderen sind ursprünglich heidnische Bräuche, aber mit christlichem Gehalt. Bei Wittislingen in Bayern war im 7. Jh. eine germanische Fürstin noch ganz nach alter Sitte beigesetzt worden. Sie hatte aber bereits den Übertritt zum neuen Glauben vollzogen, denn auf der beigegebenen Prunkfibel befand sich eine lateinische Inschrift im Stile christlicher Grabinschriften:

»Uffila lebe glücklich in Gott –
  unsträflich – vom Tode ergriffen –
  denn so lange ich leben durfte, bin ich gläubig gewesen – ruhe in Gott«

---

[1] Der Arianismus leugnet die Göttlichkeit Christi, während der Athanasianismus die Wesenseinheit Christi mit Gott vertritt. Erstere Lehre wurde 325 zur Irrlehre erklärt, letztere wurde die Grundlehre des katholischen Glaubens.

[2] Vielleicht identisch mit Basina, der Schwester oder Gemahlin des thüringischen Königs Bisin

Auf einer Fibel von Nordendorf, ebenfalls in Bayern, wird dieser Übergang vom Heidnischen zum Christlichen noch deutlicher sichtbar. In einer Runeninschrift werden drei germanische Götter angerufen und die Tote im Sinne christlicher Vorstellungen unter den Schutz dieser Götterdreiheit gestellt.

Nicht nur für die Ausbreitung des Christentums, sondern auch für die politische Entwicklung in Westeuropa war um 496 der Übertritt des Frankenkönigs Chlodwig zum christlichen Glauben athanasischer Prägung von großer Wichtigkeit. Mit diesem Schritt verband sich das Frankenreich mit der Macht der römisch-katholischen Kirche und stellte sich zugleich in Gegensatz zum Block der arianischen Germanen, dessen führender Kopf damals Theoderich der Große war. Chlodwig stärkte damit seine Macht auch in den Kreisen der einheimischen romanischen, bereits katholischen Bevölkerung. Die entscheidende Bedeutung dieses Schrittes aber lag in der nunmehr geschaffenen Möglichkeit, mit der christlichen Ideologie das sich ausbildende feudale Ausbeutungssystem gegenüber den unterdrückten Klassen zu »legalisieren«: Die neue soziale Ordnung galt fortan als gottgewollt, die ausgebeuteten Menschen wurden auf das Jenseits vertröstet, das aber nicht Walhall, sondern je nach dem Verhalten auf Erden entweder Himmel oder Hölle war. So hatte sich der gesellschaftliche Charakter der Religion ganz entscheidend geändert. Lenin charakterisierte diese Erscheinung mit folgenden Worten: »Die Ohnmacht der ausgebeuteten Klassen im Kampf gegen die Ausbeuter erzeugt ebenso unvermeidlich den Glauben an ein besseres Leben im Jenseits, wie die Ohnmacht des Wilden im Kampf mit der Natur den Glauben an Götter, Teufel, Wunder usw. erzeugt.« Es war verständlich, daß der Adel bei den meisten Stammesverbänden als erster den Schritt zum christlichen Glauben tat und die Bevölkerung oft erst unter Druck ihm folgte. Wenn sich die Sachsen einschließlich ihrer Gentilaristokratie dem Übertritt zum Christentum so lange widersetzten, dann geschah dies weniger aus ideologischen Gründen, als vielmehr aus dem Widerstandswillen gegen die sich damit verbindende fränkische Vorherrschaft. So hatte sich bereits in den wenigen Jahrhunderten des Bestehens der christlichen Religion der Schwerpunkt ihrer Lehre von der Gleichheit aller Menschen vor Gott zur Unterordnung unter eine gottgewollte Macht verlagert.

Schrift, Dichtung und Musik

Geheimnisvolle Runen – Der Stabreim – Schlachtgesänge und Totenklage –
Lied und Dichtung von Göttern und Helden – Zauber der Musik

»Die Barbaren erfüllten mit ihren festlichen Gelagen, frohen Gesängen und trotzigem Geschrei die Talgründe und die widerhallenden Berge.«

Tacitus, Annal. 1

Lange Zeit galt das erste Auftreten einer Schrift als Kriterium für den Beginn der »Geschichte« eines Volkes, während man die schriftlose Zeit als »vor-geschichtlich« im wörtlichen Sinne betrachtete. Für den auf der Grundlage des historischen Materialismus arbeitenden Historiker beginnt die Geschichte selbstverständlich mit der Herausbildung des Menschen und der menschlichen Gesellschaft. Wie alles Neue ist auch die erste Schrift nichts Spontanes oder eine zufällige Erfindung, sondern das Ergebnis eines bestimmten Standes der Produktivkräfte und Produktionsverhältnisse. So erscheint die Schrift überall und bei allen Völkern im Spätstadium der Urgesellschaft bzw. bei der Herausbildung einer Klassengesellschaft.

In erster Linie waren es wirtschaftsorganisatorische Gründe, die zu ersten Aufzeichnungen führten, zu den Keilinschriften des Vorderen Orients oder den Hieroglyphen Ägyptens. Daneben galt es, wichtige Ereignisse festzuhalten, anderen Menschen etwas mitzuteilen oder die Widmung an eine Gottheit zu bekräftigen und für alle Zeiten zu verewigen.

Das Umsetzen des gesprochenen Wortes in ein Schriftzeichen ist eine bedeutende geistige Leistung des Menschen, die von ihm mehrfach und unabhängig voneinander vollbracht worden ist, wie die unterschiedlichen Schriften auf der Erde beweisen. Es galt, einzelne Laute, Silben, ganze Wörter oder sogar vollständige Gedankengänge in sichtbare Zeichen umzusetzen. Wenn wir von den Knotenschnüren der Inkas und ähnlichen »Schriften« absehen, so sind die Zeichen im allgemeinen geritzt oder gemalt worden. In gewissem Maße kann jede Zeichnung – naturalistisch oder abstrakt – als Vorläufer einer Schrift betrachtet werden, weil man damit einen Gedanken oder eine Mitteilung bildlich festhalten konnte. So lassen sich in der Keil-, Hieroglyphen- und auch in der chinesischen Schrift viele Zeichen auf das natürliche Bild zurückführen. Mit Ausnahme Ostasiens hat sich die Lautschrift durchgesetzt, wonach für jeden Laut ein Zeichen (Buchstabe) gesetzt wird. Später entstandene Schriften hatten die Möglichkeit, sich an ältere Schriftarten anzulehnen und von ihnen Zeichen zu übernehmen. Die allgemeine historische Entwicklung führte dazu, daß manche Schriften ausgestorben sind. Beides gilt auch für das Germanische.

Das germanische Schriftzeichen wird als Rune bezeichnet, was soviel wie »Geheimnis« bedeutet und sprachlich mit unserem »raunen« verwandt ist; wir werden noch sehen, wie damit auch der besondere Charakter der germanischen Zeichen sinnfällig zum Ausdruck gebracht wurde. Die ersten germanischen Runen treten auf Fibeln und Lanzenblättern des 2. Jh. auf, in größerer Zahl aber erst in der Wikingerzeit, der rund $^4/_5$ aller bekannt gewordenen Runeninschriften angehören. So haben sich vor allem die Nordgermanen der Runen bedient, denn von den uns bekannten 5 000 Runendenkmalen befinden sich allein 3 000 auf schwedischem Boden. Sogar noch im 19. Jh. sind Runen in der schwedischen Landschaft Dalarna geschrieben worden.

Wer waren die Schöpfer des germanischen Runenalphabets? Wenn auch die ältesten Runen aus dem Norden stammen, so müssen wir doch den Blick zunächst nach dem Süden Europas wenden, wo bereits seit rund 1 000 v. u. Z. Buchstabenalphabete geläufig waren, wie das griechische, später das lateinische und verschiedene nordetruskische Alphabete. Eine gänzliche Ableitung aus einer dieser Schriften ist jedoch kaum denkbar, da die jeweiligen Übereinstimmungen zu gering wären. Man neigt heute dazu, vor allem in den nordetruskischen Alphabeten, wie sie seit dem 5. Jh. v. u. Z. bis zum 1. Jh. u. Z. im südlichen und östlichen Alpenvorland benutzt wurden, die meisten Vorbilder zu sehen. Auf diese Weise können auch lateinische Buchstaben vermittelt worden sein. Von den 24 Runen des Futhark-Runenalphabets (s. u.) sind 15 aus dem Nordetruskischen bzw. Lateinischen ableitbar, während die restlichen 9 dort keine Vorbilder besitzen. Entweder kennen wir hierfür diese alpinen Vorbilder nicht, oder sie sind germanische Eigenschöpfungen.

Für die Übernahme und den Aufbau des germanischen Runenalphabetes hat man ursprünglich die Cimbern verantwortlich zu machen gedacht. Nach ihrer vernichtenden Niederlage waren sie aber kulturell und politisch so bedeutungslos, daß sie nicht in Frage kommen. Eher könnte man den Markomannen auf Grund ihrer großen politischen und kulturellen Stellung eine derartige geistige Tat zutrauen. Nur kennen wir von ihnen keine Runeninschriften, und es erhebt sich auch die Frage, warum sie nicht das Lateinische des römischen Gegners übernommen haben. Im Laufe des 1. und 2. Jh. müssen jedenfalls andere germanische Stämme das Runenalphabet kennengelernt haben. Dabei war es in den folgenden Jahrhunderten verschiedenen Wandlungen unterworfen, was bei der Vielzahl der germanischen Stämme und ihren weiten Wanderungen verständlich ist.

Das bekannteste und älteste Runenalphabet ist das 24 Zeichen umfassende Futhark-Alphabet, benannt nach den ersten sechs Buchstaben. Daneben gibt es noch andere, meist erheblich jüngere Reihen mit teils weniger, teils mehr Zeichen. Die einzelnen Runen besitzen einen Namen, dessen erster Buchstabe dem Laut entspricht. So heißt das erste Zeichen des Alphabets *fehu* (Vieh) und der letzte Buchstabe *oþal*[1] (Erbbesitz). Es ist immerhin bemerkenswert, daß

---

[1] þ entspricht etwa dem englischen th.

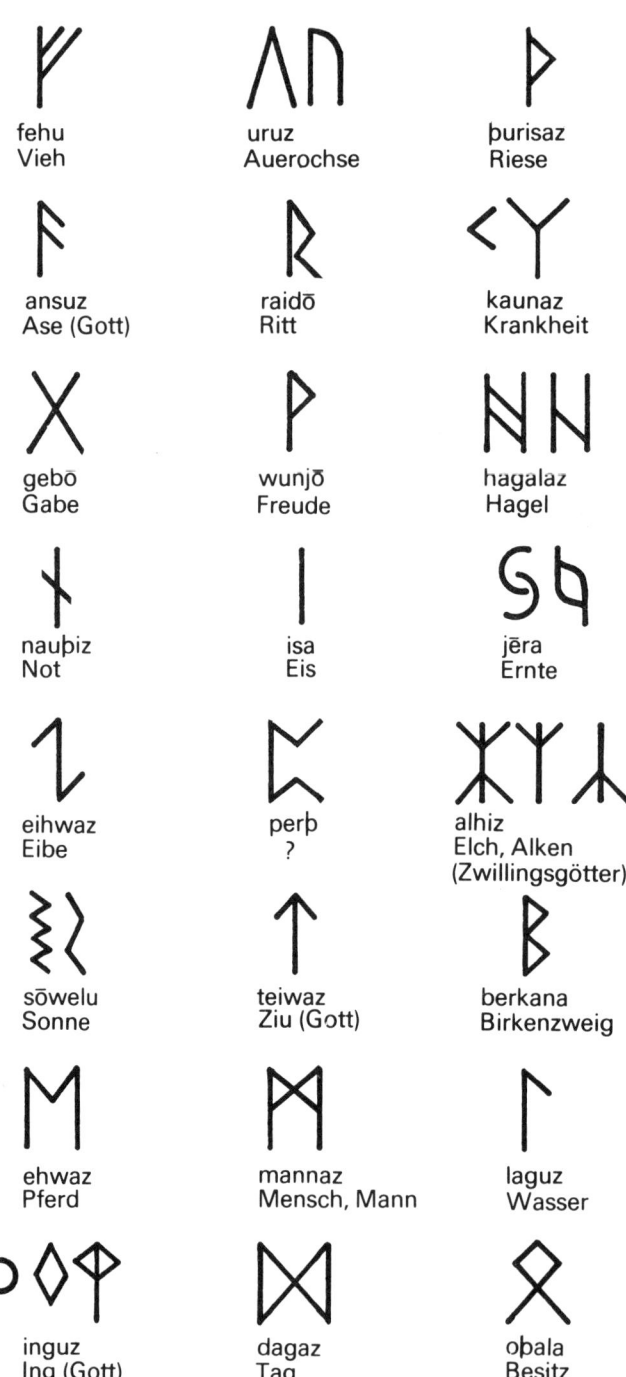

fehu Vieh	uruz Auerochse	þurisaz Riese
ansuz Ase (Gott)	raidō Ritt	kaunaz Krankheit
gebō Gabe	wunjō Freude	hagalaz Hagel
nauþiz Not	isa Eis	jēra Ernte
eihwaz Eibe	perþ ?	alhiz Elch, Alken (Zwillingsgötter)
sōwelu Sonne	teiwaz Ziu (Gott)	berkana Birkenzweig
ehwaz Pferd	mannaz Mensch, Mann	laguz Wasser
inguz Ing (Gott)	dagaz Tag	oþala Besitz

Futhark-Runenalphabet mit den Namen der einzelnen Runen

Anfang und Ende des germanischen Alphabets Eigentumsbegriffe darstellen. Die anderen Buchstaben sind nach Göttern oder in der Magie und dem Kult eine Rolle spielenden Tieren und Pflanzen, nach Naturerscheinungen oder unsichtbaren Mächten bezeichnet. Auch darin wird sichtbar, daß der Germane in den Runen etwas Geheimnisvolles, den Göttern und anderen unsichtbaren Mächten verbundene Zeichen sah. Runen waren also nicht einfach Buchstaben, um ein Wort zu schreiben, sondern sie besaßen »kraftspendende« Eigenschaften; es waren »Kraftrunen«. Bereits allein das Einritzen war schon ein Beschwörungszauber oder Weihevorgang. So wurden auch bildliche oder abstrakte Symbole mit eingefügt ebenso wie magische, für uns heute unverständliche Formelworte. Deshalb sind sehr viele Inschriften oft nicht bis auf das letzte Wort deutbar oder in unsere Sprache zu übersetzen.

Die Runen dienten erst in zweiter Linie und in späteren Zeiten der Mitteilung. So urteilt auch Friedrich Engels, daß »die Runeninschrift nur als Geheimschrift bekannt war und nur zu religiöser Zauberei gebraucht wurde«. »Sobald das Bedürfnis einer wirklichen Bücherschrift entstand, wie bei Goten und später bei Angelsachsen, wurde es (das Runenalphabet) fortgeworfen und eine neue Anpassung des griechischen oder römischen Alphabets vorgenommen, bei der nur einzelne Runenzeichen bewahrt blieben«. Es bestand folglich in der vorfeudalen Periode noch kein dringendes gesellschaftliches Bedürfnis nach einer Schrift – ganz im Gegensatz zu den ältesten Schriften der altorientalischen Welt. »Schreiben« galt bei den Germanen als Zauber, und »Lesen« war Deutung.

Runeninschriften finden sich auf Waffen und Geräten, auf Felswänden und Steindenkmalen (Bild 51), auf Schmuck (Bild IX) und Brakteaten (Bild 49), auf Kämmen und Amuletten und in christlicher Zeit sogar auf Reliquienschreinen. Sie wurden in Knochen, Metall, Stein und Ton geritzt, am meisten sicherlich in Holz geschnitten, so daß sie uns selten erhalten geblieben sind. Vielleicht waren jene »notae«, von denen Tacitus (Germania 10) berichtet, daß sie in Holzstäbchen eingeritzt wurden, um aus ihnen das Schicksal vorauszusagen, bereits derartige Runen. Noch im 6. Jh. rät der Bischof von Poitiers seinem Freund:

»Schreib die barbarische Rune getrost auf eschene Tafeln! Was der Papyrus vermag, tut der geglättete Zweig!«

Für das Einritzen in Holzstäbchen oder -täfelchen spricht auch die überwiegend senkrechte oder schräge Strichführung der Runenzeichen.

Die Inschriften bestanden meist nur aus wenigen Zeichen, oft allein aus einzelnen oder wenigen Worten, während Denkmale mit mehr als hundert Zeichen selten sind. Die mit 770 Runenzeichen längste Inschrift befindet sich auf dem 4 m hohen Stein von Rök in Schweden (Bild 51). Die Inschriften wurden sowohl von links nach rechts als auch umgekehrt geschrieben. Längere Inschriften wechselten von Zeile zu Zeile die Richtung wie der Bauer beim

Pflügen, oder sie wurden in Schlangenlinien ohne Absetzen geführt, wobei dann ein Teil der Runen zwangsläufig auf dem Kopf stand.

Nur etwa 1 000 Inschriften stammen aus der Zeit des 2. bis 7. Jh., während die restlichen 4 000 Inschriften der nordischen Wikingerzeit und dem hohen Mittelalter angehören, wobei nunmehr der geographische Raum von Grönlands Westküste[1] bis zum Ladogasee und zur Dneprmündung, von Tromsö bis Athen reicht – Orte, wohin einst die Wikinger auf ihren Zügen gelangt waren. Die Masse dieser wikingischen Runeninschriften findet sich aber in Nordeuropa.

Die beiden verschieden datierten Gruppen von Inschriften unterscheiden sich auch sprachlich: Die älteren gehören dem Urgermanischen (Urnordischen), die jüngeren dem Altnordischen mit seinen verschiedenen Dialekten an. Die jüngeren Runeninschriften waren keinesfalls nur »heidnische« Sprüche, sondern enthielten auch christliche Gedanken und Vorstellungen. So sind beispielsweise die englischen Inschriften fast durchweg christlichen Inhalts.

Was ist nun der Inhalt der älteren, uns hier nur interessierenden Inschriften? Ihre kulturgeschichtliche Aussage ist gering und beschränkt sich auf die magisch-religiöse Sphäre. Als sprachgeschichtliche Quellen sind sie dagegen von unschätzbarem Wert, da sie ja die ältesten Sprachdenkmale der Germanen bilden. Oft ist nur ein Name auf der Waffe, dem Schmuckstück oder der Fibel eingeritzt, der entweder den Besitzer oder meist den Runenmeister bezeichnen dürfte. Dem Namen wurde häufig ein ergänzendes, seinen Träger charakterisierendes Beiwort zugefügt. Waffen erhielten einen erfolgversprechenden Namen wie »Erprober« (in der überhaupt ältesten Runeninschrift auf einem Lanzenblatt von Øvre Stabu/Norwegen), »Zielreiter« (Lanzenspitze von Kowel/Ukrainische SSR) oder »Anrenner« (Dahmsdorf, Kr. Strausberg). Andere Inschriften sollten dem Gegenstand und damit dem Träger Glück bringen oder ihn schützen; zuweilen sprechen sie einen Fluch aus, falls sich jemand an dem Stück vergreifen sollte. Manche Gegenstände sind durch die Inschrift einem Gotte geweiht.

Schon das alleinige Einritzen des gesamten Runenalphabets versprach magische Kraft. So trägt ein schwedischer Brakteat von Vadstena aus der Zeit um 550 die gesamte Runenreihe in Umschrift[2]; im übrigen zeigt er einen auf einem Pferd reitenden gewaltigen Kopf und über dem Pferdekopf einen Raubvogel (Bild 49). An einer Öse als Amulett getragen, sollten Runen und Bild dem Träger Glück bringen.

Auch wenn auf einem Kamm nur das Wort »Kamm« steht, ist das keine profane Erklärung für den Gegenstand, sondern ein Zaubermittel, um dem Kamm eine Weihe oder einen besonderen Zauber zu verleihen (S. 115).

---

[1] Die angeblichen Runensteine in Nordamerika sind Fälschungen bzw. Falschmeldungen.

[2] Das Alphabet beginnt auf der linken Seite und ist entgegen dem Uhrzeigersinn bis zur Öse zu lesen.

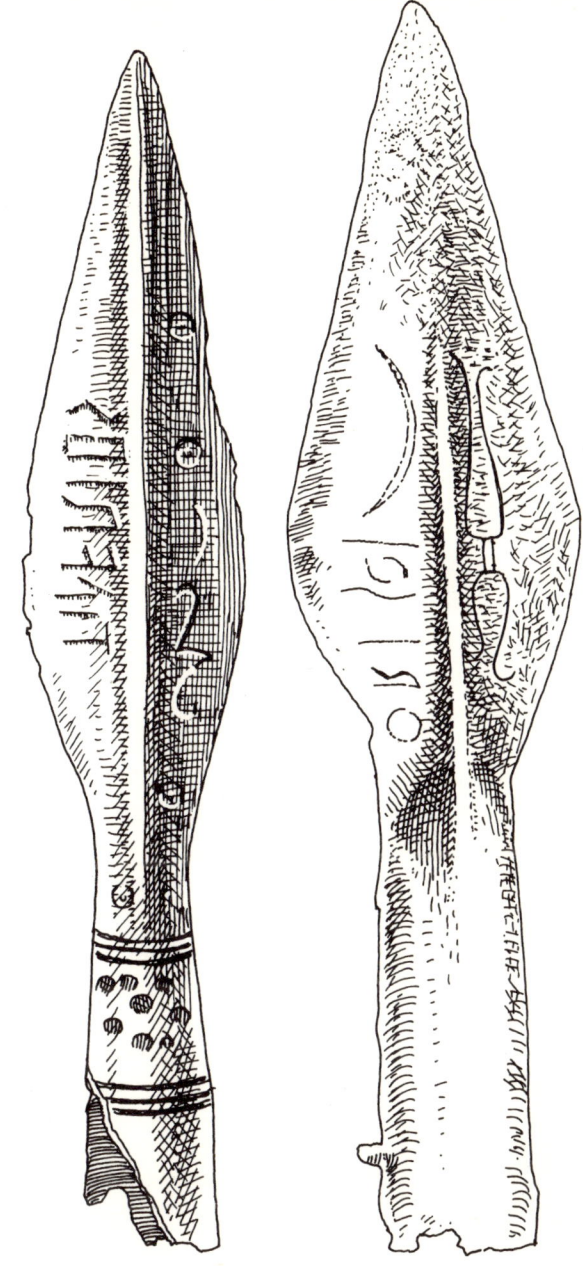

Runenlanzenspitzen von
Kowel/Ukrain. SSR und
Müncheberg-Dahms-
dorf, Kr. Strausberg (re.)

Wir erwähnten bereits die Sitte der Nordgermanen, Bautasteine für den
Verstorbenen zu errichten (S. 179). Oft tragen diese Runeninschriften.
Ursprünglich ist nur der Name des Runenmeisters, später auch der des Toten
und schließlich allein der Name des Verstorbenen eingeritzt worden. So steht
auf dem Stein vom Kjølevik/Norwegen (5. Jh.): »Hadulaik (ruht hier). Ich,
Hagustald, begrub meinen Sohn.« Auf dem Stein von Möjbro/Uppland
(5. Jh.) ist ein Krieger zu Pferde, begleitet von zwei Jagdhunden, abgebildet,

über dem die Worte stehen: »Frawarad auf dem Renner erschlagen« (vgl. Kapitelvignette). Die Runen sollten auch Grabfrevler fernhalten, wenn es auf einem Stein heißt: »Der Glanzrunen Reihe barg ich hier, Kraftrunen. Durch Argheit rastlos, draußen ist eines tückischen Todes, der dies (Grab) zerstört.«

In einem Falle kann die Inschrift vielleicht sogar mit historischen Ereignissen in Verbindung gebracht werden. Von Pietroasa/Rumänien stammt ein umfangreicher Goldfund, der nach seiner Zusammensetzung nur einer bedeutenden Persönlichkeit gehört haben kann (vgl. S. 240 und Bild 75). Darunter befindet sich ein Goldring, der die Inschrift trägt »Gutani o(dal) wi(h) hailag« (Der Goten Erbgut geweiht heilig). Während man früher den Fund als Schatz des Westgotenkönigs Athanarich ansah, muß er auf Grund einer Neudatierung in das 5. Jh. wohl mit der Auflösung des Hunnenreiches nach dem Tode Attilas in Zusammenhang gebracht werden.

Als das erste Runenzeugnis einer bescheidenen Volksdichtung kann der Spruch auf einem Wetzstein von Strøm/Norwegen (um 600) angesehen werden, der in seinem Rhythmus so ganz dem Wetzen einer Sense entspricht: »wate hali hino horna! haha skaþi, haþu ligi!« (Es netze diesen Stein das Horn! Schädige das Grummet! Es liege die Mahd.)[1]

So vermitteln uns diese Runeninschriften des 2. bis 7. Jh. wenigstens ein ungefähres Klangbild der germanischen Sprache. Durch die bevorzugte Betonung auf der ersten Silbe bot sich für das einprägsame und gedichtete Wort der Reim auf dem Anlaut an, der Stabreim. Durch ihn wird die Wirkung des gesungenen oder gesprochenen Wortes gesteigert, was bei Zauber- und Beschwörungsformeln nicht ohne Bedeutung war. Der Stabreim wurde aber auch in anderen Formen der Dichtung angewandt und hielt sich bis in althochdeutsche christliche Werke. So ist der Heliand aus dem 9. Jh. (vgl. Anm. S. 178) mit seinen fast 6000 Versen die umfangreichste Stabreimdichtung überhaupt. Auch in unserer heutigen Sprache besitzen wir noch solche Redewendungen wie Haus und Hof, Mann und Maus, Kind und Kegel. Von den Runeninschriften abgesehen, ist das älteste germanische Sprachdenkmal die Bibelübersetzung des Gotenbischofs Wulfila aus der 2. Hälfte des 4. Jh. Das »Vater-Unser« möge uns einen Eindruck von der germanischen Sprache im Munde eines Goten geben:

atta unshar þu in himinam,	Vater unser du im Himmel,
weihnai namo þein,	geheiligt Name dein.
qimai þiudinassus þeins.	komme Herrschaft deine.
wairþai wilja þeins,	werde Wille deiner,
swe im himina jah ana airþai.	wie im Himmel auch auf Erden.

Die germanischen Sprachen gehören in die Gruppe der indoeuropäischen Sprachen, zu denen außerdem die keltischen, slawischen, baltischen, romani-

---

[1] Der Stein wurde wie mancherorts auch heute noch in einem mit Wasser gefüllten Horn getragen, um damit die Sichel oder Sense besser schärfen zu können. Grummet = Grünland

Ring mit Runeninschrift von Pietroasa/Rumänien (³/₄ nat. Gr.)

schen, iranischen Sprachen, das Lateinische, Griechische, Indisch-arische, Armenische und einige inzwischen ausgestorbene Sprachen gehören. Der historische Hintergrund dieser Sprachverwandtschaft ist nur soweit geklärt, daß man im Gegensatz zu alten Auffassungen daraus keine einmal gesprochene Ursprache rekonstruieren kann und demzufolge auch kein Urvolk mit einer Urheimat zu suchen braucht. Diese Sprachen scheinen ihre engsten Beziehungen in der Zeit des Überganges von der Jungstein- zur Bronzezeit, also um 2000 v. u. Z., besessen zu haben. Unter Berücksichtigung der nach Südeuropa und Indien erfolgten und z. T. sogar historisch überlieferten Wanderungen kommt als Territorium der Träger dieser Sprachen faktisch das ganze Gebiet zwischen Rhein und Wolga in Frage, vielleicht noch Mittelasien eingeschlossen.

Das Germanische hat sich wohl im Laufe des 1. Jahrtausends v. u. Z. – die Angaben der einzelnen Sprachforscher variieren erheblich – durch verschiedene Sprachprozesse von den anderen indoeuropäischen Sprachen getrennt. Dazu rechnet vor allem die 1. (germanische) Lautverschiebung

201

(S. 16), die sich vermutlich in einem Zeitraum von einigen Jahrhunderten vollzogen hat. Eine einheitliche germanische Sprache ist aber dadurch nicht entstanden, sondern nur eine Anzahl verwandter Dialekte. Auch die weiteren sprachgeschichtlichen Vorgänge sind nur auf Grund sprachwissenschaftlicher Theorien rekonstruierbar. Sicherlich entwickelten die sich im 3. Jh. konsolidierenden Stammesverbände eigene Dialekte, die man nach drei Dialektgruppen ordnen kann: nach dem Westgermanischen, aus dem sich später das Deutsche, Niederländische, Englische und Friesische abspalteten, nach dem Nordgermanischen mit dem späteren Dänischen, Norwegisch/Schwedischen und Isländischen und schließlich nach dem Ostgermanischen, das keine heutigen Nachfolger hat, aber durch Wulfilas Bibelübersetzung uns am besten bekannt ist. Dazu fanden römische, illyrische und keltische Lehnwörter Eingang in die germanische Sprache. Durch die zweite (deutsche) Lautverschiebung im 6. Jh. kristallisierte sich im oberdeutschen (alemannischen) Gebiet die hochdeutsche Sprache heraus, neben der in Norddeutschland das Niederdeutsche herrschte. Das Althochdeutsche wurde um 800 Schriftsprache. Aber weder das Hoch- noch das Niederdeutsche waren einheitliche Sprachen.

Schrift und Dichtung sind keineswegs in ihren Anfängen identisch. Lange bevor der erste Buchstabe in Holz oder Stein eingeritzt wurde, entstanden Wortdenkmale in Prosa, Poesie oder als Lied, die von Mund zu Mund weitergegeben wurden. Erst Jahrhunderte später sind sie aufgezeichnet worden, und es ist somit nicht leicht, das Ursprüngliche von Neuerem zu trennen.

Zauber- und Beschwörungsworte, Bauernweisheiten und Schlachtgesänge, Hochzeits- und Totenlieder, Helden- und Göttersagen waren teils Allgemeingut, teils Wissen einzelner Erzähler oder Sänger. Die Schlachtgesänge werden den Römern mehr als einmal bekannt geworden sein und ihre Wirkung auf die römischen Legionäre nicht verfehlt haben. In den Liedern wurde der Kriegsgott Donar/Thor angerufen. Vor dem Kampf stimmten die Germanen den »Barditus« an, womit »sie den Mut entflammen und aus dem Klang den Ausgang des bevorstehenden Kampfes vorhersagen... Vor allem wird darauf gehalten, ein rauhes Tönen und stoßweise dumpfes Brausen hervorzubringen, indem man die Schilde vor den Mund hält. So schwillt die Stimme durch den Widerhall voller und gewaltiger an« (Tacitus, Germania 3).

Als einer der ältesten Zaubertexte – von den Runen abgesehen – gelten die Merseburger Sprüche, die zwar erst im 10. Jh. aufgezeichnet wurden, aber aus älteren Zeiten stammen (Bild 50). Vor allem stehen sie noch nicht unter christlichem Einfluß wie zahlreiche andere frühmittelalterliche Dichtungen. Die beiden stabreimenden Sprüche behandeln einmal die Befreiung gefesselter Kriegsgefangener, zum anderen die Heilung von Gliederverrenkungen bei Pferden. In beiden Fällen mag es sich unter Umständen gar nicht um Ratschläge für derartig profane Dinge handeln; vielmehr mögen sie einmal das Knüpfen und Lösen des Schicksalsknotens, zum anderen die Wiedergeburt der Natur und allen Lebens symbolisieren. Zahlreiche Beschwörungsformeln sollten Krankheiten heilen (vgl. S. 219). Manche andere Beschwörungsformel ist uns aus späterer Zeit überliefert, aber meist in christliche Ideologie umgesetzt und dadurch nicht mehr in ihrer ursprünglichen altgermanischen Form erhalten. Mitunter ist die alte heidnische Beschwörungsformel durch den Vorsatz »primum pater noster« (Zuerst ein Vaterunser) und abschließend ein »Amen« in einen christlichen Rahmen gekleidet. Oder man ersetzte einfach Wodan durch Christus.

Bei Hochzeiten und Totenfeiern wurde im Chor gesungen, vielleicht durch einen Vorsänger eingeleitet. Den Gesang begleitete man durch tänzerische oder jedenfalls rhythmische Bewegungen. Besonders bei Jahresfesten wurde das Geschehen in der Natur in einem wiederkehrenden Rituell nachgespielt. Diese Jahresspiele sind die dramatische Form altgermanischer Dichtung und fanden eine Fortsetzung im späten Mittelalter in den verschiedenen Fastnachtsspielen. Die dabei gesprochenen und gesungenen Worte sind verklungen und ein für allemal für uns verschollen, denn die Kirche verbot diesen »teuflischen Zauber«, und zum anderen rückte der Feudalismus das Heldenlied in den Vordergrund. In dem einzigen erhaltenen, um 1000 aufgezeichneten angelsächsischen Flursegen heißt es u. a.: »Ostwärts wende ich mich, um Wohltaten bitte ich, die Erde bitte ich und den Himmel oben, daß mein Zauber ziehe und die Felder sprießen.«

Die Totenlieder waren nicht allein Klagelieder, sondern sollten den Toten vor Dämonen schützen und ihn auf dem Weg nach Walhall begleiten. Ihr Inhalt entsprach in keiner Weise der christlichen Vorstellung vom Tode, so daß uns auch die Texte nicht erhalten geblieben und aufgezeichnet worden sind.

Eine sicherlich bereits in alter Zeit von Generation auf Generation vermittelte Volksdichtung sind die Erzählungen und Lieder von den Göttern und deren Ursprung und damit auch vom Ursprung des Menschengeschlechtes. »Dort feiert man in alten Liedern, der einzigen Art Überlieferung und Geschichtsschreibung dieses Volkes, einen erdgeborenen Gott Tuisto« (Tacitus, Germania 2). Die germanische Götterdichtung hat einen gewissen Niederschlag in den isländischen Sagas gefunden, wenn diese auch in der Hauptsache eine Widerspiegelung der historischen Vorgänge des 9. bis 13. Jh. sind, also einer Welt anderer gesellschaftlicher und ideologischer Verhältnisse. In ihnen mögen auch Teile einer altgermanischen Memorialdichtung Eingang gefunden haben. Denn die verschiedenen germanischen Stammesgeschichten (vgl. Literaturhinweise, S. 258) gehen in ihrer historischen Darstellung so weit zurück und lassen die Frühgeschichte keinesfalls als reine phantastische Konstruktion erscheinen, da sicherlich die Erinnerung an vergangene Jahrhunderte durch ständiges Erzählen wachgehalten worden ist. In diesen Dichtungen drückte sich das sippen- und stammesgebundene Geschichtsbewußtsein aus.

Was sich an Spruchdichtung, Sprichwörtern oder gar an Rätselpoesie erhalten hat und aufgezeichnet wurde und dem Inhalt nach bis in die altger-

 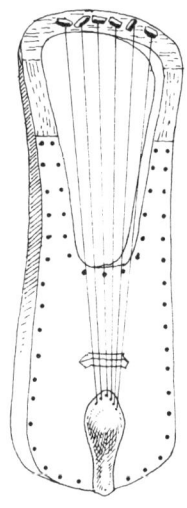

Nachbildung der Leier von Köln-St. Severin und Darstellung auf einer angelsächsischen Miniatur des 9. Jh.

manische Zeit zurückprojiziert werden kann, das läßt den Germanen als Bauern und Bauernkrieger und nicht etwa als Helden erscheinen, wie ihn die höfische Kunst des Hochmittelalters oder spätere bürgerliche Romane schilderten. Die hohe Zeit der Heldenlieder und -epen begann in der Zeit des frühen Feudalismus. Von ihnen sei nur auf das älteste hingewiesen, auf das Hildebrandslied, das wohl im 7. Jh. entstand und 815 von Fuldaer Mönchen aufgezeichnet wurde. Den historischen Hintergrund bildet der Einfall Theoderichs des Großen nach Italien (489). Sprachlich lassen sich die ursprünglichen langobardischen, weiterhin bairische und fränkische Bestandteile trotz der Niederschrift im Altsächsischen erkennen. Es ist nur als Bruchstück erhalten geblieben und schildert in diesen 68 Stabreimversen den Zwiespalt zwischen Gefolgschaftstreue und Sippenbewußtsein. Der tragische Ausgang – der Vater erschlägt den Sohn – zeigt die neue Moral und Lebensform der sich entwickelnden Feudalklasse und zugleich den diametralen Gegensatz zu den Dichtungen der freien Bauern der ausgehenden Urgesellschaft.

Wenn die altgermanische Dichtung immerhin in einigen Bruckstücken erhalten geblieben ist oder sich in die hochmittelalterliche Dichtung hinübergerettet hat, so können wir die Musik der Germanen kaum wieder zum Erklingen bringen. Bereits aus der Bronzezeit sind uns die Luren bekannt, die im Ton etwa unseren heutigen Waldhörnern entsprechen. Felszeichnungen und Fundzusammenhänge sprechen dafür, daß sie meist paarweise und gleichgestimmt geblasen wurden. Sie umfaßten bis zu 12 Töne. Die bisher aufgefundenen Luren sind auf c, d, es, e, fis, g/gis gestimmt. Das bis zu 2,5 m lange, geschwungene Horn erforderte eine hohe Kunstfertigkeit des Bronzegießers. Seit dieser Zeit sind uns keine Blashörner aus dem germanischen Gebiet mehr überliefert. Sicherlich werden wir aber doch mit ihnen rechnen müssen. Erst auf den karolingischen Miniaturen tauchen Blasinstrumente wieder auf.

Auch ein anderes Instrument, von dem sich gleichfalls keine Spuren erhalten haben, ist wahrscheinlich benutzt worden: die Trommel. Sie bestand wohl aus einem hölzernen, mit einem Kalbfell bespannten Klangkörper, so daß deren Erhaltungsmöglichkeiten von vornherein gering waren. An Holzblasinstrumenten wird es Flöten und Pfeifen gegeben haben.

Dagegen haben sich aus der jüngeren germanischen Zeit Saiteninstrumente wie Leiern und Harfen erhalten und werden auch in den schriftlichen Quellen der Völkerwanderungszeit erwähnt. Saiteninstrumente eignen sich mehr als andere Instrumente zur Begleitung des Gesanges, der bei den Germanen eine große Rolle spielte. Zwei Leiern fanden sich in den alemannischen Gräbern des 6. Jh. von Oberflacht/Württemberg. Der Holzkörper von 80 cm Länge besteht aus einer ausgehöhlten Eichenholzplatte mit zwei Armen. Über dem Hohlraum liegt eine 4 mm starke Eichenholzplatte. Auf dem Quersteg zwischen den Armenden saßen die 6 Saitenwirbel. Eine jüngere ähnliche Leier aus dem 8. Jh. stammt von Köln. Wie diese Leiern gespielt wurden, zeigt eine angelsächsische Miniatur des 9. Jh. Es handelt sich also unzweifelhaft um ein Zupfinstrument, wogegen Streichinstrumente nicht vor dem 10. Jh. im germanischen Raum bekannt wurden.

Wir sprechen bei diesen Instrumenten bewußt von der Leier, wenn auch im Altgermanischen jedes Zupfinstrument als »Harfe« bezeichnet wird. Nach unseren musikinstrumentalischen Begriffen erscheint aber die Harfe erst bei den Angelsachsen, wo sie außer auf Buchillustrationen durch den Fund einer Harfe im Schiffsgrab eines Königs von Sutton Hoo in England (7. Jh.) belegt ist. Durch diesen Fund wird bestätigt, daß die Harfe (bzw. Leier) vom König selbst gespielt wurde und mit anderen königlichen Insignien zu seiner persönlichen Ausstattung gehörte. Die germanischen Könige hatten das Zupfinstrument im Süden kennengelernt und sangen nun selbst ihre Lieder zur Harfe. Daneben hat es auch Sänger in der Gefolgschaft und später berufsmäßige Sänger gegeben, wie sie die Nordgermanen in der Person des Skalden besaßen. Das Singen zur Harfe wurde in dieser Zeit zu einer höfischen Sitte, wobei die kriegerischen Taten der Völkerwanderung den Heldenliedern umfangreichen und langlebigen Stoff boten, der das Bewußtsein der sich herausbildenden Feudalklasse stärkte.

Der Gesang stand bei den Germanen in hoher Wertschätzung. Das zeigt sich auch darin, daß der bedeutendste Gott der Germanen, Odin/Wodan, zugleich der Gott des Gesanges war; er sang den Totenzauber wie den Liebeszauber. Auch sein Name bedeutet soviel wie »Sänger«. Im Pfeifen und Brausen des Sturmes glaubte der Germane die Stimme des Windgottes Wodan zu hören. Da dieser auch als der Erfinder der wahrsagenden, geheimnisvollen Runen galt, so erkennen wir, wie bei den Germanen Musik und Gesang in die Welt des Geheimnisvollen führten. Wir sprechen noch heute vom »Zauber« der Musik.

Neben den genannten Zauber-, Kampf-, Helden- und Klageliedern gab es auch fröhliche Volkslieder, die sich z. T. bis heute erhalten haben. Da sie sich nach Inhalt, Melodie und Rhythmus bei vielen germanischen Stämmen und späteren Völkern immer wieder gleichen, kann auf einen altgermanischen Ursprung geschlossen werden.[1]

Der Sänger spielte im geselligen Leben des Mittelalters eine bedeutende Rolle. Die christliche Kirche verbot zahlreiche »heidnische« Gesänge, konnte aber kaum etwas Entsprechendes an ihre Stelle setzen. Denn einmal wurde die Gemeinde in der Kirche nur teilweise am Gesang beteiligt, zum anderen war die Rezitativform dem Germanen ungebräuchlich. Deswegen haben sich die inhaltlich und musikalisch so plastischen Volksgesänge oft nur im Verborgenen halten können. Die herrschende Feudalklasse aber beschritt den Weg zum höfischen Minnelied des Mittelalters.

[1] Beispielsweise dürfte unser Kinderlied »Fuchs, du hast die Gans gestohlen« auf einen alten germanischen Springtanz zurückgehen.

Leben in der Gemeinschaft

Die Sippe als Mittelpunkt der Gesellschaft – Beziehungen zwischen Mann und Frau – Die Gefolgschaften in Krieg und Frieden – Rechtsprechung und Bestrafung – Von sportlicher Betätigung und fröhlichem Umtrunk – Heilung mit Runen und Kräutern

»Kein anderes Volk pflegt so ausgiebig Geselligkeit
und Gastfreundschaft.«

Tacitus, Germania 21

So spärlich uns die archäologischen Quellen die Formen des geselligen Zusammenlebens verraten, so reichlich fließen darüber die Nachrichten der antiken Schriftsteller, besonders auch von Tacitus in seiner »Germania«, in der er sich in zahlreichen Abschnitten mit den kriegerischen Gemeinschaften, dem Familienleben, mit der Stellung der beiden Geschlechter zueinander, mit dem täglichen Leben usw. beschäftigt.

Als die Germanen in den Blickpunkt der antiken Welt traten, befanden sie sich im Stadium der patriarchalischen Sippengesellschaft. Aber das einstige Matriarchat erkannte man noch an vielen Erscheinungen, wie der großen Zahl weiblicher Lokalgottheiten, am Fungieren weiblicher Priester oder der großen Bedeutung der Seherinnen. Auch die Bemerkung Tacitus' (Germania 20) über besonders enge Beziehungen des Onkels zu den Kindern seiner Schwester zeigt ein matriarchalisches Relikt. Im allgemeinen war aber die patrilineare Abkunft entscheidend.

Zwischen den Sippenmitgliedern herrschte Friede, wenn nicht Verfehlungen und Verletzungen des Sippengesetzes oder sonstige außergewöhnliche Umstände dieses ungeschriebene Gesetz in Gefahr brachten. Auch die Heirat veränderte nicht die Zugehörigkeit zur alten Sippe, in die man hineingeboren war. Jeder war seiner Sippe verpflichtet und unterlag der Sippenmoral. Umgekehrt trat die Sippe auch für jeden einzelnen ein und bot ihm im Falle der Gefahr Schutz und Hilfe und forderte Sühne, wenn der Betroffene selbst nicht mehr dazu imstande war.

Das Sippenbewußtsein wird am überzeugendsten in der Verpflichtung zur Rache sichtbar. Wurde an einem Sippenangehörigen eine Freveltat, ein Mord, verübt, so mußte die Sippe diese Tat rächen. Im allgemeinen und vor allem auch in den späteren Zeiten, aus denen wir schriftliche Überlieferungen besitzen, konnte der Tod nur durch Tod gerächt werden, jedoch erwähnt Tacitus (Germania 21), daß Totschlag auch durch eine entsprechende Abgabe von Vieh gesühnt werden konnte. Die Blutrache gefährdete mitunter den Bestand einer Sippe. Weder der Rächende noch sein Opfer brauchten dabei mit der Freveltat etwas zu tun gehabt zu haben, aber beide mußten für die Ehre ihrer Sippen eintreten – so verlangte es das Gesetz der Sippe.

Die Heirat zwischen Mann und Frau war gleichfalls eine Angelegenheit der Sippe, ein Vertrag, der zwischen zwei Sippen geschlossen wurde. Wenn der Brautvater dem Ehemann seine Tochter als Gabe brachte, so mußte der Mann dafür der Sippe seiner Frau bzw. auch ihr selbst (so schildert es jedenfalls Tacitus, Germania 18) Geschenke bringen. Die gegenseitige Zuneigung scheint eine zweitrangige Rolle gespielt zu haben.

Dem in sexuellen Dingen erheblich freier denkenden Römer fiel das ganz andere Verhältnis zwischen Mann und Frau bei den Germanen auf, das aber – wie wir heute wissen – den allgemeinen moralischen Grundsätzen urgesellschaftlicher Völker völlig entsprach. Die römische Klassengesellschaft mußte zwangsläufig hier ein ganz anderes Bild aufweisen, da die Frau vielfach schon zur käuflichen Ware geworden war. Die Germanen dagegen »lebten in Zucht und Keuschheit, nicht verführt durch lüsterne Schaustellungen, nicht durch aufreizende Gelage. Geheimen Briefwechsel kannten Männer so wenig wie die Frauen« (Tacitus, Germania 19).

Verschiedentlich wird darauf hingewiesen, daß nicht allzu früh geheiratet wurde und sowohl die Jünglinge wie die Mädchen vor der Ehe keinen Geschlechtsverkehr miteinander hatten. Wie eine Hochzeit gefeiert wurde, wissen wir nicht. Aus mittelalterlicher Zeit kennen wir Hochzeitschöre, die beim Einholen der Braut angestimmt wurden. In einer der ältesten Schilderungen einer germanischen Hochzeit im gallischen Gebiet um die Mitte des 5. Jh. wird vom »barbarischen Brautgesang« berichtet. Im allgemeinen besaß der Germane nur eine Frau; hatte er in seltenen Fällen zwei und mehr Frauen, dann nicht »aus sinnlicher Lust«, sondern als Zeichen seiner vornehmen Stellung. So erhielt Ariovist zu seiner suebischen Frau eine weitere von einem König in Noricum geschenkt (Cäsar, bell. gall. 1).

Innerhalb der germanischen Gesellschaft nahm die Frau eine geachtete, wenn auch nicht völlig gleichberechtigte Stellung ein. Entsprechend der Arbeitsteilung hatte sie ihre Funktion in der häuslichen Wirtschaft, wo sie selbständig das Regiment führte. Nach der Edda besaß sie die »Schlüsselgewalt«. Aber sie war keineswegs etwa nur das Hausmütterchen. »Sie steht nicht außerhalb der Erlebnisse, die männlichen Mut erfordern, und außerhalb der Wechselfälle des Krieges.« Sie wird »bei Beginn der Ehe gemahnt, sie komme als Gefährtin der Mühsalen und Gefahren; im Frieden wie im Kampfe werde sie dasselbe zu dulden und zu wagen haben wie der Mann« (Tacitus, Germania 18). Ihr Auftreten in den Schlachten gegen die römischen Heere hat Erstaunen und Bewunderung beim Gegner hervorgerufen. Aus späterer Zeit hören wir, daß es oft die Frau war, die die Männer zur Wahrnehmung der Blutrache aufrief.

Trotzdem galt die Frau rechtlich als Besitz des Mannes. So konnte der Mann die Frau verschenken oder verkaufen. Nach den Volksrechten durfte dies aber nur in Fällen der Not geschehen. Es gibt einige archäologische und für das germanische Mittelalter auch schriftliche Belege, wonach die Frau dem Manne in den Tod folgte. Aber allgemein war diese Sitte nicht. Die doch sehr unterschiedliche rechtliche Stellung der beiden Geschlechter zeigt sich besonders anschaulich in den Gepflogenheiten der Ehescheidung und des Ehebruchs. Nur bei der Frau galt der Ehebruch als Verbrechen, während es für den Ehemann kein Verbot außerehelichen Verkehrs gab. Die des Ehebruchs bezichtigte Frau war völlig der Willkür des Mannes ausgesetzt und konnte die höchste Strafe erwarten. Wenn sie nicht die Todesstrafe traf, so wurde sie – nach Tacitus (Germania 19) – in Gegenwart von Verwandten mit abgeschnittenen Haaren und entblößt aus dem Hause gejagt und mit Peitschenhieben durch die Siedlung getrieben. Noch nach den nordgermanischen schriftlichen Quellen wurden der Ehebrecherin Ohren und Nase abgeschnitten.

Der Mann, der sich mit einer fremden verheirateten Frau abgab, konnte ebenfalls bestraft werden, allerdings nur, wenn er in flagranti ertappt wurde; dann aber traf auch ihn oft der Tod. Sonst war er nur bußpflichtig. Nach den Volksrechten der Langobarden und Westgoten wurde er der Rache des betrogenen Ehemanns ausgeliefert.

Ähnlich verhielt es sich mit dem Recht der Ehescheidung, das im allgemeinen nur der Mann besaß. Es mußten aber triftige Gründe – Ehebruch der Frau, Unfruchtbarkeit, Anschläge auf das Leben des Mannes u. ä. – vorliegen. Nach einigen Volksrechten war eine Scheidung durch gegenseitige Übereinkunft möglich. Vereinzelt besaß auch die Frau bei schweren Verfehlungen des Mannes das Scheidungsrecht.

Wie in den meisten urgesellschaftlichen Kulturen waren viele, möglichst kräftige Kinder sehr erwünscht. Dem Vater wurde das Neugeborene vorgelegt, und er hatte zu entscheiden, ob es aufgezogen oder ausgesetzt bzw. ertränkt werden sollte. Einmal aber aufgenommen, war ein Aussetzen nicht mehr möglich und galt dann als Mord. Der Vater besaß – auch wenn die Mutter an der Erziehung der Kinder großen Anteil hatte – das volle Verfügungs- und Gewaltrecht. Im Falle der Not konnte er Kinder verkaufen, er besaß das Züchtigungsrecht und konnte eine Tochter, die unehelichen Geschlechtsverkehr eingegangen war, verjagen, ja töten, wie es auch im Falle der Ehefrau geschah.

In den spätgermanischen Zeiten veränderten sich durch die neuen gesellschaftlichen Verhältnisse des beginnenden Feudalismus auch die Beziehungen zwischen den Geschlechtern ganz wesentlich; oft kamen Liebe und Sittengesetze dabei in Konflikt. Das spiegelt sich auch im Götterhimmel wider, wenn der Göttervater Odin – ähnlich wie Zeus oder Jupiter – eine Art Don Juan wird und sich die schönen Riesentöchter durch List und Gewalt gefügig macht. Aus den gleichen Ursachen geboren, tritt in den Heldenepen ein sicherlich ursprünglich nicht in dem Maße vorhandenes Motiv, das der unglücklichen Liebe, auf, wie es am großartigsten wohl in der Nibelungensage zum Ausdruck kommt, wenn sich Brunhild in ihrer Haß-Liebe selbst tötet und neben ihrem geliebten Sigurd auf dem Scheiterhaufen verbrennen läßt.

Die Zugehörigkeit zur Sippe endete nicht mit dem Tod. Besonders die bedeutenden Persönlichkeiten aus der Vergangenheit einer Sippe wurden geehrt, und man rechnete noch immer mit ihrer Hilfe, ihrem Rat und ihrer Kraft. So war der Platz der Ahnengräber oft der Versammlungsort der Sippe, wo – wie schon gesagt – Rat gehalten wurde, und man glaubte, daß die Erfahrung und das größere Wissen der Ahnen die richtige Entscheidung beeinflussen würden.

Charakteristisch für die ausgehende Urgesellschaft, nahm auch bei den Germanen das Gefolgschaftswesen einen wichtigen Platz in der Gesellschaft ein (S. 33). Mit Hilfe seiner Gefolgschaft sicherte sich der Adlige die gebührende soziale Stellung. Aber auch für den Gefolgsmann gab es genügend Anreiz. So gewährte der Gefolgsherr seinen Leuten den notwendigen Lebensunterhalt, lieferte ihnen vielleicht sogar die Waffen, ließ sie an der Beute Anteil haben und ehrte sie mit Geschenken. Es galt als eine Ehre, in der Gefolgschaft eines bedeutenden Führers zu sein. Auch junge Adlige traten solchen Gefolgschaften bei, um sich die ersten Sporen im Kampf zu verdienen. »Es besteht auch ein großer Wetteifer unter den Gefolgsleuten; jeder will seinem Führer der erste sein.« Je größer die Zahl und die Tapferkeit der Gefolgsleute waren, um so größeren Ruhm besaß der Gefolgsherr. »Im Frieden ist das eine Zier, im Kriege ein Schutz« (Tacitus, Germania 13).

Der Eintritt in die Gefolgschaft war sicherlich mit Prüfungen verbunden, stand vielleicht sogar im Zusammenhang mit den Initiationsprüfungen und -feiern, von denen Tacitus berichtet, wenn auch nicht im Zusammenhang mit dem Gefolgschaftswesen. Durch Überreichen von Schild und Speer an den Jüngling wurde dieser wehrfähig und mannbar, vollwertiges Mitglied der Gesellschaft. Jetzt durfte er auch an den Beratungen teilnehmen. Hat hier tatsächlich ein Zusammenhang bestanden, dann können wir in der Gefolgschaft nicht nur einen Zusammenschluß von Waffenträgern sehen, sondern eine sozial-religiöse Gemeinschaft, die ihren Ursprung in den Männerbünden[1] der Vergangenheit hatte.

Die Bewährung in der Gefolgschaft erfolgte in erster Linie im Kampf. Hier erwarb man Ruhm und Beute. Aber die Gemeinschaft bestand ebenso im Frieden, wenn es ihren Mitgliedern auch »lästig war, mit Schweiß zu verdienen, was man mit Blut erwerben kann« (Tacitus, Germania 14). »Wenn sie nicht im Krieg sind, verbringen sie die Zeit mit Jagen, mehr aber mit Nichtstun, dem Schlafen und Essen ergeben. Gerade die Tapfersten und Kriegstüchtigsten verrichten keine Arbeit; die Sorge um Haus, Herd und Feld ist den Frauen, den alten Leuten und schwächlicheren Mitgliedern der Familie überlassen; sie selber regen sich nicht. Ein merkwürdiger Widerspruch in ihrem Wesen, da dieselben Menschen so den Müßiggang lieben und die Ruhe hassen« (Germania 15); aber es ist kein merkwürdiger Widerspruch, sondern zeigt die in

---

[1] Begriff aus der Völkerkunde für den Zusammenschluß der erwachsenen Männer einer Siedlung, eines Stammes u. dgl. In der urgeschichtlichen Zeit kann mit solchen Bünden auch gerechnet werden.

dieser Phase der gesellschaftlichen Entwicklung einsetzende Entfremdung von der Arbeit für einen Teil der Gesellschaft.

Ein wichtiges Ereignis im Leben der Germanen war das Tagen der Volksversammlung, über deren gesellschaftliche Rolle wir bereits sprachen (S. 32). Sie war der sichtbare Ausdruck der urgesellschaftlichen Ordnung. Grundsätzlich gehörten zur Volksversammlung alle wehrfähigen Männer. War es nicht möglich, daß alle zum Thing erschienen, wurden die Sippen durch ihre Ältesten vertreten. In der Zeit der späteren Stammesverbände gab es meist nur Hundertschaftsgerichte, wobei der Begriff »Hundertschaft« nicht wörtlich zu nehmen (etwa 100 Sippen, Siedlungen usw.), sondern nur als eine politische Unterteilung des Stammes zu verstehen ist.

Die Versammlung fand, wie bereits mehrfach gesagt, an einer Stelle statt, wo man den Ahnen und Göttern nahe war, um von ihnen Rat und Unterstützung zu erhalten. Die Termine für die Versammlung waren festgelegt, wobei abergläubische Vorstellungen nur bestimmte Tage zuließen. Tacitus (Germania 11) will wissen, daß man sich nur versammelte, wenn zunehmender Mond war. Man erschien in Waffen. »Stillschweigen wird durch den Priester geboten, dem nun auch das Recht der Bestrafung zusteht. Dann hört man den König oder einen Häuptling, je nach Alter, nach Adel, nach Kriegsruhm, nach der Redegabe, wobei es mehr auf die Bedeutung des Rates als auf Befehlsgewalt ankommt. Eine mißfällige Meinung wird durch Murren abgewiesen; wenn sie aber gefällt, so schlagen sie die Speere zusammen. Mit den Waffen loben ist die ehrenvollste Art der Zustimmung.« Entscheidungen wurden nicht durch Abstimmung, sondern durch Beifall vorgenommen.

Tief in das Leben der Menschen schneiden die Rechtsnormen und -gepflogenheiten ein. Auch sie sind ein Spiegel der jeweiligen Gesellschaftsform. Bei den Germanen herrschte zunächst ein Gewohnheitsrecht, wie es sich im Laufe der Jahrhunderte im Interesse aller Mitglieder der Gesellschaft herausgebildet hatte. Diese Normen einzuhalten war jeder im eigenen Interesse bemüht. Später wurden die Normen in den sogenannten Volksrechten aufgezeichnet, die dann aber bereits in einzelnen Bestimmungen den sich verändernden Machtverhältnissen Rechnung trugen. Mit zu den schwersten Vergehen rechneten Vertrags- und Eidbruch. Verträge hatten bei den Germanen einen persönlichen Charakter, sie wurden nur mit Personen geschlossen. Wenn deshalb die Römer von Untreue der Germanen sprachen, dann war diese Kritik nur im römischen, aber nicht im germanischen Sinne berechtigt, weil der Vertrag als nur mit einem römischen Feldherrn, aber nicht mit »Rom« geschlossen galt. Die persönlich gebundene Treue zeigte sich ganz besonders in den Gefolgschaften, wo die einzelnen Gefolgsleute nur ihrem Herrn den Treueid leisteten, den sie dann auch bis zum Tode hielten, wenn nicht vorher im gegenseitigen Einverständnis dieser Vertrag gelöst wurde.

Ankläger konnte jeder Freie sein bzw. der Älteste der geschädigten Sippe. Das Urteil wurde auf der Volksversammlung besprochen und stand dem Priester bzw. dem politischen Führer zu. Bei leichteren Vergehen mußte der

Täter eine bestimmte Anzahl von Pferden oder Rindern liefern. Verräter und Überläufer wurden an Bäume gehängt, Feige und Unzüchtige im Moor versenkt. Auch die Vollstreckung des Urteils erfolgte durch den Priester, da die Strafe zugleich ein Sühneopfer an die durch die Freveltat beleidigte Gottheit darstellte. Streitigkeiten, die zunächst keinen Schuldigen erkennen ließen, scheinen oft durch einen Zweikampf entschieden worden zu sein, der eine Art Gottesgericht darstellte. So geschah dies etwa bei Grenzstreitigkeiten um Grund und Boden.

Zahlreiche Funde von Moorleichen bestätigen, daß an ihnen tatsächlich einst ein Todesurteil vollstreckt worden ist. Einige waren vorher erdrosselt worden, andere wiesen Kopfwunden oder Herzstiche auf. Manchen hatte man den Kopf oder einen Fuß abgetrennt oder die Ohren abgeschnitten, einige sogar entmannt. Als eine entehrende Strafe für Mann und Frau galt das Kahlscheren des Kopfes. In den meisten Fällen scheint man die Verurteilten gefesselt oder in einen Sack gepackt und mit Hölzern oder Steinen beschwert zu haben. Teils waren sie nackt, teils vollständig oder gering bekleidet (vgl. Bild 29 und 30).

Moorleichen aus jüngeren Zeiten beweisen, daß die Sitte, Verbrecher in das Moor zu schicken, noch lange bestanden hat. In der Edda (30. Lied) wird auf diese Weise eine Magd bestraft, die ihre Herrin der ehelichen Untreue in verleumderischer Weise beschuldigt hat:

»So Klägliches hat noch keiner geschaut
als diese, wie Herkjas Hände verbrannten.
Man führte die Maid zum fauligen Moor.
So war für die Schmach entschädigt Gudrun.«

Das germanische Recht sicherte Hilfsbedürftigen Schutz und Hilfe zu. Die Pflicht der Gastfreundschaft bedeutete allen Germanen viel. Nach den Volksrechten genoß die Schwangere besonderen Schutz, wie überhaupt die Frau gegen üble Nachrede und erst recht gegen Vergewaltigung geschützt war. Auch der Tote war noch in das Recht einbezogen, denn Grabraub wurde schwer bestraft; hier mögen aber bereits die neuen gesellschaftlichen Verhältnisse zu diesem Gesetz geführt haben, weil die reichen Beigaben der Adelsschicht auch die Zahl der Grabräuber anschwellen ließen, wie es sehr deutlich die Friedhöfe jener Zeit erkennen lassen.

Die antiken Quellen sprechen mit besonderer Anerkennung von der Abhärtung der Germanen. Als die Cimbern die Alpen überstiegen, hätten sie ihre nackten Körper beschneien lassen, wären durch Eis und Schnee geklettert und dann auf ihren Schilden die Hänge hinabgeglitten. Die bedeutende körperliche Kraft und die Größe der Germanen werden immer wieder von den antiken Schriftstellern auf ihre Lebensführung, ihre häufigen Jagden, ihre Abhärtung in den kalten Wintermonaten, ihre geschlechtliche Enthaltung in der Jugend u. ä. zurückgeführt.

Der Krieg erforderte körperlich tüchtige Männer, so daß auch in Friedenszeiten Körperübungen betrieben wurden. Sie entsprachen dem Lebensstil vor allem der Angehörigen der Gefolgschaften; Mut, Ausdauer, Kampfgeist und Bereitschaft zur Übernahme von anstrengenden und gefährlichen Unternehmungen waren Grundsätze ihrer Moral. Bereits die Jagd stählte Körper und Sinne, und auch die Mehrzahl der körperlichen Übungen diente bewußt oder unbewußt dem Kriegshandwerk. Schon von Kindheit an übte man sich und wetteiferte mit den Altersgenossen. Von zahlreichen germanischen Königen der Völkerwanderungszeit wird dies ausdrücklich berichtet. Je mehr sich eine germanische Adelsschicht und später eine Feudalklasse entwickelte, um so mehr galt die Ausübung bestimmter Übungen als ein Vorrecht dieser Schicht bzw. Klasse.

Darstellung eines Voltigeurs und eines Kunstreiters auf bronzezeitlichen Felsbildern Skandinaviens

Die Jagd, die vor Jahrtausenden die wichtigste Nahrungsquelle für den Menschen bildete, nahm in der ausgehenden Urgesellschaft und den nachfolgenden Klassengesellschaften eine unterschiedliche Funktion in der Gesellschaft ein. Während für den im Schweiße seines Angesichts schwer arbeitenden Bauern die Jagd noch immer der Bereicherung seines Küchenzettels diente, sah der Adel darin nur noch eine kurzweilige Betätigung. Die Jagd galt als sein Privileg, so daß hier die Klassengegensätze scharf aufeinanderprallten.

So betrieben die Angehörigen des Adels die Jagd auch unter dem Gesichtspunkt des Sportes, des Mutes und der Geschicklichkeit. Man benutzte den Speer gegen Bär, Ur und Wildschwein, die Bogenwaffe gegen schnellfüßige Tiere und Vögel. Seit der Mitte des 1. Jahrtausends war die Beizjagd mit Hilfe von Greifvögeln wie Falke oder Habicht sehr beliebt. Möglicherweise ist das auch der Grund dafür gewesen, daß man so häufig den Greifvogel als Motiv in der Kunst verwandte. Die Jagd und die sportlichen Übungen mögen bereits bei den Gefolgschaften der römischen Zeit die einzige Tätigkeit zu Friedenszeiten gewesen sein. Uneingeschränkt galt dies zumindest für die Gefolgschaften der Nordgermanen in der Zeit der Edda und der Sagas. Gerade letztere sind eine reiche Quelle für die vielfachen Formen sportlicher Betätigung, und sicherlich wird eine Anzahl dieser Übungen bereits in der altgermanischen Zeit bekannt gewesen sein.

Die Übungen wurden oft in Form von Wettkämpfen betrieben, die tage-, mitunter sogar wochenlang andauerten. Im Laufen und Springen (Weitsprung, kombinierter Weit-Hochsprung und Stabsprung), im Schwimmen und Tauchen, im Speerwerfen und Bogenschießen, im Ringen und selbstverständlich im Reiten wurden die Besten ermittelt. Von der Schwimmkunst und der Geschicklichkeit zu Pferde waren bereits die Römer angetan. Tacitus beschreibt ein Spiel, bei dem nackte Jünglinge einen gefährlichen Tanz zwischen Schwertern und Speeren aufführen. Ebenfalls ist uns das Ballspiel, darunter das Schlagballspiel auf dem freien Feld oder im Winter auf dem Eise, durch Darstellungen bzw. durch die nordischen Sagas überliefert.

Aus der gleichen Quelle hören wir von den Hengstkämpfen, die in jener Zeit eine große Rolle spielten, weil das siegende Pferd das soziale Prestige des Besitzers hob und umgekehrt ein besiegtes Pferd dem Besitzer Schande einbrachte. Da wir auf den gotländischen Bildsteinen und vielleicht sogar auf den Darstellungen der bronzezeitlichen Grabkammer von Kivik solche Szenen glauben erkennen zu können, kann dieser Sport möglicherweise bereits in der römischen Zeit bei den Germanen bekannt gewesen sein. Nach der Schilderung in den Sagas wurden die Tiere durch Stangen gelenkt, und man hielt einige Stuten in der Nähe, um den Kampfgeist der Hengste anzuspornen. Hengstkämpfe sind in Island bis zum 17. Jh., in Norwegen bis zum vorigen Jahrhundert bekannt gewesen.

Im Winter nutzte man den Schlittschuh und im hohen Norden auch den Schneeschuh (S. 108). Nach den norwegischen Königsgeschichten wurde der Abfahrts- wie Langlauf beherrscht.

Im Gegensatz zu diesen den Körper stählenden Übungen stehen jene oft zitierten Berichte von den durchzechten Tagen und Nächten, bei denen es mitunter zu Streitereien und Schlägereien gekommen wäre. Das häufig abschätzige Urteil römischer Quellen über germanische Faulheit und das »In-den-Tag-Hineinleben« kann bei einem Vergleich mit dem Umfang der

Darstellung eines Hengstkampfes auf einem Bildstein des 5. Jh. von Häggeby in Uppland/Schweden

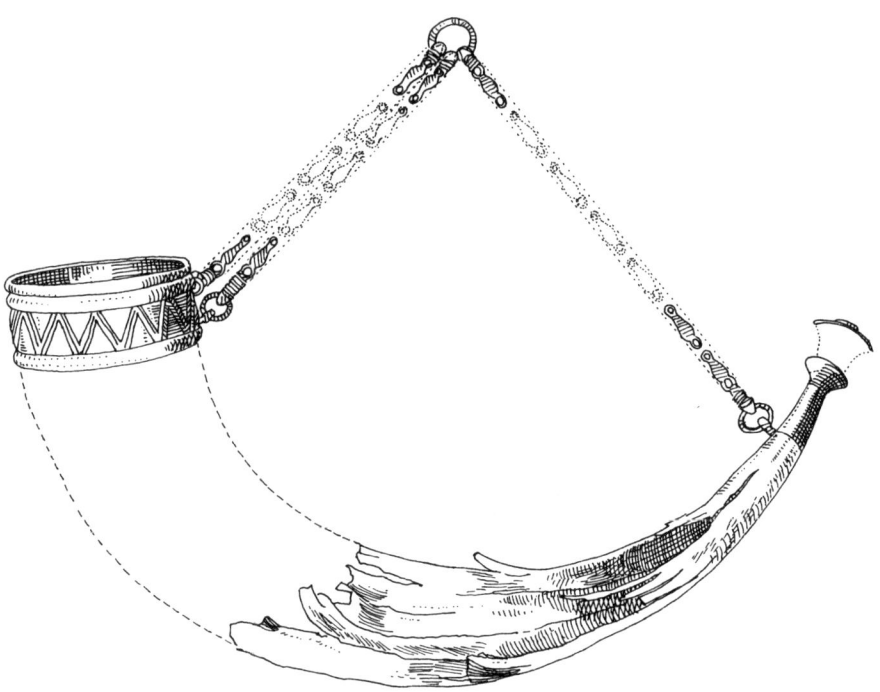

Trinkhorn von Lubieszewo/VR Polen

materiellen Produktion und dem daraus zu erschließenden Arbeitsaufwand als nicht zutreffend angesehen, jedenfalls nicht verallgemeinert werden. Es waren auch nicht immer nur reine Ausgelassenheit und Freude am Trinken, sondern häufig boten ebenso ernste Ereignisse wie Vertragsabschlüsse, Beratungen, Opferhandlungen, Heiraten usw. Anlaß zum feucht-fröhlichen Zusammensitzen. Als Getränke standen Met und Wein zur Verfügung. Vielleicht haben sich auch die Priester durch Alkohol oder andere Getränke in einen Rauschzustand versetzt, um in besseren Kontakt mit den Göttern zu kommen.

Die Vornehmen unter den Germanen besaßen römisches Trinkgeschirr, das – nach den von uns bereits behandelten Funden in ihren Gräbern – aus einem Behälter (einem Bronzekessel oder als einheimischer Ersatz aus einem Holzeimer oder einer Tonterrine), einem Abfüllgefäß (einer Bronzekanne oder Bronzekelle mit Sieb – Bild 68) und dem eigentlichen Trinkgefäß (Silberbecher, Glasbecher bzw. Glasschale oder dem einheimischen Trinkhorn – Bild 67, XIV, XVI, XVIII) bestand. Interessanterweise fand sich das Trinkgefäß immer wieder paarweise. Entweder sollte damit symbolisch zum Ausdruck gebracht werden, daß man auch nach dem Tode nicht allein trinken würde, sondern in Gesellschaft mit seinen Mannen oder seiner Frau. Oder jedes der beiden Gefäße enthielt ein anderes Getränk, wie das aus einem Moorfund von Skrydstrup in Dänemark belegt ist; hier erwies die mikroskopische Untersuchung in dem einen Trinkhorn Honigmet, im anderen dagegen ein aus Emmer gebrautes Bier. Das Sieb, das vom Römer für den Wein benutzt wurde, verwandte der Germane zum Reinigen der einheimischen Getränke von Brau- bzw. Gärungsresten.

Die antiken Schriftsteller erwähnen immer wieder die Gastfreundschaft, wie »sie kein anderes Volk pflegt«. Man bewirtet den Gast und geleitet ihn uneingeladen zum Nachbarn, der ihn mit der gleichen Herzlichkeit aufnimmt. Auch dies ist ein Wesenszug, der allen noch in urgesellschaftlichen Verhältnissen lebenden Völkern eigen ist und sicherlich dem Römer imponierte, der zwar auch Gastmähler und gegenseitige Besuche kannte, dem aber Gastfreundschaft gegenüber jedem Unbekannten keinesfalls eine Selbstverständlichkeit war.

Der Geselligkeit dienten nicht nur das Trinken und Singen, sondern auch Brett- und Würfelspiele. Angehörigen des Adels gab man ein Brettspiel mit in das Grab, zu dem helle und dunkle Spielsteine von der gleichen runden, flachen Form gehörten (Bild XIX). Sie waren aus Glas, Knochen, Stein oder Bernstein gearbeitet. Zum Spiel benötigte man sicherlich für jeden der beiden Spieler jeweils die gleiche Zahl von Steinen. Die in den Gräbern aufgefundenen Steine mögen nicht immer alle erhalten geblieben sein, in der Mehrzahl waren es je etwa 30, in anderen Fällen weniger (je 20 oder 15). Es haben sich auch Reste von Spielbrettern erhalten. Aus einem Grab von Leuna konnte nach den Holzspuren und der Lage der Steine ein quadratisches Brett von 40 cm Seitenlänge und mit einer Einteilung in 13 × 13 = 169 Quadrate ermittelt werden. Auf zwei Spielbrettern aus dem Fund von Vimoor/Dänemark zeigt die Vorderseite die gleiche Einteilung, während an den Rändern der

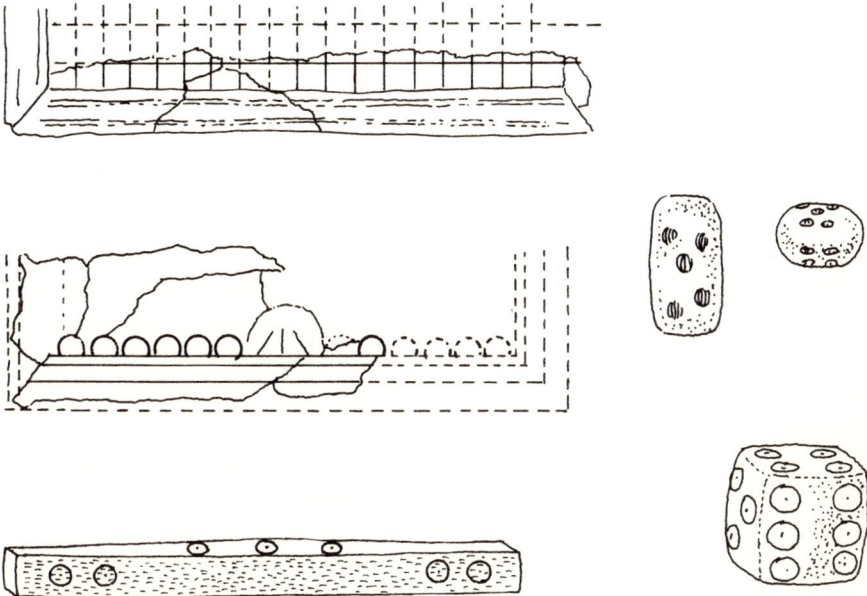

Reste von Spielbrettern ($^1/_6$ nat. Gr.) aus dem Vimoorfund sowie Spielstab und Würfel aus nordgermanischen Funden

Rückseite je 12 Halb- oder Vollkreise und genau auf der Mitte zwischen dem 6. und 7. ein größerer Kreis eingeritzt waren. Man konnte also auf den Brettern – ähnlich wie auf den unsrigen – verschiedene Spiele durchführen. Die Spielregeln bleiben uns aber verschlossen. Vielleicht entsprach ein Spiel etwa unserem Damespiel.

Die Würfel waren teils von länglicher, teils von der bei uns üblichen kubischen bis hin zur stark abgerundeten Form. Das Würfelspiel wurde nach Tacitus (Germania 24) mit einer derartigen Ausdauer betrieben, daß sogar Freiheit und Leben verspielt wurden. »Sie selbst nennen es Treue.« Tatsächlich gingen die Germanen mit Beginn eines Spieles eine Art von Vertrag ein, den es bis zum vereinbarten Ende zu halten galt (vgl. S. 212).

Einem mit der Natur noch so verbundenen Volke wie den Germanen waren ausgesprochene Zivilisationskrankheiten, wie sie der Römer kannte, ungeläufig. Wenn die römischen Berichterstatter jedoch von einem allgemein guten Gesundheitszustand bei den Germanen schreiben, so lag dies natürlich z. T. auch darin begründet, daß der Römer in der Hauptsache mit Gesunden zusammengekommen sein wird und kaum mit Kranken, die in ihren Siedlungen im Inneren Germaniens verblieben. Die durchschnittliche Lebenserwartung lag jedenfalls bei den Germanen in keiner Weise höher als bei Völkern dieser Kulturstufe üblich. Sie wird nicht mehr als 20 bis 22 Jahre betragen haben, was auch bereits für die Bronzezeit galt. Die Menschen im antiken Rom hatten ebenfalls nur eine durchschnittliche Lebenserwartung von 22, im mittelalterlichen England von 33 und im Deutschland des Jahres 1870 auch noch von unter 40 Jahren. Vor allem war dies durch eine hohe Säuglingssterblichkeit, durch den Tod im Wochenbett und durch zahlreiche kriegerische Unternehmungen bedingt, weniger dagegen durch Seuchen, wie sie die Menschen im Mittelalter und in der Neuzeit heimsuchten; die lockere Siedlungsweise der Germanen erschwerte deren Verbreitung.

Die Zahlenangaben, die aus dem zu ermittelnden Sterbealter auf den Gräberfeldern gewonnen werden, können durch Bestattungssitten wesentlich den einstigen tatsächlich Befund verzerren. Denn häufig wurden Säuglinge und Kinder nicht auf den Friedhöfen beigesetzt. Es gibt auch ethnographische Beispiele, daß etwas ähnliches mit den Greisen geschehen konnte. Man geht aber nicht fehl in der Annahme, daß nur wenige ein Alter von über 60 Jahren erreichten. Auf manchen Gräberfeldern vermißt man gänzlich Verstorbene dieser senilen Altersstufe. Zieht man statistische Angaben von Friedhöfen anderer Kulturen und Völker, die auf ähnlicher Entwicklungsstufe wie die Germanen standen und ihre Kinder bestatteten, heran, so zeigt sich, daß 60 bis 70% der Gestorbenen noch nicht das 16. Lebensjahr erreicht hatten. Wer aber einmal in dieses Alter gelangte, hatte die größere Chance, auch 50 Jahre alt zu werden. Jedenfalls weisen manche Gräberfelder Verstorbene im Alter von 15 bis 50 Jahren prozentual weniger auf. Das gilt nicht für Frauen wegen des Risikos, im Wochenbett zu sterben.

Römische Nachrichten über eine germanische Heilkunst sind völlig unzureichend, und erst die späteren Volksrechte der germanischen Stammesverbände vermitteln uns nähere Einzelheiten über herrschende Krankheiten und deren Heilung. Was wir deshalb im folgenden zu diesem Bereich germanischer Kultur sagen, bezieht sich mit Sicherheit zunächst nur auf die Völkerwanderungs- und Merowingerzeit, wenn man auch mit ähnlichen Verhältnissen in der davorliegenden Zeit rechnen kann. Damals haben die römische und später die christlich-klösterliche medizinische Kunst in germanischen Ländern Eingang gefunden. Einige anthropologische Beobachtungen am Skelettmaterial ergänzen unsere Kenntnis.

Die Behandlung von Krankheiten erfolgte in altgermanischer Zeit noch in Form des Medizinzaubers. Man hatte die Vorstellung, daß Krankheiten das Werk von Dämonen seien. Bestimmte Krankheitssymptome wie Geschwüre, Fieberphantasien, Träume, Auswirkungen von Geisteskrankheiten oder gar Würmer im Stuhl unterstützten diese Ansicht. Der drückende und beklemmende Dämon, der »Alp«, bedeutete im Mittelhochdeutschen noch soviel wie der »boshafte, neckende Geist« (in unserem »Alptraum« noch erhalten). Volkstümliche Krankheitsbezeichnungen wie Hexenschuß, Schlag (Schlaganfall, Herzschlag) zeigen noch die einstige Vorstellung von Dämonen als Krankheitserregern. Wir wissen, wieviel Aberglaube z. T. noch bis in unser Jahrhundert hinein mit der Heilung von Gebrechen verbunden war.

Dementsprechend war die erste und oft einzige »Behandlung« die Versöhnung des bösen Geistes durch Opfergaben bzw. seine Vertreibung durch verschiedene Prozeduren. Dieses Amt verrichteten Medizinmänner und bei den Germanen vor allem Frauen, denen ja ohnehin eine besondere »Sehergabe« zugeschrieben wurde. So war die Medizin in starkem Maße mit dem allgemeinen Kult verbunden, und es verwundert nicht, daß Wodan auch der Gott des Heilzaubers war; er kannte nicht nur das Geheimnis der heilbringenden Runen, sondern auch das der Heilkräuter. Der Medizinmann trug vielleicht eine Maske, ein nur ihm zustehendes Gewand und den Zaubergürtel mit dem Beutel, in dem sich seine notwendigen Zaubermittel befanden wie Tierzähne, Krallen, Muscheln, Steine usw. Er hieß im Germanischen »Lachner«; Lach war das Mal, das er dem Kranken mit seinem in rotes Opferblut getauchten Finger (auch Wodansfinger genannt) anbrachte. Ein Lachner mußte Runen lesen können. So wird Sigfried durch Sigtraut belehrt:

> »Astrunen sollst du kennen,
> eh' du willst Lachner werden.«

Neben der heilenden Rune war es das Zauberwort, das über dem Kranken ausgesprochen wurde. Oder der Dämon sollte durch lautes Rufen und vielstimmiges Geschrei vertrieben werden, wie man auch vor der Gebärenden laute Lieder sang. Wo Geschrei und Drohungen nicht halfen, ging man zu gewaltsamer Vertreibung über, indem man den vom »Dämon« befallenen Körper schlug. Dann konnte es geschehen, daß diese Art von »Massage« bei den entsprechenden Gebrechen auch tatsächlich zu Erfolgen führte. Denn wir müssen immer bedenken, daß die Medizinmänner und die »weisen Frauen« im Interesse ihres Ansehens um einen Erfolg bemüht waren und auf empirischen Wegen oft zu richtigen Heilmethoden gelangten. Auch gehört der beschwörende Tanz in den Bereich der Zauberei, der bis zur Ekstase getrieben werden konnte. Vor allem Geisteskranke (Epileptiker) wollte man auf diese Weise heilen.

Zu den ältesten uns erhalten gebliebenen literarischen Denkmalen gehören die Zaubersprüche (S. 202). Vielfach dienten sie als Beschwörungsformeln zur Heilung von Mensch und Tier, meist vom Pferd. Da sie erst in christlicher Zeit aufgezeichnet wurden, hat man diese durch Austausch des heilenden Wodan mit Christus oder einem Heiligen und eingefügte christliche Segenswünsche auch für diese späte Zeit anwendbar gemacht. Als Beispiel sei eine Empfehlung zur Beseitigung eines Ganglion (Überbein) genannt, die an sich in lateinischer, die Beschwörungsformel selbst dagegen in deutscher Sprache gehalten ist.:

Lege Holz von der Fichte oder anderswo genommen auf das Überbein, schlage dabei ein Kreuz und sprich dreimal das Vaterunser und füge die folgenden deutschen Worte hinzu: »Ich beschwöre dich, Überbein, bei dem Holz, an dem der allmächtige Gott sterben wollte um der Sünde der Menschen willen, daß du schwindest und dich ganz abschwächst.« Wenn du dies an drei Tagen beim Morgengrauen gemacht hast, wirst du sehen, daß das Überbein schneller verschwindet.

In der Hauptsache war die altgermanische Medizin ein Kräuterzauber bzw. eine tatsächliche Kräuterbehandlung, wie sie – richtig angewandt – bis heute noch ihre Berechtigung hat. Das Sammeln der Kräuter fiel ebenfalls den Frauen zu; ein regelrechter Anbau von Heilkräutern erfolgte dagegen erst in karolingischer Zeit. Aus den Kräutern und Wurzeln wurden entweder Säfte, Breie und Tees hergestellt, oder man inhalierte den Rauch der in Brand gesetzten getrockneten Blätter; mitunter genügte auch das Auflegen der Pflanzen auf die kranke oder verletzte Stelle des Körpers. Die aus der Zeit um 800 stammenden Baseler Rezepte (nach der im Kloster Fulda liegenden Handschrift auch Fuldaer Rezepte genannt) geben Empfehlungen zur Behandlung von Fieber und von »Krebs« (cancur), wobei letztere Krankheit wohl eher ein Pferdeleiden sein dürfte. Der Ursprung der Rezepte ist auch umstritten, wobei sogar an arabische Empfehlungen gedacht werden kann. Um dem Fieber zu begegnen, stelle man ein Getränk aus Myrrhe, Schwefel, Pfeffer, Weihrauch, Wermut, Wacholder, Wegerich, Fenchel, Bingelkraut her und lasse es gären, um es dann zu bestimmten Zeiten einzunehmen. Zugleich enthalte man sich anderer Getränke und Speisen. Aus späteren Nachrichten des Mittelalters könnte man ein ganzes Arzneibuch zusammenstellen. So gab es Kräuter als Schlaf- oder Narkosemittel und andererseits wieder zur Belebung, solche gegen Krankheiten der Haut, der Atmungsorgane, der Augen (besonders für die bei den Germanen sehr verbreitete Bindehautentzündung), gegen Schmerz, gegen Magenbeschwerden, zur Wundbehandlung, Blutstillung usw. Auch mit Benutzung von Giften ist zu rechnen, genauso wie mit Mitteln gegen Vergiftungen.

Die heilende Wirkung von Quellen und Solen hatte man erkannt, ebenso den Erfolg von Kaltwasserbehandlung, von der sogar römische Schriftsteller schreiben. Möglicherweise war damals sogar das Dampfbad (bei uns heute unter dem finnischen Namen Sauna bekannt) bei den Germanen verbreitet. Die narkotische Wirkung des Räucherns mit Hanf dürften die Germanen von den Steppennomaden des Ostens übernommen haben.

Im Krieg und Kampf nahm die Wundbehandlung einen wichtigen Platz ein. Gewisse anatomische Kenntnisse erwarben sich die Germanen einmal durch die Behandlung eben dieser Verletzungen, zum anderen durch das Zerlegen der Tiere. Wie weit Aseptik und Sterilisierung bereits bekannt waren, entzieht sich unserer Kenntnis. Da das Skelettmaterial aber immer wieder verheilte Wunden erkennen läßt, muß mit gewissen Erfahrungen auf diesem Gebiet gerechnet werden. Vor allem galt es, die blutenden Wunden von Fremdkörpern und Knochensplittern zu reinigen, wozu zangen- und löffelartige Instrumente zur Verfügung standen. Notfalls mußten die Wunden ausgesogen oder mit heißem Eisen ausgebeizt werden. Vielleicht kannten die Germanen schon in römischer Zeit ein Zusammennähen klaffender Wunden. Wie bereits seit der Jungsteinzeit übte man auch die Trepanation aus, um Kopfverletzungen oder Geschwüre zu heilen, vielleicht auch in Verkennung der Ursachen von Geisteskrankheiten.

In diesem Zusammenhang ist das Besteck eines Chirurgen von Interesse, das bei Aschersleben in einem Grab der römischen Zeit gefunden wurde (Bild 53). Dazu gehören Pinzette, Messer, Haken zum Halten der Wundränder und andere für einen operativen Eingriff notwendige Geräte. Es handelt sich aber um ein römisches Besteck und mag von einem in römischen Sanitätsdiensten gestandenen Germanen bei der Rückkehr in die Heimat mitgebracht worden sein. Es wäre denkbar, daß er auch noch zu Hause als Chirurg tätig gewesen ist; als er starb, gab man ihm sein Besteck mit ins Grab. Er fand bei dem damaligen Stand der medizinischen Kenntnisse im freien Germanien keinen Nachfolger.

Brüche wurden mit Holzstangen und Moospolstern geschient, Verrenkungen durch entsprechende Behandlung beseitigt. Da die Germanen viele Jahrhunderte lang ihre Verstorbenen verbrannten, können wir aus dieser Zeit nichts über Gebrechen am Körperskelett aussagen. Aus der germanischen Völkerwanderungszeit, einer Zeit zunehmender Körperbestattung, sind uns dagegen zahlreiche körperliche Schäden bekannt. Aus dem Gebiet der Thüringer ergaben Untersuchungen, daß unter Berücksichtigung gewisser anthropologischer Erfahrungswerte mit 11,5% Geschädigter gerechnet werden kann. Darunter befanden sich Oberarmfraktur, Epiphysenlösung am Oberarmkopf, Hiebnarbe am Kopf, Verkürzung eines Beines, Zyste im Unterkiefer. Das waren alles geheilte Schäden, die bewiesen, daß die Menschen entsprechend behandelt wurden und jedenfalls nicht daran gestorben sind. Untersuchungen der Zähne ergaben, daß die Zahl der Karieserkrankten im 1. Jahrtausend im Elbe-Saale-Gebiet über 30% betrug, während sie in der vorrömischen Zeit unter 20% lag, aber in der provinzialrömischen Stadt Trier bei 60%: Es handelt sich also um eine ausgesprochene Zivilisationskrankheit.

Auch der Gebärenden standen mehr Zaubermittel als tatsächliche Hilfe zur Seite. Ältere Frauen versuchten ihr mit Räuchereien die Schmerzen zu erleichtern. Sie halfen sicherlich auch durch Streichen und Massieren nach. Früh- und Mißgeburten brachten Unglück und wurden an unheiliger Stelle vergraben. Dagegen galt die Nachgeburt als fruchtbarkeitsbringend und lieferte deshalb oft den Inhalt für Amulette. Denn Unfruchtbarkeit einer Frau war wie bei den meisten Völkern dieser Kulturstufe ein hartes Schicksal. Glaubte man, daß dies durch Getränke oder Zauber künstlich hervorgerufen wäre, stand nach germanischen Volksrechten darauf die Todesstrafe. Für künstlich hervorgerufene Frühgeburten wurde die Täterin mit 200 Rutenstreichen oder mit dem Weg in die Sklaverei bestraft. Der sogenannte Kaiserschnitt an toten Müttern, um wenigstens das Kind zu retten, ist uns aus dem 10. Jh. belegt (an lebenden erstmalig aus dem 16. Jh.).

Vorbeugende Maßnahmen hat es nur so weit gegeben, als man auf Grund eigener oder fremder Erfahrungen alle schädigenden Handlungen oder die Einnahme unbekömmlicher oder gar giftiger Nahrung mied. Gerade in dieser Beziehung wurde dem Zauber ein großer Wert beigemessen, indem man beispielsweise Amulette zum Schutz vor den Unheil und Krankheit bringenden Dämonen trug.

Erst in der Völkerwanderungszeit lernten die Germanen die auf wissenschaftlichen Teilerkenntnissen beruhende Medizin der antiken Welt und den Arzt als Beruf kennen. Die germanischen Könige umgaben sich damals auch gleich für ihr persönliches Wohlergehen mit Ärzten, die zunächst römischer, provinzialrömischer oder später auch arabischer Herkunft waren. Damit besserte sich die Krankenbehandlung ganz entscheidend. So sind aus alemannischen und fränkischen Gräbern des 7. Jh. mehrere Bruchbänder bekannt, die aus einem eisernen Reifen bestehen, der in eine ovale Scheibe endet, die auf der Bruchstelle auflag. Das Bruchband war mit Stoff umwickelt. Bei einem Toten lag das Band schräg über dessen Becken, ist also bei der Bestattung am Körper belassen worden.

Kunst der Germanen

Ausstrahlung keltischen Kunstschaffens – Schmuckloses Eisen – Römisches Tafelgeschirr an germanischen Höfen – Stier, Eber und Vogel in der germanischen Kunst – Kunstvolle Fibeln im farbigen Stil der Völkerwanderungszeit – Tierornamentik als der erste große Beitrag der Germanen zur Weltkunst – Von reitenden Köpfen und achtbeinigen Pferden auf Brakteaten und Steindenkmalen

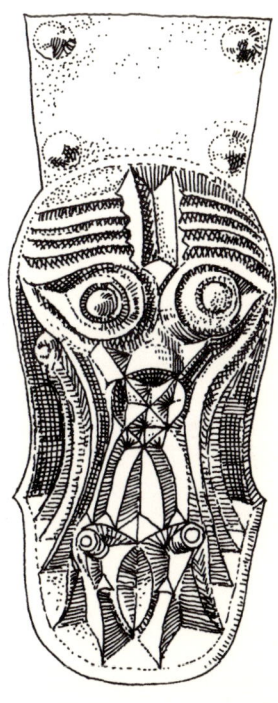

»Silber und Gold haben ihnen die Götter versagt –
soll man sagen: aus Gnade oder im Zorn?«

Tacitus, Germania 5

Ein wesentlicher Teil der Kultur ist die Kunst. In ihr spiegeln sich *alle* Seiten des gesellschaftlichen Seins wider, wodurch sie für schriftlose Zeiten zugleich zu einer wichtigen Quelle für die menschliche Frühgeschichte wird. Wir wollen uns aber immer vor Augen halten, daß uns nicht aus allen ihren Bereichen Zeugnisse erhalten geblieben sind. Das gesprochene Wort und das Lied, der Tanz und das Spiel bleiben uns für jene frühe Zeit fast gänzlich verschlossen. Das wenige, was die schriftlichen Quellen oder spätere Aufzeichnungen uns darüber verraten, haben wir bereits darzustellen versucht. Aber auch von der materiell greifbaren Kunst ist uns nicht alles erhalten geblieben. Farben von Malereien sind gänzlich verblaßt, und Kunstwerke aus Holz und anderen organischen Stoffen haben sich nur unter günstigen Bedingungen erhalten. In erster Linie werden wir uns also mit Produkten des Kunsthandwerkes, der Schmiede und Juweliere, der Steinmetzen und Schnitzer sowie anderer Handwerker beschäftigen.

Die Germanen zu Beginn ihrer Geschichte in der 1. Hälfte des 1. Jahrtausends v. u. Z. scheinen künstlerisch wenig produktiv gewesen zu sein. So ist es für den Betrachter ihrer Erzeugnisse dieser Zeit schwer, das künstlerische Empfinden der Germanen jener Jahrhunderte erfassen zu können. Das meiste, was noch Anspruch erheben könnte, als künstlerisches Produkt betrachtet zu werden, steht zudem unter keltischem Einfluß. Ein Vergleich der keltischen und der germanischen Kunst fällt unzweifelhaft zugunsten der Kelten aus, die ja in der gesamten historischen Entwicklung bereits weiter fortgeschritten waren und bei denen sich ein eigenständiges Kunsthandwerk entwickelt hatte. Indem die germanische Kultur allzusehr im Schatten der keltischen stand, wurde das eigenschöpferische Wirken nicht nur nicht stimuliert, sondern sogar eingeschränkt.

Aber nicht allein die unterschiedlichen gesellschaftlichen Verhältnisse können für die künstlerisch so wenig ergiebige Epoche am Anfang der germanischen Geschichte als Grund angegeben werden. Denn auch ein Vergleich der Kunst der bronzezeitlichen Vorfahren der Germanen mit der aus der vorrömischen Eisenzeit fällt wieder zuungunsten der letzteren aus, obgleich die gesellschaftlichen Zustände in der Bronzezeit selbstverständlich keineswegs höher entwickelt waren. Bekanntlich war jene Periode der Übergang von der Bronze- zur Eisenzeit. Viele Jahrhunderte hatten die Vorfahren der Germanen prachtvolle Bronzeerzeugnisse geschaffen, die auch heute noch durch ihre ausgewogene und technisch einzigartige Verzierung unsere Bewunderung hervorrufen. Anstelle der goldglänzenden Bronze trat nun das unansehnliche, dunkle Eisen. Man konnte es auch nicht zu beliebigen Formen gießen, sondern nur mit dem Hammer schmieden. So bedeutend das Eisen für den technischen Fortschritt und die Entwicklung der Produktivkräfte war, so wenig war es zunächst für künstlerische Erzeugnisse geeignet. Erst fast ein Jahrtausend später gelang es dem germanischen Kunsthandwerk, das Eisen durch verschiedene Techniken auch für Schmuck verwendbar zu machen. So blieb unter den Metallen die Bronze weiterhin das wichtigste Material für den Schmuck und für Kunstwerke; aber auch hierbei wurde nicht die Höhe des bronzezeitlichen Kunsthandwerkes erreicht.

Wenn wir hier vom Kunsthandwerk sprechen, dann sollten wir uns immer darüber im klaren sein, daß es in der vorrömischen Zeit kaum ein eigentliches Handwerk im Sinne eines selbständigen Gewerbes im größeren Umfang gegeben hat. Die Mehrzahl der metallenen Produkte wurde von Menschen geschaffen, die neben ihrer landwirtschaftlichen Tätigkeit zeitweise und nach Bedarf diesen Zweig der Produktion betrieben, auf den sie sich im Laufe der Zeit und vielleicht mit den vom Vater auf den Sohn vererbten Erfahrungen spezialisiert hatten. Erst als sich am Ende der vorrömischen Zeit und zu Beginn unserer Zeitrechnung die gesellschaftlichen Verhältnisse zur Militärischen Demokratie entwickelt hatten, waren die sozialökonomischen Grundlagen geschaffen, daß sich in den folgenden Jahrhunderten ein eigentliches Kunsthandwerk herausbilden konnte.

Hinzu traten schließlich noch gewisse Veränderungen in den geistigen Vorstellungen und damit im Kult und der Kunst. So fand die langgepflegte Felsbildkunst zu Beginn der vorrömischen Eisenzeit ein Ende. Jahrhundertelang waren auf den von den Gletschern der Eiszeit glattgeschliffenen Felsflächen Tausende von Zeichnungen durch die bronzezeitlichen Bauern und Küstenfahrer in Süd- und Mittelschweden sowie Südnorwegen eingeritzt worden. Ihr Wert liegt weniger im künstlerischen als im kulturgeschichtlichen Bereich. Die Darstellungen von Schiffen und Wagen, Äxten und Sonnenzeichen, von Menschen und Göttern, Bäumen und Tieren tragen meist kultischen Charakter (vgl. Zeichnungen S. 50, 103, 108, 182, 214). Man erhoffte sich dadurch eine reiche Ernte, eine glückliche Seefahrt, einen erfolgreichen Fischfang, Fruchtbarkeit bei den Frauen u. a. m. Wenn die Germanen zu Beginn der Eisenzeit solche Felszeichnungen nicht mehr anbrachten, dürften neue, uns nicht erkennbare geistige Vorstellungen als Ursache anzunehmen sein.

Der genannte keltische Einfluß wird bei den Fibeln sichtbar, die der Germane, nachdem in der 1. Hälfte der vorrömischen Eisenzeit die einfachen Nadeln mit ausgebildetem Kopf üblich gewesen waren, wieder an der Kleidung zu tragen begann. Ausgangsformen waren die keltischen Frühlatène-

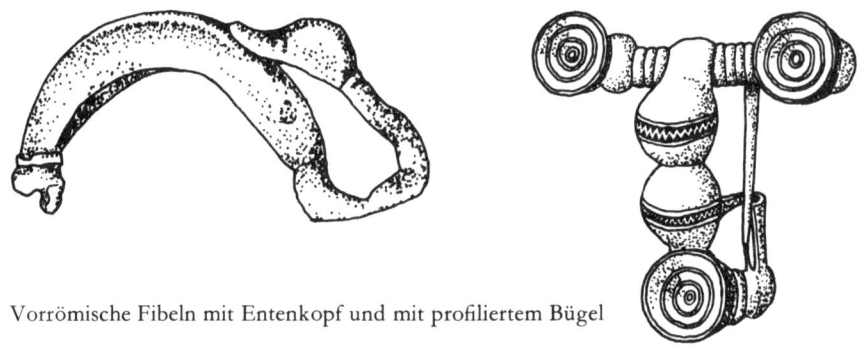

Vorrömische Fibeln mit Entenkopf und mit profiliertem Bügel

fibeln, und auch die Sitte, den Bügel mit einem Tierkopf oder einer menschlichen Maske zu bereichern, hatte man mitunter auf die germanische Fibel übernommen. Oder man setzte auf die Fibel eine Koralle bzw. entsprechend aussehenden Ersatz.

Daneben wurden auch Fibeln hergestellt, die auf eigene Ideen zurückgehen. So setzte man auf den eisernen Bügel eine größere bronzene Scheibe, deren Rand weitere kleine Scheiben oder sonstige Ansätze schmückten. Oder man brachte neben der Mittelscheibe quer zum Bügel flügelartige Fortsätze an. Insgesamt wirken diese Fibeln – wenigstens nach unserem ästhetischen Empfinden – unschön, maniert, unausgewogen. Sie blieben – jede Form für sich – auf ein engbegrenztes Gebiet beschränkt und fanden auch verständlicherweise keine Fortsetzung.

Die Nadeln sind entsprechend ihrem Charakter etwas einfacher, nur bei der Kopfbildung kommt es mitunter zu extravaganten Bildungen. Sehr eigenartig wirken einige Halsringe dieser Zeit (Bild 33). Einmal ist es der »Wendelring«, bei dem ein eiserner oder bronzener kantiger Stab in abwechselnd verschiedener Richtung gedreht wurde, so daß je nach Querschnitt des Stabes mehr oder weniger scharflappige Ringe entstanden. Während diese Ringform auch außerhalb des germanischen Gebietes verbreitet war, findet sich eine andere Halsringform, der »Kronenhalsring«, nur hier. Er hat seinen Namen von der zackenartigen Ausbildung des Ringes und einem kleinen, turmartigen Aufbau über dem Scharnier und findet sich häufig in Dänemark.

Einen besonderen Wert legten die Germanen auf die Ausschmückung der Gürtel. So benutzte man im Gebiet von Holstein Metallgürtel aus einzelnen quadratischen Blechen, die durch Ringe miteinander verbunden waren. Die reizvolle Ornamentik auf den Platten griff auf alte einheimische wie fremde Motive zurück. Vielleicht sind diese »holsteinischen« Gürtel einst von Priesterinnen getragen worden (S. 180 und Zeichnungen auf S. 121).

Neben dem spürbaren keltischen Einfluß auf das germanische Kunsthandwerk sind aber auch keltische Kunsterzeugnisse selbst bis in das nordgermanische Gebiet gelangt. Das bedeutendste Fundstück ist ein Silberkessel aus einem Moor bei Gundestrup in Nordjütland (Bild 47). Dieser im Durchmesser

226

70 cm große Kessel trug an seinen Außen- und Innenseiten sowie am Boden reichreliefierte Platten, die Darstellungen aus der keltischen Mythologie und Götterwelt aufweisen. Eine annähernd übereinstimmende Parallele ist nicht bekannt, so daß Herstellungsort und -zeit nicht unumstritten sind. Man dürfte in ihm wohl eine ostkeltische Arbeit aus dem 2. oder 1. Jh. v. u. Z. sehen. Dann wäre es denkbar, daß die Cimbern ihn bei ihren Zügen erbeutet und in die Heimat zurückgeschafft hätten. Mit dem Inhalt der Darstellungen werden die Germanen nicht viel anzufangen gewußt, aber trotzdem den Kessel noch als Weihegefäß für ihren eigenen Kult genutzt haben. Später wurde er im Moor geopfert, nachdem man ihn auseinandergenommen und bewußt beschädigt hatte, vielleicht um ihm die Zauberkraft zu nehmen.

Dieser und andere in Dänemark gefundene keltische Kessel stehen allem Anschein nach mit dem Stierkult im Zusammenhang. So ist auf der Bodenplatte des Gundestrup-Kessels ein Stier abgebildet, an anderen Kesseln sind plastische Stierköpfe aufgesetzt. Stierplastiken waren im Süden schon seit langem sehr beliebt, und auch im germanischen Brauchtum hatten Stierkult und Stieropfer ihren Platz, so daß den Germanen diese Darstellungen auf den keltischen Erzeugnissen sicherlich nicht wesensfremd waren.

Manche andere szenische Darstellung auf den Bronzegefäßen der Kelten hat die Germanen mitunter gereizt, ähnliches wenigstens auf ihrem einheimischen Tongeschirr zu gestalten. So zeigt eine Zeichnung in Punktmanier auf einem Tongefäß von Kraghede/Jütland in einer Reihe Hunde, Hirsche, ein Rind und einen Reiter. Andere Gefäße aus Dänemark wurden durch Friese schreitender Vögel verziert (Bild 55). Solche wenn auch künstlerisch vollendeter wirkende Friese sind aus dem Gebiet südlich der Germanen bekannt.

Tierfries auf einem vorrömischen Gefäß aus Kraghede/Dänemark

Insgesamt müssen wir – auch auf die Gefahr hin, zu subjektiv und von unserem heutigen ästhetischen Empfinden ausgehend zu urteilen – sagen, daß den Fibeln, Nadeln, den verschiedenen Hals- und Armringen die harmonische, ausgeglichene, geschmackvolle Gestaltung fehlt, daß sie vielmehr teils überladen, teils zu massiv, teils barock oder auch manchmal verspielt wirken. Die eigentliche keltische Latènekultur weist einen anderen Stil und ein anderes künstlerisches Empfinden auf. Der Germane hat diesen Stil, der ja auch einer anderen gesellschaftlichen Umgebung entstammte, nicht übernommen. Er hat nur versucht, daraus einen ihm eigenen Stil zu formen; aber er blieb Suchender und konnte nichts Bleibendes schaffen.

Durch die unmittelbare Berührung der Germanen mit dem Römischen Reich bot sich für das germanische Kunsthandwerk eine neue Möglichkeit, die künstlerischen Leistungen einer erheblich höher stehenden Kultur befruchtend auf sich einwirken zu lassen. Immerhin dürften die zahlreichen römischen Import- und Beutestücke den Germanen gezeigt haben, was alles aus Bronze, Silber und Gold herzustellen und aus Ton für prachtvolle Gefäße zu formen möglich war. Sie konnten aber nur dann als Stimulans wirken, wenn die handwerklichen Verfahren entsprechend entwickelt und vor allem die sozialökonomischen Voraussetzungen geschaffen waren.

Auf dem Gebiet der »hohen« Kunst war von vornherein eine Übernahme durch die Germanen oder auch nur eine Beeinflussung nicht möglich. Das Kennenlernen der römischen Steinarchitektur, der Malereien und Mosaiken sowie der Plastik führte in keiner Weise zu einer eigenen derartigen Kunst. Im Stadium der Urgesellschaft – und sei es auch bereits in der Phase der Militärischen Demokratie – war noch keine Basis für eine derartige Kunst vorhanden. Was nach der Festigung der Grenze an Rhein, Limes und Donau in den römischen Provinzen an Bauten geschaffen wurde, war bedeutend, und mancher Germane hat sie gesehen oder von ihnen gehört. Sicherlich haben auch Germanen an ihnen mitgebaut; aber es blieben eben römische Bauten, und keine Villa, kein Tempel, kein Aquädukt, noch nicht einmal eine römische Mauer sind in der Germania libera errichtet worden.

Anders war es mit beweglichem Gut, mit Bronze-, Silber- und Glasgefäßen, mit Münzen und ihren Darstellungen, mit römischer Keramik oder mit der bronzenen kleinen Figuralplastik. Eine Beeinflussung der germanischen Kunst setzte aber auch hier keineswegs spontan, sondern sehr zögernd ein. Die römischen Importsachen, besonders Gefäße, finden sich im freien Germanien in einer so ansehnlichen Zahl, daß sie trotz ihrer römischen Herkunft zum fast selbstverständlichen Lebensstandard des angesehenen und sozial führenden Germanen gehörten (vgl. Karten 5 und 6).

Die Hinterlassenschaften dieses frühen germanischen Adels aus dem 1. und 2. Jh. kennen wir aus den Gräbern des sogenannten »Lübsow-Typs« (S. 173). Künstlerische Prachtstücke sind hier immer wieder die silbernen Becher. Das Becherpaar aus einem Grab von Lübsow zeichnet sich durch je ein breites umlaufendes goldenes Efeuband aus, das von zwei Perlenreihen eingefaßt ist.

Durch die Beschränkung der Verzierung auf dieses eine Band und den wirkungsvollen Kontrast des goldenen Ornaments zum Silbergrau des glatten Bechers wird ein hoher künstlerischer Eindruck hervorgerufen. Gehörte dieses aus einer italischen Werkstatt stammende Becherpaar in das 1. Jh., so wurde in einem Grabe des 2. Jh. von Lübsow ein auf den ersten Blick zunächst ähnlich aussehender Becher gefunden. Gefäßform, Fußbildung und die beiden Henkel entsprechen fast völlig dem älteren Becherpaar. Auch hier umzieht ein goldenes Band den Becher. Es wird aber nur von einfachen Schrägstrichen, Linien und hängenden Dreiecken gebildet. Im Gegensatz zum älteren Becher ist dieser nur goldplattiert, außerdem besteht die Wandung aus sehr dünnem Silberblech. Die einfache Strich- und die Stempelverzierung, auch das Ansetzen von Knötchen an den Henkeln, wie wir dies von einheimischen Arbeiten kennen, sowie die sparsame Verwendung von Silber und Gold – alles das spricht für eine einheimische Herstellung. Die römischen Becher hat der germanische Goldschmied als Vorbild benutzt, im übrigen aber in einheimischer Kunsttradition gearbeitet. Die Gegenüberstellung der beiden Becherpaare zeigt sehr treffend den Unterschied des germanischen Geschmackes in der frührömischen Zeit gegenüber der »schlichten Schönheit« des römischen Kunsthandwerks.

Von Lübsow wurden fünf reiche Gräber – bei einigen nicht mehr vollständig erhaltenen Gräbern können wir eine gleichfalls reiche Ausstattung vermuten – bekannt, die außer den Silberbechern noch weitere Teile römischen Tafelgeschirrs sowie silberne Spiegel, Gold- und Silberschmuck, Trinkhörner, Kämme, goldene, silberne und bronzene Fibeln, silberne Nadeln usw. enthielten. Die Funde lassen annehmen, daß hier am Hof eines germanischen Adligen bereits gewerblich tätige Kunst- und Goldschmiede waren; ob ständig oder als Wanderhandwerker – was eher anzunehmen ist –, bleibt noch offen.

Schwierig, ja unmöglich war es für den germanischen Kunstschmied, sich durch die auf antiken Bechern dargestellten Szenen zur Nachahmung anregen zu lassen. Wenn wir auf dem Silberbecherpaar von Hoby auf Lolland Szenen aus der Ilias (über die wahrscheinliche Geschichte dieses Bechers vgl. S. 89 f.; Bild 18), auf einer Schüssel des gleichen Grabes die nackte Aphrodite, umgeben von vier Eroten, oder auf dem Silberbecher von Gosławice (Bild 69) Delphine und Meeresungeheuer abgebildet finden, so blieben diese Darstellungen den Germanen in ihrem Sinngehalt unverständlich. Auch zur eigenen schöpferischen Darstellung von ganzen Szenen haben die römischen Bilder die germanische Kunst nicht angeregt.

Aber es handelt sich ja nicht nur um die römischen Bronze- und Glasgefäße, sondern um bronzene Kleinplastiken römischer Götter oder solche von Tieren und Menschen, um die Frauenkopf- und Delphinplastiken als Henkelattachen (Bild 64) oder um die Darstellungen auf römischen Münzen, auf der Terrasigillata-Ware, auf Gemmen und anderen römischen Erzeugnissen. Überall wurden dem Germanen plastische, reliefartige oder eingeritzte Bilder von

Tieren und Menschen gezeigt, die ihm Anreiz zur eigenen schöpferischen Arbeit gegeben haben werden, wie eine Anzahl künstlerisch zwar oft nicht sehr hochstehender Erzeugnisse auch deutlich zeigt.

Daß die Tierdarstellung gegenüber der Abbildung des Menschen so überwiegt, ist eine allgemeine Erscheinung in urgesellschaftlichen Kulturen. Den Menschen abzubilden war »gefährlich«, da man die Vorstellung hatte, der Dargestellte könnte dann andere in seinen Bann ziehen und in seine Gewalt bringen. Auf der anderen Seite nutzte man aber auch den »bösen Blick« zur Abwehr von Dämonen. Zum zweiten war noch totemistisches Gedankengut wirksam, so daß man mit besonderer Vorliebe immer wieder bestimmte Tiere gestaltete. Noch bis in die Neuzeit hinein wurde gewissen Tieren der Vorzug gegeben, woraus sich ausgesprochene Wappentiere wie Löwe oder Adler entwickelten.

Das Tier findet sich bei den Germanen seltener als selbständiges Kunstwerk, meist als Teil eines Gerätes, eines Schmuckstückes u. dgl. Wie schon in der vorrömischen Zeit stand auch in den nachfolgenden Jahrhunderten die Darstellung des Rindes mit an erster Stelle. Das ist in einer Kultur, in der die Rinderhaltung eine so bedeutende Stellung in der Wirtschaft einnahm, kaum verwunderlich. So findet sich der Rinderkopf an Trinkhörnern, die bei den germanischen Gelagen eine große Rolle spielten (Bild XIV). Wie in einer Weinlaune entstanden, hatte man einmal dazu auf die Nase noch ein kleines Entchen gesetzt.

Von den Elbgermanen kennen wir eine Anzahl ganzfiguriger Bronzeplastiken des Rindes (Bild 56). Man hatte den Körper mit Kopf- und Beinstümpfen gegossen, dann die Beinpaare durch Einsägen und Auseinanderbiegen getrennt und schließlich die Hörner und den Schwanz eingesetzt; bei Stücken aus Hundisburg, Kr. Haldensleben, bestanden die Hörner sogar aus Silber. Der Körperbau ist einfach, oft etwas unnatürlich langgezogen, und wenn die Tiere nicht ihre Hörner tragen würden, wäre eine Bestimmung als Rind mitunter schwierig. Provinzialrömische Rinderfiguren dürften hier anregend gewirkt haben. Sicherlich dienten auch diese Figürchen dem Kult und weniger als Spielzeug.

Ähnlich häufig wie der Stier erscheint in der germanischen Kunst der Eber. Auch er soll die männliche Kraft symbolisieren. Die beiden Götter der Fruchtbarkeit Freya und Freyr besaßen als Attributtier den Eber. Man trug das Bild dieses Tieres gern als Amulett in Form einer Scheibenfibel, wie solche vor allem aus dem elbgermanischen Raum bekannt sind. Einige der schönsten Stücke wurden aus der Pyrmonter Opferquelle geborgen; in Bronze gegossen und mit Silber aufgelegt, zeigen die Fibeln den stilisiert-überbetonten Rückenkamm und die lange, rüsselförmige Schnauze, das kurze Schwänzchen und die für die damalige Schweinerasse kennzeichnenden hochstämmigen Beine. Bei anderen Fibeln wendet das Tier seinen Kopf nach rückwärts, so daß Hinterbeine-Körper-Kopf ein liegendes breites S bilden. Gerade diese rückwärtsblickenden Tiere wirken wie ein Prototyp der kommenden ger-

Germanische Tierfibeln aus römischer Zeit (⁴/₅ nat. Gr.)

manischen Tierornamentik. Als Fibel an der Frauentracht – denn diese Eber-
fibeln finden sich bevorzugt in Frauengräbern – sollte sie bzw. das dargestellte
Tier der Trägerin Glück bringen. Auch an anderen Schmuckstücken und in
späterer Zeit wurde immer wieder der Eber dargestellt. So fand sich in einem
Adelsgrab der spätrömischen Zeit von Haeven, Kr. Sternberg/Bez. Schwerin,
ein Zierknopf mit Preßblechauflage, die eine Eberfigur im gleichen Stil zeigt.
  Sehr originell wirkt die Eberfigur in Verbindung mit Gefäßen, wie wir
solche von Greußen, Kr. Sondershausen, kennen. Ein Gefäß von länglich-
ovaler Form und mit einer Öffnung auf dem Rücken steht auf vier kräftigen
Beinen; nach vorn zu ist es zu einem Eberkopf ausgebildet (Bild 57). Mit der
leicht nach oben gestülpten Schnauze, den aufgestellten Ohren, dem Maul,
den Nasenlöchern, den kleinen Augenbuckeln mit eingestochener Pupille
und dem durch eine gekerbte Leiste angedeuteten Kamm ist das Typische
eines Ebers gut getroffen. Ein anderes Tiergefäß könnte wegen seiner spitzen
Warzen als Igel gedeutet werden, während das dritte Exemplar ein normales
Gefäß ist, nur daß dessen vier gewölbte Seiten jeweils zu Rüssel, Augen und

Rückenkamm eines Eberkopfes plastisch geformt sind. Diese und andere Gefäße, die den ganzen Fund etwa in die Zeit um 200 u. Z. ansetzen, sind in einem Schacht (oder Brunnen?) gefunden worden, so daß das Ganze als Opferfund und die Gefäße als Kultgefäße gedeutet werden müssen.

Auf eine ebenfalls sehr alte Tradition geht die Darstellung von Vögeln, besonders der Ente, zurück. Der Ausgangspunkt dürften wieder die donauländischen Kulturen der späten Bronze- und frühen Eisenzeit gewesen sein, vor allem die Hallstattkultur. Der Vogel als ein Tier, das sich hoch in die Lüfte erhebt und sich an jedem beliebigen Ort niederlassen kann, wurde häufig in den Vorstellungen der alten Völker als der Träger der unsichtbaren Seele eines Verstorbenen oder als Begleiter der Götter angesehen. Nicht jede Vogeldarstellung in der germanischen Kunst hat diesen tiefen symbolischen Gehalt besessen, sondern dürfte oft nur schmückendes Beiwerk gewesen sein. In den Trageketten von Trinkhörnern sind kleine, oft possierlich anmutende schwimmende Entenplastiken eingeflochten. Bei einer Kette von Keilstrup/ Jütland folgt dem Entchen ein gierig den Rachen öffnender Wolf. Gern hat man den Vogel auch auf der Keramik eingraviert, weil er sich mit seinem Gefieder, seinem wippenden Schwanz, dem langen Hals und dem Schnabel wirkungsvoll in die Fläche eines Gefäßes einordnen ließ (vgl. bereits die vorrömischen Gefäße, Bild 55).

Gegenüber den bisher genannten Tieren treten andere wie Hund, Hase oder Hirsch zurück. Auch diese erscheinen meist in Form der Scheibenfibel. Die Anregung zu solchen Tierfibeln dürfte von provinzialrömischen Fibeln ausgegangen sein, auf denen neben den genannten Tieren auch solche auftreten, die der Germane nicht kannte und deswegen auch kaum gestaltete, wie Löwen und Tiger.

Das Tier wurde nicht nur in seiner natürlichen Vollkommenheit als Plastik, Relief oder Zeichnung abgebildet, sondern auch in Schmuckstücke funktional eingebaut. So bilden besonders Tierköpfe gern die Enden von Finger-, Arm- und Halsringen, wobei der oft mehrfach gewundene Ring zur Bildung eines Schlangenkopfes förmlich reizte (Bild 58 und XVII). Auch Vogel- und Entenschnäbel waren beliebt. Die Stilisierung führte dazu, daß eine genaue Tierbestimmung häufig kaum möglich ist.

Es ist reizvoll, besonders dem Motiv des rückwärtsgewandten Tieres an verschiedenen Beispielen nachzugehen und dabei zugleich die unmittelbaren Beeinflussungen römischer Kunsterzeugnisse auf einheimische Arbeiten zu erforschen. Auf der Insel Seeland wurden an drei verschiedenen Fundorten fünf Silberbecher mit Tierfriesen auf vergoldetem Preßblech gefunden, die alle auf Grund derselben Matrizen aus der gleichen Werkstatt stammen müssen. So reiht sich auf einigen dieser Becher immer das gleiche Tier mit rückwärtsgewandtem Kopf aneinander. Ein anderes Becherpaar von Himlingoie/Seeland (Bild XV) zeigt in dem Fries einen hockenden Krieger mit Schwert, einen Hippokamp (Mensch-Pferd-Fischwesen), zwei kleine Vögel, einen großen, rückwärtsschauenden Vogel, einen Bock, ein Pferd und wieder

4 Fibel, Nadel und
Gürtelhaken der vor-
römischen Zeit aus
Mecklenburg

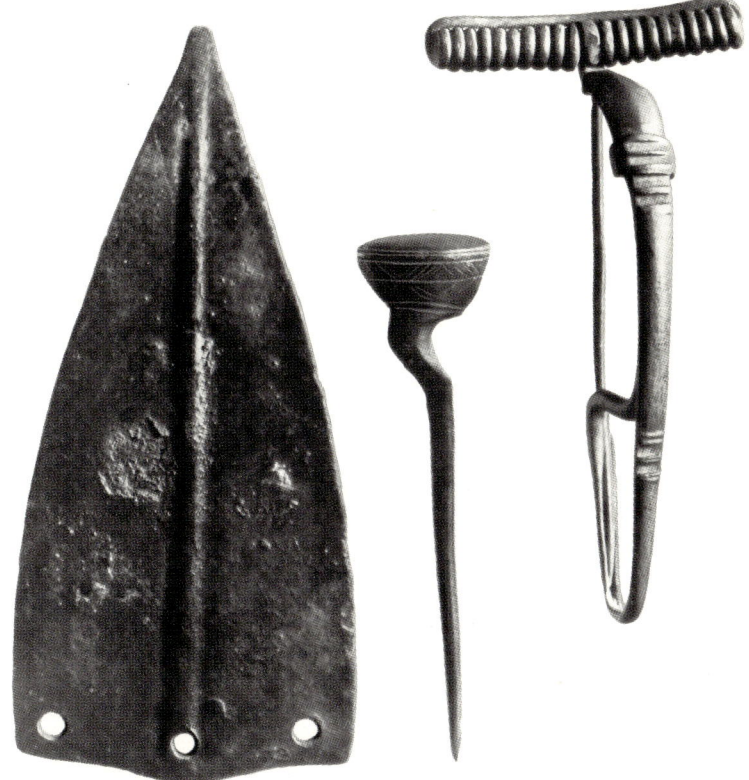

5 Gefäße mit Tierfries
us vorrömischer Zeit
on Dänemark

56 Bronzene Rinderfigur von Caputh, Kr. Potsdam (3. Jh.); Gesamtlänge 7 cm

57 Ebergefäß von Greußen, Kr. Sondershausen (um 200); Höhe 19 cm

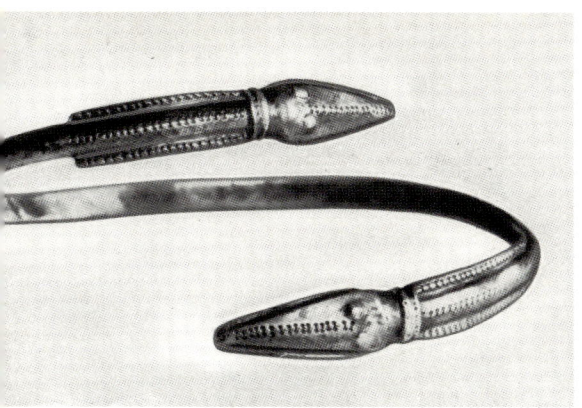 

58   Silberner Schlangenkopfarmring von Kemnitz, Kr. Potsdam (3. Jh.)
59   Zierknopf von Haeven, Kr. Sternberg, einen Vogel darstellend, der einen Fisch schlägt
(4. Jh.); Durchmesser 2 cm
60   Silberfibel aus einem Adelsgrab von Leuna, Kr. Merseburg (4. Jh.), 2fach vergrößert

61   Eimer vom Hemmoorer Typ aus Haeven, Kr. Sternberg, mit einem Tierfries (4. Jh.);
Höhe 21 cm

62/63   Zierscheiben von Thorsberg bei Süderbrarup in Schleswig-Holstein (3. Jh.); Durchmesser 13,2 cm

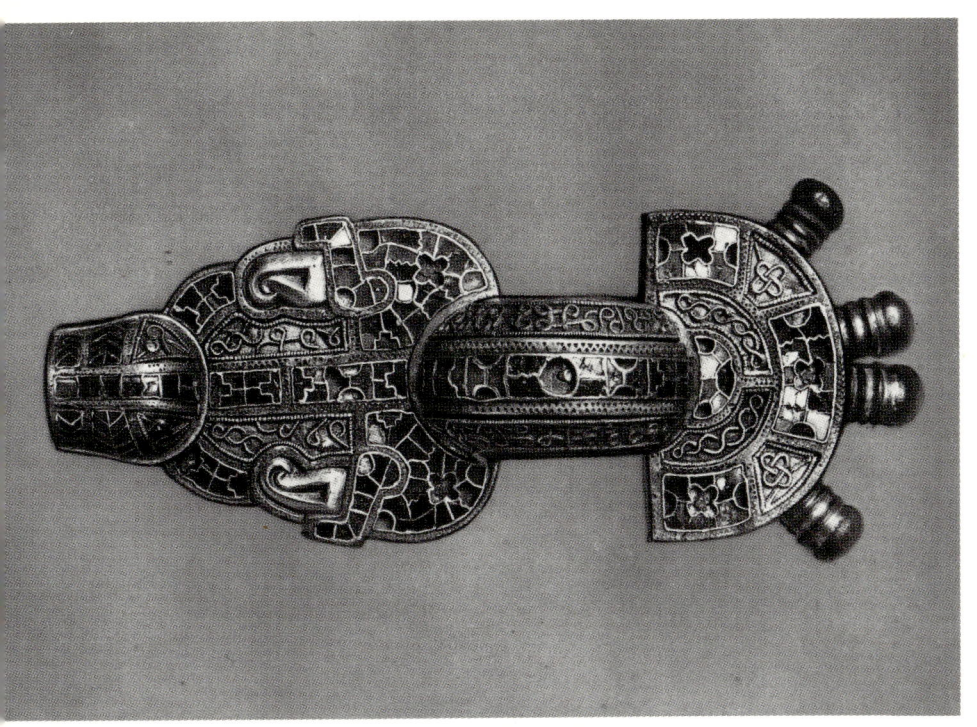

65 Silbervergoldete Fibel aus einem Adelsgrab von Wittislingen, Kr. Dillingen/BRD (7. Jh.)

64 Bronzekanne aus einem Grab von Hagenow (2. Jh.), Höhe 23 cm

67/68 Silberbecher, Schöpfer und Sieb aus den Gräbern von Leuna

66 Ausstattung eines Adelsgrabes von Leuna, Kr. Merseburg (4. Jh.)

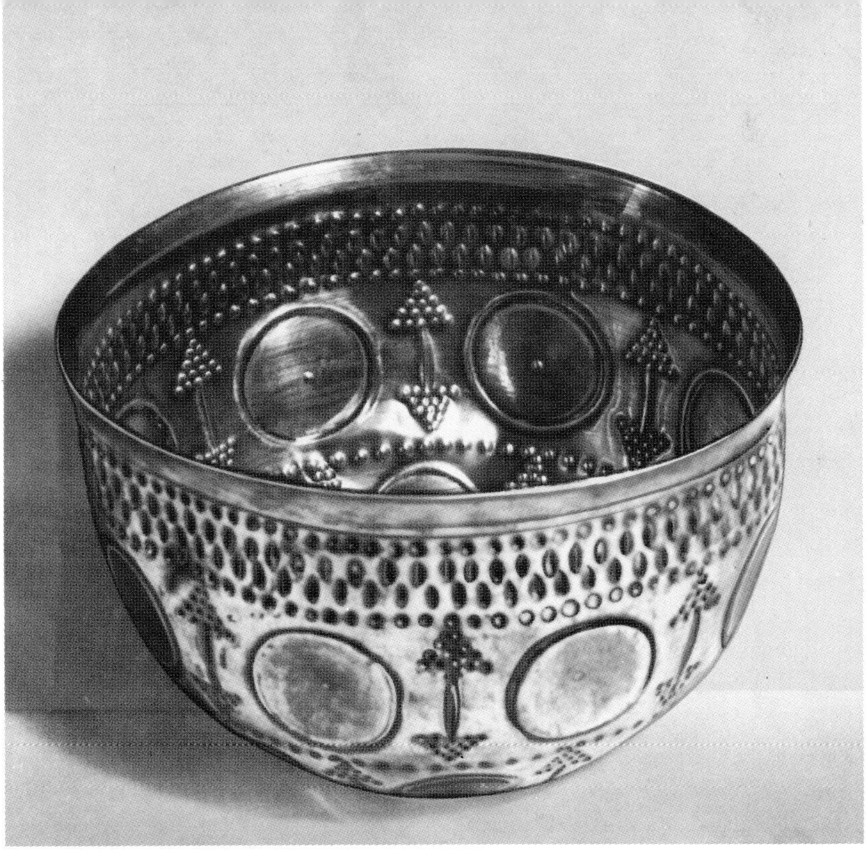

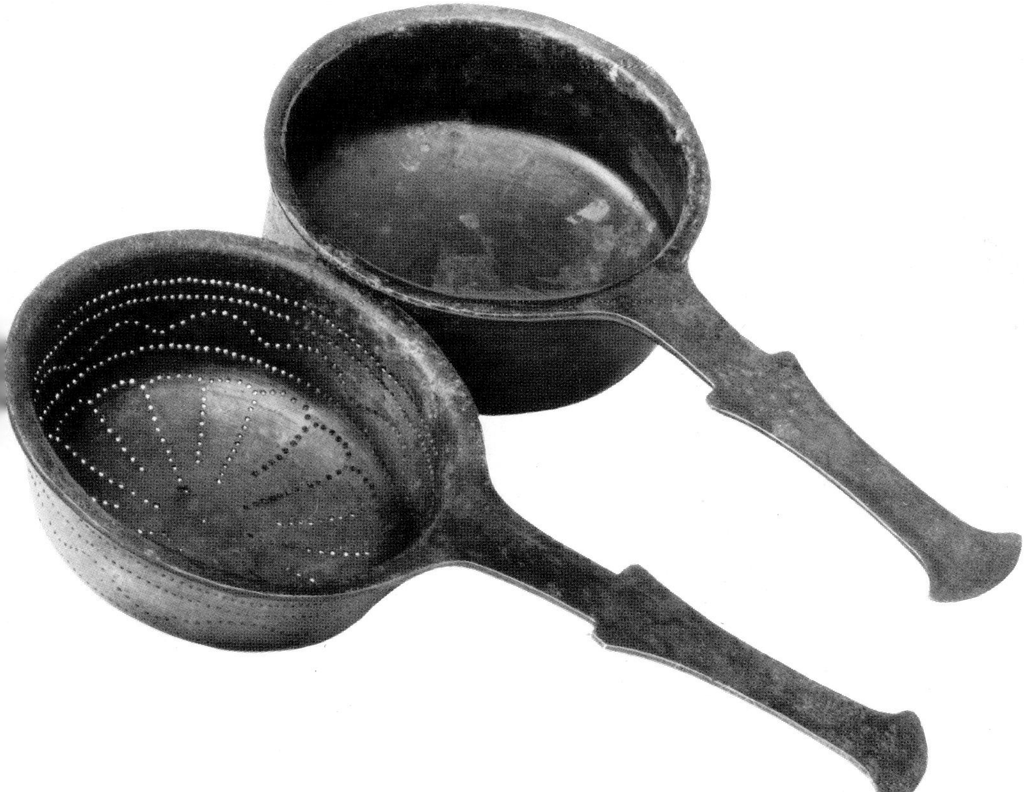

69 Silberbecher aus einem Adelsgrab von Gosławice/VR Polen, Höhe 8 cm

71 Holzfigur aus einem Moor bei Sorö auf Seeland/Dänemark (um 500); Höhe 42 cm

70 Ausstattung eines reichen Frauengrabes von Haßleben, Kr. Erfurt (4. Jh.)

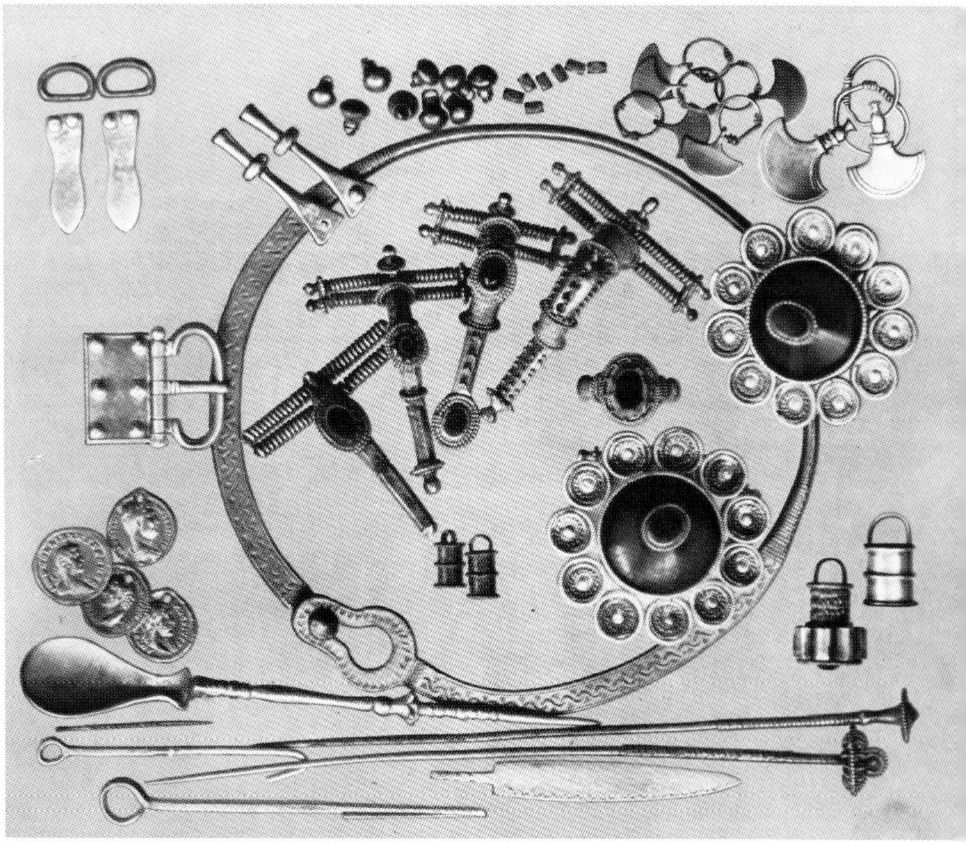

72 Beigaben aus einem Frauer grab von Osterwieck, Kr. Ha berstadt (um 400)

73 Sächsische Scheibenfib von Westerwanna, Kr. Lar Hadeln/BRD (5. Jh.); 2fach ve größert

74 Ober- und Mittelteil einer Silberfibel von Galsted/Dänem (5. Jh.), 2fach vergrößert

75 Goldschatz von Pietroasa/Rumänien (5. Jh.)

76 Nachlebende Tierornamentik am Portal einer Stabkirche im Hallingdal/Norwegen

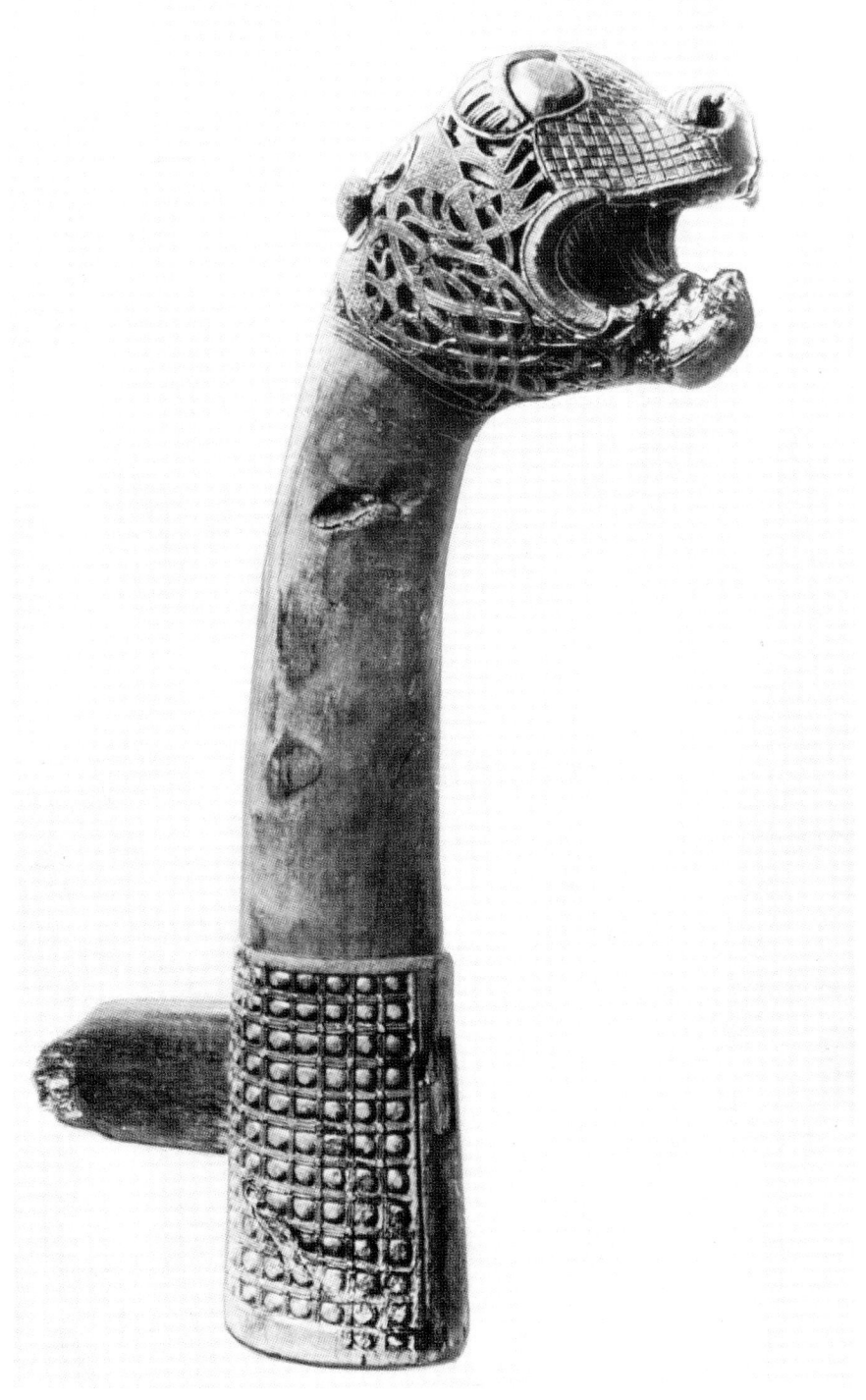

77   Geschnitzter Tierkopfpfosten aus dem Fürstingrab von Oseberg/Norwegen (9. Jh.)

den Krieger. Durch die Anwendung gleicher Matrizen und die einfache Aneinanderreihung fehlt der Darstellung zwar der szenische Zusammenhang, doch durch die springenden Böcke und die galoppierenden Pferde wirkt sie in ihrer stilisierten Form sehr lebhaft.

Wir glauben, auch das Vorbild für diesen und ähnliche Friese zu kennen. Denn vom gleichen Friedhof stammt ein provinzialrömischer Eimer vom Typ Hemmoor mit der Darstellung von sich jagenden Tieren (vgl. auch Bild 61). Ein Löwe jagt zwei Pferde, ein Tiger zwei Steinböcke und ein Wolf einen Hirsch mit Hindin. Ein derartiger Fries auf dem römischen Messingeimer hatte einst den dortigen germanischen Silberschmied zur Schaffung des Frieses auf den Bechern angeregt. Wenn der germanische Künstler wiederum auf die ihm unbekannten Löwen und Tiger verzichtet hat, so verwundert es, daß er mythologische Wesen wie Hippokampen imitiert hat. Sollte es solche Fabelwesen in seiner Vorstellungswelt auch gegeben haben?

Das des öfteren schon genannte Thorsberger Moor hat unter den vielen Opfergaben auch zwei interessante Zierscheiben enthalten (Bild 62 und 63). Auf der einen der silbervergoldeten Scheiben ist im umlaufenden Bildstreifen viermal der sitzende römische Kriegsgott Mars dargestellt. Wenn diese Scheibe wohl noch eine Arbeit einer provinzialrömischen Werkstatt oder eines römischen Handwerkers in Jütland ist, so dürfte die zweite Scheibe ursprünglich ebenfalls ein provinzialrömisches Erzeugnis sein, das später aber eine germanische Zutat in Form eines Bleches mit einem Tierfries erhielt. Dreimal wiederholt sich hier im Bildstreifen die Darstellung von drei springenden Böcken, zwischen denen sich jeweils ein kleiner Delphin tummelt. Der eine Bock ist wieder ein Mischwesen mit fischschwanzförmigen Hinterläufen. Wie der Eber dem Gott Freyr zugesellt war, so der Bock dem Thor. Das von römischen Bildern bekannte Mischwesen Bock-Fisch schien der germanischen Vorstellung des Thorbockes entsprochen zu haben. Als seefahrendes Volk mögen die Germanen für solche gleicherweise auf dem Land und im Wasser lebenden Ungeheuer Verständnis besessen haben.

Wenn der Germane den »König der Tiere«, den Löwen, auch nicht kannte, so scheint dieser von germanischen Kunsterzeugnissen nicht gänzlich verbannt gewesen zu sein. In dem mit Goldschmuck reich ausgestatteten Grab von Aarslev/Fünen fanden sich 9 gleiche Anhänger, deren medaillonartige Goldscheiben jeweils eine getriebene Löwenmaske tragen. Sie sind entweder an einer Kette aufgereiht oder auf der Kleidung aufgenäht gewesen. An den Scheiben hängen ausgelappte, mit roten Almandinen, Filigran und Granulation verzierte Goldbleche. Diese auf römische Vorbilder zurückgehenden Löwenmasken dürften wie die übrigen Grabfunde in Germanien hergestellt worden sein. Im gesamten Fund von Aarslev wird bereits der südöstliche pontische Kulturstrom sichtbar, der seit dem 4. Jh. die germanische Kunst beeinflußte.

Neben dem Löwen spielte der Raubvogel in der Kunst des Mittel- und Schwarzmeerraumes eine bedeutende Rolle. Besonders beliebt war der Raubvogel im Moment des Schlagens eines Fisches. Auf einer zweiten Zierscheibe aus dem genannten Gräberfeld von Haeven ist ein ähnliches Motiv abgebildet: Ein großer Vogel steht auf einem Fisch und schlägt seinen Schnabel in den Kopf des Opfers (Bild 59). Die Frage muß offenbleiben, ob der germanische Künstler das Bild nach südlichem Vorbild oder auf Grund eigener Beobachtungen an der heimischen Küste geschaffen hat. Möglicherweise hat die in jener Zeit beginnende Beizjagd anregend auf die Darstellung des Greifvogels gewirkt.

Auch in der nichtfiguralen Kleinkunst der Germanen in den ersten beiden Jahrhunderten unserer Zeitrechnung ist der römische Einfluß erkennbar. So mag die Ornamentik auf den elbgermanischen Gefäßen, auf deren Oberfläche Mäander- und Stufenmuster vorherrschten und die Linien durch die Verwendung der Rädchentechnik in Punkte aufgelöst wurden (Bild 12), auf gleiche Muster an römischen Sieben zurückgehen, genau wie auch die Formen der Gefäße unverkennbar römischen Situlagefäßen entsprechen. Immer wieder war es aber keine sklavisch vorgenommene Imitation, sondern ein Verarbeiten der Vorbilder in eigener und eigenwilliger Weise.

Das gleiche gilt für die germanischen Fibeln dieser Zeit. Aus der Fibelform des 1. Jh. v. u. Z. entwickelten sich die verschiedenen Gruppen der früh-römerzeitlichen Fibeln (Bild X). Da die provinzialrömische Fibel eine ähnliche Ausgangsform hatte und eine parallele Entwicklung einschlug, ist es für uns schwer, den Einfluß der römischen Fibel auf die germanische abzuschätzen; er scheint aber nicht erheblich gewesen zu sein. Es lassen sich sowohl feine chronologische Unterschiede als auch regionale Gruppen erkennen, womit die Fibeln zu wichtigen Leitformen für den Prähistoriker werden. Gegen Ende des 2. Jh. kam es zur Ausbildung von teils sehr barocken, teils degenerierten Formen. Erst durch das Auftreten einer zunächst nüchternen, aber für eine weitere Entwicklung sehr geeigneten Fibelform bildete sich ein Prototyp für alle Bügelfibeln der nachfolgenden Jahrhunderte heraus (s. u.).

Neben diesen Bügelfibeln wurden Scheibenfibeln getragen, bei denen die gesamte Nadelkonstruktion durch eine Scheibe verdeckt war, die nun die Möglichkeit reicher Verzierung bot. Wir lernten bereits die Tierfibeln kennen, bei denen ein aus Blech geschnittenes oder reliefartig gebildetes Tier die Stelle der Scheibe eingenommen hat. Die germanischen Scheibenfibeln sind durch römische Scheibenfibeln in der 2. Hälfte des 2. Jh. angeregt worden. Beide unterscheiden sich vor allem durch die Herstellungstechnik: Die römischen sind einschließlich der Nadel- und Spiralhalter sowie der Verzierung gegossen, während die germanischen aus Blech geschnitten und die weiteren Konstruktionsteile dann angenietet bzw. angelötet worden sind. Die über 500 germanischen Scheibenfibeln fanden sich überwiegend bei den Elbgermanen, wo auch der Schwerpunkt der importierten römischen Scheibenfibeln lag.

Mit Beginn des 3. Jh. setzte ein Kulturstrom von außen ein, der die germanische Kunst entscheidend beeinflußte und ihre Entwicklung für Jahrhun-

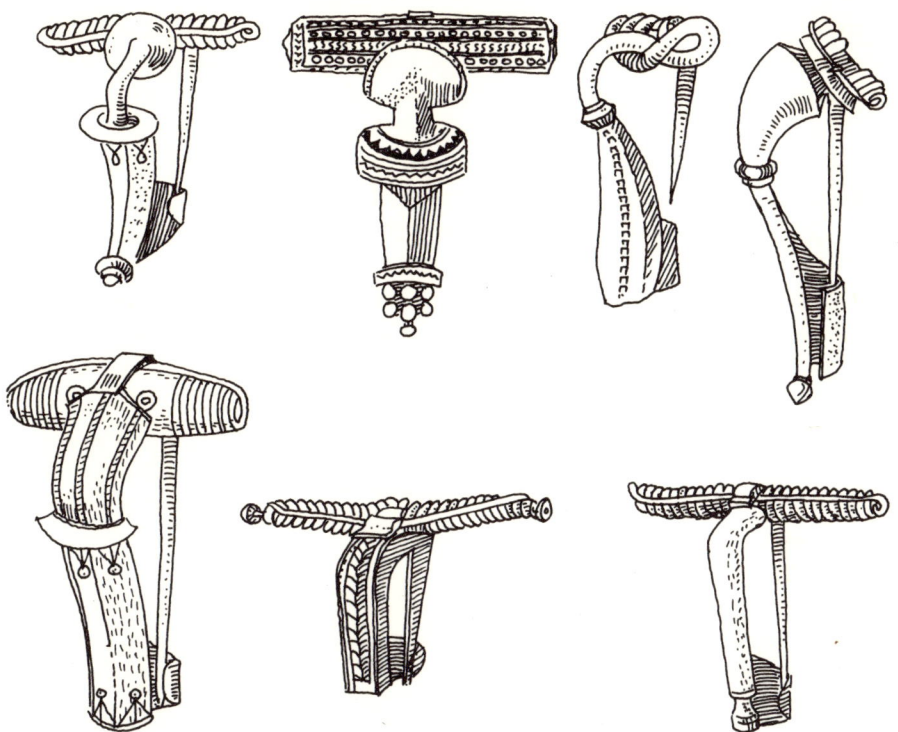

Germanische Fibeln des 1. und 2. Jh. (nat. Gr.)

derte bestimmte. Als die Goten in der 2. Hälfte des 2. Jh. an den Küsten des Schwarzen Meeres erschienen, lernten sie dort eine ganz andere Kultur und Kunst kennen, die der Skythen und Sarmaten. In der Kunst dieser Völker hatten sich steppennomadische, iranische, griechische und andere Elemente zu einer eindrucksvollen Harmonie vereinigt. Sie wurde die Quelle, aus der nunmehr die germanische Kunst schöpfen konnte. In eigenwilliger und künstlerisch vollendeter Weise umgesetzt, schufen die germanischen Goldschmiede die Voraussetzungen für die hohe Blüte germanischer Kunst der Völkerwanderungszeit.

Die Einflußnahme auf die germanische Kunst erfolgte auf verschiedenen Wegen. Früher hat man dem »kulturellen Rückstrom« die entscheidende Bedeutung beigemessen, worunter man die Rückvermittlung durch die Goten in ihre Heimat an der Ostsee und zu anderen germanischen Stämmen verstand. Da die römische Welt und ihre Kultur räumlich genauso stark die pontische Welt berührten, werden Motive und Techniken auch über die Römer zu den Germanen gelangt sein. Wenn seit dem Ende des 4. Jh. mit einer besonderen Freude und Aufgeschlossenheit gerade orientalische Elemente aufgegriffen wurden, so dürfte dies ohne Zweifel wiederum auf die Hunnen zurückzuführen sein, mit denen fast alle germanischen Stämme in Berührung kamen. Trotz der verhältnismäßig kurzen Zeit der Hunnenherrschaft in Mitteleuropa ist der von den Hunnen ausgehende kulturelle Einfluß auf die Germanen ungewöhnlich stark. Wir konnten dies bereits bei der Kleidung, Bewaffnung, bei Sitten und Gebräuchen feststellen.

Wenn wir von einzelnen übernommenen Motiven absehen, so kann diese neue Kunstauffassung treffend als der polychrome, der farbige Stil charakterisiert werden. Er bestand in einer Auflösung der glatten Metallfläche durch Einfügen von farbigen Steinen, buntem Glasfluß, von Zellenverglasung u. ä. Besonders der Wechsel der Formen und Farben der Steine auf goldenem Untergrund schuf die vielleicht buntesten Juwelierarbeiten jener Zeit. Wir begegnen roten Almandinen, violetten Amethysten, roten Karneolen neben blauem oder grünem, schwarzem oder weißem, gelbem oder braunem Glas. Daß der Germane diesen pontischen Stil aufgriff, lag z. T. sicherlich in einem gleichen ästhetischen Empfinden, in einer gleichen Freude für solche Ornamentik begründet. Entscheidend aber war, daß der immer mehr Bedeutung gewinnende Adel das Bedürfnis nach solch hochwertigen Goldschmiedearbeiten hatte, die seine soziale Stellung nur noch aufwerten konnten.

Was den Toten in den bereits mehrfach genannten Gräbern von Leuna und Haßleben (Bild 66 und 70), von Zakrzów und auf Seeland, in Mecklenburg und in der Slowakei mitgegeben wurde, steht bereits qualitativ wesentlich über den Beigaben der Gräber vom Lübsow-Typ. Schon der Grabbau ließ uns die hohe Stellung der dort Bestatteten erkennen. Aus ihnen, aber auch den anderen, bescheidener ausgestatteten Gräbern schöpfen wir unsere Kenntnis über die Kunst der Germanen des 3. bis 5. Jh.

Wenden wir uns wieder der Fibel zu, an der wir am besten die neue Kunstentwicklung verfolgen können. Die Fibel war, wie gesagt, am Ende des 2. Jh. so entartet, daß erst eine neue Form den Weg für eine Weiterentwicklung freimachen konnte. Auch diese neue Fibel – die sogenannte »Fibel mit umgeschlagenem Fuß« – kam aus dem gleichen pontischen Gebiet. Sie wurde die Grundform für alle folgenden Fibeln, nicht nur im germanischen Gebiet, sondern im gesamten europäischen Raum. Diese Einheitlichkeit mag z. T. auf die fast ganz Europa umfassenden germanischen Wanderungen zurückzuführen sein (Bild 72).

Die Sehnenkonstruktion am Fibelkopf wurde durch eine halbkreisförmige oder rechteckige Platte, der Nadelhalter durch eine Verbreiterung des Bügels verdeckt. Kopfplatte, Fuß[1] und Bügel boten vielfältige Möglichkeiten zur Verzierung. Im 3. und 4. Jh. kamen vor allem Filigran, Granulation, Steinauflage, Facettenkanten oder die Preßblechtechnik zur Anwendung, um die Fibel reizvoll zu gestalten. Die Silber- und Goldfibeln sind beredte Zeugnisse für die hervorragenden Juwelierarbeiten jener Zeit (Bild 60). Mit wenigen Ausnahmen begegnen wir hier rein ornamentalen Mustern. Um die äußere

---

[1] Die Begriffe »Kopf« und »Fuß« werden seit alters her angewandt, obgleich dies nicht immer exakt ist, da die Fibel anscheinend oft umgekehrt, mit dem »Kopf« nach unten, getragen wurde.

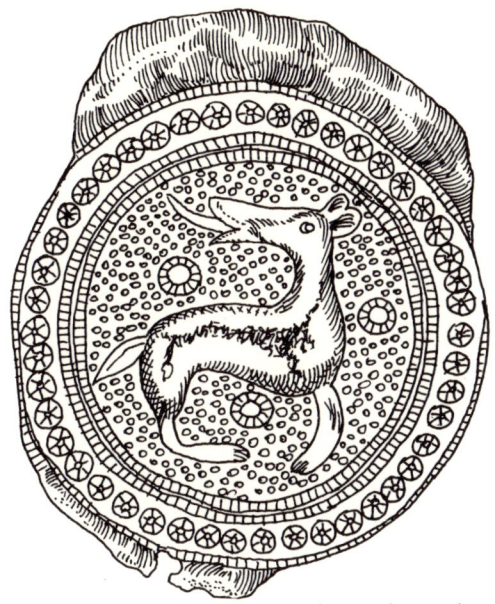

Scheibenfibel von Tangendorf, Kr. Harburg/BRD, aus dem 4. Jh. (wenig vergrößert)

Wirkung der Fibel zu erhöhen, verdoppelte und verdreifachte man die Anzahl der Spiralrollen, die aber gar keine Funktion haben konnten. Die Enden der Spiralrollen sowie Kopf und Fuß des Bügels schmückte man gern mit Knöpfen. Edelsteine oder Glasflußmedaillons saßen auf dem breiten Bügelfuß oder der Wölbung des Bügels (Bild 70).

Auch die Scheibenfibel erlebte in der Völkerwanderungszeit noch einmal eine hohe Blüte. Wir kennen Fibeln mit einem flachen Preßblechbeschlag und solche mit einem über einem Kern von Holz oder Harz gewölbtem Blech, Fibeln mit hakenartigem Wirbel, weiter rosettenförmige, kleeblattförmige und schließlich Scheibenfibeln mit Tierbildern. Neben einfachen und bescheidenen Exemplaren gibt es Prunkfibeln, wie die Rosettenfibeln von Haßleben, Kr. Erfurt (Bild VI). Anstelle des mittleren Steines wurde mitunter eine antike Gemme mit der Darstellung eines Gottes oder eines sonstigen Porträts eingesetzt. Fast gänzlich auf Dänemark beschränkt sind die wirbelartigen Fibeln, die sich förmlich wie ein Feuerrad zu drehen scheinen; ein ähnliches Motiv tragen sächsische Fibeln (Bild 73). Auf einer Scheibenfibel von Tangendorf, Kr. Harburg/BRD, findet sich wieder ein rückwärtsblickendes Tier mit weit heraushängender Zunge.

Immer wieder ist es das Tier, das entweder als Teil eines sonst ornamentalen Musters eingebaut ist oder allein die Form des Schmuckstückes bildet. So gibt es Fibeln, die anstelle des Bügels oder der Scheibe den Körper eines Tieres besitzen. An erster Stelle ist hier die kleine, nur wenige Zentimeter große Vogelfibel zu nennen. In ihrer fast stereotypen Form, nämlich der aufrechtstehenden ei- bis tonnenförmigen Gestalt, erinnert sie beinahe an einen Pinguin. Der Kopf wird gänzlich vom Auge – meist durch einen leuchtenden Almandinen oder anderen Stein dargestellt – eingenommen. Ein großer, gebogener Schnabel charakterisiert den Vogel ohne Zweifel als Greifvogel. Seitlich am Bauch sitzen die krallenartigen Füße, und den Abschluß bildet das breite oder gespreizte Schwanzgefieder. Bemerkenswerterweise sind mit geringen Ausnahmen alle Vögel nach rechts gerichtet, was darauf schließen läßt, daß man bildliche Darstellungen wie wir von links nach rechts »las«. Die Oberflächengestaltung dieser Vogelfibeln erfolgte, dem Zeitstil entsprechend, entweder in Cloisonné-Technik, im Kerbschnitt, mit glattem Körper oder mit Granulation, Filigran und einzelnem Steinbesatz. Die frühesten Cloisonné-Vogelfibeln traten um 400 an den Küsten des Schwarzen Meeres auf, und von hier dürfte auch die Anregung zu diesen Fibelformen gekommen sein. Die über 500 Vogelfibelpaare (sie treten in den Gräbern fast immer paarig auf) finden sich bei allen mitteleuropäischen germanischen Stämmen, massiert bei den Franken am Mittelrhein und in Nordfrankreich. Sie gehören zeitlich dem 5. und 6. Jh. an. Größer und ungleich reicher verziert sind die gotischen Adlerfibeln, wie etwa die von Cesena/Italien aus der Zeit um 500 (Bild XXI).

Eine andere reizvolle, wenn auch seltenere Kleinfibel ist die Zikadenfibel. An dem meist langgestreckten Körper sind die schlanken Flügel angelegt. Während der Körper nach hinten spitz ausläuft, verdickt er sich nach vorn zu dem typischen Insektenkopf mit seinen hervorstehenden Augen. Neben leicht stilisierten oder durch zahlreichen Steinschmuck entnaturalisierten Formen treten derartig realistisch gebildete Tiere auf, daß man glaubt, sie könnten sich im nächsten Augenblick zum surrenden Flug erheben. Schon dadurch wirken sie in der germanischen Kunst fremd. Sie finden sich überwiegend in Ungarn und im nordpontischen Gebiet, während sie in den übrigen mitteleuropäischen und den westeuropäischen Ländern nur ganz vereinzelt auftreten. Es unterliegt keinem Zweifel, daß die Zikadenfibel im pontischen Gebiet durch die Sarmaten entwickelt wurde; dagegen ist derzeit nicht zu klären, ob die Anregung dazu vom chinesischen oder griechischen Zikadenschmuck gekommen war. Auch in der babylonischen und altägyp-

Vogelfibeln aus der Völkerwanderungszeit (nat. Gr.)

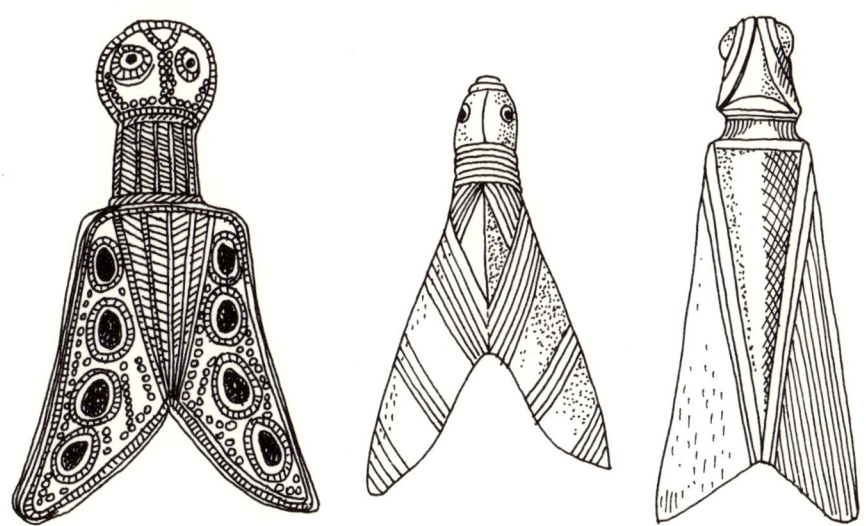

Zikadenfibeln aus der Völkerwanderungszeit (nat. Gr.)

tischen Kunst tritt die Zikade auf. In China war sie das Symbol für Wiedergeburt und ewiges Leben, in Ägypten gab es Auszeichnungen in Form von Zikaden. Den Zikadenfibeln ähnlich sind die goldenen »Bienen«, die einst den Mantel des Frankenkönigs Childerich schmückten. Als Napoleon I. 1804 anstelle der Lilien der Bourbonen ein Symbol für seine neue Kaiserwürde brauchte, wählte er als Schmuck seines Königsmantels diese »Bienen« Childerichs, dessen Grab damals bereits seit 150 Jahren bekannt war.

Seltener wurden andere Tiere als Fibelform verwandt. Im nordgermanischen Gebiet kannte man Kröten- und Fischfibeln, von denen einzelne Exemplare bis nach Thüringen gelangten. Pferde- und Reiterfibeln – auch nur 2 bis 3 cm lang – waren eine ausgesprochen fränkisch-alemannische Fibelform und traten nur vereinzelt bei Burgunden und Thüringern auf. Auch bei diesen Fibeln schreiten die Pferde stets nach rechts.

Ein beliebtes Motiv an Kleinfibeln war wiederum das rückwärtsblickende Tier. Kopf-Körper-Hintergliedmaßen bzw. Schwanz bilden das uns schon bekannte geschwungene S. Wiederholt man anstelle des Schwanzes noch einmal den Kopf mit dem großen Almandinauge, dann haben wir eine symmetrische, an ein Spielkartenbild erinnernde S-Fibel vor uns, wie sie im gesamten südgermanischen Gebiet in großer Zahl zu finden ist.

Häufig bildete man den Fibelfuß zu einem grimmigen Tierkopf mit betonten Augen und aufgeblähten Nasenflügeln oder Backen aus. Querriefen scheinen die Barthaare anzudeuten. Der Kopf ähnelt am ehesten einem Löwenkopf. Statt der üblichen Knöpfe an der Kopfplatte setzte man bei verschiedenen Fibeln auch Greifvogelköpfe mit dem stark gekrümmten Schnabel an. Seltener sind an deren Stelle menschliche Masken, wie sie sich hauptsächlich an langobardischen Erzeugnissen finden.

239

Alle die genannten Beispiele künstlerischen Schaffens waren aber nur Vorboten für die große Kunst der Völkerwanderungszeit. Polychromer Stil, Kerbschnitt und Tierornament wurden die drei Elemente, mit denen die germanische Kunst seit dem 5. Jh. arbeiten konnte.

Der farbige Stil zeigt sich besonders eindrucksvoll in prachtvollen Goldschmiedearbeiten bei den Germanenstämmen, die in eine direkte Berührung mit der pontischen und mittelmeerländischen Welt gerieten, in erster Linie bei den Goten. Den berühmten Goldschatz von Pietroasa/Rumänien hatten wir bereits genannt (S. 200, Bild 75) und auch über seine mögliche Deutung als »Kronschatz« gesprochen. Prachtvolle Adlerfibeln und eine Vogelbrosche sind mit roten Granaten und Almandinen, mit Bergkristall und Email, eingefügt in Goldzellen, besetzt, so daß die Flächen des Halses und des Tierkörpers gänzlich aufgelöst erscheinen und ihre Schwere verloren haben. Es wirkt wie das ins Künstlerische umgesetzte Gefieder des Vogels. Genauso ist die Oberfläche eines Halskragens gänzlich mit Zellenmosaik besetzt, aus dem bunte Edelsteine und Glas herausleuchten.

Zwei goldene Körbchen von acht- bzw. zwölfeckiger Form bestehen durchweg aus einem kunstvollen Gitterwerk, das einst mit Steinen gefüllt war; die beiden weitausladenden Griffe werden von springenden Panthern gestützt, deren Körper dicht mit kleinen Steinen besetzt sind. Neben diesen den farbigen Stil zum Ausdruck bringenden Schmucksachen gehörten ein goldener Teller von $^1/_2$ m Durchmesser, eine goldene Schale mit einer sitzenden Frauenplastik im Inneren, eine hohe goldene Kanne, goldene Halsringe (darunter einer mit der bereits genannten Runeninschrift) zu diesem Schatz, der, vor fast $1^1/_2$ Jahrhunderten geborgen, durch die Hand von Zigeunern, griechischen Kaufleuten und rumänischen Fürsten gewandert ist, gestohlen und wiedergefunden, in Kriegen verlagert wurde und nun wahrlich nicht mehr den einstigen Bestand voll umfaßt. Welcher Stammes- und Volkszugehörigkeit diese Goldschmiedemeister waren, wissen wir nicht, das um so weniger, als ja die Herkunft gerade solch einmaliger Stücke ungewiß ist. Es wäre vermessen, sie einfach als germanische Arbeiten zu deklarieren.

Anders ist es mit den aus vielen Fundplätzen der verschiedensten germanischen Gebiete stammenden, immer sich wiederholenden Formen an Fibeln und anderen Schmucksachen. Sie beweisen, wie der polychrome Stil tatsächlich geistiges Eigentum der Germanen war. Aus dem Bereich aller germanischen Stammesverbände, von den Franken bis zu den Thüringern, von den Goten und Langobarden in Spanien und Italien bis zu den Germanen in England und Skandinavien, liegen hervorragende Arbeiten vor. Zellentechnik (Cloisonné-Technik), eingesetzte Steine und Filigran geben allein oder in wohl abgewogener Kombination den Schmuckstücken ihr ansprechendes Aussehen (Bild I, XX und Bild 65).

Diese Arbeiten finden sich besonders aus der Zeit des 5. und der 1. Hälfte des 6. Jh. Von etwa 550 an trat neben den farbigen Stil die Tierornamentik, ohne den polychromen Stil jemals gänzlich zu verdrängen. Besonders die

Cloisonné-Technik hielt sich noch bis in das 7. Jh. und in Skandinavien sogar bis in die Wikingerzeit; Funde aus dem berühmten Schiffsgrab von Sutton-Hoo in England aus dem 7. Jh. sind dafür ebenso beispielgebend wie die christlichen Reliquienschreine.

Auch die römische Kunst befruchtete immer wieder das germanische Kunsthandwerk. Vor allem war es der Kerbschnitt, wie er auf zahlreichen römischen Bronzen des 4. und 5. Jh. entlang der römisch-germanischen Grenze angewandt wurde. Dieser stark geometrisierende Stil war auch in der römischen Kunst etwas Neues und löste die bisherigen locker eingestreuten pflanzlichen und figürlichen Einzelmotive ab. Alles war einer geometrischen Ornamentik untergeordnet (»Zirkelstil«).

Die Germanen griffen im 5. Jh. den Kerbschnitt auf, der nunmehr auf Fibeln und anderen Schmuckstücken Anwendung fand (Bild IV). Die seit dem 3. Jh. und besonders im 4. Jh. beliebte und angewandte Preßblechstempel-ornamentik kam dem römischen Kerbschnittstil entgegen. Abstraktion und Stilisierung gewannen an Bedeutung. Tierfiguren wurden Teile des Ornaments. Schon von seiner Natur her führt ein Kerbschnitt zu sich rechtwinklig schneidenden Linien. Indem man aber auch die stilisierte Tierfigur mit einbezog, entstand ein sehr bewegtes Flächenornament, das schließlich im 6. Jh. zum germanischen Tierstil führte.

Die germanische Tierornamentik kann als ein Höhepunkt der germanischen Kunst bezeichnet werden, nicht zuletzt weil sie einmalig ist und in keiner anderen Kultur und keiner anderen Zeit Parallelen besitzt. Es war »der erste große Beitrag der Germanen zur internationalen Kunst« (Holmqvist). Diese Leistung muß deswegen als besonders bedeutend betrachtet werden, weil so die antike naturalistische Kunsttradition mit ihrer geometrischen und symmetrischen Ordnung ihr Ende fand.

Vorboten eines Tierstils waren bereits in der römischen Zeit sichtbar, wenn die Tierdarstellungen stilisiert wurden, die aufgesperrten Mäuler der Tiere sich spiralig nach oben und unten rollten, die Gliedmaßen betont geschwungen gezeichnet wurden oder die Tiere rückwärtsblickend ein liegendes S bildeten. Sicherlich würden wir weitere Prototypen des germanischen Tierstiles finden, wenn sich Holzschnitzereien besser erhalten hätten. Trotzdem drängt sich immer wieder der Vergleich mit dem skythisch-sarmatischen Tierstil auf. Nur liegen mehrere Jahrhunderte zwischen dem Höhepunkt dieser Steppennomadenkunst und dem Beginn des germanischen Tierstils. Sowohl im pontischen als auch im germanischen Gebiet scheint der Tierstil jahrhundertelang keine bedeutende Rolle gespielt, vielleicht nur im Verborgenen geblüht zu haben, bis er dann in der germanischen Kunst der Völkerwanderungszeit einen erneuten, den entscheidenden Anstoß erhielt.

Kerbschnitt und Tierornament (Bild 74) verbanden sich in glücklicher Harmonie. Bereits im sogenannten Tierstil I ist der anatomische Zusammenhang des Tieres aufgehoben. Tierköpfe stehen neben den Füßen der Hinterbeine, Unterkiefer verschlingen sich mit den Gliedmaßen, das große Tierauge

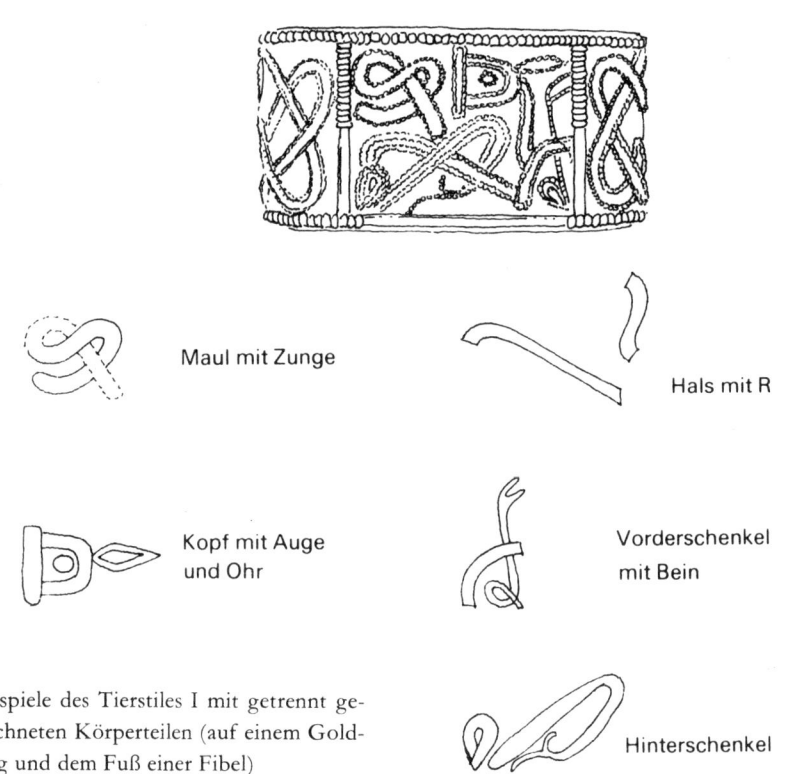

Maul mit Zunge

Hals mit R

Kopf mit Auge
und Ohr

Vorderschenkel
mit Bein

Beispiele des Tierstiles I mit getrennt ge-
zeichneten Körperteilen (auf einem Goldring und dem Fuß einer Fibel)

Hinterschenkel

sitzt neben dem Oberschenkel. Das Tier ist förmlich zerhackt, der verbindende Körper fehlt. Es sind Bilderrätsel, deren Entzifferung voller Reize und
Spannung ist. So konnten Flächen aller Art – ob rund oder rechteckig, ob
oval oder dreieckig, ob schmal oder breit – gefüllt werden, da keine Rücksicht
auf das natürliche Aussehen eines Tieres genommen zu werden brauchte. Es
ist fast ein künstlerisches Geheimnis, wie dies »Chaos« von Schenkeln,
Köpfen, Zehen und Schwänzen doch mit zu dem Schönsten gerechnet werden kann, was germanische Goldschmiede in diesem Sujet geschaffen haben.
Die Ornamentik ist von einer Vitalität und Phantasie, wie sie ihresgleichen
sucht. Nur – wo war der Ausweg zur weiteren künstlerischen Entwicklung?
    Der Stil I war hauptsächlich im nordgermanischen Gebiet vertreten (Bild
34 und Bild IV). Im südgermanischen Raum bemächtigte sich der Kerbschnitt mehr des Rankenmusters, der Spirale und der Volute. Trat der Tierstil
hinzu, dann mehr nur als Randmuster. Hier im südgermanischen Gebiet fand
sich auch der Ausweg aus der »Harmonie des Chaos«, und zwar durch das
Flechtband, das nun die einzelnen Tierglieder wieder zu einer Einheit verband. Die Anregung zur germanischen Flechtornamentik wird in der koptischen Kunst gesucht, die seit dem 4. Jh. bis ins islamische Mittelalter hinein
im östlichen Mittelmeergebiet bestimmend war. Erzeugnisse der koptischen
Kunst sind besonders nach Italien, aber auch nach Mittel- und Westeuropa

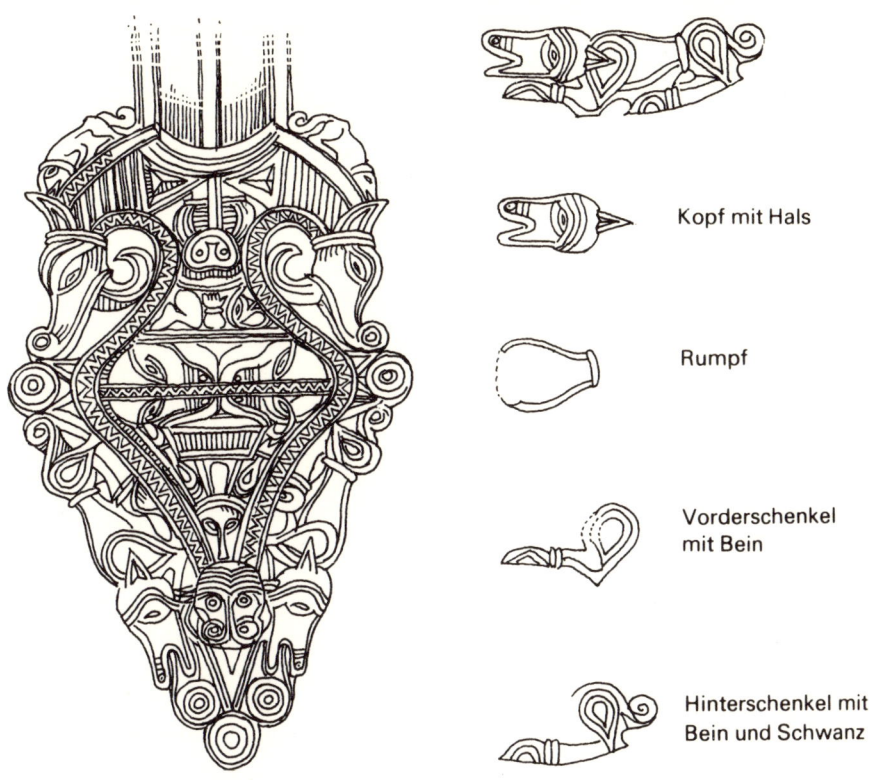

Kopf mit Hals

Rumpf

Vorderschenkel
mit Bein

Hinterschenkel mit
Bein und Schwanz

gelangt. Den Langobarden in Italien kam dabei eine entscheidende Vermitt-
lerrolle zu, indem sie das koptische Flechtband in die germanische Tierornamentik einbauten. In der langobardischen Kunst am Ende des 6. und im
7. Jh. begegneten sich der germanische, unruhevolle Tierstil und das mittel-
meerländische, ruhige Bandgeflecht. Aus beiden formte sich der Stil II, der
die Kunst in allen Teilen der germanischen Welt während des 7. Jh. bestimmte.
Noch immer treten der Tierkopf mit dem großen umrandeten Auge und die
Gliedmaßen mit dem Zehenfuß aus der Fläche hervor, aber ein vielfach ge-
wundenes und verschlungenes Band bildet den schlangenartigen Körper. Mit
diesem Stil setzte nunmehr eine auffallende Einheitlichkeit der Kunst vom
nordgermanischen Skandinavien bis zum langobardischen Italien, vom
angelsächsischen England bis zum thüringischen Elbgebiet ein (vgl. Kapitelvignette).

Dem Tierstil begegnen wir auf bronzenen Reliefarbeiten, in der Silber- und
Goldtauschierung, der Niellotechnik und Steinmetzkunst. Wir finden ihn auf
Fibeln und Schmuckstücken, an Schwertknäufen und Gürtelgarnituren, auf
Bechern und Reliquienschreinen, auf Buchdeckeln und Steindenkmalen, in
der Holz- und Steinarchitektur.

Der Tierstil ist aber auch mitunter auf den Schmuckbrakteaten vertreten,
die mit dem 6. Jh. im nord- und südgermanischen Gebiet erscheinen (Bild

XII). Sie weisen eine so eigenartige Entstehungsgeschichte auf und bilden in einzelnen Beispielen so prachtvolle Produkte des germanischen Kunsthandwerkes, daß sie noch kurz Erwähnung finden sollen. Brakteaten sind an sich einseitig aus dünnem Blech geprägte Münzen, wobei die Rückseite also nur das Negativ der Vorderseite zeigt. Aber diese aus dünnem Goldblech gestanzten Scheiben stellten keine Münze dar, sondern wurden an Halsketten getragen, worauf die angelötete (auch angenietete) Öse hinweist. Das anregende Vorbild waren römische bzw. byzantinische Kaisermedaillons, auf denen der Kaiser im Brustbild oder sitzend dargestellt war. Aus den Falten der Toga, mit der der Kaiser bekleidet, die dem Germanen aber ungewöhnlich war, entstand nunmehr in origineller Weise ein Tier, ein Vogel oder Vierfüßler, in den meisten Fällen ein Pferd. So erblicken wir auf den nordgermanischen Schmuckbrakteaten ein Pferd, auf dem ein gewaltiger Kopf »reitet« (Bild 49). Das Unnatürliche dieser Erscheinung hat den Germanen in keiner Weise gestört; es entsprach ja dem Wesen des Tierstiles, bei dem sich das Körperliche in Einzelteile auflöste. Der kaiserliche Kopf war nun Thor auf dem Bock oder Odin auf dem Pferd, worauf auch einzelne Runeninschriften hinweisen. Die südgermanischen Schmuckbrakteaten zeigen dagegen stehende Figuren, wobei auch hier der Kopf meist unnatürlich groß ist. Mit der lateinischen Inschrift der römischen Medaillons wußte der germanische Künstler auch nichts anzufangen, und aus den Buchstaben wurden unverständliche oder symbolische Zeichen. Das ganze Bild war von Ornamentstreifen eingefaßt, die bei den prachtvollsten Stücken oft die vierfache Größe des Figurenbildes erreichten.

Nach dem auffallend einheitlichen Stil II setzte seit dem 8. Jh. eine Vielzahl von Stilarten und Variationen ein. Man kann sie zusammenfassend als Stil III bezeichnen. In das kraftvolle Flechtornament des Stiles II trat eine spielerische und noch phantasiereichere Komponente hinzu. Die aufgesperrten Kiefer, die vibrierenden Zungen, die Füße mit den sich spreizenden Zehen wollen kein Ende finden; sie setzen sich in dünne, wie Filigrangespinst wirkende Linien fort, die oft spinnenwebartig das Ornament überziehen. Die Mäuler verbeißen sich immer wieder in eigene oder fremde Körper und Gliedmaßen. Der bandartige Körper ist von einer fast nervösen Unruhe gezeichnet. Man möchte glauben, daß das in sich gekrümmte Tier im nächsten Augenblick wie ein straffgespannter Bogen sich langstreckend zu einem weiten Sprung ansetzen könnte. Das Suchen und Nachzeichnen der einzelnen Körperlinien wird für den Betrachter immer komplizierter und verlangt von ihm die gleiche Phantasie wie vom Künstler.

Während sich auf dem Boden der mittelalterlichen Staaten in Mittel-, West- und Südeuropa schon der romanische und später gotische Stil entwickelt hatten, wirkte im nordgermanischen und angelsächsischen Raum noch lange die Tierornamentik nach (Bild 77). Es kam dort zur Ausprägung weiterer Tierstile. Fremde Einflüsse aus der karolingischen Kunst, Elemente der islamischen Kultur und alte keltische Motive führten zu neuen Motiven. Die

Tiere wurden wieder »sichtbar«, und das raubtierähnliche Fabeltier trat in den Mittelpunkt der nordgermanischen Kunst. Im hohen Mittelalter mündete dann die Ornamentik in die Bauernkunst Skandinaviens ein. Die norwegischen Stabkirchen sind die letzten bedeutenden, noch heute erhaltenen Denkmale dieser einmaligen Kunst (Bild 76).

Wir schließen die Betrachtung der germanischen Kunst mit der jener bildhauerischen Erzeugnisse ab, die an der Kunst höherstehender Kulturen immer einen wesentlichen Anteil haben. Wir hatten bereits mehrfach die gotländischen Bildsteine als wertvolle kulturgeschichtliche Quelle erwähnt. Auf den hochrechteckigen Steinplatten der älteren Gruppe nehmen Spiral- und Wirbelräder, Rosetten und andere Muster den größten Teil der Fläche ein, die in ihrer exakten Ausführung an die Bronzeerzeugnisse vor 2 000 Jahren erinnern. Darunter oder auf die vier Ecken verteilt finden sich Figuren wie kämpfende Männer, Pferde, Schiffe, Fabelwesen u. ä. Alles ist in sorgfältiger Arbeit in den Sandstein flach eingemeißelt, der Hintergrund war einst mit Farben hervorgehoben. Manche Forscher setzen diese frühen Bildsteine bereits in das 5. Jh., andere aber erst in das 7. Jh. (vgl. Abb. S. 87 und 215).

Diesem Jahrhundert gehört auch eine andere Gruppe von Bildsteinen an, die kleiner sind und mit naiven Darstellungen versehen, so daß sie insgesamt ärmlicher wirken. In die Zeit vom Beginn des 8. Jh. bis zum 11. Jh. gehört dann die Reihe der jüngeren Großsteine, auf denen oft ganze Szenen in mehreren Streifen übereinander uns vom Leben der Wikinger berichten: Von Fahrten auf stattlichen Segelschiffen, einzelnen Reitern, kämpfenden Kriegern, in Walhall ankommenden Helden, Opferhandlungen, Urteilsvollstreckungen usw. Die Bilder wirken wie Illustrationen zu nordgermanischen Helden- und Göttersagen (vgl. Abb. S. 106 und 184).

Während diese Bildsteine nur auf Gotland vorkommen, finden sich die bereits genannten Runensteine auch auf dem skandinavischen Festland, besonders in Uppland. Deren Wert liegt besonders in der Aussage der Runeninschriften (vgl. Kapitelvignette S. 193).

Eines der häufigsten Motive auf den Bildsteinen ist der Reiter, und seine Darstellung begegnet uns auf den ältesten und bisher einzigen Steindenkmalen aus dem mitteleuropäischen Raum des freien Germaniens, aus Hornhausen, Kr. Oschersleben (Bild 35). Der besterhaltene Stein zeigt im Mittelfeld einen mit Lanze, Schwert und Rundschild bewaffneten Krieger, der auf einem unverhältnismäßig großen Pferd sitzt. Es schreitet auf einem in Mäanderlinien gelegten Band, unter dem sich ein zweiköpfiges Tierbandornament im Stil II befindet. Das Feld oberhalb des Reiterbildes ist nur noch mit dem untersten Rand erhalten und zeigt sechs nach rechts schreitende menschliche Füße.

Ein zweiter fast gleicher Stein ist nur z. T. erhalten, so daß vom Pferd nur noch die untere Hälfte und vom Flechtband die rechte Hälfte zu erkennen sind. Auf dem dritten Steinbruchstück befinden sich unter einem Flechtornament drei Tiere: eine Hindin, ein Hirsch, und vom dritten Tier – wohl einem Hund – ist nur noch die Schnauze erhalten. Es dürfte eine Jagdszene sein. Schließlich sehen wir auf drei kleineren Bruchstücken einen Hirschkopf, Auge und Schnauze eines Tieres im typischen Stil II und eine Fahne mit Kreuz (Abb. S. 134). In dieselbe Denkmalsgruppe gehört noch ein Stein aus Morsleben, Kr. Haldensleben, der aber die Konturen der Darstellung nur schlecht erkennen läßt, weil er jahrhundertelang in der Mauer der Kirche eingemauert war.

Wenn auch kein unmittelbarer, so besteht doch ein inhaltlicher Zusammenhang mit den gotländischen Bildsteinen. Die Reiterdarstellung gleicht in der Auffassung und im Stil auch den Reiterscheiben aus dem fränkisch-alemannischen Gebiet. Viele Fragen und Probleme werfen diese Reiterdarstellungen auf. Stellen sie den nach Walhall einreitenden Krieger dar? Ist es Wodan selbst, der auf seinem Hengst Sleipnir reitet? Auf den Bildsteinen Gotlands wird das Pferd tatsächlich häufig achtbeinig dargestellt, wie es die Göttersagen von Wodans Roß erzählen. Oder sind die Reiterdarstellungen nur Imitationen des christlichen Reiterheiligen, wie wir ihn aus der koptischen Kirche kennen und wie er uns später in der Gestalt des Hl. Georg als des Überwinders des Bösen so häufig in der Kunst begegnet? Dann wäre die Schlange unter den Hufen des Pferdes bereits das Symbol des Bösen, der spätere Drachen. Das christliche Kreuz auf der Fahne des einen Steinbruchstückes unterstreicht den möglicherweise bereits christlichen Charakter dieser Bildsteine. Auch die Hirschhetze könnte damit in einem Zusammenhang stehen. Im Altertum und bei den Kelten galt der Hirsch als das Totentier bzw. der Begleiter des Totengottes. In die christliche Symbolik umgesetzt, bedeutet der Hirsch die gehetzte menschliche Seele.

So vereinigen sich auf künstlerische Weise noch einmal in diesen Steinen von Hornhausen aus dem 7. Jh. die altgermanischen Vorstellungen vom Leben nach dem Tode und von der germanischen Götterwelt mit den Ideen des neuen Glaubens. Wie auf so manchem anderen Kunstwerk spiegelt sich auch hier der Kampf zwischen der späten Urgesellschaft der Germanen und dem christlich geprägten Feudalismus wider.

Ausblick

Wir haben versucht, uns ein Bild von den kulturellen Leistungen der Germanen zu machen. Mit dem Zeitpunkt, als die germanischen Verbände nach ihren weiten Wanderungen von Nord nach Süd und von Ost nach West langsam zur Ruhe kamen, ließen wir auch unsere Betrachtung ausklingen. Die Gründe für das Ende dieser »Völkerwanderung« sind weniger in einer physischen Ermüdung zu suchen als vielmehr in der Tatsache, daß die germanischen Stammesverbände in ihrer sozialökonomischen Entwicklung mit der Herausbildung des Privateigentums und einer immer schärferen sozialen Differenzierung einen Entwicklungsstand erreicht hatten, auf dem frühfeudale Staaten errichtet werden konnten. Damit war auch jener Zeitpunkt erreicht, zu dem die ohnehin nur lockere Gemeinsamkeit der Germanen gänzlich verlorenging und die keinesfalls einheitliche germanische Kultur nunmehr sehr unterschiedliche Entwicklungswege einschlug, die später zu den verschiedenen Nationalkulturen führten.

Wir sprechen zwar mitunter sogar noch aus der heutigen Sicht von germanischen Völkern, und soweit nur die Sprache als Maßstab genommen wird, auch mit Berechtigung. In jeder anderen Beziehung trifft das aber nicht oder nur beschränkt zu. Wenn 1940 eine »Vorgeschichte der deutschen Stämme« erschien, in der die germanischen Stämme – und nur diese – abgehandelt wurden, so war dies eine vordergründig politische Geschichtsverzerrung. Denn an der Ausbildung der Deutschen waren außer Germanen noch Slawen, Romanen, Kelten beteiligt, und die Germanen wiederum hatten Anteil an der Ausbildung späterer slawischer und romanischer Völker. Wie unsinnig eine Gleichsetzung von Deutschen und Germanen ist, zeigte sich in dem genannten Werk auch durch die Einbeziehung der Wikinger Skandinaviens, der Angelsachsen in England und der zahlreichen germanischen Stämme in Süd- und Westeuropa.

Genauso hat man früher zahlreiche kulturelle Leistungen – besonders auf dem Gebiet des Kunsthandwerkes – den Germanen zugeschrieben, ohne auch nur an die Möglichkeit einer Beteiligung der einheimischen, von den Germanen unterworfenen und beherrschten Bevölkerung zu denken. Wenn auch wir solche bedeutenden Funde wie den von Pietroasa in Rumänien in unserer

»Kulturgeschichte der Germanen« erwähnten, so haben wir doch wenigstens die Frage nach seinen Produzenten gestellt, wenn auch nicht beantworten können. Was auf kulturellem Gebiet in Europa außerhalb des germanischen Kerngebietes – also westlich des Rheines, südlich der oberen Donau und östlich der Oder – geschaffen wurde, war keinesfalls eine alleinige Angelegenheit der Germanen, sondern erfolgte in einem Prozeß, der sich in der Gemeinsamkeit oder in der Auseinandersetzung mit der jeweils vorgefundenen einheimischen Bevölkerung und deren Kultur vollzog. Daß dabei die die Macht ausübenden Germanen auch dem Kulturleben und besonders dem Kunstschaffen ihren Stempel aufdrückten, ist eine zu allen Zeiten unter ähnlichen Bedingungen bekannte Erscheinung.

In der Art und Weise des Nachwirkens germanischer Kultur lassen sich zwei Räume von grundsätzlich verschiedener Entwicklung erkennen: einmal jene Gebiete, die entweder einst zum Römischen Reich gehörten und bereits eine tiefverwurzelte einheimisch-römische Kultur besaßen oder die später von slawischen oder magyarischen Stämmen besetzt wurden und somit ein anderes Kulturgepräge erhielten; zum anderen jene Gebiete, die auch weiterhin von germanischen Völkerschaften bewohnt blieben. Fragen wir daher zunächst, welchen Einfluß die germanische Kultur auf die spätere Kulturentwicklung in den einst römischen Gebieten genommen hat.

Die Anwesenheit der Germanen und vor allem der Westgoten in Spanien ist nicht spurlos an diesem Lande vorübergegangen. Unter den Westgoten vollzog sich der Übergang zum Feudalismus und bahnte sich eine weitere progressive Entwicklung des Landes an. Die Westgoten haben während ihrer zweihundertjährigen Herrschaft bedeutende kulturelle Leistungen vollbracht, von denen einige bis heute erhalten blieben. Aber auch in diesen zeigt sich das starke römische bzw. byzantinische Element. Einmal sind es Erzeugnisse des Goldschmiedehandwerks wie Fibeln, Schnallen und »Weihekronen« in den Kirchen, zum anderen Kirchenbauten, die neben römischen und byzantinischen Formen auch germanische Stilelemente erkennen lassen; die kleine Kirche S. Maria de Naranco bei Oviedo in Asturien war ursprünglich als germanische Königshalle gebaut. Insgesamt war aber die Romanisierung bereits unter westgotischer Herrschaft so stark, daß die westgotische Kultur keinen bedeutenden Anteil an der späteren spanischen Kultur gewann. Nur einige Orts- und Personennamen blieben erhalten, ebenso wie vereinzelte Züge des gotischen Rechtes und der Volksdichtung, und bis in unsere Tage wurde am Sonntagmorgen im Dom zu Toledo eine westgotische Messe gelesen. Viel bedeutender für die spanische Geschichte und Kultur wurde dagegen die Anwesenheit der Mauren (Araber), die 711 das Westgotenreich eroberten.

Die Franken haben Frankreich den Namen gegeben, indem sie auf seinem Boden den überhaupt ältesten Feudalstaat in Europa errichteten und damit dem Land den Weg in eine neue fortgeschrittenere Geschichtsepoche öffneten und die Grundlage des französischen Staates schufen. Das auf allen Gebieten entscheidende Element der späteren französischen Kultur aber bildete die römische Kultur. Bereits der Begründer des Fränkischen Reiches, Chlodwig, unterstützte durch seine Politik diesen Prozeß. So verlegte er seine Residenz immer mehr in das rein romanische Gebiet und schließlich nach Paris. Sein Übertritt zum katholischen Glauben band ihn politisch, kulturell und ideologisch an Rom. Die Überlegenheit der römischen Kultur über die germanische war auf ökonomisch-technischem Gebiet offensichtlich, sie zeigte sich aber auch in anderen Bereichen. So wurden mehr die römische und byzantinische Kunst Vorbild als die germanische; ja sogar die alte keltische Kunsttradition war noch stärker.

Ähnliches gilt für die südostfranzösische Landschaft Burgund, deren Name auf jenen germanischen Stammesverband zurückgeht. Auf künstlerischem Gebiet hatten die Burgunden bedeutende Eigenleistungen vollbracht, aber bereits in dem von ihnen errichteten Reich – noch bevor die Burgunden dann 534 unter fränkische Herrschaft gerieten – setzte sich das romanische Element auf allen Gebieten durch. Nur zahlreiche Ortsnamen künden heute noch von ihrer einstigen Anwesenheit.

Die in der Mitte des 12. Jh. zunächst in Frankreich entstandene und dann große Teile Europas umfassende »Gotik« hat von den Goten nur den Namen, weil die italienische Renaissance damit das »Barbarische« der mittelalterlichen Baukunst zwischen dem Goldenen Zeitalter der Antike und deren Wiedergeburt bezeichnen wollte.

In Italien sind die Spuren der Ostgoten und Langobarden noch heute sichtbar. Neben den ostgotischen Erzeugnissen der Kleinkunst besitzen wir Kirchen, Paläste und andere Denkmale, die Theoderich hat errichten lassen. An deren Kapitellen und Friesen erblicken wir germanische Ornamentmotive. Der Palastbau in Ravenna ist uns nur in Resten und auf einem Mosaikbild erhalten geblieben, die Palastkirche dagegen, St. Apollinare Nuovo, und das Grabmal Theoderichs mit dem 400 t schweren Monolith als Deckstein (Bild 3) sind noch heute in ihrer Pracht zu bewundern. Ähnlich wirkte sich die langobardische Herrschaft aus. Auf deren Bedeutung zur Vermittlung orientalischen Kulturgutes nach Mittel- und Westeuropa hatten wir mehrfach hingewiesen. Unter ihrer Herrschaft bildeten sich erstmalig in Italien feudale Verhältnisse heraus. Der Stammesname blieb in der norditalienischen Landschaft Lombardei erhalten, und heutige Ortsnamen lassen sich auf ostgotischen oder langobardischen Ursprung zurückführen. Im 8. Jh. entstand hier zunächst der Kirchenstaat des Papstes, bis dann 774 das Langobardenreich der Expansionspolitik des fränkisch-karolingischen Reiches erlag. Kulturell blieb Italien Kernland der romanischen Welt.

Auch die heutige VR Ungarn war viele Jahrhunderte lang Durchzugs- und Siedlungsland germanischer Stämme. Doch bedingt durch den meist vollständigen Abzug der Germanen und die nachfolgende hunnische, awarische und schließlich (896) magyarische Landnahme konnte eine germanische Einflußnahme auf die spätere Kultur nicht erfolgen.

Im östlichen Mitteleuropa sind seit dem 6. Jh. slawische Stämme nachweisbar. Wenn auch die Masse der Germanen diesen Raum verlassen hatte, so dürften doch Teile von ihnen in diesen slawischen Gebieten verblieben sein. Das bestätigen für jene Zeit archäologische Funde germanischen Charakters und geographische Namen, besonders von Flüssen. Die Kultur, die sich hier nunmehr entwickelte, war eine völlig eigenständige. Erst durch die spätere deutsche feudale Ostexpansion veränderte sich wiederum das Kulturbild in diesem Raum.

Unser kurzer Streifzug durch jene Länder, in denen die Germanen als Eroberer erschienen waren, hat uns erkennen lassen, daß die Germanen keinen nachhaltigen Einfluß auf die späteren Nationalkulturen ausgeübt haben. Das war bedingt entweder durch das lebenskräftige romanische Element oder durch nachfolgende und endgültige Einwanderungen anderer Völker.

Ganz anders lagen die Verhältnisse im einstigen germanischen Kerngebiet und auch in einigen frühzeitig von Germanen eroberten römischen Provinzteilen. Der Übergang zum Feudalismus vollzog sich bekanntlich sowohl auf dem Gebiet des Römischen Reiches wie im einstigen freien Germanien. Die Voraussetzungen für diesen Prozeß und damit sein Verlauf waren aber unterschiedlich, weil im Römischen Reich bereits eine Klassengesellschaft, in Germanien dagegen noch die Urgesellschaft in ihrer Spätphase existierte. Daß sich etwa gleichzeitig auch in großen Teilen des freien Germaniens der Feudalisierungsprozeß vollzog, wurde durch die Ausdehnung des fränkischen Machtbereiches unterstützt, wenn selbstverständlich auch hier die sozialökonomischen Voraussetzungen herangereift waren. Aber noch lange blieb die Entwicklung der Produktivkräfte im ostfränkischen Teil des Reiches im Verhältnis zum romanischen Gebiet zurück. Grundlage der materiellen und geistigen Kultur bildete hier alles das, was die Germanen in diesem Raum geschaffen hatten.

Das nordgermanische Gebiet wiederum ging seinen eigenen historischen Weg. Es verblieb noch jahrhundertelang im Spätstadium der Urgesellschaft, wenn auch die Gegensätze zwischen der auf Krieg, Eroberung und Ausbeutung eingestellten Adelsschicht und dem Bauerntum immer mehr antagonistischen Charakter annahmen. Erst um die Jahrtausendwende entwickelten sich feudale Verhältnisse und entstanden die ersten skandinavischen Staaten. Die Kultur und speziell die Kunst haben hier am längsten ihren typisch germanischen Charakter erhalten und erreichten ihren Höhepunkt in der Zeit der Wikinger. Dieser Entwicklung haben wir es auch zu verdanken, daß sich germanische Lebensweise literarisch noch hat niederschlagen können (Edda, Saga), wodurch diese Dichtungen trotz ihres bereits häufig christlichen Charakters eine Quelle für die germanische Kulturgeschichte bilden. Erst mit der Entstehung feudaler Staaten und der Christianisierung schloß das germanische Zeitalter auch in Nordeuropa ab und entwickelten sich die einzelnen Nationalkulturen.

Auch auf den Britischen Inseln wurde die germanische Tradition fortgeführt, da die Angelsachsen und Normannen (Wikinger) nach den Kelten und Römern die letzten Eroberer der Insel waren. Aber in verschiedenen Landschaften, besonders Irland und Wales, blieb die alte keltische Kultur noch lange herrschend und hat sich bis heute trotz der englischen Assimilationspolitik erhalten. Auf dem Gebiet der Kunst verbanden sich keltische und angelsächsische Stilelemente zu einem eigenen Ornamentstil. Die normanische Eroberung (1066) verstärkte nur noch den germanischen Charakter der englischen Kultur.

Die Bedeutung der Germanen für das mittelalterliche und neuzeitliche Europa war somit ohne Zweifel insgesamt groß. Was sie an kulturellen Leistungen vollbrachten, schufen sie in ständigem Kontakt mit ihren Nachbarn. Entsprechend den allgemeinen historischen Gesetzmäßigkeiten haben sie ihre geschichtliche Aufgabe im europäischen Raum erfüllt, wie es auch die anderen Völker Europas getan haben. Sie trugen entscheidend dazu bei, daß in großen Teilen Europas alte und überholte Gesellschaftsformationen, die der weiteren Entwicklung der Produktivkräfte entgegenstanden, wie die Urgesellschaft und die antike Klassengesellschaft, durch eine neue progressive Gesellschaftsform abgelöst wurden. Damit halfen sie den Weg zu einer höheren, wenn auch unter den einschränkenden Bedingungen einer Klassengesellschaft stehenden Kultur in Europa ebnen.

Anhang

Zeittafel

Fortschritte in der materiellen Kultur der Germanen	Fortschritte in der gesellschaftlichen Entwicklung der Germanen	Entwicklung der geistigen Kultur bei den Germanen
Beginn der Eisenverarbeitung, damit wesentliche Erhöhung der Produktivkräfte in Landwirtschaft, Handwerk und Waffentechnik Roggen neue Kulturpflanze (?) Einstallung des Viehs		
Keltischer Einfluß auf materielle Kultur Zeitweises Auftreten der Töpferscheibe Einführung der Drehmühle Wendepflug mit Streichbrett, Räderpflug (?) Teilweise Düngung der Felder	Bildung von zeitweisen Stammesbünden Zeitweise Münzprägung	Keltischer Einfluß auf geistige Kultur

Daten u. Z.	Politische Ereignisse in der römischen Welt	Politische Ereignisse in der germanischen Welt
Ztw. Ältere römische Zeit		4–6 Tiberius in Germanien 9 Sieg germanischer Stämme unter Arminius über römisches Heer unter Varus
	seit 83 Aufbau des Limes	13–16 Feldzüge des Germanicus 69/70 Bataveraufstand
100	um 100 Tacitus schreibt seine »Germania«	
	166–180 Markomannenkriege Marc Aurels	
200 Jüngere römische Zeit	212 Bürgerrecht für alle Provinzialen	Stammesverband der Alemannen (213 erstmals genannt) um 230 Alemannen durchbrechen den Limes
	Krise des Römischen Reiches	Stammesverband der Franken (257 erstmals genannt) Stammesverband der Sachsen (285 erstmals genannt)
300	324 Byzanz Hauptstadt des Reiches 375 Bischof von Rom wird Papst 395 Teilung in Ost- und Westreich	375 Einfall der Hunnen in Europa
400 Völkerwanderungszeit		Stammesverband der Thüringer (um 400 erstmals genannt) 406 Wandalen, Burgunden und
	410 Westgoten (Alarich) in Rom 418 Westgotenreich in Spanien 429 Wandalenreich in Nordafrika	andere Stämme überschreiten den Rhe
		436 Burgundenreich an der Rhone 451 Schlacht germanischer Stämme gegen Hunnen 453 Tod Attilas,
	476 Ende des Weströmischen Reiches 493 Gründung des Ostgotenreiches	Zerfall des Hunnenreiches 482–511 Frankenkönig Chlodwig I.
500 Merowingerzeit	507 Untergang des Westgotenreiches 534 Untergang des Wandalenreiches	531 Thüringer unterliegen den Franken 534 Untergang des Burgundenreiches
	554 Untergang des Ostgotenreiches	561 Awaren erscheinen in Mitteleuropa
	568 Langobarden nach Italien	567 Aufteilung des Frankenreiches

256

Fortschritte in der materiellen Kultur der Germanen	Fortschritte in der gesellschaftlichen Entwicklung der Germanen	Entwicklung der geistigen Kultur bei den Germanen
Unter römischem Einfluß Obst, Wein und Gemüse Zunahme der Bedeutung des Kunsthandwerkes (an Adelshöfen)	Erstes germanisches Reich (Marbod) Erstarken der Gentilaristokratie (Gräber vom Lübsow-Typ) Zunahme handwerklicher Spezialisierung	Römischer Einfluß auf Kunststil Körperbestattung bei der sozial führenden Schicht Erste Runeninschriften
	Beginn der Bildung von Stammesverbänden Laetenwirtschaft bei Germanen in Gallien	Provinzialrömischer und pontischer Einfluß auf die germanische Kunst Christlicher Bischof in Trier
Allgemeine Einführung der Töpferscheibe	Ausbildung eines Hochadels (Gräber vom Typ Leuna)	Vorherrschen der Körperbestattung
		325 erste christliche Gemeinde bei Goten 350 Wulfilas Bibelübersetzung
		Hunnischer Einfluß auf geistige Vorstellungen
	Entstehung des Frühfeudalismus und erste Staatsbildung	
		Herausbildung des germanischen Tierstiles

257

Literaturhinweise

Auswahl antiker und mittelalterlicher Quellenschriften
(zeitlich geordnet)

C. I. Cäsar (100–44 v. u. Z.), Commentarii de bello gallico
Strabon (63 v. u. Z.–19 u. Z.), Geographica
C. Plinius Secundus (23–79 u. Z.), Naturalis historia
Plutarch(os) (etwa 46–120 u. Z.), Marios
C. Tacitus (etwa 55–120 u. Z.), De origine et situ Germaniae (= Germania)
– Annales ab excessu divi Augusti
– Historiae
– De vita Julii Agricolae
Cassius Dio Cocceianus (155–etwa 235), Historia Romana
Ammianus Marcellinus (etwa 330–etwa 400), Res gestae
Jordanis (6. Jh.), Gotengeschichte (Die Geschichtsschreiber der deutschen Vorzeit, Bd. 5)
Gregor von Tours (etwa 540–etwa 593), Geschichte der Franken (Ausgewählte Quellen zur deutschen Geschichte des Mittelalters, Bd. 1 und 2)
Die Chronik Fredegars (7. Jh.) und der Frankenkönige (Die Geschichtsschreiber der deutschen Vorzeit, Bd. 11)
Paulus Diaconus (720–797), Geschichte der Langobarden (Die Geschichtsschreiber der deutschen Vorzeit, Bd. 15)
Widukind von Corvey (etwa 925–nach 973), Sächsische Geschichten (Die Geschichtsschreiber der deutschen Vorzeit, Bd. 33)
(Auszug aus antiken Quellen): W. Capelle, Das alte Germanien. Die Nachrichten der griechischen und römischen Schriftsteller. Jena 1937

Archäologische Zeitschriften in der DDR mit Beiträgen zur germanischen Kulturgeschichte

Ausgrabungen und Funde
Zeitschrift für Archäologie
Ethnographisch-Archäologische Zeitschrift
Alt-Thüringen
Jahresschrift für mitteldeutsche Vorgeschichte
Arbeits- und Forschungsberichte zur sächsischen Bodendenkmalpflege
Jahrbuch für Bodendenkmalpflege in Mecklenburg
Veröffentlichungen des Museums für Ur- und Frühgeschichte Potsdam

Literaturhinweise

Atlas zur Geschichte I. Gotha-Leipzig 1973

Behm-Blancke, G.: Gesellschaft und Kunst der Germanen. Die Thüringer und ihre Welt. Dresden 1973

Bibliographie zur archäologischen Germanenforschung. Berlin 1966

Böhme, H. W.: Germanische Grabfunde des 4. bis 5. Jahrhunderts zwischen unterer Elbe und Loire. München 1974

Deutsche Geschichte Bd. I: Von den Anfängen bis 1789. Berlin 1965 (bes. S. 51 ff.)

Eggers, H. J.: Der römische Import im freien Germanien. Hamburg 1951

– E. Will, R. Joffroy, W. Holmqvist: Kelten und Germanen in heidnischer Zeit. Baden-Baden 1964

Engels, F.: Zur Urgeschichte der Deutschen. MEW 19, Berlin 1962, S. 425–473

– Der Ursprung der Familie, des Privateigentums und des Staates. MEW 21, Berlin 1962, S. 27–173

Erb, E.: Geschichte der deutschen Literatur von den Anfängen bis 1160. Berlin 1963

Filip, J.: Enzyklopädisches Handbuch zur Ur- und Frühgeschichte Europas. 2 Bände. Prag 1966/1969

Geisler, H.: Das germanische Urnengräberfeld bei Kemnitz, Kr. Potsdam-Land. Teil I: Katalog. Veröff. Museum für Ur- u. Frühgesch. Potsdam 8, Berlin 1974

Die Germanen. Geschichte und Kultur der germanischen Stämme in Mitteleuropa. Handbuch in zwei Bänden. Bd. I: Von den Anfängen bis zum 2. Jahrhundert unserer Zeitrechnung. Berlin 1976

Germanen – Slawen – Deutsche. Red. v. B. Gramsch. Berlin 1968

Grünert, H.: Studien zur Produktion bei den Stämmen des Mittelelb-Saale-Gebietes in den Jahrhunderten um die Wende unserer Zeitrechnung. Phil.-Habil.-Schrift Berlin 1967

Hachmann, R., G. Kossack, H. Kuhn: Völker zwischen Germanen und Kelten. Neumünster 1962

Herrmann, J.: Zwischen Hradschin und Vineta. Frühe Kulturen der Westslawen. 2. Aufl. Leipzig–Jena–Berlin 1976

– Die germanischen und slawischen Siedlungen und das mittelalterliche Dorf von Tornow, Kreis Calau. Schrift. Ur- u. Frühgeschichte der Akademie der Wissenschaften 26, Berlin 1973

Jankuhn, H.: Vor- und Frühgeschichte vom Neolithikum bis zur Völkerwanderungszeit. Stuttgart 1969

Keiling, H.: Die vorrömische Eisenzeit im Elde-Karthane-Gebiet (Kreis Perleberg und Kreis Ludwigslust). Schwerin 1969

– Kolbow: Ein Urnenfriedhof der vorrömischen Eisenzeit im Kreis Ludwigslust. Beiträge Ur- u. Frühgeschichte der Bezirke Rostock, Schwerin und Neubrandenburg 8, Berlin 1974

Kultury archeologiczne i strefy kulturowe w Europie Środkowej w okresie wpływów rzymskich. Zeszyty Nauk. Univ. Jagiellonsk., Prace Archeol. 22. Kraków 1976 (Konferenzmaterialien in poln. u. dt.)

La Baume, W.: Die Entwicklung des Textilhandwerkes in Alteuropa. Bonn 1955

Lange, E.: Botanische Beiträge zur mitteleuropäischen Siedlungsgeschichte. Ergebnisse zur Wirtschafts- und Kulturlandschaft in frühgeschichtlicher Zeit. Schrift. Ur- u. Frühgeschichte der Akademie der Wissenschaften 27. Berlin 1971

Laser, R.: Die Brandgräber der spätrömischen Kaiserzeit im nördlichen Mitteldeutschland. Forschungen zur Vor- u. Frühgeschichte 7. Berlin 1965

László, G.: Steppenvölker und Germanen. Kunst der Völkerwanderungszeit. Wien–München 1970

Leube, A.: Die römische Kaiserzeit im Oder-Spree-Gebiet. Veröff. Museum für Ur- u. Frühgeschichte Potsdam 9. Berlin 1975

Marx, K.: Formen, die der kapitalistischen Produktion vorhergehen. In: Grundrisse der Kritik der politischen Ökonomie. Berlin 1953, 375–413

Maurer, F.: Nordgermanen und Alemannen. Studien zur germanischen und frühdeutschen Sprachgeschichte, Stammes- und Volkskunde. München 1952

Mettke, H. (Hsg.): Älteste deutsche Dichtung und Prosa. Ausgewählte Texte althochdeutsch – neuhochdeutsch. Leipzig 1976

Meyer, E.: Die germanischen Bodenfunde der spätrömischen Kaiserzeit und der frühen Völkerwanderungszeit in Sachsen I: Katalog. Berlin 1971. II: Text. Berlin 1976

Mildenberger, G.: Die germanischen Funde der Völkerwanderungszeit in Sachsen. Arbeits- u. Forschungsberichte zur sächs. Bodendenkmalpflege, Beiheft 2. Leipzig 1959

Much, R.: Die Germania des Tacitus, erl. v. R. Much. 3. Aufl. unter Mitarbeit v. H. Jankuhn, hsg. v. W. Lange. Heidelberg 1967

Müller, A. v.: Formenkreise der älteren römischen Kaiserzeit im Raum zwischen Havelseenplatte und Ostsee. Berlin (West) 1957

Otto, K.-H.: Deutschland in der Epoche der Urgesellschaft. Berlin 1960 (ab S. 101 ff.)

Römer und Germanen in Mitteleuropa. Hsg. v. H. Grünert. Berlin 1975.

Schach-Dörges, H.: Die Bodenfunde des 3. bis 6. Jahrhunderts nach Chr. zwischen unterer Elbe und Oder. Neumünster 1970

Schlette, F.: Kelten zwischen Alesia und Pergamon. Leipzig–Jena–Berlin 1976

Schmidt, B.: Die späte Völkerwanderungszeit in Mitteldeutschland. Veröff. Landesmuseum Halle 18. Halle 1961 – Kataloge: ebd. 25, Berlin 1970; 29, Berlin 1976

Schmidt-Thielbeer, E.: Das Gräberfeld von Wahlitz, Kr. Burg. Ein Beitrag zur frühen römischen Kaiserzeit im nördlichen Mitteldeutschland. Veröff. Landesmuseum Halle 22. Berlin 1967

Schuldt, E.: Pritzier. Ein Urnenfriedhof der späten römischen Kaiserzeit in Mecklenburg. Schrift. Sektion Vor- u. Frühgeschichte 4. Berlin 1955

– Perdöhl: Ein Urnenfriedhof der späten Kaiserzeit und der Völkerwanderungszeit in Mecklenburg. Beiträge Ur- u. Frühgeschichte der Bezirke Rostock, Schwerin u. Neubrandenburg 9. Berlin 1976

Schulz, W.: Leuna. Ein germanischer Bestattungsplatz der spätrömischen Kaiserzeit. Schrift. Sektion Vor- u. Frühgeschichte 1. Berlin 1953

Schwarz, E.: Germanische Stammeskunde. Heidelberg 1956

Seyer, R.: Zur Besiedlungsgeschichte im nördlichen Mittelelb-Havel-Gebiet um den Beginn unserer Zeitrechnung. Schrift. Ur- u. Frühgeschichte der Akademie der Wissenschaften 29. Berlin 1976

Stern, L., H.-J. Bartmuß: Deutschland in der Feudalepoche von der Wende des 5./6. Jh. bis zur Mitte des 11. Jh. Berlin 1963

Trier, B.: Das Haus im Nordwesten der Germania libera. Neumünster 1969

Uslar, R. v.: Germanische Sachkultur in den ersten Jahrhunderten nach Christus. Köln–Wien 1975

Wenskus, R.: Stammesbildung und Verfassung. Das Werden der frühmittelalterlichen gentes. Köln–Graz 1961

Wüste Kunersdorf. Eine germanische Siedlung im mittleren Odergebiet. Veröff. Museum für Ur- u. Frühgeschichte Potsdam 4. Potsdam 1968

Worterklärung

Animismus Bei Naturvölkern vertretener Glaube, daß allen Lebewesen sowie vielen unbelebten Naturobjekten eine Seele innewohne und überhaupt die Welt voller Geister wäre, die für alle Vorgänge in der Natur verantwortlich wären

Bautastein Altnordische Bezeichnung für aufgestellten Gedenk- oder Grabstein, in jüngerer Zeit mit Bildern und Inschriften (Runen) geschmückt

Brakteat Einseitig geprägte Gold- oder Silberblechmünze, so daß die Rückseite das vertiefte Spiegelbild der erhabenen Vorderansicht zeigt. Als Schmuckbrakteaten werden auf gleiche Weise hergestellte Zierscheiben (also ohne Geldfunktion) bezeichnet.

Capitulare de villis (vel curtis imperii) »Verordnungen über die Dörfer bzw. Güter des Reiches«, bilden eine Art Wirtschaftsordnung für das karolingische Reich zur Zeit Karls des Großen

Danaergeschenk Verderbenbringendes Geschenk, benannt nach dem von den Danaern (= Griechen) vor Troja zurückgelassenen hölzernen Pferd

Divide et impera! »Teile und herrsche!« Politischer Grundsatz des Römischen Reiches zur Beherrschung fremder Völker, ein Grundzug auch moderner imperialistischer Staaten

Ethnogenese Entstehung von Stämmen, Völkern usw.

Furor Teutonicus Kampfeswut der Teutonen, die 113 v. u. Z. den Römern empfindliche Niederlagen beibrachten; dann verallgemeinert auf alle Germanen

Gemme Schmuckstück aus Edel- oder Halbedelsteinen mit eingeschnittener Darstellung

Germania libera Das freie, nicht von den Römern besetzte Germanien

Hades Griechischer Name für die Unterwelt, das Reich der Toten

Henkelattache Ornamental oder figural verzierter Henkelansatz an Metallgefäßen

Hippokamp Phantasietier der Antike mit menschlichem Oberkörper, Pferdeleib und Fischschwanz

Interpretatio Romana Römische Erläuterung speziell fremder Götter durch die Namen der römischen Götter

Jastorf-Kultur Bezeichnung für die früheisenzeitliche vorrömische Kultur im nördlichen Mitteleuropa, benannt nach einem Gräberfeld bei Jastorf, Kr. Uelzen/BRD

Kenotaph »Leeres Grab«, Ehrenmal für in der Ferne Verstorbene oder Vermißte

Klotzbeute (Klotzstülper) Ausgehöhlter Holzklotz zum Halten von Bienen

Kolonen Freie Bauern im Römischen Reich, die von einem Großgrundbesitzer Land gegen Geld oder Naturalleistungen gepachtet hatten. Gegenüber den Sklaven ein Fortschritt, da die Kolonen an der Produktion interessiert waren. In dieser Einrichtung lag eine der Voraussetzungen für die spätere Entstehung des Feudalismus in den romanischen Ländern. Das System wird als *Kolonat* bezeichnet.

Kontribution Kriegsauflage, der Bevölkerung besetzter Gebiete auferlegte Leistungen in Produkten oder Geld

Latène-Kultur Bezeichnung für die von Kelten getragene archäologische Kultur im südlichen Mitteleuropa und Westeuropa während der 2. Hälfte des 1. Jtd. v. u. Z., benannt nach einem Fundplatz in der Schweiz

Lausitzer Kultur Bezeichnung einer bronzezeitlichen archäologischen Kultur im südöstlichen Teil der DDR sowie in großen Teilen der VR Polen und der ČSSR

Lex »Gesetz«. In Verbindung mit einem Stammesnamen Bezeichnung für die einzelnen Volksrechte, wie sie in der 2. Hälfte des 1. Jtd. aufgezeichnet wurden: Lex Alamannorum; Lex Angliorum et Werinorum, hoc est Thuringorum; Lex Baiuwariorum; Lex Burgundionum; Lex Frisionum; Leges Langobardorum; Lex Ribuaria (der ribuarischen Franken); Lex Salica (der salischen Franken); Lex Saxonum; Leges Visigothorum (der Westgoten)

Neolithikum Jungsteinzeit, urgeschichtliche Periode (in Mitteleuropa vom 5. Jtd. bis 1800 v. u. Z.)

Oppidum Lateinische Bezeichnung für befestigte stadtähnliche Siedlung, vor allem bei den Kelten

Przeworsker Kultur Bezeichnung einer archäologischen Kultur in Polen vom 1. Jh. v. u. Z. bis zum 5. Jh. u. Z., benannt nach einem Gräberfeld bei P., Woj. Rzeszów

Reliquienschrein Behälter für Körperreste christlicher Heiliger bzw. für Teile von ihnen einst gehörenden Gegenständen

Situla Lateinische Bezeichnung für eimerartiges Bronzegefäß

Styx Sagenhafter Fluß in der griechischen Unterwelt

Subatlantikum Bezeichnung für die jüngste, um 800 v. u. Z. einsetzende feucht-kühle Klimaperiode

Subboreal Bezeichnung für eine kühl-trockene Klimaperiode von etwa 2500 bis 800 v. u. Z.

Terra sigillata Römische bzw. provinzialrömische hartgebrannte, rote bis rotbraune Tonware, oft reliefverziert

Toga Römisches Obergewand

Totem Ursprünglich indianische, dann allgemein völkerkundliche Bezeichnung für eine Tier- oder Pflanzenart, einen Stein oder eine Naturerscheinung, zu der eine Menschengruppe in einem Abstammungs- und Verwandtschaftsverhältnis zu stehen glaubt

Trepanation Herausschneiden eines Teiles der Schädeldecke

Widerrist Rückenlinie bei Rind und Pferd auf der Höhe der ersten Brustwirbel

Zeidlerei Vom Menschen betriebene Waldbienenzucht im Gegensatz zur Hausbienenzucht in Körben, Stöcken usw.

Inhalt der Kapitel-Vignetten

Bildnachweis

Für die Bereitstellung von Fotos bzw. Genehmigung zur fotografischen Reproduktion ist zu danken (nach Städten alphabetisch geordnet):

Holle-Verlag, Baden-Baden (IX, XV, XXI)

Dr. Å. Svahn, Båstad/Schweden (21)

Staatliche Museen (West-)Berlin (16, 17)

Rheinisches Landesmuseum Bonn (46, XX)

J. K. S. St Joseph, University of Cambridge/Großbritannien (5)

Hessisches Landesmuseum Darmstadt (I)

Deutsche Fotothek Dresden (3, 38, 50)

Ostfriesisches Landesmuseum Emden (31)

Städtisches Museum Halberstadt (52, XVII, XIX)

Landesmuseum für Vorgeschichte Halle (4, 6, 9, 10, 12–15, 28, 35, 37, 43, 53, 60, 66–68, 70, 72, II–VII, X–XIII, XVI, XVIII)

Saalburg-Museum Homburg v. d. H. (2)

Badisches Landesmuseum Karlsruhe (VIII)

Nationalmuseet København (29, 36, 47, 55, 71, 74, XIV)

Gyldendal-Verlag, København (18, 22)

Muzeum Archeologiczne Kraków (8, 11)

Universitetets Oldsaksamling Oslo (34)

Museum für Ur- und Frühgeschichte Potsdam (56, 58)

Deutsches Archäologisches Institut Rom (1, 25, 26)

Schleswig-Holsteinisches Landesmuseum für Vor- und Frühgeschichte, Schleswig (19, 27, 30, 32, 48, 62, 63)

Museum für Vor- und Frühgeschichte Schwerin (33, 54, 59, 61, 64)

Antikvarisk-Topografiska Arkivet, Stockholm (49, 51)

Museum für Ur- und Frühgeschichte Thüringens, Weimar (7, 57)

Niedersächsisches Landesinstitut für Marschen- und Wurtenforschung, Wilhelmshaven (40, 41)

Muzeum Archeologiczne Wrocław (69)

Die Farbfotos und ein großer Teil der Schwarzweißaufnahmen aus den Museen Halle und Halberstadt wurden durch L. Bieler und A. Kaufmann angefertigt.

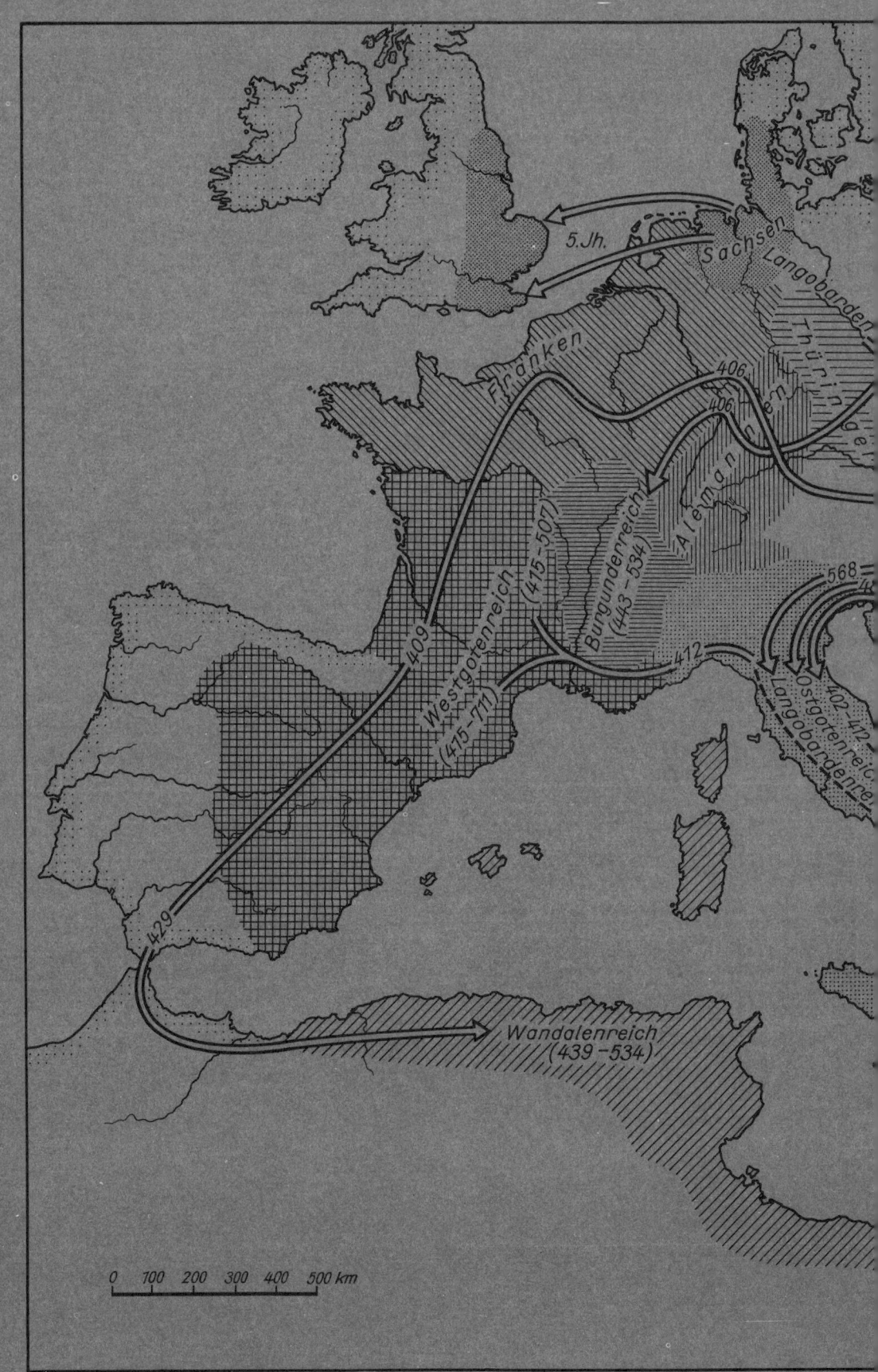

5. Jh.

Sachsen

Langobarden

Franken

Thüringer

406.

406.

Burgunderreich
(443 – 534)

Alemannen

568.

Westgotenreich
(415 – 507)

(415 – 711)

412.

Ostgotenreich

402. 412.

Langobarden

409.

429.

Wandalenreich
(439 – 534)

0   100   200   300   400   500 km